독자의 **1초**를 아껴주는 정성!

—

세상이 아무리 바쁘게 돌아가더라도

책까지 아무렇게나 빨리 만들 수는 없습니다.

인스턴트 식품 같은 책보다는

오래 익힌 술이나 장맛이 밴 책을 만들고 싶습니다.

길벗이지톡은 독자여러분이 우리를 믿는다고 할 때 가장 행복합니다.

나를 아껴주는 어학도서, 길벗이지톡의 책을 만나보십시오.

독자의 1초를 아껴주는 정성을 만나보십시오.

미리 책을 읽고 따라해본 2만 베타테스터 여러분과 무따기 체험단, 길벗스쿨 엄마 2% 기획단,

시나공 평가단, 토익 배틀, 대학생 기자단까지!

믿을 수 있는 책을 함께 만들어주신 독자 여러분께 감사드립니다.

홈페이지의 '독자마당'에 오시면 책을 함께 만들 수 있습니다.

(주)도서출판 길벗 www.gilbut.co.kr

길벗 이지톡 www.eztok.co.kr

길벗 스쿨 www.gilbutschool.co.kr

	말하기 & 듣기	읽기 & 쓰기	발음 & 단어

첫걸음

초급

비즈니스

500만 독자의 선택
무작정 따라하기

일본어, 중국어, 기타 외국어 시리즈

	일본어	중국어	기타 외국어
초급	일본어 무작정 따라하기 / 일본어 무작정 따라하기 심화편 / 일본어 문법 무작정 따라하기 / 일본어 필수 단어 무작정 따라하기	중국어 첫걸음 무작정 따라하기 / 중국어 무작정 따라하기 / 중국어 한자 무작정 따라하기 / 중국어 필수 단어 무작정 따라하기	스페인어 무작정 따라하기 / 프랑스어 무작정 따라하기 / 스페인어 필수 단어 무작정 따라하기 / 한자 漢字 무작정 따라하기
중급	일본어 필수 표현 무작정 따라하기 / 일본어 현지회화 무작정 따라하기 / 일본어 한자 무작정 따라하기 / 일본어 작문 무작정 따라하기 / 일본어 회화 무작정 따라하기	중국어 현지회화 무작정 따라하기 / 중국어 필수 표현 무작정 따라하기 / 90문장으로 끝내는 중국어 문법 무작정 따라하기 / 중국어 독해 무작정 따라하기	스페인어 회화 무작정 따라하기
비즈니스	일본어 회화 무작정 따라하기	비즈니스 중국어 무작정 따라하기	

: QR 코드로 음성 자료 듣는 법 :

1
스마트 폰에서
'QR 코드 스캔'
애플리케이션을 다운
받아 실행합니다.
[앱스토어나 구글
플레이 스토어에서
'QR 코드'로 검색하세요]

2
애플리케이션의 화면과
도서 각 unit 시작
페이지에 있는 QR 코드
를 맞춰 스캔합니다.

3
스캔이 되면
'음성 강의 듣기',
'예문 mp3 듣기'
선택 화면이 뜹니다.

4
원하는 음성 자료를
터치해서 학습을
시작합니다.

: 길벗이지톡 홈페이지에서 자료 받는 법 :

1
길벗이지톡 홈페이지(www.eztok.co.kr) 검색창에서
《미국 영어발음 무작정 따라하기》를 검색합니다.
[자료에 따라 로그인이 필요할 수 있습니다]

2
검색 후 나오는 화면에서 해당 도서를 클릭합니다.

3
해당 도서 페이지에서 '부록/학습자료'를 클릭합니다.

4
다운로드 아이콘을 클릭해 자료를 받습니다.

학 습 스 케 줄

《미국 영어발음 무작정 따라하기》는 어학 초보자가 하루 1시간을 집중하여 공부하는 것을 기준으로 구성했습니다. 하루에 한 과씩 60일 동안 공부하면 알맞죠. '스스로 진단'에는 공부하면서 어려웠거나 궁금했던 점을 적어두세요. 내 영어 발음 실력을 향상시키기 위해 필요한 부분이 무엇인지 한눈에 확인할 수 있습니다.

미국
영어발음
무작정
따라하기

오경은 지음

길벗
이지:톡

미국 영어발음 무작정 따라하기
The Cakewalk Series - American English Pronunciation

초판 1쇄 발행 · 2015년 10월 25일
초판 15쇄 발행 · 2023년 9월 30일

지은이 · 오경은
발행인 · 이종원
발행처 · (주)도서출판 길벗
브랜드 · 길벗이지톡
주소 · 서울시 마포구 월드컵로 10길 56(서교동)
대표 전화 · 02)332-0931 | **팩스** · 02)323-0586
홈페이지 · www.gilbut.co.kr | **이메일** · eztok@gilbut.co.kr

기획 및 책임편집 · 임명진(jinny4u@gilbut.co.kr) | **표지디자인** · 강은경 | **본문디자인** · 장기춘
제작 · 이준호, 손일순 | **마케팅** · 이수미, 장봉석, 최소영 | **영업관리** · 김명자, 심선숙 | **독자지원** · 윤정아

원고정리 및 편집진행 · 김지영 | **표지 일러스트** · 삼식이 | **본문 일러스트** · 최정을, 김혜연
전산편집 · 조영라 | **CTP 출력 및 인쇄** · 예림인쇄 | **제본** · 예림바인딩 | **녹음 및 편집** · 영레코드

ISBN 978-89-6047-779-7 03740 (길벗 도서번호 300771)

정가 16,000원

독자의 1초까지 아껴주는 정성 길벗출판사

(주)도서출판 길벗 | IT교육서, IT단행본, 경제경영서, 어학&실용서, 인문교양서, 자녀교육서
www.gilbut.co.kr

길벗스쿨 | 국어학습, 수학학습, 어린이교양, 주니어 어학학습, 학습단행본
www.gilbutschool.co.kr

서형덕 | 29세,
서울과학기술대학교

토익 리스닝의 기초를 쌓을 수 있어요!

문법과 독해는 자신 있는데, 토익 리스닝 점수가 낮아 고민이었습니다. 토익 교재도 보고 온라인 강의도 들었지만 실력이 향상되는 느낌이 들지 않았죠. 그러던 중 베타테스트에 지원해 3주간 이 책으로 훈련했습니다. 내가 알고 있다고 생각했던 소리들과 실제 영어발음의 차이가 있다는 것에 놀랐습니다. 우리말의 티읕과 비슷한 줄 알았던 t를 무려 8가지 소리로 발음하는 것을 배우고 강세와 연음을 훈련하면서 발음이 개선되는 것을 느꼈죠. 그리고 이번에 토익 시험을 봤는데 예전과 달라진 실력을 체감했습니다. 리스닝의 기초를 닦고 싶다면 적극 추천합니다!

김다영 | 24세,
한국외국어대학교

따라 읽기만 해도 영어발음이 달라져요!

영어공부를 15년째 해오고 있지만, 토종 한국인인 저로서는 단어 하나 문장 하나를 정확한 발음으로 구현해내기가 쉽지 않았습니다. 회화학원을 다니기엔 비용과 시간이 부담스럽고 그 효과도 크지 않았고요. 이 책은 원리부터 꼼꼼하게 설명하면서도 포인트를 정확히 짚어주어 혼자서 발음공부 제대로 하기에 더할 나위 없었습니다. scarf[ㅅ까아rf], cute[키윹]처럼 발음기호를 몰라도 들으면서 바로 읽게 우리말 발음표기를 달아주어 술술 따라 읽으면서 발음을 배울 수 있어 정말 좋았습니다.

권요길 | 25세, 서울시립대학교

이제 미드가 조금씩 들려요!

《미국 영어발음 무작정 따라하기》이지만 발음교정뿐만 아니라 영어 듣기에서도 그 효과를 톡톡히 보았습니다. 평소에 미드를 즐겨보는데, 그동안 잘 안 들리던 단어와 문장들이 이 책을 공부하기 시작하면서 귀에 쏙쏙 들어오더라고요. 와, 정말 신기했어요! 책의 구성에서 매 단원이 시작될 때마다 발음과 관련된 에피소드를 실어주어 미드를 보듯 부담없이 편하게 몰입할 수 있는 것도 매력적이었습니다.

김경진 | 39세, 직장인

바쁜 직장인들에게 딱 좋은 영어발음책!

외국인 앞에서 영어로 말할 때면 발음이 신경쓰여 목소리가 작아지고, 상대가 내 말을 못 알아들으면 발음이 틀렸나, 표현이 틀렸나 헷갈리고 자신 없었죠. 이 책은 알파벳 순으로 정리되어 있어 자신이 취약한 발음을 찾아 빨리 익힐 수 있고, 〈발음법 → 단어 → 문장/대화〉의 단계별 구성이라 시간대비 학습효과가 뛰어납니다. 출퇴근 시에는 휴대용 워크북을 들고 다니며 mp3 파일을 들으면 되니까 저처럼 시간에 쫓기는 직장인에게 안성맞춤입니다.

베타테스터로 참여해주신 모든 분께 감사드립니다.
이 책을 만드는 동안 베타테스터 활동을 해주시고 아낌없는 조언과
소중한 의견을 주셨던 박선주, 이진경, 정병영, 이수연 님께 감사드립니다.

발음은 영어의 첫 단추!
53개 공식으로 귀가 뚫리고
영어 말문이 열린다.

혹시 이런 바람 갖고 있지 않나요?

"가이드 없이 미국여행을 떠나 현지인들과 마음껏 대화하고 싶어요."
"할리우드 영화나 시트콤을 보면서 자막 대신 배우 표정 좀 봤으면 좋겠어요."
"외국인 교수님이 발표 시킬 때 자신 있게 말 좀 해보고 싶어요. 전 Yes도 어설프다니까요."

TOEIC, TOEFL 리스닝 시험에 대비해 mp3파일을 아무리 들어도 귀가 뚫리지 않는 분들, 기초가 없어 회화책이나 시험 교재를 공부하기 전에 실력을 다지고 싶은 분들, 원어민 회화를 들을 때 죄인처럼 고개만 숙이다가 포기한 경험이 있는 분들, 보면 다 아는데도 들리지 않고 발음이 정확하지 않아 외국인과 대화하면 식은땀부터 흘리는 분들, 미국에 살면서도 발음 때문에 비즈니스에 손해를 보고 미국인에게 기가 죽는 교포들, 이 책은 바로 이런 분들을 위한 '미국 영어발음 책'입니다.

왜 영어발음이 먼저인가?

영어공부는 어디서부터 어떻게 시작해야 할까요? 우선 자주 쓰는 영어 단어들의 발음을 바로 잡는 것부터 시작해야 합니다. 발음이 정확하지 않으면 상대가 내 말을 못 알아듣는 것은 물론이고, 나 역시 상대의 말을 알아듣지 못하기 때문이죠. 머리에 수천 개의 표현이 있다 해도 제대로 구사할 수 없다면 컴퓨터 속 경로를 잃어버린 파일과 다를 게 없습니다. 생활 속 영어 단어를 정확히 발음하고 간단한 문장으로 활용할 수 있다면 영어회화의 새로운 출발이 될 겁니다. 그 힘찬 출발을 이 책이 열어줄 것이고요.

이 책은 미국 유학을 준비하거나 현지로 떠나시는 분, 기초는 있지만 회화 현장에서 자신감을 갖고 싶은 분에게도 제격입니다. 생활에 밀접한 단어와 표현, 현장감 있는 대화, 그리고 미국 생활 문화와 관련된 요긴한 정보들이 수록되어 있어서 미국인들의 대화 흐름과 맥을 잡는 좋은 길잡이가 될 것입니다. 책의 아무 곳이나 펼쳐 제시된 단어들을 한번 보고 따라 읽어보세요. 하루가 아니라 당장 그 자리에서 달라지는 여러분의 영어발음에 놀랄 겁니다. 영어가 더 이상 고통이 아닌 여러분을 새롭게 변화시키는 즐거움으로 다가올 것입니다.

영어발음, ABC의 A부터 제대로!

왜 미국인들은 요상한 발음으로 우리를 힘들게 할까요? 왜 애써 만든 정확한 문법의 문장을 건네면 마치 기다렸다는 듯이 "Sorry?(미안한데, 뭐라구요?)", "What's that again?(뭔지 다시 말해줄래요?)", "Say that again?(다시 한번만요?)" 하고 대꾸하는 걸까요?

바로 정확하지 않은 영어발음 때문입니다. 듣고 말하면서 배우는 게 아니라 사전이나 참고서에 나온 발음기호로 단어를 익히고 우리식으로 발음하면서 잘못된 습관이 굳어진 것입니다. 그러다 보니 아는 단어라고 자신 있게 말해도 원어민과 알고 있는 소리가 서로 달라 의사소통에 문제가 생기는 것이죠. 발음 "기호"와 실제로 모국인 화자들의 발음 "습관"을 연결하는 과정이 필요합니다. 이 책은 바로 그 길잡이가 되어줄 것입니다.

우리가 가나다 순으로 말하지 않는 것처럼 영어를 꼭 알파벳 순으로 익혀야 하는 건 아닙니다. 하지만 기초를 점검하고 제대로 다지기 위해 우리가 이미 알고 있다고 생각하는 알파벳부터 하나하나 정리해보는 것이 도움이 됩니다. 집을 지을 때 토대가 단단하면 그 위에 지은 집이 튼튼하고 오래갑니다. 이처럼 발음의 기초부터 차근차근 확실하게 다져놓는 것이 유창한 영어회화로 가는 단단한 토대가 될 것입니다.

영어 공부, 시작은 이렇게

우선 입시공부 하는 것처럼 도서관에 박혀 영어책에 줄을 긋고 형광펜으로 색칠해가며 공부하려는 생각은 버리세요. 영어는 머리 싸매고 수개월 책을 파고 든다고 정복되는 것이 아닙니다. 영어는 가위나 망치와 같은 도구, 즉 본인의 손에 편안하게 맞아 잘 활용할 수 있는 도구와 같은 것입니다. 연장이 손놀림에 맞게 익숙해지는 것과 마찬가지로, 영어는 입을 부지런히 놀리며 따라 읽고, 실제 말하는 것처럼 한번 떠들어보아야 실력이 붙습니다.

우리 모두 영어 공부에 왕초보가 아닌 것은 학창 시절에 영어를 필수로 공부해왔기 때문입니다. 그럼에도 불구하고 스스로 왕초보라 생각하는 것은 영어로 말을 하기 시작하면 입이 떨어지지 않거나, 열심히 말했는데 외국인이 알아듣지 못해 창피와 굴욕감을 느꼈던 경험 때문일 것입니다. 영어를 '말'로 익히려면 우리가 익히 알고 또 쓰고 있는 단어의 발음부터 시작하는 것이 그 시작입니다.

새로운 출발에 효율성과 재미를 더해주는 구성

이 책은 보다 쉽고 효율적인 발음공부를 위하여 다음과 같이 구성하였습니다.

첫째, 머리 아픈 발음기호 대신 우리말을 사용했습니다. 미국인들이 실제 쓰는 발음에 최대한 가깝게 표기해서 읽으면 바로 발음이 교정될 수 있도록 했습니다. 적혀있는 그대로 따라해보세요. 처음에는 잘되지 않겠지만 자꾸 하다 보면 점점 미국 영어발음과 비슷해지는 것을 느낄 수 있을 거예요. 이왕에 시간 투자하는 거 mp3파일을 들어가면서 따라하면 학습의 효과는 배가됩니다. 책에 나와 있는 입모양 그림을 보고 거울로 자신의 입모양을 확인해보는 것도 좋은 생각입니다. 단어나 문장을 따라하면서 자신이 미국인과 대화하는 것을 상상해보세요. 어느새 미국인 같아진 발음에 놀랄 겁니다.

둘째, 독자의 수준에 맞춰 공부할 수 있도록 스텝별로 구성했어요. 실력이 부족하다면 단어 발음만 공부할 수도 있고 좀 지루하다 싶으면 문장 발음으로 바로 넘어갈 수 있죠. 회화 실력을 높이고 싶다면, 문장이나 대화에 말을 더 이어서 만들어보세요. 본인이 미국인과 대화하고 싶은 내용의 각본을 직접 써보는 거죠. 문법에 신경쓰지 말고 말을 자꾸 만들어보세요. 파트너 없이도 할 수 있는 정말 좋은 회화 훈련이 됩니다.

셋째, 재미있는 일화와 미국 문화의 팁이 될 만한 부분들을 보강했습니다. 각 과의 첫머리를 여는 에피소드는 제가 영어를 배워 현지 미국인들을 대상으로 활용하는 가운데 저질렀던 실수담을 담았습니다. 또한, 강의 현장과 생활 주변에서 목격했던 Konglish와 미국인에게 오해를 불러일으킬 소지가 많은 우리의 잘못된 발음 습관도 모았습니다.

영어를 "말"로 하기 위해 마음 관리를 잘하자!

영어의 어떤 분야를 막론하고 가장 중요한 것은 흥미를 잃지 않는 것입니다. 이보다 더 중요한 것은 실수하고 창피를 겪는 데 대한 두려움을 극복하고 마음을 잘 다지는 것이고요. 외국인들이 우리말을 할 때 귀엽게 보고 틀려도 너그럽게 용서하는 것처럼, 자신의 실수에 대해 너그럽게 보아 넘기는 태도를 기르는 것이 영어공부에 투자하는 노력만큼 중요합니다. 매일 조금씩 향상되는 자신을 다독거리고 격려해주세요!

끝으로, 영어가 부담이 되는 순간 학습효과도 사라진다는 것을 기억하세요. 하루에 한 시간씩 공부하기로 했지만 너무 바쁘거나 하기 싫은 날은 과감히 책을 덮으세요. 대신, 외화나 영어로 된 영화를 한 편 보면서 그동안 갈고 닦은 실력을 점검해보세요. 안 들렸던 단어들이 들리기 시작하는 것을 느끼게 될 겁니다. 전철에서, 약속한 사람을 기다리면서, 업무 처리를 하고 한숨 돌릴 때 남는 자투리 시간을 이용한다면, 하루에 한 시간 이상 충분히 이 책에 투자할 수 있습니다.

영어공부를 위해 이 책을 선택한 여러분의 탁월함에 큰 박수와 힘찬 응원을 보냅니다!

2015년 오경은 올림

내 발음은 어느 정도일까?

: 입문 : 영어로 말을? 문자 보내라고 그래!

 증상 · "외국인만 보면 말문도, 귀도 모두 막혀버려요!"

외국인과 얘기해본 적이 있나요? 전 어제 처음 해봤어요. 말 한마디 못해서 얘기랄 것도 없었지만…. 입이 열릴 때마다 흐르는 듯한 외국인의 말을 듣고 있자니 외국인이 아니라 외계인 같고, 집이 그리워지면서 영어책들의 표지만 머릿속에서 어지럽게 떠다니더라고요. 글로 써주면 알 수 있을 것 같은데…. 난 벙어리니까 문자 보내라고 할 걸 그랬나? 영어라면 정말 오랫동안 담쌓고 살아와, 어디서부터 시작해야 할지 엄두가 나질 않아요.

 처방 · 우선 에피소드를 읽으며 자신감을 찾으세요!

우리나라 사람끼리도 처음 보면 할 말이 없는데, 하물며 언어가 다른 외국인과는 더 말해 무엇하겠습니까? 외국인과 처음 대면했을 때 가장 필요한 것은 자신감입니다. 그들에겐 우리말이 외국말인지라 사실 의사소통의 어려움은 마찬가지랍니다. 자신감을 가지세요!

입문 단계인 분은 우선 책을 펴고 〈입에 착! 발음 이야기〉의 에피소드만 쭉 읽어보세요. 누구나 겪을 만한 발음과 관계된 재미있는 이야기들이 담겨 있습니다. 뭘 배우겠다는 생각보다는 웃으면서 한 장 한 장 넘기다 보면 왜 미국발음이 필요한지, 그동안 왜 미국 영화에서 몇 개의 단어밖에 알아듣지 못했는지 알 수 있을 거예요. 그런 다음 mp3파일을 들으며 책을 처음부터 차분히 보세요. 한글 표기된 발음을 따라 읽는 것만으로도 미국인과 비슷해지니까 자신감이 생길 겁니다.

: 초급 : 좀 알아듣긴 하는데 입이 안 떨어져요.

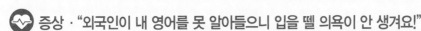 **증상 · "외국인이 내 영어를 못 알아들으니 입을 뗄 의욕이 안 생겨요!"**

나중에 곰곰이 생각해보면 뭐 별로 어려운 말이 아니었다는 걸 깨닫게 됩니다. 그런데도 외국인만 보면 마음의 문이 확 닫히면서 머리가 멍해진다고 할까? 어쩌다 몇 마디 알아듣고 애써 머리 굴려가며 말했는데 "I'm sorry?" 혹은 "Pardon me?" 같은 반응이 돌아오면 좌절하거나 창피함에 머리가 굳어집니다.

처방 · mp3파일과 그림으로 단어 발음부터 차근차근 익히세요!

자신감 회복이 무엇보다 중요합니다. 먼저 이 책의 〈2단계: 단어 발음훈련〉부터 활용하세요. 이미 알고 있거나 평소 자주 쓰던 단어의 잘못된 발음을 정확한 미국 영어발음으로 교정해드립니다. 영어회화의 첫걸음은 단어를 확실하고 명확하게 발음하는 것부터 시작합니다. 그다음에는 준비마당인 〈미국 영어발음, 입이 열려야 귀가 뚫린다〉를 읽습니다. 영어발음을 제대로 구사하기 위해 꼭 이해해야 할 부분입니다. 영어와 우리말의 발음이 어떻게 다른지, 그 미묘한 차이는 어디서 생기는지, 그렇다면 어떻게 해야 미국인들이 알아들을 수 있는 정확한 소리를 낼 수 있는지에 대한 모든 해답이 설명 안에 고스란히 녹아 있습니다. 영어발음의 기반을 닦는 지름길을 발견할 수 있을 것입니다.

그러고 나서 거울을 앞에 놓고 입모양과 구강 내 혀의 위치를 신경 쓰면서 각 과의 〈1단계: 발음 따라잡기〉를 소리 내어 읽고 따라하세요. 발음 요령을 머리에 담고 입모양 그림과 맞추다 보면 나도 모르게 늘어가는 발음 실력을 느낄 수 있을 겁니다.

: 초중급 : 내 영어를 못 알아들어요ㅠ.ㅠ

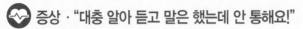 **증상** · "대충 알아 듣고 말은 했는데 안 통해요!"

길에서 우연히 영어로 질문을 받았는데, 알고 봤더니 필리핀 사람이었어요. 영어권
이라도 같은 아시아계라 그런지 대충 알아듣겠더라구요. 그런데 문제는, 상대가 제
대답을 알아듣지 못해 난색을 표하는 겁니다. 미국식 영어발음이긴 한데 당신은 알
지 못하는 변두리 지역에서 쓰는 영어라고 우겨볼까? 난 아직 하고 싶은 말이 많다
고~~!

처방 · 발음뿐 아니라 억양에도 신경 쓰면서 연습하세요.

회화공부도 했고 아는 영어표현도 제법 된다고요? 그런데 이상하게 미국 드라마나
영화를 보면 대사가 조금만 길어져도 안 들리고 자막을 본 후 한 발 늦은 웃음을 짓
는다고요? 재료는 많은데 사용하는 법을 모르는 경우로 볼 수 있습니다. 회화표현이
나가서 싸울 수 있는 무기라면 발음은 기본 체력입니다. 상황에 따라 사용할 수 있는
도구는 가졌는데 체력이 부족한 거죠.

이런 분들은 우선 mp3파일을 들으며 〈2단계 단어 발음훈련〉을 통해 단어의 기본 발
음을 점검하세요. 문장도 구사할 줄 아는데 무슨 단어공부냐고 하겠지만 기본적인
단어의 발음이 정확치 않으면 전달력이 떨어집니다. 2단계 훈련이 끝나면 〈3단계 문
장 발음훈련〉을 통해 방금 배운 단어의 발음들을 문장에서 자연스럽게 구사할 수 있
는지 확인해봅니다. 그런 다음 〈이것까지 따라하면 진짜 미국발음!〉에 나오는 단어
의 강세와 문장의 억양에 주의하면서 듣고 따라하세요.

: 중급 : 유창하고 정확한 영어발음을 하고 싶어요!

❤️ 증상 · "대화는 하는데 조금 어설퍼요!"

업무상 외국인과 만나 이야기할 기회가 많습니다. 전부 알아듣진 못하지만 큰 어려움 없이 얘기할 수 있죠. 토익 Listening 점수도 꽤 나오고요. 하지만 외국인의 발음과 차이가 있더라고요. 그런데 어디서 차이가 나는지 확실히 모르겠어요. 좀 더 정확한 발음을 구사하고 싶어요.

💉 처방 · 영어의 리듬과 박자를 배우면 미국발음 정복할 수 있어요!

영어 수준이 중급은 된다고요? 그렇다면 첫째마당과 둘째마당까지는 편안한 마음으로 술술 읽으며 넘어가셔도 좋습니다. 중급 단계에서는 셋째마당을 중점적으로 훈련해주세요. 먼저 '다섯째 마디 강세와 강약'에서는 단어의 강세를 정확히 익히면서 영어식 리듬을 타는 것에 익숙해져야 합니다. 문장과 대화에 나오는 연음을 잘 듣고 신경 써서 따라하는 것이 중요합니다. 문장에서 강조되는 단어들을 중심으로 발음과 높낮이, 호흡법을 잘 관찰하면서 여러 번 반복해서 듣고 따라하세요. 성우와 동시에 읽어보면서 음정과 박자, 고저 장단을 비교해보면 자신이 실수하고 있는 부분들을 찾아낼 수 있습니다.

'여섯째 마디 연음과 축약'은 시간을 두고 차근차근 살펴보세요. 먼저 mp3파일을 들으면서 천천히 따라합니다. 문장을 들을 때, 연음이 어떤 식으로 구사되는지, 고저 장단, 리듬을 잘 관찰하면서 들으세요. 자신감이 생기면 성우와 동시에 읽어보는 것도 좋습니다. 그렇게 하면 자신의 발음과 성우가 하는 발음의 음정 박자가 달라 어긋나는 곳을 찾을 수가 있어요. 차이가 나는 부분은 보통 한국식 억양인 경우가 많습니다.

500만 명의 독자가 선택한 〈무작정 따라하기〉 시리즈는 모든 원고를 독자의 눈에 맞춰 자세하고 친절한 해설로 풀어냈습니다. 또한 음성강의, 예문 mp3 파일 무료 다운로드, 길벗 독자지원팀 운영 등 더 편하고 쉽게 공부할 수 있도록 아낌없는 서비스를 제공합니다.

1
음성강의

모든 과에 음성강의를 넣었습니다. QR 코드를 스캔해 핵심 내용을 먼저 들어보세요.

2
본 책

쉽고 편하게 배울 수 있도록 단계별로 구성했으며 자세하고 친절한 설명으로 풀어냈습니다.

5
홈페이지

공부를 하다 궁금한 점이 생기면 언제든지 홈페이지에 질문을 올리세요. 저자와 길벗 독자지원팀이 신속하게 답변해 드립니다.

3
예문 mp3

홈페이지에서 mp3 파일을 무료로 다운 받을 수 있습니다. 듣고 따라 하다 보면 저절로 말을 할 수 있게 됩니다.

4
소책자

퇴근 시간에 지하철 이나 버스에서 편하게 공부할 수 있도록 훈련 용 소책자를 준비했습니다.

일단 책을 펼치긴 했는데 어떻게 공부를 시작해야 할지 막막하다고요? 그래서 준비했습니다. 무료로 들을 수 있는 저자의 친절한 음성강의와 미국인 성우가 녹음한 mp3파일이 있으면 혼자 공부해도 어렵지 않습니다.

음성강의 / mp3파일 활용법

각 과마다 배울 내용을 워밍업하고 어떻게 공부해야 하는지 조언도 들을 수 있는 저자 음성강의와 원어민 녹음 mp3파일을 제공합니다. 음성강의와 mp3파일은 본 책의 QR코드를 스캔하거나 홈페이지에서 무료로 다운로드 받을 수 있습니다.

❶ QR코드로 확인하기

스마트폰에 QR코드 스캐너 어플을 설치한 후, 각 과 상단의 QR코드를 스캔해주세요. 저자의 음성강의와 mp3파일을 골라서 바로 들을 수 있습니다.

❷ 홈페이지에서 다운로드 받기

음성강의 mp3파일을 항상 가지고 다니며 듣고 싶다면 홈페이지에서 파일을 다운로드 받으세요. 이지톡 홈페이지(www.eztok.co.kr)에 접속한 후, 자료실에서 '미국 영어발음 무작정 따라하기'를 검색하면 음성강의를 다운로드 받을 수 있습니다.

---

mp3파일 두 배로 활용하기

1단계 오디오 파일만 듣기

글자보다 먼저 소리에 친숙해져야 합니다. 우선 mp3파일을 들으면서 해당 과에서 배울 영어발음에 대한 감을 잡아보세요.

2단계 책을 보면서 따라하기

이번에는 글자와 소리를 함께 익힐 차례입니다. 눈으로 따라 읽고 귀로 들으면서 발음을 확실한 내 것으로 만들 차례입니다. 단어와 단어 사이, 문장과 문장 사이에 따라할 수 있는 충분한 시간을 두어 멈추고 따라해야 하는 불편을 없앴습니다. 눈－귀－입을 모두 활용해 발음을 입에 착 붙여주세요.

3단계 언제 어디서나 훈련하기

부록 《발음훈련 워크북》을 들고 다니면서 짬시간이 날 때마다 틈틈이 훈련하세요. 하루 5분의 짧은 훈련만으로도 여러분의 영어발음은 놀랄만큼 달라집니다.

전체 마당

영어발음 **기초**(t sound 익히기) → 영어발음 **확장**(알파벳부터 다시 시작하는 영어발음 ABC) → 영어발음 **완성**(강세와 강약, 연음과 축약)의 3개 마당으로 나뉘어 있습니다.

저자 강의 듣기
본격 학습에 들어가기 전 저자의 강의를 들어보세요.
내용을 보다 효과적으로 이해할 수 있게 됩니다.

발음 소개
발음에 대한 간략한 소개와 발음 요령이 정리되어 있습니다. 어떤 식으로 발음하면 될지 간단히 감을 잡아보세요.

준비단계 입에 착! 발음 이야기
공감가는 발음 실수담과 다양한 발음 관련 일화들로 짜여진 부분입니다. 가벼운 마음으로 읽다 보면 자신감도 생기고 학습 포인트도 잡을 수 있습니다.

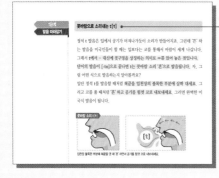

1단계 발음 따라잡기
본격적인 학습이 시작되는 부분으로, 정확한 발음 방법을 알려주는 코너입니다. 조목조목 친절한 설명, 상세한 입모양 일러스트를 보고 입으로 따라하면서 머릿속에 정확한 발음 방법을 익히세요.

2단계 단어 발음훈련
1단계에서 익힌 발음을 간단한 단어로 훈련하는 코너입니다. mp3파일을 들으며 정확한 소리로 발음할 수 있도록 반복 훈련합니다. (연음, 축약이 나오는 셋째마당부터는 2단계 훈련이 단어가 아닌 문장 발음훈련입니다.)

각 과는 총 **53개의 발음 공식**을 중심으로 정리되어 있습니다. 〈**입에 착! 발음 이야기 → 발음 따라잡기 → 단어 발음훈련 → 문장 발음훈련**〉의 체계적인 4단계 구성과 쉽고 상세한 설명으로 여러분의 영어발음 자신감을 확실하게 찾아드립니다!

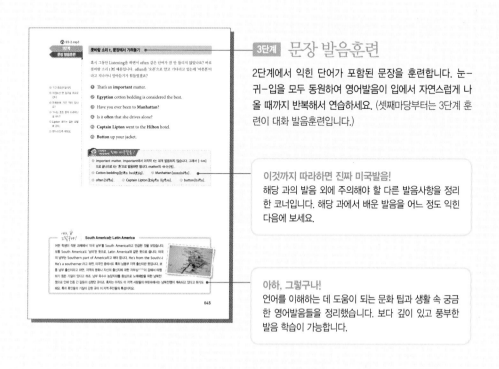

3단계 문장 발음훈련

2단계에서 익힌 단어가 포함된 문장을 훈련합니다. 눈-귀-입을 모두 동원하여 영어발음이 입에서 자연스럽게 나올 때까지 반복해서 연습하세요. (셋째마당부터는 3단계 훈련이 대화 발음훈련입니다.)

이것까지 따라하면 진짜 미국발음!
해당 과의 발음 외에 주의해야 할 다른 발음사항을 정리한 코너입니다. 해당 과에서 배운 발음을 어느 정도 익힌 다음에 보세요.

아하, 그렇구나!
언어를 이해하는 데 도움이 되는 문화 팁과 생활 속 궁금한 영어발음들을 정리했습니다. 보다 깊이 있고 풍부한 발음 학습이 가능합니다.

훈련용 소책자 : 바쁜 직장인과 학생들이 지하철이나 버스 안에서도 편하게 공부할 수 있도록 훈련용 소책자를 준비했습니다.

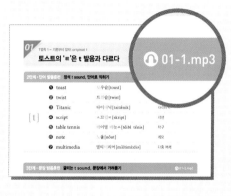

본 책에 있는 단어와 문장을 집중 훈련할 수 있도록 만든 워크북입니다. 눈으로만 보고 넘어가지 말고 mp3파일을 들으며 큰 소리로 따라하세요. 영어발음 자신감과 함께 영어회화 실력도 쑥쑥 자랍니다.

첫째마당 : 영어발음 기초

t만 알아도 영어의 70%가 들린다!

둘째마당 : 영어발음 확장

알파벳부터 다시 시작하는 영어발음 ABC

셋째마당 : 영어발음 완성
회화로 연결하기 위해 이것까지 챙기자!

영어를 말하고 싶고 듣고 싶은 이들이
가장 먼저 봐야 할 책

영어발음, 지금이라도 똑바로 끼워야 하는 영어의 첫 단추!

영어를 가르치는 것이 직업인지라 영어 때문에 괴로워하는 사람들을 자주 본다. 그러면서도 항상 서점의 영어 코너가 사람들로 북적이는 것을 보면 영어가 필요하다는 것은 주지의 사실인가 보다. 과연 영어 코너를 서성이는 사람 중에 우리말을 배울 때처럼 제대로 말하기부터 익혀온 사람이 몇이나 있을까? 이런저런 이유로 발음을 소홀히 해왔다면 아직 영어를 잘할 준비가 되지 않은 사람이다. 영어발음은 옷을 입을 때의 첫 단추와 같기 때문이다.

영어발음의 든든한 기반부터 마련해주는 책!

이 책을 보면서 얄밉다는 생각이 들었다. 영어로 교수가 되기까지 힘들게 터득한 발음의 원리들이 모두 담겨 있기 때문이다. 우선 서두에 있는 미국인과 한국인의 구강 구조의 차이와 그에 따른 발음의 차이를 다룬 부분은 영어를 공부한다면 꼭 알아야 하는 부분이다. 차이를 알아야 어떻게 학습해나갈지 방향도 잡히기 때문이다. 하지만 웬만한 발음 책에는 실려 있지도 않은 내용이다.

한국인의 발음을 제대로 파악하고 해결해주는 책!

나는 한국인의 시각에서 우리의 약점을 날카롭게 파악한 저자의 역량에 가장 많은 점수를 주고 싶다. 애매한 발음기호가 아닌 독특한 한글 표시로도 미국인 발음에 거의 근접했고 한국인이 어려워하는 발음과 알고 있다고 착각하는 발음들을 콕콕 집어냈다. 급한 사람들은 책을 들고 바로 써먹을 수도 있겠다 싶다. 또한 사전에만 근거한 발음이 아닌 실제 쓰이고 있는 발음을 다룬 점은 영어발음책의 본질을 제대로 파악한 것이라고 볼 수 있다. 바로 통하는 발음은 모든 이가 꿈꿔왔던 영어 말하기·듣기가 아니었던가.

이 책이 아직도 영어의 끝을 찾아 헤매는 수많은 학생과 직장인들에게 제대로 된 영어, 재밌는 영어를 할 수 있는 발판이 되길 바란다.

한국 음성학회 회원, 세종대학교 영어영문학과
정영희 교수

미국 영어발음,
입이 열려야
귀가 뚫린다

본격적인 학습을 시작하기 전에 알아두어야 할 미국 영어발음에 대한 기본 정보들을 담았습니다. 미국인과 우리의 구강구조 차이, 이로 인한 발음 방식과 소리의 차이, 정확한 미국식 발음은 무엇이며 효과적인 훈련법에는 어떤 것이 있는지가 일목요연하게 정리되어 있습니다.

01 발음 학습을 등한시하는 영어 학습 현장의 풍토

요즘은 조기영어 교육과 어학 연수를 통해 영어 구사를 잘하는 실력가들이 꽤 많이 있습니다. 하지만, 한국 사람들과 함께 생활하다보니, 우리말식으로 영어를 발음해야 통하는 까닭에 애써 닦아온 영어식 발음이 굳어지기 전에 없어지는 경우도 다반사입니다. 조기영어 교육을 받아도, 학습한 내용이 가정이나 학교에서 실제 사용하면서 강화되는 기회가 극히 드물기 때문에, 교육 효과를 크게 기대하기가 힘듭니다.

특히, 모국어 화자 강사들을 통해 배운 학생들의 경우, 우리말식 억양을 교정받지 못한 채 교실문을 나섭니다. 이유인 즉, 강사들이 한국말을 모르기 때문에 차이점을 지적해주고 교정해주는 것이 그들의 능력 밖에 있기 때문이죠. 게다가 중학교 이후에는 여전히 대학 입학이나 입사 시험 위주의 영어공부를 하다 보니 발음의 기초를 탄탄하게 쌓는 것은 아직도 갈 길이 멀다고 하겠습니다.

그런데 왜 발음이 왜 중요한가? 듣기와 말하기를 분리해서 가르치고 시험도 시행하고 있습니다. 하지만, 실제 대화 현장에서 듣기와 말하기는 분리할 수가 없습니다. 대화의 기본 단위가 듣고, 말로 반응을 보이는 것이지요. 들을 수 있어야 대답을 준비하고, 대답을 했을 때 알아듣도록 말을 해주어야 합니다. 이렇게 듣고 말하기가 긴밀하게 연결되어 진행되는 대화 현장에서 가장 기본이 되는 단위는 소리, 즉 각 단어의 발음에 해당합니다. 그러니까, 소위 말하는 "회화, 구어체, 실용 영어, 듣기와 말하기"가 다 같은 말이고, 이 모든 것의 기본은 단어의 정확한 발음을 듣고 구사하는 데 있다는 거죠.

요즘에도 아마 알파벳 발음을 배울 때 f, v, th 발음 등은 우리말 발음에 없는 것이라고 강조해서 배웠을 것이고, a, b, c, d, i, g 등의 발음은 우리말 발음과 비슷하다고 배웠을 것입니다. 하지만 실제로는 우리말 발음과 확연히 다릅니다. 그런데도 이런 발음들을 대충 우리말과 같다는 식으로 배워왔기 때문에 쉬운 말도 알아듣기 힘들게 된 것입니다.

단적인 예로 대부분의 사람들이 often의 t는 묵음이라고 배웠을 것입니다. 영어 단어를 배울 때 그렇게 배웠을 것이고, 심지어 발음이 나지 않는 묵음을 찾는 시험문제에서 답이 often인 경우도 있었을 것입니다. 하지만 실제 미국 사람들은 이때 t를 콧방귀 소리로 발음합니다. 단어 속에서 t 다음에 n이 와서 '튼'이 되면 t는 콧방귀 소리를 냅니다. 혀끝을 입천장의 볼록한 부분에 대고 코를 풀 때처럼 '흔' 해보세요. 그 소리가 바로 콧방귀 소리 t입니다. 그래서 often은 '아ⓕ픗흔' 정도로 들립니다. 이것이 바로 우리가 '오ⓕ프튼'이라고 알고 있는 often의 영국식과 미국식의 fusion 발음입니다.

지난 20여년간 대학수학능력시험, 토익, 텝스 등에서 듣기 부분이 강화되다 보니, 연음법칙이나 변칙적으로 변하는 발음들에 대한 관심은 높아진 반면, 수업 현장에서는 체계적으로 발음을 가르치지 않고 부분적 혹은 부수적인 팁 정도로 다루고 있습니다. 그래서 알파벳 발음부터 차근차근 정리하고 체계적으로 연음과 억양을 이해하는 학습이 꼭 필요합니다.

02 발음만으로 영어공부를 어떻게 다시 시작할까?

물론 우리나라 사람들이 발음에 좀 약하다고 해서 어휘력까지 떨어지는 것은 아닙니다. 오히려 어휘력은 대단한 수준에 속합니다. 서점에는 어휘 관련 학습서가 다양하게 나와 있고, 각종 시험공부를 하는 학생들도 어휘와 독해에 중점을 두는 경우가 많습니다. 하지만, 그러다 보니 그 단어들을 머릿속 지식으로는 알고 있지만, 듣고 말하는 실질적인 의사소통 communication에는 활용하지 못하고 있는 것 같습니다.

한번은 강의하고 있는 대학에서 한 학생과 휴식시간에 잠깐 대화를 나눌 기회가 있었습니다. 어휘력이 아주 탄탄해서 어려운 단어도 상당히 많이 아는 그 학생은 나와 대화를 하면서 일상생활의 쉬운 단어를 못 알아들어 당황해했습니다.

그 당시는 한국에 온 지 얼마 되지 않아 아는 우리말 단어도 갑자기 생각이 안 날 때가 있고, 더구나 신조어는 잘 몰랐을 때였습니다. "쏘우러 머쉰은 어디 있어요?"라고 하자, 어리둥절한 표정을 지었습니다. 그리고 다시 "You wanna 코욱?"이라고 말하자, 못 알아들어서 얼굴이 빨개지더군요.

몇 만 단어를 외운 사람이 soda machine음료수 자판기, Coke콜라 같은 쉬운 말을 못 알아듣다니…. 오히려 쉬운 말을 정확한 발음으로 말하고 듣는 공부를 소홀히했던 것입니다. 결국 그 사람의 영어공부는 심하게 말하면 기초가 없는 모래성과 같다고 할 수 있습니다.

우리가 앞으로 해야 할 공부는 바로 이런 것입니다. 우리는 콜라라고 하지만, 미국이나 해외에서는 Coke이라고 한다는 것. 음료수 파는 자판기는 일종의 vending machine이지만, can 음료를 파는 자판기는 soda machine이라고 한다는 것. 그리고 Coke는 '코크'가 아니라 '코욱'[kouk], soda machine은 '소다 머신'이 아니라 '쏘우더 머쉬인'이 정확한 발음이라는 것. 심지어 '쏘우러 머쉬인'이라고도 발음한다는 것.

사실 특수한 영역의 전문 분야에 관련된 용어들을 제외하면, 미국 사람들이 일상생활에서 쓰는 단어는 우리나라의 중학교 3학년, 고등학교 1학년 정도의 어휘나 표현 수준이면 충분합니다. 그런데 중요한 것은 기초인 정석 발음입니다. 기초를 확실히 배운 후에 연음법칙이나 변칙적으로 변하는 발음들을 배워야 합니다. 그리고 왜 그렇게 들리는지, 어떻게 발음해야 그런 소리가 나는지를 이해하고 입과 귀에 익숙해질 때까지 노력해야 비로소 내 것이 됩니다. Listening 요령을 터득하려고 연음법칙이나 외우려는 사람들은 결코 Listening과 Speaking을 정복할 수 없습니다.

한 가지 예를 더 들어보죠. bad과 bed을 가려 발음하라고 시켜보면, bad을 '베드', bed도 '베드'라고 발음하는 사람들이 적지 않습니다. 알파벳 발음의 기초 없이 회화 책이나 Listening 교재를 이것저것 뒤적이며 표현들을 외우고 들어봐도 실속있는 영어 구사력의 향상은 기대하기가 어렵습니다. 기초가 튼튼해야 실력이 쌓이는 법이니까요.

많은 사람들이 이렇게 쉬운 것은 초등학교, 중학교 때 이미 했으니, 나이가 들어서는 어려운 것을 해야 영어를 잘한다고 생각하는 오류를 범하고 있습니다. 하지만 아무리 어휘력이 뛰어나고 문법 실력이 좋고 독해를 잘해도, 정확한 발음을 알지 못하면 대화가 원활하게 이루어질 수 없습니다.

이제는 알고 있는 것들을 정확하게 전달할 수 있고, 쉽고 자주 쓰는 말들을 잘 알아들을 수 있도록 하는 공부를 해야 합니다. 쉬운 단어라도 자신있게 말하고, 알고 있는 단어들을 활용해서 자신의 생각과 느낌을 정확하게 전달하는 것이 영어 학습의 목표가 되어야 한다는 거죠. A-B-A-B 이상의 길어지는 대화를 할 수 있고, 대화 중에 상대방의 의중을 읽어내려면 말소리sound, 즉 정확한 발음에 익숙해져야 합니다.

독자들에게도 힘껏 외치며 강조하고 싶은 말은 바로 이것입니다.
"지금 알고 있는 것들을 정확한 발음으로, 자신의 감정과 생각이 담긴 말로 재활용Recycle하세요. 실제 미국인들이 하는 말로 재구성Reframe하세요. 그리고 다시 도전Rechallenge하세요."
- Recycle, Reframe, Rechallenge! : 3R 학습법

알파벳을 쓰는 민족은 우리와 구강구조가 다르다 (모음 발음 차이 극복하기)

그러면 알파벳을 쓰는 사람들은 왜 그렇게 말하기도 듣기도 힘들게 발음을 하는 걸까요? 영어나 우리말이나 혀와 입천장 일부와의 접촉 여부, 입안의 공기를 내뿜는 방식, 성대를 울리는지 여부에 따라 소리가 만들어지는 이치는 같습니다. 그런데 알파벳을 쓰는 민족은 우리와 구강구조가 다르기 때문에 소리를 만들어내는 과정에 차이가 생깁니다. 그래서 미국인이 우리말을 하면 발음이 어색하게 들리는 것입니다.

알파벳을 쓰는 민족은 이른바 '아귀'(입속)가 큽니다. 우리와 달리 유목민족이었던 이들은 육식을 주로 했던 반면, 도구를 거의 사용하지 않았습니다. 그 시대가 배경인 영화를 보면 고기를 손으로 잡고 입으로 뜯어먹는 장면을 자주 보게 되는데, 이것이 그들의 주된 식사법이었습니다. 칼은 주로 무기로만 쓰였으며, 식사의 도구로 일반 서민층에서 쓰기 시작한 것은 겨우 100년이 조금 넘었습니다. 야생동물들이 아귀가 발달한 것도 같은 이유 때문입니다. 반면, 우리 민족은 도구를 오래전부터 사용해왔기 때문에 서양인들에 비해 상대적으로 아귀가 퇴화한 것입니다.

이렇게 아귀가 크다 보니 턱의 움직임 또한 큽니다. 우리보다 입을 크게 벌리고 턱을 뚝 떨어뜨리고 발음하는 경우가 많습니다. 특히 모음을 구사할 때 큰 차이를 보입니다 학교에서 '오'와 '아'의 중간발음이라고 가르쳐온 [ɔ] sound가 대표적인 예입니다. 우리나라 사람들은 입술을 오므리고 '오'라고 발음합니다. 그런데 미국 사람들은 '오'라는 모음을 구사하려고 입을 동그랗게 모아주는데, 그만 큰 턱뼈가 아래로 '뚝' 떨어지므로 '아'에 가까운 소리를 냅니다. 그래서 미국인들은 shop도 '숍'이 아니라 [ʃɔp]이나 [ʃɑp]으로 발음합니다.

[i]라는 모음도 마찬가지입니다. 우리말 '이'는 입이 가로로 당겨지며 내는 발음입니다. 그러나 미국인들이 발음하는 i sound는 구강구조가 크고 턱의 움직임 또한 큰지라, 턱이 아래로 '뚝' 떨어지면서 '에'에 가까운 소리를 냅니다. 그래서 number six가 number sex처럼 들리기도 합니다.

이런 구강구조의 차이는 의외로 간단하게 극복할 수 있습니다. '아귀가 큰' 사람들이 하는 말을 그들이 알아듣게끔 발음하려면 입을 크게 벌리고 말하는 습관을 기르면 되죠. 양쪽 귀 앞쪽의 턱뼈를 짚어보세요. 그리고 '아' 하면서 최대한 입을 벌려 그 뼈가 완전히 벌어지는 것을 느껴보세요. 이 연습을 자주 해두면, 영어의 모음을 정확하게 구사할 수 있게 되어 발음이 깨끗하게 들리고, sound에도 익숙해져 귀도 빨리 열립니다.

알파벳을 쓰는 민족은 우리와 성대의 위치가 다르다 (자음 발음 차이 극복하기)

알파벳을 쓰는 민족은 우리에 비해 성대가 안쪽에 위치해 있습니다. 이것은 자음을 구사하는 데 영향을 미치는데, 예를 들어 girl의 g sound는 우리의 'ㄱ' 소리보다 목 안 깊숙한 곳에서 만들어집니다. 마찬가지로 미국인이 발음하는 go와 우리가 말하는 '고'는 아주 다른 소리입니다. 영어의 g sound는 아귀를 포함한 턱 부위를 우리보다 훨씬 크게 벌려 소리를 복강 부분의 깊숙한 곳에서부터 끌어올려 내기 때문에, '(으)고우'로 들립니다. 반면 우리가 내는 소리는 비교적 담백하고 깨끗한 소리로 '고' 하는 단조로운 음가를 가지고 있습니다.

성대의 위치가 다르기 때문에 생기는 소리의 차이도 극복할 수 있습니다. 턱을 목 쪽으로 최대한 당기면 성대가 목 안 쪽으로 밀려들어 갑니다. "girl" 할 때 g sound나 "call" 할 때 c sound를 발음할 때 턱을 목 쪽으로 당기고 소리를 내면 미국식 영어발음에 가까워집니다. 영어가 가지고 있는 공명이 깊은 소리와 우리말 소리의 차이를 느껴보세요. 그 차이를 느끼기 시작하면, 매번 턱을 목 쪽으로 당기지 않아도 발음을 자연스럽게 잘할 수 있습니다.

 ## 영어 고유의 리듬을 훈련하는 기초는 정확한 발음이다 (영어 Listening/Speaking 정복의 키는 리듬 타기)

한국 사람이 Listening과 Speaking을 잘 못하는 가장 큰 이유 중 하나는 바로 영어의 리듬에 적응이 되지 않았기 때문입니다. 사실 아무리 정확한 발음을 안다고 해도 영어 특유의 리듬감을 익히지 못하면 Listening과 Speaking을 잘할 수 없습니다.

우리나라 사람들이 영어의 리듬을 잘 익히지 못하는 이유 중 하나는, 그동안 문법과 독해를 중요시하는 학습에서 강조했던 기능어들인 전치사, 대명사, 접속사, 조동사, to부정사, 수동태의 be동사 등을 중심으로 듣고 말하기 때문입니다. 하지만 실제로 외국인이 말하는 것을 들어보면, 이런 문법적인 요소들은 약하게 발음하며, 앞뒤 말에 묻혀 들리는 둥 마는 둥 스쳐 지나갑니다. 말에서는 문법이 필요 없다는 다소 과격한 주장도 여기서 나오는 것입니다.

물론 억양은 말하는 사람의 의도, 기분, 상황, 말을 듣는 사람과의 관계에 따라 달라질 수 있습니다. 그럼에도 불구하고 일반적인 상황에서 영어라는 언어의 특성을 나타내는 요소가 몇 가지 있습니다. 보통 영어 문장에서 단어들은 내용어content words와 기능어function words로 나뉩니다.

내용어content words는 화자가 전달하고자 하는 내용을 담은 말, 화자의 의도가 실린 말입니다. 사람 이름이나 사물의 이름, 육하 원칙에 따라 상황 표현에 중심이 되는 동사나 부사, 날짜·시간·전화번호 등 실제 대화에서 중요하게 취급하는 숫자, 문장의 진위 여부를 정하는 부정어, 화자가 의도적으로 강조하는 말 등이 이에 속합니다.

이에 반해 문법적 기능은 있지만, 의사를 전달하는 데 결정적인 요소가 되지 않는 말들을 기능어function words라고 합니다. 대명사, 조동사, 관계대명사, 수동태나 진행형을 만들기 위해 동원된 be동사, 접속사, 전치사, 관사 등이 기능어function words에 속합니다.

영어의 리듬은 강세를 받는 내용어content words와 강세를 받지 않는 기능어function words에 의해 형성됩니다. 리듬의 기초 단위는 한 단어 내에서 일어나는 강세stress입니다. 한 단어를 익히더라도 그 단어 안에서의 강세 패턴을 소리로 정확하게 익혀두어야 영어에서 표현되는 리듬감을 기초부터 몸에 익힐 수 있습니다. 소리가 만들어지는 과정과 소리의 고저·장단까지 익혀야 정확한 발음이 완성되는 것입니다.

Listening 분량이 많을수록 각 단어의 강세나 억양 패턴에 얼마만큼 익숙해 있는지가 들려오는 정보를 처리하는 능력에 상당히 중요한 변수로 작용합니다. 단어의 강세나 억양 패턴에 익숙해지려면, 우선 많이 듣고, 따라 읽고, 한 단계 더 나아가 원어민과 똑같은 억양을 구사할 수 있도록 반복 훈련을 해야 합니다. 자신의 흥미와 수준에 맞는 영어 방송 프로그램을 정해놓고 꾸준히 공부한다면 효과가 더욱 커질 것입니다. 이런 연습 과정을 통해 영어의 리듬감뿐 아니라 연음에 대한 감각도 자연스럽게 몸에 배게 됩니다.

정확한 미국식 발음의 기준은 도대체 무엇일까?

발음이 좋아지는 방법을 배우기 전에 먼저 짚고 넘어갈 것이 있습니다. 도대체 정확한 미국식 발음의 기준은 무엇인가 하는 것이죠. 흔히들 좁다고 말하는 우리나라도 지방마다 사투리가 있는데 그 넓은 미국은 어떻겠습니까. 미국식 영어American English는 영국식 영어British English의 영향을 많이 받은 동부식Eastern accent, 모음을 길게 늘여서 말하는 경향이 강한 남부식Southern accent, 대중매체와 지식인들, 공식석상에서 주로 구사되는 서부식Western accent, 캐나다의 불어권 지역과 접경을 이루고 있는 북부식Northern accent 등 크게 4가지로 나눕니다.

우리에게는 '사투리'라는 말이 표준어보다 열등하다는 개념이 있지만, 미국에서는 지역마다 가지고 있는 독특한 '어투'라는 의미로, 선입관 없이 쓰이고 있습니다. 정치인이나 연예인들이 자신에게 필요한 억양을 구사하기 위해 노력을 아끼지 않는 경우도 있는데, 미국 중남부 출신인 클린턴 대통령의 경우, 심한 남부 억양을 고치기 위해 언어학자를 초빙하고 서부식 억양을 구사하기 위해 스피치 코치speech coach를 고용할 정도로 많은 노력을 했습니다. 또한, 오바마 대통령이나 오프라 윈프리 등과 같은 아프리카계 미국 명사들의 경우, 미국 흑인들의 고유 억양을 전혀 구사하지 않고 깨끗한 표준 영어를 구사하는 것을 볼 수 있습니다. 사회적으로 영향력을 미치는 자리로 올라갈수록 억양과 말투가 개인적 이미지 전달에 중요하다는 것을 시사하는 현상입니다.

이 책에 담긴 한글 표기나 mp3파일에 담긴 미국 성우들의 발음은 대중매체와 지식인들, 공식석상에서 주로 구사되는 서부식 발음을 표준으로 삼았습니다. 영어발음을 한글로 표기하는 경우, 글자상 표기에 한계가 있으므로, 반드시 mp3파일을 들으면서 발음의 정확한 음감을 익히는 것이 중요합니다.

사전의 발음기호는 실제 미국식 발음과 다를 수 있다

영어 사전은 영어를 공부하는 학습자들에겐 없어서는 안 되는 도구입니다. 그리고 영어사전에 나와 있는 발음기호는 실제 영어를 원어로 쓰는 사람들의 발음 습관을 옮겨놓은 것입니다. 하지만 사전의 발음 표기는 언어 습관의 변화 속도를 쫓아오지 못하고 있습니다. 일상생활에서 사람들이 많이 쓰는 발음이라 하더라도, 학자들이 오랜 시간 동안 검증작업을 한 후에야 사전에 발음기호로 표기되기 때문입니다. 발음은 사전만 가지고 공부하면 안 된다는 것이 바로 이런 이유 때문입니다.

사전에 수록된 발음과 현재 미국인들이 구사하고 있는 영어발음의 차이를 극명하게 보여주는 것이 바로 t sound입니다. 현재 미국식 영어에서 t sound는 사전에 나와 있는 정통 t sound를 제외하고 7가지 sound로 변신합니다. 사전에 [t]라고 표기되어 있다고 그렇게 들릴 것으로 예상하고 있다가는 당황하게 됩니다.

미국 사람들은 건전지를 battery[배뤄리]라고 발음합니다. '빳데리'도 '배터리'도 틀린 발음입니다. 록키 산맥은 Rocky Mountains[마운흔z]라고 '흔' 하는 콧소리를 넣어 발음합니다. 중국인, 일본인, 한국인을 '동양계 녀석들'이라고 하는데, "Oriental[어뤼에닐] guys"라고 발음합니다. 이와 같은 t 발음의 변화를 이 책에서는 7가지 법칙으로 정리해 놓았습니다. t의 8가지 변화를 '일단' 무작정 따라한 후, 미국인과 대화하거나 미국 드라마나 영화를 보면 t발음의 변화무쌍함을 실감하며 감탄하게 될 것입니다.

 ## 정확한 발음을 익히기 위한 훈련방법

❶ sound mode로 입력해야 오래간다.

100번 눈으로 보고 손으로 써보는 것보다는 자기의 목소리로 입력해두는 것이 머릿속에 확실하게 저장됩니다. text mode보다는 sound mode로 입력해 놓은 정보가 오래 저장되며, Listening, Speaking, Reading, Writing의 4가지 언어활동 영역 가운데 어떤 것으로든 전환속도가 빠릅니다. 간판, 신문, 잡지, 현수막 등 생활 주변에 널린 것이 영어입니다. 영어를 접하면 무조건 소리 내어 반복해보는 습관을 들이세요. 책이나 잡지를 읽다가도 좋은 말이 있으면 '내가 하는 말이다' 생각하고 감정을 넣어 읽어보세요.

유치원이나 초등학생들을 위한 수업에서 실제 사과를 보여주고 만지게 하면서 apple이란 단어를 가르치면, 그 단어를 받아들이는 속도도 빠르고 훨씬 빨리 습관적으로 그 단어를 사용할 수 있게 된다고 합니다. 언어는 감각을 총동원해서 익혀야 쉽게 습관으로 자리 잡을 수 있습니다. 기억이 좀더 오래 가게 만들려면 소리 내어 반복해서 읽고, 동시에 글자로 써보는 것도 좋은 방법입니다.

> [손으로 쓰고] **on time** 시간에 맞춰
> [눈으로 보면서 소리 내어 읽기] "**on time** [ɔːn taim]"
> [내 목소리를 들어보고] "언타임"

❷ 단어 하나로 예문을 5개 이상 만들어 소리 내어 읽어본다.

단어의 한 가지 뜻을 확실하게 익혀 내 말처럼 활용하려면 적어도 5가지 상황을 접해 보아야 합니다. 그런데 직접 체험은 어려우니, 예문을 통해 일종의 간접 체험학습을 하는 단계입니다.

> I always try to be on time. 난 늘 시간을 지키려고 노력하죠.
>
> Tell Sue she has to be on time. 시간 꼭 지켜야 한다고 Sue한테 말해.
>
> You never get here on time. 넌 여기에 시간 맞춰 오는 적이 없구나.
>
> Ask them to try to be on time. 걔들한테 시간 좀 지키라고 얘기해요.
>
> Encourage him to be on time. 그 사람한테 시간 좀 지키라고 잘 타일러봐요.

❸ 상황을 머릿속에 그려본다.

특히, 구어체는 문법에 맞는지부터 따지기보다는 우선, 생각과 감정이 담긴 말로 느끼는 것이 중요합니다. 예문을 읽을 때는 실제 말하는 상황이라고 느끼면서 읽어야 합니다. 그러기 위해서는 머릿속에서 구체적으로 영화나 드라마의 한 장면처럼 만들어보는 것도 좋습니다. 평소에 좋아하는 배우 혹은 좋아하는 친구를 등장시켜 앞에 놓고 이야기하듯, 감정이입이 된 상태에서 말해보세요. 구어체 영어 문장은 최대한 구어체 우리말로 전환하여 머릿속에 입력해두세요.

> A I got a promotion. 나는 승진했습니다.
> B Well, this calls for a celebration! 그래요, 이것은 축하할 일입니다!

이런 경우 영어에 맞게 우리말도 다음과 같이 구어체로 입력해두는 것이 좋습니다.

> A 나 승진했어.   B 그래, 그럼 한턱 쏴야지!

그래야 머릿속에서 우리말로 전환하는 시간이 갈수록 훨씬 줄어듭니다.

❹ 자신의 목소리도 들어봐야 효과가 배가 된다.

외국어를 익히는 최선이자 유일한 방법은 바로 듣고 따라하는 반복훈련입니다. 언어를 습득하는 과정에서 듣고 따라하는 학습법은 옛날 그리스, 로마 시대나 21세기에 들어선 지금이나 유일무이한 외국어 학습법입니다. 구조주의나 인지론 등 영어 학습법에 관한 학설들이 많이 등장했지만, 방법론적인 면에서 듣고 따라하는 방법만은 무시하지 못하고 있습니다. 어린 아기가 수많은 실수와 반복을 통해서 우리말을 터득해가는 과정을 생각한다면, 실수와 반복이 언어 습득의 왕도임을 재차 확인하게 됩니다.

모국인 화자의 발음을 듣고 따라하는 과정을 반복한 후, 동시녹음처럼 play 버튼을 누른 후 모국인 화자와 동시에 읽어보는 것도 좋은 방법입니다. 속도와 음정의 고저·장단을 확인하고, 자신도 모르게 실수하는 부분을 잡아낼 수 있기 때문입니다.

그리고 또 하나 자신이 따라 한 영어발음을 녹음해보세요. 그리고 자신의 영어발음과 원어민의 발음이 어떤 점에서 차이가 나는지 잘 들어보고 고치세요. 자신의 귀로 자신이 말하는 정확한 발음을 들을 때, 학습효과는 더욱 커집니다.

❺ 이 책을 두 배로 활용하려면

영어에 정말 자신이 없는 사람이라면, 우선 좋은 영어 책을 한 권 골라 끝까지 소리 내어 읽어보세요.

일단 이 책을 선택한 독자라면, 처음부터 차근차근 끝까지 소리 내어 읽어보세요. 그리고 mp3파일을 직접 따라하면서 한 번 공부한 후, mp3파일만 다시 들어보세요. 안 들리는 부분은 반복해서 따라 읽고 다시 처음부터 듣는 습관을 들이세요. 이렇게 몇 번 듣고 따라한 후에는 받아쓰기를 하는 것도 효과적입니다.

t만 알아도 영어의
70% 가 들린다!

첫째마디 · 영어발음의 기초, t sound 익히기

미국 영어발음을 공부할 때 가장 중요한 것은 t의 8가지 변화입니다.
왜 A가 아니라 T가 먼저냐고요? t를 알면 미국식 영어 Listening의 70%는 해결되거든요.
정말 그런지 지금부터 확인해볼까요?

첫째마디

영어 발음의 기초,
t sound 익히기

01

T법칙 1 – 기본부터 잡자! original t

강의 및 예문듣기

토스트의 'ㅌ'은 t 발음과 다르다

t

정석 t 발음
우선 정석 t 발음으로 탄탄한 기본기를 닦아볼까요? t는 입천장 볼록한 부분에 혀끝을 댔다가 떼면서 바람만 내보내는 소리입니다. t가 끝소리로 나올 때는 받침으로 들어가 거의 들리지 않습니다.

task   two   interest   jacket   fitness

 입에 착! 발음 이야기

미국 영화나 드라마에서, 또 실제 대화에서 원어민이 발음하는 t 소리를 가만히 들어보면 어떤 때는 'ㄹ'처럼 굴리기도 하고, 어떤 때는 거의 들리는 둥 마는 둥 대충 발음하는 것 같기도 하고, 어떤 때는 [n]으로 발음하기도 합니다. 사전에 나와 있는 발음기호 [t]가 기본이고 정석이지만, 사전에 제시된 원칙과 실제 대화가 이뤄지는 현장에서 듣는 것은 차이가 있습니다.

대표적으로는 미국이냐 영국이냐에 따라, 또 미국이라고 해도 동부냐 서부냐 남부냐 북부냐 등 지역에 따라 영어 발음이 다르게 들릴 수 있는데, 영어의 종주국이라고 하는 영국식 영어에서는 t sound가 사전에 나온 그대로 발음됩니다. 그런데 소위 미국식 영어를 한다고 할 때는 바로 이 t sound에서 그 차이가 두드러지게 나타납니다. 미국식 영어 하면 굴리는 발음, 즉 '외국물 좀 먹은' 티를 내는 버터butter 발음이라고들 하는 이유가 t sound에 있습니다.

사전에는 한 가지로만 나와 있는 이 t sound가 실제로는 얼마나 다양하게 발음될까요? 사전에 나와 있는 정석 t 발음을 제외하고도 무려 7가지나 됩니다! 그러니까 글자로는 하나인 t가 미국인과 이야기할 때는 **8가지 다른 sound**로 들릴 텐데, 여러분은 이 소리를 제대로 구분해 들을 준비가 되어 있나요? 다른 sound보다 유난히 변수가 많은 것이 미국식 영어의 t sound입니다. 그러다보니 t sound만 확실하게 알아들을 수 있어도 미국식 영어 Listening의 70%는 해결됩니다.

정석 t는 우리말 'ㅌ' 발음이 아닙니다.

기초부터 차근차근 쌓아야 실력이 쑥쑥 늘어납니다. 그래서 t의 다양한 변화를 배우기 전에 먼저 정석 t 발음을 알아보죠.

흔히들 t sound를 우리말의 'ㅌ'과 같은 소리라고 알고 있잖아요. 그래서 '태권도'를 영어로 표기할 때도 t로 시작하고요. 하지만 우리말의 'ㅌ'과 영어의 t sound는 차이가 있습니다. '토란/화투'라고 말해보세요. 우리말의 'ㅌ'은 혀의 앞 상당 부분이 입천장에 닿으면서 나는 소리입니다. 그렇지만 tennis나 two를 발음할 때의 t sound는 혀끝이 입천장에서 앞니 뒤쪽으로 볼록하게 도드라진 부분에 닿았다가 떨어지면서 나는 소리죠. 이 책에서도 한글로 발음을 표기하다 보니 t sound를 우리말에 가장 가까운 'ㅌ'으로 표기하고 있지만, 엄밀하게 말해 다른 소리입니다.

지금 혀로 입천장을 죽 훑어보세요. 입천장에 볼록하게 튀어나온 부분이 느껴지죠. t 발음을 할 때는 혀끝을 바로 그 볼록 튀어나온 부분에 대야 합니다. 아기를 어를 때 혀로 '똑똑'거리거나, 개들을 부를 때 '똑똑똑' 하는 소리를 내잖아요? 바로 그 위치에 혀끝을 대고 [t] 소리를 내면 됩니다.

정석 [t] 발음

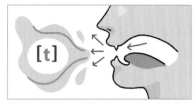

혀끝이 입천장의 볼록 튀어나온 부분에 살짝 닿았다가 떨어지면서 바람을 세게 터뜨리듯 소리를 냅니다.

t sound를 발음할 때는 혀끝을 입천장의 볼록한 부분에 대었다가 떼면서 소리를 낸다는 것을 꼭 기억해야 합니다. 앞으로는 t가 ㄹ 비슷한 소리로 들릴 경우, 콧바람 소리로 들릴 경우 등 t의 7가지 소리 변화를 배우게 되는데, t가 어떤 소리로 변하든 혀의 위치는 변함이 없다는 점을 기억하세요. 나중에 배우겠지만 d나 n 발음도 이 위치에서 만들어진답니다.

한글 표기상 t sound에 가장 가까운 것이 우리말 'ㅌ'이고 이 책에서도 'ㅌ'으로 표기하고 있지만, 잘 들어보면 아주 다른 소리라는 것을 꼭 기억해주세요.

2단계
단어 발음훈련

정석 t sound, 단어로 익히기

$$[t]$$ 정석 t 발음을 연습할 때는 혀끝의 위치가 중요합니다.
혀끝을 입천장 볼록한 부분에 살짝 대면서 발음해야 진짜 미국식 발음이죠.

❶ 구운 빵

❷ 비틀어 돌리다, 곡해하다

❸ 타이타닉

❹ 대본

❺ 탁구

❻ 메모

❼ 다중 매체

		미국식 발음 😊	잘못된 발음 ☹
❶	toast	토우슽[toust]	토스트
❷	twist	트위슽[twist]	트위스트
❸	Titanic	타이태닉[taitǽnik]	타이타닉
❹	script	ㅅ끄륖ㅌ[skript]	스크립트
❺	table tennis	테이벌 테늣쓰[téibl ténis]	테이블 테니스
❻	note	노욷[nóut]	노트
❼	multimedia	멀티미리어[mʌ̀ltimí:diə]	멀티미디어

> 여기까지 따라하면 **진짜 미국발음!**
>
> ❹ script와 ❻ note
> 단어의 끝소리 -t 혹은 -te는 받침소리 정도로만 발음해야 합니다. 모음 다음에 나와 일종의 받침소리 역할을 하는 거죠. 이때 t는 바람이 터져 나오다가 멈춰진 소리이므로 받침소리로 발음할 때 거의 들리지 않는 경우도 많습니다. 그런데 이 경우 소리가 안 난다뿐이지, 혀는 t를 발음할 때의 위치, 즉 혀끝을 입천장의 볼록한 부분에 대어야 합니다. 보통 tape, cake, peak과 같이 p/t/k가 모음 다음에 받침으로 나오는 경우 나오는 바람을 막는 식으로 발음합니다.

3단계
문장 발음훈련

굴리는 t sound, 문장에서 가려듣기

실제 native의 t 발음을 들어보세요. 우리가 'ㅌ'로 발음할 때와는 다른 분위기가 느껴질 것입니다. 그게 다 발음할 때 혀끝의 위치가 달라서 생기는 차이입니다.

❶ Tina는 Tennessee의 작은 마을 출신이야.

❷ 우리(가 타고 갈) 비행기는 밤 10시 20분에 떠날 거야.

❶ **Tina** came from a small town in **Tennessee**.

❷ Our **flight** will be leaving at 10:20 p.m.

> 여기까지 따라하면 **진짜 미국발음!**
>
> ❶ Tina는 티나가 아니라 '티너[tínə]', Tennessee는 테너씨이[tènəsí:].
> ❷ flight에서 gh는 묵음이므로, 모음 다음에 나오는 t는 받침소리입니다.

초콜릿을 너무 많이 먹으면 살찔 거야.

④ 걔네들 도쿄 간데?

⑤ Ted가 그랬는데, 조금 지연 될 거래.

⑥ 여기 어디서 진동소리가 나 는데, 누구 (전화기) 거야?

⑦ 알겠습니다. 내일 아침에 바 로 전화 올리죠.

⑧ Robert하고 나 정말 재미 있게 보냈어.

⑨ Anita는 조용히 자기 신발 을 집어들었다.

⑩ 테니스장이 어딘지 가르쳐 주실래요?

❸ You'll get **fat** if you **eat too** much **chocolate**.

❹ Are they coming **to Tokyo**?

❺ **Ted** said there's going **to** be **a short** delay.

❻ There's a buzzing noise around here. Whose is **it**?

❼ Okay, I'll call you **first** thing in the morning.

❽ **Robert** and I had a **great time**.

❾ **Anita quietly picked** up her shoes.

❿ Can you **tell** me where the **tennis court** is?

이것까지 따라하면 진짜 미국발음!

❸ chocolate은 초코렛이라고 하지 마세요. 촤컬릿 [tʃɑ́kəlit].

❹ Tokyo는 도쿄가 아니라 '토우키요 [tóukiou]'라고 영어식으로 정확하게 발음하세요.

❺ short delay 쇼오r(ㅌ) 딜레이 [ʃɔ́ːrt dilèi]에서 short의 t는 받침소리여서 거의 들리지 않 는 경우도 있습니다. 단, 혀는 정석 t 발음 위치에 가 있어야 합니다.

❼ first thing ①퍼r슽 (θ)씽 [fəːrs(t) θiŋ]. first의 마지막 t도 역시 다음에 오는 th[θ] 발음 에 묻혀 잘 들리지 않습니다.

❽ Robert를 '로버트'가 아니라 롸버r(ㅌ) [rɑ́bərt], great time에서 t는 한 번만 발음합니다. 그래서 '그뤠이타임 [greitaim]'.

❾ Anita는 두 번째 음절에 강세(accent)가 있습니다. Anita = 어니러 [ənítə] quietly에서 t 도 받침소리로 발음되므로 잘 안 들립니다. quietly는 '콰이어틀리'가 아니라 '콰이엇을리 [kwáiətli]'입니다. 이때 '을'은 들릴 듯 말 듯 급히 발음하고 지나가고 t와 l 사이를 발음할 때 잠깐 숨을 멈췄다가 '을리' 하고 소리 내세요. lightly, absolutely, tightly, greatly도 마찬 가지 요령으로 발음합니다.
picked up 픽텁 [piktʌp].

❿ court는 단어만 발음하면 t가 받침소리가 되어 들리지 않습니다. 하지만 이 문장에서는 연음 이 되어 t가 분명하게 들리고 있습니다. court is [kɔərtiz].
연음을 대비하여 입천장 볼록한 곳에 혀끝을 대기시켜 놓는 것 잊지 마세요.

02 T법칙 2 – 연음의 주범, 굴리는 소리 t[t]

파티가 아니라 '파아리'라니까!

강의 및 예문듣기

굴리는 소리 [t]

미국인이 party를 발음하는 것을 들으면 파티가 아니라 '파아리'처럼 들립니다. 이는 t 발음을 할 때 굴리는 소리를 내기 때문입니다. **t**는 강모음과 약모음 사이에 오면, 'ㄹ'과 비슷한 굴리는 소리로 변합니다. 〈강모음+rt+약모음〉, **-tle, -ttle**일 때도 마찬가지죠.

water   item   exciting   bottle

입에 착! 발음 이야기

시트콤^{sitcom}을 보다 보니 한국 남자가 외국의 어떤 고급 식당에서 여자에게 잘 보이기 위해 겪는 일을 재미있게 보여주는 장면이 있더군요. 남자는 한 손을 번쩍 올리면서 기세등등하게 이렇게 말했습니다.

"웨이러, 워러 please."

식당의 모든 사람들의 시선이 집중돼도 남자는 어깨를 으쓱거리며 거만한 표정을 짓더군요. 이 친구 **water**는 제대로 굴렸는데…. 고급 식당에서든 패밀리 레스토랑^{family restaurant}에서든 **waiter**나 waitress라는 단어 대신 Excuse me!라고 해야 합니다. 고급 식당일수록 waiter 와 대화할 때 조용한 목소리로 정중한 표현을 써야 제대로 대접을 받습니다. 그러므로 단순히 손짓을 크게 하면서 목소리를 높여 "워러, please." 하는 것은 무례한 행동으로 취급당하죠. 눈을 마주쳐 waiter의 시선을 잡거나 가까이 지나갈 때까지 기다렸다가 "Excuse me." 하고 불러 세운 다음, "Would you get me some **water**, please?"라고 해야 한다는 거죠.

미국식 발음을 혀 꼬부라진 발음이라고들 합니다. 대부분의 사람들은 [r] 발음 때문에 그렇게 들린다고 생각합니다. 하지만 실제로 우리가 'ㅌ'라고만 알고 있는 t sound의 변형된 소리도 혀 꼬부라진 발음을 내는 데 톡톡히 한몫을 합니다. waiter와 water가 그렇게 발음되는 것은 [r] 발음 때문이 아니잖아요. better, city, party 같은 단어에서 이런 변화가 일어납니다. '밧떼리'라고 하는 'battery 배뤄리[bǽtəri]'가 굴러가는 느낌이 드는 것도 바로 t sound의 발음 변화 때문이랍니다.

1단계

발음 따라잡기

r이 없어도 굴러가는 t 발음

[t̬]는 일명 '굴리는 t 발음 기호'로, 정석 t 발음에 비해 혀의 힘이 풀려서 나는 소리죠. 기본 [t] 형태에서 혀가 일직선 모양 - 대신에 혀끝이 입안으로 말려 들어가는 ⊂ 모양으로, 이때 ⊂는 혀의 구부러지는 움직임을 뜻합니다. 이 발음을 할 때 혀가 입천장의 볼록한 부분을 슬쩍 스치고 목젖을 향해 말려들어가는 모양을 t에 합쳐서 (t+⊂)로 표현해 놓은 기호입니다. 이 기호를 기억해두면 발음기호를 볼 때마다 혀의 움직임을 연상하기 쉬울 거예요.

water에서 t sound는 모음과 모음 사이에서 굴러가면서 약화되어 우리말의 'ㄹ'과 비슷한 굴리는 소리가 됩니다. 되도록 t 같은 거친 음을 피하며 발음을 쉽고 편리하게 하려는 경향 때문이죠. 같은 이유로, what a는[왙어]가 아니라 [워러]입니다.

우리말의 ㄹ 발음은 혀 앞부분 전체가 입천장의 많은 부분에 닿는 반면, 영어의 굴리는 t sound는 '혀끝'이 입천장의 볼록 튀어나온 부분에 살짝만 닿는다는 점이 다릅니다.

🎧 02-1.mp3

2단계

단어 발음훈련

굴리는 t sound, 단어로 익히기

$[t̬]$ 혀끝이 입천장의 볼록한 부분을 스치는 느낌이 있어야 정확한 [t̬] sound입니다. 굴리는 t는 주로 강세가 있는 모음과 강세가 없는 모음 사이에서 나는 소리입니다.

		미국식 발음 ☺	잘못된 발음 ☹
❶	item	아이럼 [aitə̬m]	아이템
❷	total	토우럴 [tóut̬əl]	토탈
❸	tomato	터메이로우 [təméit̬ou]	토마토
❹	Peter	피이러r [píːt̬ər]	피터
❺	setup	쎄럽 [sét̬ʌp]	셑엎
❻	butter	버러r [bʌ́t̬ər]	버터/빠다
❼	matter	매애러r [mǽt̬ər]	매터
❽	automatic	아어러매릭 [ɔ̀ːt̬əmǽt̬ik]	오토매틱

❶ (목록에 있는) 개별 항목

❷ 합계, 총

❸ 토마토

❺ (가구나 기계를) 조립하여 장착

❼ 문제, 사안

❽ 자동 방식인

[-rt]

party에서처럼 〈강모음 + rt + 약모음〉도 굴리는 t가 되죠. 혀를 구부려 발음하는 [r]은 자음이 아니라 모음의 연장이기 때문에 자음으로 구분하면 안 됩니다.

① 파티, (사교적) 모임
② 예술인
③ 더러운, 야한
④ 1/4, 분기, 25전짜리 미화 동전
⑤ 기자
⑥ 휴대하기 좋은
⑦ 인증하다, 면허를 교부하다
⑧ 편안한

		미국식 발음 ☺	잘못된 발음 ☹
❶	party	파아r리 [pá:rti]	파티
❷	artist	아아r리슽 [á:rtist]	아티스트
❸	dirty	더어r리 [də́:rti]	더티
❹	quarter	쿼어러r [kwɔ́:rtər]	쿼타
❺	reporter	뤼포어r러r [ripɔ́:rtər]	리포터
❻	portable	포어r러블 [pɔ́:rtəbl]	포터블
❼	certify	써어r리①파이 [sə́:rtifài]	서티파이
❽	comfortable	캄①퍼r러벌 [kʌ́mfərtəbl]	컴포터블

[-tl]

-tle나 -ttle의 형태일 때도 t는 [t]로 변하죠. 뒤에 있는 l은 글자 자체는 자음으로 분류되나 발음할 때는 모음인 [어]로 시작합니다.

① (크기, 부피, 양이) 적은
② 제목, 표제, 직함
③ 전투
④ 주전자
⑤ 정착하다, (문제, 분쟁 등을) 결론짓다
⑥ 미묘한, 희미한

		미국식 발음 ☺	잘못된 발음 ☹
❶	little	리럴 [lítl]	리틀
❷	title	타이럴 [táitl]	타이틀
❸	battle	배럴 [bǽtl]	배틀
❹	kettle	케럴 [kétl]	캐틀
❺	settle	쎄럴 [sétl]	새틀
❻	subtle	써럴 [sʌ́tl]	써틀
❼	It'll	이럴 [ítl]	잇일
❽	that'll	(ð)대럴 [ðǽtl]	댓일

이것까지 따라하면 진짜 미국발음!

⑥ subtle의 b는 묵음, 즉 철자는 있되 소리가 나지 않는 발음입니다.

굴리는 t sound, 문장에서 가려듣기

앞 단어가 〈강모음 + t〉로 끝나며 뒤에 모음으로 시작하는 단어가 오는 문장에서 t sound는 [t]로 변합니다. 자, 그럼 앞에서 익힌 것들을 문장을 통해 얼마나 들을 수 있는지 확인해보도록 하죠.

① 토마토 주스 주세요.

② 피터는 정말로 끝내주는 예술개화가, 연주가지!

③ 그 사람 직함이 뭐래?

④ 이거 한글 자막 있어요?

⑤ 이거 편안하고 좋네요.

⑥ 그렇지! 바로 그거야!(말귀 알아들었네!)

⑦ (초인종이 울릴 때) 내가 나가볼게요. / (전화벨이 울릴 때) 내가 받을게요.

⑧ 나가!(꺼져). / (짓궂은 농담할 때) 됐어!

⑨ (뜻밖의 장소에서 비교적 친한 사람을 만났을 때) 여기서 뭐 해요?

⑩ 거기 가는 데 몇 시간은 걸릴 거예요.

① **Tomato** juice, please.

② **Peter** is a great **artist**.

③ What's his job **title**?

④ Does it have Korean **subtitle**?

⑤ This is nice and **comfortable**.

⑥ You **got it**.

⑦ I'll **get it**.

⑧ **Get out** of here!

⑨ **What are** you doing here?

⑩ **It'll** take hours to get there.

 이것까지 따라하면 **진짜 미국발음!**

② great artist: '그뤠잍 아아r리슽.' 마지막 -st sound는 모두 받침으로 발음합니다.

⑤ 영어에서는 '~하고 좋으네요'라고 할 때 nice and pretty/warm/cool ~ 하는 식으로 말하죠.

⑨ doing은 미국인들은 보통 [두우잉] 정도로 발음합니다.

아하, 그렇구나! 술잔을 비울 때는 One Shot 대신 Bottoms Up!

앞에 있는 술잔을 비우기를 권유할 때 흔히 One Shot이라고 하잖아요. One Shot은 '총 한 방, 주사 한 대, 술 한 잔'이라는 뜻으로도 들리기 때문에 올바르지 않습니다.

또 조금 아시는 분들은 "바름 샵!"이라고 말하더군요. 한번에 다 마시자는 표현은 "Bottoms up!"이라고 하는데, '바름 샵'이 아니라 '바름 접'[bʌ́təmzʌ́p]입니다.

"Toast!" 하고 건배를 청하면서 "To Elena," 잔을 들면서, "Welcome back home!" 하면 나머지 사람들은 "Welcome back home!" 하고 따라서 잔을 올리죠. 건배^{toast}를 한 후에는 마시지 않더라도 잔을 입술에 대고 마시는 시늉을 하는 것이 예의입니다.

03

T법칙 3 – 흥흥, 콧바람 소리 t[t̚]

Hilton Hotel이 힐튼 호텔이 아니라고?

강의 및 예문듣기

---

t | **콧바람 소리 t[t̚]**
이번에 배우게 될 콧바람 소리 t는 대화를 하거나 listening을 할 때 often, Hilton Hotel 등을 정확히 알아들을 수 있게 해줍니다. 단어 가운데 **t**가 있고 끝이 **n**으로 끝나서 [tn]일 때 [t̚]는 콧바람 소리로 발음합니다.

button **certain** **mountain** **Boston**

  입에 착! 발음 이야기

처음 미국에 유학을 오면 학비 조달을 위해 주로 밤이나 아침 일찍 아르바이트^part timer를 하는 경우가 많습니다. 남들이 자는 시간에 야간근무^graveyard shift를 뛰면 돈을 두세 배로 받을 수 있으니까요. drive-in dairy에서 part timer를 할 때였는데, 일요일 이른 아침 시간에 묘령의 여성이 차를 몰고 가게 입구로 들어섰습니다. 그때의 대화를 한번 들어보세요.

"Give me a 만두."

'미국 사람이 아침부터 웬 만두?' 그래서 이렇게 말했죠.

"You can find them in the oriental market or restaurant. (만두를 사려면 동양 식품점이나 음식점에 가셔야죠.)"

"You're carrying it here. (여기 있다니까요.)"

"Would you mind stepping out of your car and getting it? (죄송합니다만, 차에서 내려서 직접 가져가시겠어요?)"

그 여성은 씩씩대며 차에서 나와 매장으로 걸어 들어왔습니다. 그리고 냉장고 문을 열더니 음료수 하나를 집어 들었는데, 바로 **Mountain Dew**였습니다. [마운튼 듀우-]가 '만두'라고 들리다니…. 미국인 친구에게 물어본 후에야 [마운튼 듀우-]가 아니라 [máun흔 dju:]로 콧바람 소리를 심하게 낸다는 걸 알았습니다. 중학교 때 대부분 often의 t sound가 묵음이라고 배웠잖아요? 하지만 often의 t는 묵음이 아니라 미국 사람들이 독특하게 발음하는 것뿐입니다.

---

graveyard shift 밤 12시부터 새벽 6시까지 근무하는 걸 뜻합니다. graveyard는 '묘지'라는 뜻이죠. 귀신도 잠든, 묘지처럼 조용하고 한산한 시간에 일한다는 뜻입니다. **drive-in dairy** 차를 몰고 가게 안까지 진입하여 차에 앉은 채 물건을 주문하면 종업원이 그 차까지 물건을 가져다주는 편의점의 일종입니다. 주로 음료수, 빵, 과자와 같은 snack, 간단한 일용잡화(grocery)를 취급합니다.

콧바람으로 소리내는 t[ǂ]

정석 t 발음은 입에서 공기가 터져나가듯이 소리가 만들어지죠. 그런데 '튼' 하는 발음을 미국인들이 할 때는 입보다는 코를 통해서 바람이 세게 나갑니다. 그래서 t에서 – 대신에 콧구멍을 상징하는 의미로 ∞를 얹어 놓은 것입니다. 단어의 발음이 [-tn]으로 끝나면 t는 콧바람 소리 '흔'으로 발음됩니다. 자, 그럼 어떤 식으로 발음하는지 알아볼까요?

일단 정석 t를 발음할 때처럼 혀끝을 입천장의 볼록한 부분에 살짝 대세요. 그리고 코를 풀 때처럼 '흔' 하고 공기를 힘껏 코로 내보내세요. 그러면 완벽한 미국식 발음이 됩니다.

콧바람 소리 t[ǂ]

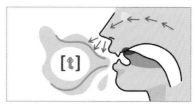

입천장 볼록한 부분에 혀끝을 댄 채 '흔' 하면서 공기를 힘껏 코로 내보내세요.

🎧 03-1.mp3

t가 n을 만나 콧바람이 났다

$$[ǂ]$$ 입천장 볼록한 부분에 혀끝을 댄 채 '흔' 하면서 공기를 코로 내보내며 발음하세요. 그런 느낌으로 발음을 하면 완벽한 미국식 발음이 됩니다.

① 힐튼 호텔
② 솜. 면화
③ 버튼
⑥ 맨해튼
⑦ 샘. 분수

	미국식 발음 ☺	잘못된 발음 ☹
❶ Hilton Hotel	히을흔[hílǂn] 호우텔[houtél]	힐튼 호텔
❷ cotton	칼흔[kɔ́ǂn]	코튼
❸ button	벌흔[bʌ́ǂn]	버튼
❹ Latin America	랩흔 어메뤼커[lǽǂn əmérikə]	라틴 아메리카
❺ Mountain Dew	마운흔 듀[máunǂn djuː]	마운틴 듀
❻ Manhattan	맨해흔[mænhǽǂn]	맨해튼
❼ fountain	ⓒ파운흔[fáunǂn]	파운틴

3단계
문장 발음훈련

콧바람 소리 t, 문장에서 가려듣기

혹시 그동안 Listening을 하면서 often 같은 단어가 잘 안 들리지 않았나요? 바로 콧바람 소리 t [t] 때문입니다. often을 '오픈'으로 알고 기다리고 있는데 '어픗흔'이라고 지나가니 알아듣기가 힘들었겠죠?

① 그건 중요한 일이지.

② 이집트산 면 침구를 최고로 친다.

③ 맨해튼에 가본 적이 있나요?

④ 그녀는 종종 혼자 드라이브를 하니?

⑤ Lipton 대위는 힐튼 호텔에 갔다.

⑥ 윗도리 단추 채워요.

❶ That's an **important** matter.

❷ **Egyptian** cotton bedding is considered the best.

❸ Have you ever been to **Manhattan**?

❹ Is it **often** that she drives alone?

❺ **Captain Lipton** went to the **Hilton** hotel.

❻ **Button** up your jacket.

 이것까지 따라하면 진짜 미국발음!

❶ important matter. important에서 마지막 t는 대개 발음하지 않습니다. 그래서 [-tən]으로 끝나므로 t는 '흔'으로 발음하면 됩니다. matter의 -tt-는 [t].

❷ Cotton bedding [kɔ́tn bed(t)iŋ].　❸ Manhattan [mænhǽtn].

❹ often [ɔ́ːftn].　❺ Captain Lipton [kǽptn líptən].　❻ button [bʌ́tn].

아하, 그렇구나! **South America는 Latin America**

어떤 학생이 작문 과제에서 '미국 남부'를 South America라고 언급한 것을 보았습니다. 보통 South America도 '남미'란 뜻으로, Latin America와 같은 뜻으로 씁니다. 미국의 남부는 Southern part of America라고 해야 합니다. He's from the South.나 He's a southerner.라고 하면, 미국인 중에서도 특히 남동부 지역 출신이란 뜻입니다. 보통 남부 출신이라고 하면, 지역의 문화나 자신의 출신지에 대한 자부심pride이 강해서 타협하기 힘든 기질이 있다고 하죠. 남부 옥수수 농장지대를 중심으로 노예해방을 위한 남북전쟁으로 인해 인종 간 갈등이 심했던 곳이죠. 혹자는 아직도 이 지역 사람들의 머릿속에서는 남북전쟁이 계속되고 있다고 하기도 해요. 특히 흑인들의 기질이 강한 곳이 이 지역 주민들의 특성이지요.

04

T법칙 4 – n에 먹힌 소리 t [ⁿt]

인터넷을 '이너ʳ넽'이라고 하잖아요

강의 및 예문듣기

n에 먹힌 소리 t [ⁿt]
미국 항공사인 콘티넨탈 에어라인즈Continental Airlines를 제대로 발음하면 '커니네널 에어ʳ라인z.' 여기선 에어ʳ라인z는 빼고 '커니네널'을 배워보죠.
t가 모음 사이에서 -nt-의 형태로 오는 경우, t는 n sound에 동화되어 그 음가를 잃어버립니다.

center   internet   printer   sentimental   twenty

입에 착! 받은 이야기

해외여행을 자주 해야 하는 직업을 갖고 있지만 영어 한마디 제대로 못하는 친구가 있었죠. 이 친구가 한번은 미국 항공사인 **Continental** Airlines를 이용해 미국으로 가는 길에 이런 기내 방송이 들리더랍니다.

> "Good afternoon, ladies and gentlemen. This is Captain Ian Woods. Welcome aboard. We're very pleased to have you with **Continental** Airlines, non-stop service from Incheon to Los Angeles. We'll be leaving Inchoen Airport soon..."
>
> 안녕하십니까. 저는 기장 Ian Woods입니다.
> 인천발 LA행 직항편인 저희 Continental Airlines에 여러분을 모시게 되어 대단히 기쁩니다.
> 저희는 곧 인천공항을 떠날 예정입니다….

물론 그 친구는 대충만 알아들었습니다. 그런데 미국인 기장이 '무슨무슨 Airlines'라고 한 것 같은데, 자신이 탄 콘티넨탈 에어라인즈라는 항공사 이름이 들리지 않더랍니다. 순간 '이거 비행기 잘못 탄 거 아냐?' 가슴이 덜컥 내려앉아 부랴부랴 승무원flight attendant에게 가서 항공권을 내보였습니다. 그렇게 확인을 하고 나서야 자신이 탄 비행기가 바로 그 '콘티넨탈 에어라인즈' 소속의 비행기임을 알고 안도의 한숨을 쉬었다고 하더군요. 그 친구를 당황하게 했던 '콘티넨탈 에어라인즈'의 미국식 발음은 '커니네널 에어ʳ라인z'[kɔ́nⁿt(i)nénⁿtl ɛ́ərlàinz]였던 것이죠.

1단계
발음 따라잡기

n에 먹혀 없어지는 소리 t 발음하기

제목 아래 발음기호를 보세요. 이 발음기호는 t자 모양에 – 대신에 N자를 올려놓은 형태입니다. [ɴ̈]은 단어에서 보여지는 알파벳은 t지만, 실제 소리는 N으로 날 수 있다는 뜻으로, t 모양을 살리면서 두 글자를 합성해서 만들었습니다. 모음 사이에 [-nt-] sound가 오면 t는 n 소리에 흡수되어서 없어져버립니다. 단, -nt- 앞의 모음에 강세가 올 때에만 일어납니다. 예를 들어 internet은 인터넷이 아니라 [이너r넷]이라고 하죠.

이렇게 발음되는 이유는 t sound가 n에 영향을 받아 동화되기 때문이죠. 콧소리인 n sound가 강하게 드러나다 보니 섹시하게 들리기도 합니다.

🎧 04-1.mp3

2단계
단어 발음훈련

t가 n에 흡수되어 소리가 없어졌다

[ɴ̈]   모음 사이의 n과 함께 나오는 -nt- sound의 t는 n 소리에 흡수되어 없어져버리는 발음입니다.

❶ 인터넷
❷ 프린터
❸ 주고받다. 입체 교차점
❹ 교차로
❺ 20
❻ 치과
❼ 계산대

		미국식 발음 ☺	잘못된 발음 ☹
❶	internet	이너r넽[ínɴ̈ərnet]	인터넷
❷	printer	프뤼너r[prínɴ̈ər]	프린터
❸	interchange	이너r췌인쥬[ìnɴ̈ərtʃéindʒ]	인터체인지
❹	intersection	이너r섹션[ìnɴ̈ərsékʃən]	인터섹션
❺	twenty	트웨니[twénɴ̈i]	트웬티
❻	dental clinic	데널 클리닉[dénɴ̈əl klínik]	덴탈 클리닉
❼	Madison County	매애르쓴 캬우니[mǽdisən káunɴ̈i]	매디슨 카운티
❽	counter	캬우너r[káunɴ̈ər]	카운터

이것까지 따라하면 진짜 미국발음!

❾ dental은 '덴탈'이 아니라 '데너r'입니다. 같은 발음 원칙의 연장선에서 본다면, dentist(치과의사)는 '데느슽'이 되는 거죠. 참고로, 치아 세척(teeth cleaning)을 담당하는 사람은 hygienist이라고 해서 별도의 전문직으로 분류됩니다.

n에 흡수되는 t, 문장에서 당황하지 않고 듣기

그동안 Listening을 할 때, printer 같은 간단한 단어를 알아듣지 못해 당황한 적 없나요? 모음 사이의 -nt- sound에서 t는 n 소리에 흡수된다는 걸 모르면 안 들리는 게 당연하죠.

❶ **international** trade

❷ **intermediate** level

❸ **Continental** breakfast is big enough for me.

❹ We saw our **counterpart** in the courtroom.

❺ You can't survive without the **internet**.

❻ **A**   Did you see the movie, "Countdown"?

   B   Yes, I saw "Countdown" recently. It was recommended on a foreign movie Oscar Board, right?

[t]→[ʈ]으로 변하는 현상은 CNN 같은 뉴스 방송은 물론, 요즘 많이 보는 미드 (미국 드라마)에서도 자주 접할 수 있습니다. 일상대화 속에서는 말할 것도 없이 자주 일어나는 발음 현상입니다.

❶ 국제 무역
❷ 중급(중간 수준)
❸ 대륙식 아침식사면 저한텐 충분해요.
❹ 법정에서 우리 상대편을 봤어요.
❺ 이젠 인터넷 없이는 살아가기 힘들어요.
❻ A '카운트다운'이란 영화 봤어?
  B 응, 나 '카운트다운' 최근에 봤어. 아카데미 외국어 영화 부문에 오른 영화 맞지?

이것까지 따라하면 진짜 미국발음!

❶ international trade [inʈərnǽʃən(ə)l treid]. 같은 -nt-라고 해도 문장에서 앞에 있는 모음에 강세가 오느냐, 뒤에 있는 모음에 강세가 오느냐에 따라 발음이 달라집니다. -nt- 앞에 오는 모음에 강세가 있으면 t는 [ʈ]이 됩니다. 하지만 mentality에서 -nt-의 t는 그냥 정석 t로 발음합니다. 모음 사이에 위치한 -nt- sound지만, 이때 nt 다음에 오는 모음이 강세를 받으므로 t는 정석 발음이 됩니다. 단, -ty에서 t는 [t]로 약화되어 '멘텔러디[mentǽləti]'로 발음됩니다.

❷ intermediate level [inʈərmíːdiət lévəl].

❸ Continental [kɔ́nʈ(i)nénʈəl]. Continental breakfast는 주로 hotel lobby에 투숙객의 아침식사를 위해 toast, eggs, fruit, juice, coffee 등을 차려놓은 간단한 식사를 말합니다.

❹ counterpart [káunʈərpàːrt] (직책상 혹은 업무상 동급에 해당하는) 상대편.

T법칙 5 – 생략하는 소리 t[(t)]

point의 t는 어디로 간 거야?

강의 및 예문듣기

(t)

생략하는 소리 t [(t)]

"I can let you go", "I can't let you go." 너와 헤어질 수 있다? 없다?
아직은 잘 구분하지 못하겠다고요? 이 장이 끝나면 확실히 가려들 수 있게 됩니다.
-nt로 끝난 단어의 끝소리 [t]는 발음하지 않아야 자연스러운 미국식 발음입니다.

accent   count   don't   point   saint

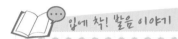

입에 착! 발음 이야기

"왜 미국 영어발음을 공부하세요?"라는 물음에 팝송을 제대로 부르고 싶어서라고 대답하는 분들도 계시더라고요. 팝송 가사는 우리가 제대로 알아듣기 어려운 발음 중 하나죠. 발음 왜곡도 심하고 가사에는 있는데 하는 듯 마는 듯 넘어가는 경우도 꽤 있으니까요.

중고교 시절 팝송 가사를 한글로 적어서 외우셨던 분들 뭔가 부족하다는 것을 느끼지 않았나요? 이 노래는 최근 곡은 아니지만 팝 클래식이니 한 번쯤은 들어보셨을 거예요.

No, I **can't** forget this evening,

Nor your face as you were leaving

But I guess not just the way the story goes

......

I **can't** live if living is without you

I **can't** live, (I) **can't** live any more

아니, 이 밤을 잊을 수 없을 거예요
떠날 때 당신의 그 얼굴 표정도 잊지 못해요
하지만, 이렇게 끝나는 게 아닌데
......
난 살아갈 수 없어요, 당신이 함께 하지 않는 삶이라면
난 살아갈 수 없어요, 더 이상 의미가 없어요.

팝송 'Without You'의 가사입니다. 원곡은 Harry Nelsson이 불렀지만, Air Supply, Mariah Carey 등이 리메이크하기도 한 멋진 곡이죠. 그런데 이 노래를 들어보면, I can't live가 I can live로 들립니다. 살 수 있다고? 없다고? 왜 이렇게 헷갈리게 들리는 걸까요?

보이기는 하는데 잘 들리지 않는 t

단어를 글자로 익힐 때나 사전의 발음기호에도 분명히 [-t] 발음이 있는데, 실제 미국인들이 하는 말을 들어보면 들리지 않는 경우가 많죠. 즉, 있는 소리를 생략하고 말할 때가 많다는 겁니다. 이런 경우는 생략되는 경우가 빈번하기 때문에 귀에 들리지 않고 보이기만 한다는 뜻에서 ( ) 안에 t를 숨겨놓았습니다.

미국식 영어에서는 -nt로 끝난 단어에서 마지막 t를 발음하지 않는 경향이 두드러지게 나타납니다. I can't forget, I can't live에서 can't도 [캔트]가 아니라, 마지막 t sound를 생략하는 대신에 모음을 강하게 늘려서 [키애앤]으로 발음합니다. 어떤 사전에서는 can의 발음을 [kæn]으로만 표기해 놓았는데, 미국인들은 이 발음을 주로 부정형 can't의 발음으로 씁니다. 구어에서 긍정형 can은 보통 모음이 최소화된 [kn]으로 발음합니다.

사실 부정어 not은 문장의 의미를 완전히 바꿀 수 있는 중요한 말인데, not이 n't로 줄어든 데다 t 소리마저 들리지 않으니 난감하죠. 미국인들은 대부분 이 t 발음을 하지 않는 대신에, -nt 앞에 나온 모음을 길고 강하게 늘려서 발음합니다. -nt(은트-)를 듣기를 기대했다가는 오해할 소지가 많겠죠?

🎧 05-1.mp3

미국인이 무시하는 t sound

[n(t)]

-nt로 끝나는 단어에서 마지막 t는 미국인들처럼 무시하고 발음하지 않습니다. 알고 보면 간단한 이런 원리가 Listening 실력을 부쩍 키워주죠.

❶ 전환점
❷ 부지배인
❸ 주요회의

		미국식 발음 ☺	잘못된 발음 ☹
❶	turning point	터어*r*닝 포인[tɔ́ːrniŋ pɔ́in(t)]	터닝 포인트
❷	assistant manager	어씨슷튼 매애느줘*r* [əsístən(t) mǽnidʒər]	어시스턴트 매니저
❸	important meeting	임포*r*흔 미이링 [impɔ́ːrtən(t) míːtiŋ]	임포턴트 미팅

> 이것까지 따라하면
>
> ❸ important에서 후반부 -tant는 often, mountain에서처럼 콧바람 소리 '흔[t]'으로 발음될 수 있습니다.

④ 사건, 사고

④ accident	애액씨던[ǽksidən(t)]	액시던트
⑤ don't	도운[doun(t)]	돈트
⑥ wouldn't	(우)워든[wúdn(t)]	우든트
⑦ couldn't	쿠든[kúdn(t)]	쿠든트

> **이것까지 따라하면 진짜 미국발음!**
>
> ④ 강세를 받지 않는 두 번째 음절 -cci-는 말하는 속도가 빨라지면, '쓰'로 약화되기도 합니다.
> ⑥ wouldn't에서 마지막 t sound는 거의 들리지 않습니다. d sound는 t sound가 약화되는 것처럼 혀끝이 입천장에 닿으면서 '르ㅎ-' 하듯이 약화됩니다.

⌕ 05-2.mp3

3단계
문장 발음훈련

문장 속에서 사라지는 (t)에 적응하기

미국인들이 무시하는 t sound는 Speaking보다 Listening에서 더 문제가 됩니다. 다음 문장들을 들으면서 사라지는 t에 익숙해져 보세요.

① 남부 말투가 있군요.
② 설마! 아직 열까지도 셀 줄 모른단 말이야?
③ 본론으로 들어갑시다.
④ CPA는 공인회계사의 약 자지.
⑤ 페넌트의 모양은 삼각형 이지.
⑥ 저기 있는 한국 식당에서 식 사할까요?
⑦ 휴 그랜트는 멋지다.

① You have a Southern **accent**.

② Oh no! You **can't** even **count** from one to ten yet?

③ Let's get to the **point**.

④ CPA is the abbreviation of Certified Public **Accountant**.

⑤ The shape of a **pennant** is triangle.

⑥ Why don't we try the Korean **restaurant** over there?

⑦ Hugh **Grant** is cute.

> **이것까지 따라하면 진짜 미국발음!**
>
> ① accent[ǽksən(t)].　　② count[kaun(t)].
> ④ accoutant 어카운흔[əkáunʔən(t)]. -tant에서 앞의 t는 콧바람[t], 끝의 t는 발음하지 마세요. CPA는 Certified Public Accountant의 약자로 '공인회계사'입니다. certified[sɚ́rʔifaid].
> ⑤ pennant[pénən(t)] 페넌(○) 페넌트(×). 주로 학교 운동팀(school sports team) 응원을 위해 만들어진 깃발을 말합니다.

t를 생략한 부정형 n't, 긍정형과 구분하기

무시하는 t 발음에 익숙해지지 않으면 긍정문과 부정문을 구분하기 어려워집니다. 가장 헷갈려하는 can과 can't를 포함해 다양한 부정형을 듣고 발음하는 연습을 해볼까요?

😃 can vs. can't

긍정형 can은 약하게 발음하는 둥 마는 둥 지나갑니다. 긍정형 조동사는 그야말로 동사의 보조역할만 하는, 본론의 내용에 큰 영향을 미치지 않는 말이기 때문입니다. 물론 특별한 의도를 가지고 강조하는 경우는 예외죠.
대신 부정형 can't는 키애앤[kǽːn]으로 모음을 늘여 강조해서 발음합니다. 앞서 본 발음 습관에 따라 not의 축약형 -n't에서 t는 발음하지 않죠.

❶ I **can** do it.　　[ai kn dú it]
　 I **can't** do it.　　[ai kǽːn du it]

❷ I **can** understand.　　[ai kn ʌ̀ndərstǽn(d)]
　 I **can't** understand.　　[ai kǽːn ʌ̀ndərstǽn(d)]

😀 이것까지 따라하면 **진짜 미국발음!**

❶❷ can은 큰[kn], can't는 키애앤[kǽːn]입니다. t를 발음하지 않도록 유의하세요.

❷ understand에서 st는 'ㅅㄸ'로 소리 나고, 마지막 d는 생략하고 발음하는 경우가 많습니다.

😃 다양한 부정형에 적응하기

don't/doesn't/didn't과 couldn't/wouldn't에서도 -n't[nt]에서 t가 발음되지 않습니다. 여기에서는 〈조동사+동사원형〉으로 동사를 강조한 용법과 비교하면서 부정형 조동사를 확실하게 구별할 수 있도록 들어보세요. t 소리가 안 들리는 대신 조동사의 모음이 강조된다는 점을 기억하세요.

❶ I **do** know.　　　　　I **don't** know.

❷ She **does** mean that.　　She **doesn't** mean that.

😀 이것까지 따라하면 **진짜 미국발음!**

❶ do는 동사를 강조하기 위해 쓰였습니다. 그래서 [du]입니다. 동사를 강조하는 do/does/did는 동사원형보다 강조합니다. 부정문인 경우, don't는 강조해서 말합니다. don't는 [돈트]가 아니라 '도운[doun(t)]'입니다.

❷ does[dʌz], doesn't[dʌ́zn(t)].

❸ She **did** come. She **didn't** come.

❹ I **could** do that. I **couldn't** do that.

❺ He **would** talk to me. He **wouldn't** talk to me.

여기까지 따라하면 진짜 미국발음!

❸ did[did], didn't[dídn(t)] or [dítn(t)]. 조동사의 긍정형과 부정형은 n sound가 들리는가의 여부에 따라 구분합니다.

❹ could do에서 d는 자음 두 개가 겹치므로 한 번만 발음하면 됩니다.
couldn't[kúdn(t)] → 쿠른[kútn(t)]. 〈부정형 조동사＋동사원형〉인 경우, 부정형 조동사(-n't)를 동사원형보다 더 강조해서 발음합니다.

❺ would[w(u)d], wouldn't[wudn(t)].
would 의 d는 받침으로 발음하세요. 즉 '우드'가 아니라 '(우)월'으로 발음해야 합니다. 그런데 would talk이라고 would 뒤에 t가 나왔습니다. 이때 d는 받침으로 하고 talk의 t가 [(우)월 터억] 하고 두드러지게 들립니다.

아하, 그렇구나!   **미국인도 힘들어하는 can과 can't**

미국 사람들도 can/can't은 가려듣기 어려워해요. 강의할 때 많은 학생들이 can/can't을 가려듣기 어렵다고 불평하는 것도 무리가 아니죠. 그래서 미국인들도 혼란을 피하기 위해 이런 식으로 말하기도 합니다.

Rick: There'll be a seminar on teen smoking next Wednesday. Can you[kenju] come?

Elena: Sure, I can [kən] possibly come.

John: I think I can [kən] make it. But I can't [kən] stay long. I have other plans next Wednesday.

Rick: 10대 흡연에 관한 seminar가 다음 주 수요일에 있는데. 갈 수 있어?

Elena: 그럼, 갈 수 있지.

John: 갈 수 있는데, 오래는 못 있을 거야. 다음 주 수요일에는 다른 일이 있거든.

위 대화에서 보았듯이, can을 [kən]으로 발음하는 것은 ae보다 약화된 형태입니다. can't을 말할 때는 [æ]를 확실히 발음해서 '키애앤[kæːn]'이라고 말합니다.

06

T법칙 6 – 된소리 t[t]

stop은 스탑이 아니라 'ㅅ땊'

강의 및 예문듣기

t 된소리 t[t]

흔히 쓰는 stop, stress 등을 미국인처럼 발음할 수 있고 당황하지 않고 들을 수 있는 비결은 된소리 t(ㄸ)에 있습니다. st-로 시작하는 단어에서 t 소리는 된소리 'ㄸ'로 발음하죠.
그래서 stop은 ㅅ땊!

stop   study   stress   mistake   extension

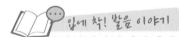

입에 착! 발음 이야기

미국에서 돌아온 지 얼마 안 되었을 때 한국식 영어 발음을 잘못 알아들어 당황했던 재미있는 경험이 있습니다.

어느 날 지하철역에서 전철을 갈아타기 위해 환승장을 향해 걸어가고 있었을 때였습니다. 우연히 앞서가는 아주머니 두 분의 대화를 듣게 되었죠. 웬일인지 강한 경상도 accent의 말투 속에 섞여 나오는 낯선 단어에 호기심이 발동했습니다.

"아우~ 그동안 어떻게 지냈어? 딸은 공부 잘하고? 나는 요새 우리 아들 녀석 때문에 **소토레소**가 이만저만이 아니야."

'소토레소? 무슨 말이지? 내가 한국에 없는 동안 새로 생긴 말인가?' 이런 생각을 하면서 얼마 동안 대화에 귀를 기울였습니다. 그런데 알고 보니 그 말은 **stress**[ㅅ뜨뤠씨]였습니다.

미국인에게 stress를 '소토레소'라고 말했다면, 무슨 말인지 몰라 어리둥절했을 것입니다.

멈추라고 말할 때 자주 쓰는 **Stop**도 '스톱'이라고 말하는 경우가 많은데, 이 말 역시 [ㅅ땊]이라고 발음해야 미국인이 알아듣습니다.

이런 식으로 흔히 쓰는 말이라도 틀리게 발음하면 미국인과의 대화가 원활히 이루어지기 힘들겠죠? 지금부터 된소리 t의 정확한 발음을 익혀보겠습니다.

'따' 하는 느낌으로 발음하는 된소리 t [t̄]

제목 아래 발음기호 [t̄] 확인하셨죠? 우리말에서 된소리를 표기할 때 ㄲ, ㄸ, ㅆ 하는 식으로 쓰죠. 여기에서 착안해서 t sound가 '따'라고 된소리가 날 경우, t 위에 double bar =를 올려놓아 t가 두 개 겹친 모양을 뜻하게 [t̄]라고 표기해 보았습니다.

그렇다면 왜 st에서 t가 된소리 [ㄸ]로 발음될까요?

t와 마찬가지로 s도 역시 바람만 내보내는 무성음입니다. s와 t는 우리말의 'ㅌ' 이나 'ㅅ'보다도 바람소리가 훨씬 더 강하게 납니다. [st]하고 두 자음을 나란히 발음할 경우, 본래의 바람소리에 충실하다 보면 바람소리만 나고 발음하기도 몹시 힘이 듭니다. 그런데 t 소리를 된소리 '따'로 내면, 바람 새는 소리를 막아주고, 발음도 똑 떨어지는 느낌으로 정확하게 전달됩니다. 그래서 [st]가 [st̄]로 발음되는 것입니다.

정석 t의 발음 위치, 즉 혀끝을 입천장의 볼록 튀어나온 부분에 대고 '따' 발음을 하는 느낌으로 소리를 내보세요. 우리말의 '따' 발음과는 느낌이 다르죠.

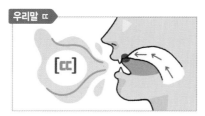

우리말 ㄸ

[ㄸ]

혀를 앞니 안쪽에 대고 음성을 냅니다.

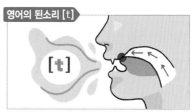

영어의 된소리 [t̄]

[t̄]

혀를 입천장의 볼록 튀어나온 부분에 대고 바람을 내보냅니다.

된소리 t[t], 단어로 익히기

$$[\;st\;]$$

st- 혹은 중간소리 -st-가 나온 단어에서 t 발음은 우리말 'ㄸ'와 같이 된소리로 발음합니다. 정석 t sound처럼, 입천장 볼록한 부분에 혀끝을 대고 발음해야 합니다.

		미국식 발음 ☺	잘못된 발음 ☹
❶	steak	ㅅ떼익 [steik]	스테이크
❷	stapler	ㅅ떼이플러r [stéiplər]	스테플러
❸	staff	ㅅ때f [stæf]	스탭
❹	stop	ㅅ땊 [stɑp]	스톱
❺	institute	인ㅅ띠튜웉 [ínstitjùːt]	인스티투트
❻	street	ㅅ뜨뤼잇 [striːt]	스트리트
❼	Steve	ㅅ띠이v [stiːv]	스티브
❽	mistake	미ㅅ떼익 [mistéik]	미스테이크

❶ 스테이크(주로 쇠고기)
❷ 스테이플러
❸ 직원, 간부
❹ 정지
❺ (교육 등) 기관, 단체
❻ 거리, 도로
❼ 스티브(남자 이름)
❽ 착오

$$[\;ikst\text{-}\;]$$

ext-[ikst-]에도 [st] sound가 있으므로 t는 된소리 'ㄸ'로 발음합니다.

		미국식 발음 ☺	잘못된 발음 ☹
❶	extension	익ㅅ떼션 [iksténʃən]	익스텐션
❷	extreme	익ㅅ뜨뤼임 [ikstríːm]	익스트림
❸	extend	익ㅅ뗀 [iksténd)]	익스텐드

❶ 연장, 구내전화
❷ 극도의, 과격한
❸ 연장하다, 늘이다

여기까지 따라하면 진짜 미국발음!

❶ extension number(구내번호)와 같이 ext-[ikst-]로 시작하는 단어에도 [st] sound가 있으므로 된소리 'ㄸ'로 발음해주어야 합니다. [ikst-]에서 [i]는 '엑'처럼 들리기도 합니다. 이 부분은 나중에 [i] 발음에 대한 해설에서 자세히 다루어집니다.

3단계

문장 발음훈련

된소리 t, 문장에서 가려듣기

st의 된소리 현상을 알아듣기는 그다지 어렵지 않습니다. 하지만 이 발음을 정확하게 해주면 영어다운 영어가 됩니다.

❶ UN is the biggest international **institution**.

❷ A **Extension** 301, please.

　　B The line is busy. Hold on please.

❸ The **Stars** and **Stripes** is the symbol of the United **States**.

❹ **Stella** is having a sweet **sixteen** party tomorrow.

❶ UN은 가장 큰 국제기구이다.

❷ **A** 구내번호 301번 부탁합니다. / **B** 통화 중입니다. 기다리세요.

❸ 별들과 줄무늬는 미국의 상징이다.

❹ Stella는 내일 달콤한 열여섯(꽃다운 나이)의 파티를 한다.

이것까지 따라하면 **진짜 미국발음!**

❶ international institution[ìntərnǽʃənəl ìnstitʃúːʃən].

❷ extension[ìksténʃən] 내선, 구내전화.

❹ Stella[stela] / sweet sixteen[swiːt sìkstíːn].

아하, 그렇구나! **받침소리로 세련된 발음을 구사하는 방법**

2단계에 나온 steak, street, mistake 등의 단어에서 끝자음은 받침으로 발음하세요. 'ㅅ떼익', '미ㅅ떼익'처럼요. 영어 단어의 끝에 붙는 -e는 대개 아무런 음가가 없습니다. 그런데 이것을 nice 할 때 '나이쓰'나 혹은 change 할 때 '체인지'와 같이 'ㅡ'나 'ㅣ'라는 모음을 넣어 발음하는 경우가 있는데, 잘못된 발음입니다.

ni**c**e	[나이쓰]	(×)	[나이ㅆ]	(○) → 바람소리만 강하게
chan**c**e	[챤쓰]	(×)	[챈ㅆ]	(○)
chan**g**e	[체인쥐]	(×)	[췌인쥬]	(○) → 끝음에 억지로 모음 'ㅣ'를 넣어 '쥐'라고 발음하지 마세요.

⑤ 차 한 대가 일단 정지 표지
를 무시하고 통과하고 있다.

⑥ 실수하는 것을 두려워 마라.

⑦ A 마요네즈를 hotdog에
발라드릴까요? / B 아니요,
마요네즈는 말고, 겨자소스
하고 케첩만요.

⑤ A car is running through the **stop** sign.

⑥ Don't be afraid of making a **mistake**.

⑦ A　Do you want mayo with your hotdog?

　B　No mayo, just **mustard** and ketchup please.

⑦ mayo[méiou] / mayonnaise[mèiənéiz], mustard[mʌ́stərd] 겨자소스.

Stop 'N' Go 편의점

미국의 convenience store 중에는 Stop 'N' Go(stop and go의 시각적 표현)라는
상호를 가진 곳이 있습니다. 차를 타고 가다 '들렀다 가라'는 뜻인가 봅니다. 우리나라에서는
'가다 들러라'라는 식으로 표현하는데, 이렇게 말의 순서를 다르게 표현하는 게 재밌죠?
'신사숙녀 여러분'에 해당하는 ladies and gentlemen도 우리말과 반대로 영어에서는
'숙녀'가 먼저 나오죠.

07

T법칙 7 – '츄'로 발음하는 tr의 t[tʃ]

트럭이라 하느니 차라리 '츄뤅'!

강의 및 예문듣기

tʃ

'츄'로 발음하는 tr의 t[tʃ]

tr-로 시작하는 단어에서 t는 '츄'로 발음하는 경향이 있습니다. -ture로 끝난 단어에서는 99% t가 '–춰r'로 발음되지요. 그래서 우리나라 고속철도인 KTX는 Korea Train Express[코우뤼어 츄뤠인 엑스쁘뤳ㅆ]로 발음되죠.

try **train** **trouble** **future** **natural**

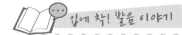
입에 착! 발음 이야기

Train is arriving now. Please step back for a while.
You may get on the **train** when the doors are open.

열차가 곧 도착할 예정이오니, 잠시 뒤로 물러서 주시기 바랍니다.
승객 여러분께서는 문이 열린 다음 타십시오.

지하철역에서 탑승을 기다리다 보면 지하철이 도착할 때쯤 위와 같은 내용을 영어로 방송합니다. 물론 중국어와 일본어 방송도 함께 나오죠.

그런데 안내방송[announcement]에서 흘러나오는 발음을 들을 때마다 안타까운 게 있습니다. 안내방송하는 사람[announcer]이 train을 '트레인'이라고 발음하는데, [츄뤠인]이라고 좀 더 신경을 써서 발음했다면 완벽할 텐데 하는 생각이 들더군요.

'tr'로 시작하는 단어에서 t가 '츄'로 발음된다는 것은 크리스마스 시즌에 대비해 길거리에서 Christmas **tree**를 판매하는 상인들도 알고 계십니다. 해마다 11월 말경에 '크리스마스 츄리'라는 팻말이 나붙는 걸 보면 미국식 발음에 귀가 트였구나 새삼 느낍니다. 하지만 이는 사실 잘못된 표현으로, Christmas tree decoration[성탄 나무 장식품]까지 해야 옳은 표현입니다. 나무[tree]도 팔고, 장식품[decoration]도 팔거든요.

'츄'로 발음하는 tr의 t

tr 발음에서 r sound를 확실히 굴리기 위해 입을 모아서 발음하다 보면, 자연히 '츄'라고 소리가 납니다. 그만큼 t sound보다 r sound가 상대적으로 강조된다는 거죠. r sound를 만들기 위해 입이 모아지는 이유는 뒤에서 차차 배워보도록 하겠습니다.

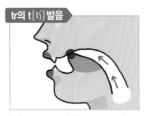
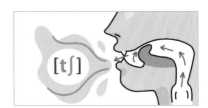

'츄' 하면서 입술이 앞으로 나오면서 동그랗게 모아집니다.

🎧 07-1.mp3

'츄'로 발음하는 tr의 t, 단어로 익히기

[tr] tr에서 r sound를 확실히 굴리기 위해 입을 모아 발음하다 보면, t는 '츄'라고 소리가 납니다. t보다는 r을 강조하면서 발음하세요.

❶ 여행
❷ 여행자, 승객
❸ 옮기다, 전근하다, 전학하다
❹ 곤란, 불편
❺ 속임수, 장난
❻ 트럭
❼ 여종업원

	미국식 발음 ☺	잘못된 발음 ☹
❶ trip	츄륍[trip]	트립
❷ traveler	츄뢰블러r[trǽvlər]	트래블러
❸ transfer	츄뢴스ⓕ퍼r[trænsfɔ́ːr]	트랜스퍼
❹ trouble	츄뤄벌[trʌ́bl]	트러블
❺ trick	츄뤽[trik]	트릭
❻ truck	츄뤅[trʌk]	트럭
❼ waitress	웨이츄륏쓰[wéitris]	웨이트리스

여기까지 따라하면 진짜 미국발음!

❶ ~ ❻ tr-로 시작하는 단어에서 t는 '츄'로 발음합니다. 그런데 c가 '츄'로 발음되는 경우도 있습니다. 이런 경우는 주로 이탈리아에서 수입된 말이죠.

cello [쳍로우] 첼로　　concerto [컨취얼로우] 협주곡

$$\left[\ t\int\ \right]$$

-ture로 끝난 단어에서 t는 '츄'로 발음합니다. 배에 힘을 주고 공기를 힘껏 뿜어내면서 '츄'라고 발음하면 됩니다.

❶ 모험

❷ (주로 얼굴 표정을 동반한) 손동작

❸ 1세기, 100년

❹ 자연의, 타고난

❺ 강의

		미국식 발음 ☺	잘못된 발음 ☹
❶	adventure	얻벤춰r [ədvéntʃər]	어드벤쳐
❷	gesture	줴ㅅ춰r [dʒéstʃər]	제스쳐
❸	century	쎈츄뤼 [séntʃuri]	센츄리
❹	natural	내츄뤌 [nǽtʃ(ə)rəl]	네츄랄
❺	lecture	렉춰r [léktʃər]	렉쳐

 07-2.mp3

3단계
문장 발음훈련

미묘한 tr 발음, 문장에서 가려듣기

사실 tr의 발음법칙은 간단하지만 막상 문장 속에서 미묘한 소리를 알아듣기는 쉽지 않습니다. 그래서 여기서는 짧은 예문들을 중심으로 소개했습니다.

❶ 험난한 물살 위의 다리(험한 세상을 건네주는 다리)

❷ 이 열차는 용산행인가요? 인천행인가요

❸ 입어봐도 될까요

❹ 까불지 마.

❺ 작년 9월을 기억해봐.

❻ 잠깐만요. 메뉴 좀 볼 수 있어요

❼ 미국에서 문화적인 차이를 많이 경험했습니다.

❽ 이 사진에는 (나이보다) 훨씬 더 젊게 나왔네요.

❶ A bridge over the **troubled** water.

❷ Is this **train** for Yongsan or Incheon?

❸ Can I **try** this **on**?

❹ Don't call for a **trouble**.

❺ **Try** to remember the last September.

❻ Excuse me, **waitress**. Can I see the menu?

❼ I've experienced **cultural** differences in America.

❽ You look much younger in this **picture**.

  잠깐만요!

tune/tuna/Neptune의 t는 정석 발음을 해주세요

tune 티유운 [tju:n], 곡조

tuna 티유나/투우나 [tjú:nə], 참치

Neptune 넵티운 [néptjuːn], 고대 그리스 로마 신화에 등장하는 바다의 신.

이것까지 따라하면 **진짜 미국발음!**

❸ on [어안]을 강조해서 말해야 합니다.

❹ don't [도운], 조동사의 부정형은 강조해서 말합니다.

❼ experienced [익쓰**뻬뤼**언쓰ㅌ-].

❽ much younger에서는 부사 much를 강조해서 말합니다 : [머**얕**츄 영거r]

08

T법칙 8 – 소리 없는 t[t̶]

보이지만 들을 수 없는 t

강의 및 예문듣기

소리 없는 t

소리가 나지 않는 t가 있는 단어들은 중·고등학교 시절에 한 번 정도는 보았을 단어들입니다. 하지만 눈으로 아는 것 뿐만 아니라 귀로도 알아들을 수 있어야겠죠?

묵음 t가 소개됩니다. 눈으로만이 아니라 입과 귀로 익히도록 노력하세요.

....

castle   fasten   glisten   listen   wrestle

입에 착! 발음 이야기

오랜만에 아들과 함께 외국 여행을 떠나는 영단어 왕 K 씨. 비행기 좌석에 앉자마자 동승하고 있던 아들에게 "**Fasten**(훼스튼) your seatbelt." 하며 알고 있는 회화 표현을 슬쩍 구사합니다. 아들이 잠시 멍하게 있다가 K 씨에게 되묻습니다.

아들: 훼스튼이 뭐예요?

K씨: 그것도 아직 안 배웠어? '훼스튼! F-A-S-T-E-N.'
　　 '매다, 고정시키다' 그런 뜻이잖니. 안전띠 매라고!

아들: F-A-S-T-E-N? 아, ⓔ패쓴! 난 또 무슨 말이라고.

아들은 툴툴거리며 철컥 안전띠를 맵니다. 때마침 흘러나오는 기내 방송이 Fasten 발음을 다시 한 번 확인시켜 주자 K 씨의 얼굴은 후끈 달아오르고요.

요즘은 아이들이 원어민과 수업을 많이 해서 발음 구사가 기성세대에 비해 훨씬 더 정확하죠. 자녀 영어 교육에 열성이신 분들을 위해 한 말씀 드리자면, 본인이 확실히 아셔야 잘 가르칠 수 있답니다. 이런 당황스런 순간을 피하고 싶으시면 먼저 질문을 해보세요.

예를 들면, 정확하지 않은 발음으로 덜컥 말부터 하기보다는 "'안전띠를 매세요'는 영어로 어떻게 하는 거지? 혹시 기억나니?" 하고 거꾸로 슬쩍 물어보는 겁니다.

단, 질문question이 심문interrogation이 되지 않도록 주의해야 한다는 것도 잊지 마시고요.

보이지만 무시하는 t [ɫ]

이번 발음기호는 기본 t에 ×를 넣은 모양입니다. 눈으로 t가 보여도 절대 발음해서는 안 된다는 뜻으로 t에 ×를 넣었습니다. [ɫ]는 듣고 말할 때 t를 완전히 무시해야 합니다. 앞에서 배운 (t)의 경우엔, 영국식 영어를 하는 사람들이 말할 때는 들리기도 하므로, 말하는 사람의 어투에 따라 선택적인 사항이라서 t를 ( )에 넣었죠. 하지만 [ɫ] 발음은 절대 t 소리를 내서는 안 됩니다.

회화에서 자주 쓰는 단어들을 중심으로 절대 소리 내서는 안 되는 t를 배워볼까요? 다들 학교 다닐 때 '묵음'이라고 한두 번쯤은 들어보셨을 거예요. 하지만 눈이 아니라 귀로 입으로 익히는 것이 더 중요하다는 것 잊지 마세요.

🎧 08-1.mp3

절대 소리 내서는 안 되는 t [ɫ], 단어로 익히기

[ɫ] ɫ는 주로 생략된 t 앞에 s가 나온 걸 확인할 수 있죠. s는 '스'가 아니라 '쓰–' 하면서 바람을 세게 내보낸다는 느낌으로 발음하세요.

	미국식 발음 ☺	잘못된 발음 ☹
❶ castle	캐썰[kǽsl]	캐쓰틀
❷ fasten	①패쓴[fǽsn]	패스튼
❸ glisten	글리쓴[glísn]	글리스튼
❹ listen	리쓴[lísn]	리스튼
❺ whistle	위썰[wísl]	휘쓸
❻ wrestle	뤠썰[résl]	레슬

❶ 성. 큰 저택
❷ 매다. 채우다
❸ 반짝거리다
❹ 듣다. 귀 기울이다 → 귀 기울여 듣다. 경청하다
❺ 휘파람 불다
❻ 레슬링을 하다. (문제 해결을 위해) 씨름하다

여러분이 이미 알고 있을 만한 단어들을 소개했습니다. 복습한다는 생각으로 듣고 따라해보세요. Listen and repeat!

3단계
문장 발음훈련

형체만 있고 소리는 없는 t, 문장에서 가려듣기

절대 소리 내서는 안 되는 t 발음은 단어의 발음만 제대로 알면 알아듣기가 어렵지 않습니다. 가벼운 마음으로 들어보세요.

❶ 잘 들어요.
❷ 안전띠를 매주십시오.
❸ 권투야. 레슬링이 아니야!
❹ 그의 이마는 땀으로 번들거렸다.

❶ **Listen** carefully.

❷ **Fasten** your seatbelt, please.

❸ Boxing, no **wrestling**!

❹ His forehead **glistened** with sweat.

> 이것까지 따라하면 진짜 미국발음!
>
> ❷ seatbelt는 '시트벨트'가 아니라 '씨잇벨(t)'. seat의 끝소리 t를 받침소리로 발음하세요. "Buckel up! (버클렆)"이 더 자주 들을 수 있는 표현입니다.

아하, 그렇구나! **공공장소에서 만난 틀린 영어 '깨끗한 지하철'**

Clean subway라 하면 '지하철을 청소하자'라는 뜻이 되며, 더 정확히 하자면, subway 앞에 공공기물을 뜻하기 위한 the를 넣어야겠죠. 우리말식으로 our를 넣는 것은 영어식이 아닙니다. the에 공공(public)기물을 뜻하는 '우리'의 의미가 들어있다고 보면 되겠습니다. 좀 더 정확한 표현을 쓴다면 이런 문장들이 가능할 것입니다.

Thank you for your cooperation to keep the train nice and clean.
(열차를 깨끗하게 유지하는 데 협조해주셔서 감사드립니다.)

We will do our best to make trip safe and pleasant.
(안전하고 쾌적한 여행을 위해 저희들(직원들)은 최선을 다하겠습니다.)

If you have any questions, please feel free to ask one of our staff. Enjoy your trip. Thank you!
(궁금한 사항이 있으시면, 저희 직원에게 서슴지 말고 문의해 주십시오. 즐거운 여행 하시길 바랍니다. 감사합니다!)

앞에서 배운 내용을 잘 소화했는지 확인할 차례입니다.
발음뿐 아니라 어휘와 회화 표현력도 높이는 기회가 될 것입니다.

STEP 1 잘 듣고 빈칸의 단어를 완성해보세요.

❶ t _____

❷ t _____

❸ i _____

❹ m _____

❺ t _____

❻ f _____

❼ e _____

❽ s _____

❾ w _____

❿ i _____

STEP 2 다음 표현을 잘 듣고 빈칸을 채워보세요.

❶ _____ computer

❷ _____ number

❸ small _____

❹ _____ _____

❺ _____ clinic

❻ _____ _____ diseases

❼ _____ station

❽ _____ up

❾ water _____

❿ _____ report

STEP 3 잘 듣고 빈칸에 들어갈 단어를 넣어 문장을 완성해보세요.

해석하지 말고 들리는 대로 이해하도록 노력하는 것이 Listening 정복의 근간이 됩니다.
어휘력이 부족하다고 판단되면, 먼저 어휘를 익힌 후 문장을 듣는 것이 좋습니다.

❶ Our ＿＿＿＿＿ will be leaving in ＿＿＿＿＿ minutes.

❷ Does ＿＿＿＿＿ have Korean ＿＿＿＿＿?

❸ She looks much younger in ＿＿＿＿＿＿＿.

❹ You can ＿＿＿＿＿ to line number ＿＿＿＿＿ at the ＿＿＿＿＿ stop.

❺ It is ＿＿＿＿＿ to ＿＿＿＿＿ time and think ＿＿＿＿＿ over.

❻ I will call him and ＿＿＿＿＿ him know ＿＿＿＿＿ thing in the morning.

❼ Think ＿＿＿＿＿ of the box. Be open-minded and be ＿＿＿＿＿.

❽ I'll have a house-warming ＿＿＿＿＿ this ＿＿＿＿＿. Can you come?

❾ I can't get ＿＿＿＿＿ access from here.

❿ I ＿＿＿＿＿ say that if I were you. You know she's going to be ＿＿＿＿＿ to hear ＿＿＿＿＿, ＿＿＿＿＿ you?

대화를 잘 듣고 문장을 완성하세요.

| 반복해서 들어보고 자신 있을 때 답을 써도 좋습니다.

① **A** I'm going to get some snack. _____ _____ _____

_____?

B No thanks. I'm so full. I had _____ _____ with _____

_____.

A Oh, I thought you are _____ _____ _____.

B Yeah, I know. I'm going to _____ _____ _____.

② **A** I'm going to open up my place and have a _____ _____

_____. Can you come?

B Sure! What should I bring? Koreans usually _____ _____

_____ _____ _____ _____ _____ _____.

A Oh, I have _____ _____ _____ at home. Can you bring

your famous taco salad?

B No problem. What time do you _____ _____ _____

_____?

A Around _____ _____ _____ _____ will work.

알파벳부터 다시 시작하는 영어발음 ABC

둘째마디 · 입과 귀가 슬슬 트일 것이다!
셋째마디 · 영어가 쏙쏙 귀에 들어올 것이다!
넷째마디 · 입과 귀가 뻥뻥 뚫릴 것이다!

A부터 Z까지, 영어발음을 알파벳 순서대로 정리했습니다. 이미 알고 있다고 착각하고 소홀히 했던 기초 발음, 잘못 굳어진 여러분의 발음 습관을 본 마당을 통해 정확하고 깔끔한 발음으로 교정해드립니다.

둘째마디

●

입과 귀가 슬슬
트일 것이다!

09

"Aspirin(아스피린), please" 하면 아무것도 안 준다

강의 및 예문듣기

A　입 양옆으로 당겨 내는 소리 [æ]

여러분은 dad와 dead, bad와 bed 등을 확실히 구분해서 듣고 발음할 수 있나요? 또 "Would you give me some aspirin?"에서 aspirin도 정확하게 발음할 수 있나요? 이 과를 마치고 나면 그렇게 될 수 있습니다. [æ]는 우리 발음 [애]보다 입을 양옆으로 힘을 주며 당겨 발음해야 합니다.

apple　　allergy　　bad　　mad　　fat

입에 착! 발음 이야기

미국 생활 초기에 Chevrolet dealer에 차를 사러 간 적이 있습니다. 그런데 car salesman 이 자꾸 내가 가리키는 차마다 "[ʃébi] [ʃébi]"라는 말과 함께 뭐라고 하는 거예요. 무슨 말인지 못 알아들은 나는, 내 딴에는 서툴게나마 그 사람의 발음을 흉내 내어 권하는 차마다 "[ʃébi] [ʃébi]" 했습니다. 그랬더니 그 Car salesman은 버럭 화를 내고는 그냥 가버리더군요. 그때는 내가 뭘 잘못했는지 몰라 그냥 대리점^{dealer}을 나와 버렸습니다.

그런데 나중에 알고 보니, 그 사람은 [ʃæbi]가 아니라 **Chevy** [ʃévi]라고 발음한 것입니다. Chevy는 General Motors(GM) 에서 생산하는, 우리가 흔히 '시보레'라고 부르는 Chevrolet [ʃévrəlèi]의 애칭입니다. 그런데 미국식 발음을 잘 모르던 필자 가 그걸 shabby[ʃǽbi]로 알아듣고 권하는 차마다 **shabby, shabby** ^{형편없다. 형편없다}라고 했으니, car salesman이 열 받을 수밖에요.

흔히들 '알파벳 발음쯤이야.' 하고 가소롭게 생각하는 사람들이 많습니다. 하지만 수백 명이 모인 발음 특강 시간에 무작위로 10명을 뽑아 [æ]와 [e]를 가려 발음하라고 시켜보면 대부분이 자신 없어 하며 몸을 뺍니다. 우리말에서는 '애'와 '에'의 차이를 거의 무시하기 때문에 한국인에게는 특히 듣기나 말하기에서 취약한 발음이라 하겠습니다.

그럼, 우선 [æ]를 확실히 발음하는 법을 배워볼까요? 나아가 [æ]와 [e] 발음을 정확하게 가려 발음하고 알아들을 수 있는 실력을 길러봅시다.

입을 양옆으로 힘주어 당겨서 '애–'

우리가 익숙해져 있는 '에' 발음보다 힘이 훨씬 더 들어가야 합니다. [æ] 발음을 하려면 입을 가로 방향으로 힘을 주어 당기세요. 양볼에 힘이 들어가 보조개가 생길 정도로요. 그 상태에서 '애애–' 하고 말해보세요. 윗니가 살짝 드러나면서 입이 한 일(一)자 모양이 될 거예요. 장음^{longer vowel}은 아니지만, 우리가 생각하는 것보다 살짝 길게 발음할 때 [æ] sound가 잘 표현됩니다.

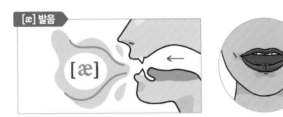

[æ] 발음

🎧 09-1.mp3

[æ] 발음 단어로 익히기

[æ-]

[æ] 발음을 하려면 일단 입을 한껏 옆으로(一자 모양) 힘을 주며 당기세요. 입을 좌우로 힘껏 귀밑까지 벌린다 생각하고 해보세요.

		미국식 발음 ☺	잘못된 발음 ☹
❶	apple	애펄 [æpl]	에플
❷	ant	앤(ㅌ) [æn(t)]	엔트
❸	add	앤 [æd]	에드
❹	anchorperson	앵커r퍼어r슨 [ǽŋkərpə̀ːrsn]	엥커퍼슨
❺	animal	애너멀 [ǽnəməl]	애니멀
❻	acid	애씯 [ǽsid]	에시드
❼	angry	앵그뤼 [ǽŋgri]	엥그리
❽	advertisement	앤ⓓ버r타이즈먼 [ædvərtáizmən(t)]	에드버타이즈먼트

❶ 사과
❷ 개미
❸ 더하다, 보태다
❹ 종합 사회자
❺ 동물
❻ 산, 신 것
❼ 성난, 노한
❽ 광고

이것까지 따라하면 진짜 미국발음!

❶ [애플]이 아니라 [애펄]입니다. l 발음으로 끝날 때는 '어'를 약간 넣어 발음하세요.

❷ ant처럼 -nt로 끝날 때 t 발음은 거의 하지 않습니다.

❽ adm/adv로 시작하는 단어들에서 d는 받침소리로 발음합니다.

[æ]

우리가 흔히 쓰는 단어 중 잘못 발음하고 있는 단어를 미국식 발음으로 몇 가지 정리해 보죠.

		미국식 발음 ☺	잘못된 발음 ☹
❶	allergy	앨러r쥐 [ǽlərdʒi]	알레르기
❷	alcohol	앨커호얼 [ǽlkəhɔ̀ːl]	알콜
❸	aspirin	애스쁘륀 [ǽsp(ə)rin]	아스피린
❹	sedan	씨댄 [sidǽn]	쎄단
❺	Viagra	ⓥ바이애그롸 [vaiǽgrə]	비아그라
❻	wagon	ⓦ왜건 [wǽgən]	웨건
❼	category	캐러고오뤼 [kǽtəgɔːri]	카테고리
❽	Atlantic	앹ㅌ래닉 [ətlǽnᵗik]	아틀란틱

이것까지 따라하면 진짜 미국발음!

- ❸ -sp로 연결되는 발음에서 p는 된소리 ㅃ [p]로 발음합니다.
- ❼ 강모음과 약모음 사이의 t는 [t]로 발음합니다.
- ❽ Atlantic에서 앞의 t는 받침소리로 살짝. 뒤의 t는 〈강모음 + nt + 약모음〉이어서 [ᵗ]입니다. internet 발음과 같은 이치입니다.

🎧 09-2.mp3

3단계
문장 발음훈련

[æ]와 [e], 문장에서 가려듣기

흔히들 [æ]를 우리말 '에' 발음과 비슷하다고 생각하지만 그렇지 않습니다. [æ]는 '에'보다 입을 양옆으로 더 벌리고 발음해야 합니다. 따라해보세요.

❶ Would you give me some **aspirin**, please?

❷ **Albert** is **allergic** to **apples**.

이것까지 따라하면 진짜 미국발음!

- ❶ aspirin [ǽsp(ə)rin].
- ❷ allergic [ələ́rdʒik] / apples [ǽplz].

073

③ Abby는 새 sedan을 운전
했어.

④ 너 '데미지'라는 영화 봤니?

⑤ (공항에서 누가 짐 찾는 곳을
물어보면) 회전식 컨베이어
에서 짐을 찾을 수 있을 거
예요.

⑥ (쇼핑센터에서 물건을 사고
난 후) 다 해서 얼마예요?

⑦ Alex는 Annie가 늦게 와
서 화가 났어.

③ **Abby** drove a new **sedan**.

④ Have you seen the movie *Damage* yet?

⑤ You can pick up your **baggage** at the **carousel**.

⑥ What's the **damage**?

⑦ **Alex** got **angry** at **Annie** for coming late.

이것까지 따라하면 **진짜 미국발음!**

③ sedan[sidǽn].

④ damage[dǽmidʒ] 손해, 손해액. '얼마입니까?'라고 가격을 묻는 익살스런 표현입니다.

⑤ baggage[bǽgidʒ] / carousel[kæ̀rəsél].

⑥ 같은 의미의 다른 표현으로 What's the total?[월쯔더 토우럴?]이 있죠. "얼마입니까?"라고
가격을 묻는 익살스런 표현입니다.

그동안 [æ]도 '에', [e]도 '에'로 발음하셨던 분들 꽤 많죠? [æ]는 입을 양옆으로
힘을 주어 당기면서 하는 발음이고, [e]는 우리말 [에]와 같이 발음하면 됩니다.
문장 속에서 가려듣는 연습을 해봅시다.

① 죽은 건 죽은 거야. / 아버지
는 돌아가시고 안 계셔.

② 색깔이 더 들어가 있네. /
Ed, Ted, Ned는 모두 형
제지간이야.

③ 더 이상의 부도수표는 안 돼
요. / 난 주거 전용 지역에
사는 게 좋아요.

④ 결혼은 일종의 도박이래. /
크리스마스 잘 보냈어?

⑤ Humpty Dumpty가 담
장 위에 앉아 있었어요. / 테
네시로의 여정을 다 정했나
요?

① **Dead** is dead.   **Dad** is dead.

② Color is **added**.   **Ed, Ted and Ned** are brothers.

③ No more **bad** checks, please.
I enjoy living in a **bedroom** community.

④ They say it is a kind of gambling to get **married**.
Did you have a **merry** Christmas?

⑤ Humpty Dumpty **sat** on a wall.
Have you **set** the itinerary to Tennessee?

이것까지 따라하면 **진짜 미국발음!**

① dead[ded] / dad[dæd]. dead is 데리z[detiz]. d는 강모음과 약모음 사이에서 [t]로
도 발음됩니다. 뒤에서 배우니 여기서는 이 정도로만 알아두세요.

② added[ǽtid] / Ed[ed]. Ed는 Edgar, Edwin, Edward 등의 애칭입니다.

③ bad[bæd] / bed[bed]. bad check 부도수표. bedroom community 주거 전용 지역.

④ marry[mǽri] / merry[meri]. It is a kind of 이리저 카인너v[itizə kain(d)əv].

⑤ sat[sæt] / set[set]. Humpty Dumpty는 오뚜기 달걀. 우스꽝스럽게 뒤뚱뒤뚱하면서도
넘어지는 않는, 미국 아이들이 좋아하는 동요 속의 주인공입니다.

10 'ㅂ'도 'ㅃ'도 아닌 소리 b[b]

B는 우리말 'ㅂ'이 아니다

강의 및 예문듣기

B **입술을 약간 말아 넣고 내는 소리 [b]**
boy는 '보이'일까요, '뽀이'일까요? 둘 다 틀린 발음입니다. 그동안 우리말과 비슷하다고 무심히 발음하셨죠?
[b]는 우리말 'ㅂ'이 아닙니다. 윗입술과 아랫입술을 약간 말아 넣고 '(으)ㅂ' 정도로 발음합니다.

baby   beer   bread   book   boy

입에 착! 발음 이야기

미국에서의 party는 informal과 formal 두 가지로 구분되는데, 이에 따라 dress code^{복장 규정}
도 다릅니다. informal party에는 casual 차림으로 가는 것이 예의입니다. 그래도 명색이
party에 가는 건데 하면서 정장 바지에 silk shirt를 입고 갔다가는 낭패 보기 쉽습니다. 하
지만 year-end party처럼 직장, 단체에서 주관하는 black tie function^{정장 차림의 행사}에 초대된
경우, 모두 한껏 멋을 부리고 등장합니다.

미국에 도착한 지 얼마 안 되어 formal party에 갈 기회가 있
었습니다. party에서는 인사를 나누며 칭찬해야 한다는 말을 들
은 게 생각나, 멋지게 차려입은 여성에게 이렇게 말했죠.

　"You look so **beautiful**."

그랬더니 얼굴색이 확 변하더군요. 옆에 같이 서 있던 어떤 신사
양반은 "I wouldn't say like that.^(나라면 그렇게 말하지 않겠네.)"이라고 하고요. 점잖게 표현
하느라고 이렇게 말했지만, 직설적으로 말하자면 "You made a mistake.^(너 말 실수했어.)"이
라는 뜻입니다. '내가 뭘 잘못한 거지?' 그때 내 영어발음 수준을 잘 알고 있던 한 동료가 다
짜고짜 큰소리로 발음을 따라하라고 했습니다.

　"**beautiful**[bjúːtifəl]." "pitiful[pítifəl]." "**beautiful**.^{아름다운}" "pitiful.^{불쌍한}"

party에서 발음 연습이라니! 온 party 장이 웃음바다가 되어버렸습니다.

긴장한 탓에 b를 세게 발음해서 p로 들린 겁니다. "You look so beautiful."이라고 말했는
데 beautiful을 정확하게 발음하지 못해서, 상대방은 "You look so pitiful.^{(기껏 차려입었다}
^{는 게 그 정도냐?)}"로 알아들었던 거죠.

입술을 약간 말아 넣고 내는 소리 b[b]

우리말 소리와 같다고 취급하며 별로 신경 쓰지 않는 발음들이 있습니다. 대표적인 예가 [b]입니다.

band를 '밴드'라고도 하고, 어쩔 땐 힘을 주어 '빼드'라고들 하는데, 다 틀렸습니다. 우리말 'ㅂ'은 윗입술과 아랫입술이 가볍게 맞닿아 만들어내는 소리입니다. 하지만 영어의 b sound는 윗입술과 아랫입술을 안으로 살짝 말아 넣었다가 공기를 내보내면서 [(으)b] 하고 내는 소리입니다. 그래서 입안에서 성대까지 울리는 깊은 소리가 납니다. 그래서 '밴드'가 아니라 '(으)밴ㄷ'인 것입니다.

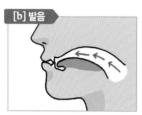
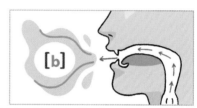

[b] 발음

윗입술과 아랫입술을 안으로 살짝 말아 넣었다가 공기를 내보내면서 [(으)b] 하고 소리냅니다.

🎧 10-1.mp3

우리말 'ㅂ'이 아닌 b[b], 단어로 익히기

[b]

b는 윗입술과 아랫입술을 안으로 살짝 말아 넣었다가 동시에 공기를 내보내면서 나는 소리예요.

❶ 기원전

❷ 바바라(여자 이름)

❸ 바바라의 애칭

❹ 악단

❺ 탑승, 판자

❻ 내기하다, ~에 돈을 걸다

❼ (자동차의) 완충장치, 돌출된 부분 (cf. speed bump: 속도 제어를 위해 도로에 돌출된 콘크리트 부분)

	미국식 발음 ☺	잘못된 발음 ☹
❶ B.C.(Before Christ)	(으)비이씨이 [biːsiː]	비시, 삐씨
❷ Barbara	(으)바아r(으)버뤄 [báːrbərə]	바바라
❸ Barbie	(으)바아r(으)비 [báːrbi]	바비
❹ band	(으)밴ㄷ [bænd]	빼드
❺ boarding	(으)보어r링 [bɔ́ːrtiŋ]	보딩
❻ gamble	갬(으)벌 [gǽmbl]	갬블
❼ bumper	(으)범퍼r [bʌ́mpər]	밤바

① b를 발음할 때 '(으)' 소리를 넣었는데 그렇다고 [으] 하고 소리 내라는 얘기는 아닙니다. 립스틱을 바를 때처럼 입술을 말아 넣어 [읍] 하는 입모양 상태에서 소리를 내면 b 발음을 훨씬 쉽게 발음할 수 있습니다. 그걸 보여주기 위해 '(으)'라고 표시한 것입니다.

③ Barbie는 Barbara의 애칭입니다. Barbie Doll이라고 들어본 적 있나요? 오래 전부터 잘 팔리는 인형으로, 시대에 따라 화장이나 머리 모양, 옷의 형태도 바뀐답니다. Bob은 남자 이름, Barb은 여자 이름. [r]을 정확하게 발음해주어야 여자 이름입니다. 평소 습관대로 [r] 발음을 무시하면, 특히 남자분들은 될 일(?)도 안 됩니다.

④ band (으)밴ㄷ [bænd] '밴드'는 잘못된 발음이죠.

⑤ boarding에서 d는 굴리는 [t]처럼 발음합니다.

[-b]
윗입술과 아랫입술을 살짝 말아 넣기만 하고 소리를 내지 않으면 완벽한 끝소리 b 발음이 됩니다.

① 술집, 선술집
② 훌륭한, 우수한
③ 문질러 닦다
④ 결석한
⑤ (사회적·법률적·도덕적인) 의무

	미국식 발음 ☺	잘못된 발음 ☹
❶ pub	펍 [pʌb]	퍼브
❷ superb	수퍼어r브 [su(:)pə́:rb]	슈퍼브
❸ rub	뤕 [rʌb]	러브
❹ absent	앱쓴 [ǽbsən(t)]	에브센트
❺ obligation	아블러게이션 [ὰbləgéiʃən]	오블리게이션

① pub는 맥주를 마실 수 있는 곳을 말합니다. 우리나라 간판에서 많이 보는 HOF [허아f]는 맥주 원료를 뜻하는 말이고요.

④ 단어 끝 -nt에서 t는 발음하지 마세요.

아하, 그렇구나! **흑인 소년을 'boy'라고 부르면 안 됩니다**

일반적으로 boy는 아들(son) 대신 자주 쓰는 말입니다. 하지만, 미국에서 흑인(African American/Afro-American) 남자아이를 boy라고 부르지 마세요. 아픈 역사가 있습니다.

노예제도가 있던 시절. 백인들은 흑인을 나이에 상관없이 boy라고 불렀습니다. 나이가 들어도 생각이 모자라고 미성숙한 인격체로 취급한 것입니다. 그런 아픔 때문인지, 미국 흑인들은 아버지가 어린 아들을 부를 때도 boy가 아니라 man이라고 합니다.

요즘은 이 말이 대중화되어 "이거 봐!", "이 사람아!"라는 뜻으로 "Hey, man!"이라고 하죠.

3단계
문장 발음훈련

말하기보다 듣기가 더 힘든 b 발음, 문장에서 가려듣기

b 발음은 Speaking보다 Listening이 더 어렵습니다. p나 v 발음과 헷갈릴 수 있기 때문이죠. 특히 문장 속에서 받침으로 소리 나는 b는 더 알아듣기 힘듭니다.

① 환부에 이 크림을 바르고 골고루 문질러주세요.

② Bob은 요즘 일 때문에 매우 바빠.

③ 자기, 나 목욕 가운 좀 갖다 줄래?

④ Barb와 난 그 클럽에 택시를 타고 갔어.

⑤ 일자리 있습니까?

⑥ 새로 생긴 중국 음식점에 가봤는데, 음식이 끝내줬어.

⑦ 다음번에 새 차 살 때는 SAAB를 샀으면 하고 생각하고 있어요.

⑧ 'Very Bad Thing'이란 영화 봤니?

❶ Apply this cream on the affected area and **rub** evenly.

❷ **Bob's been** so **busy** with his **job**.

❸ Can you get me my **bathrobe**, hon?

❹ **Barb** and I took a yellow **cab** to go to the **club**.

❺ Do you have **job** openings?

❻ We tried the new Chinese restaurant and the food was **superb**.

❼ I'm hoping to get a **SAAB** next time I **buy** a new one.

❽ Did you see the movie, '*Very **Bad** Thing*'?

이것까지 따라하면 **진짜 미국발음!**

❸ hon = honey. 구어체에서는 honey를 hon [hʌn] 이라고도 합니다.

❹ to go to = [트고우루]로 t sound가 약화되기도 합니다.

❼ SAAB에서 AA는 [아아-] 하고 길게 발음합니다.

❽ 영화제목 'Very Bad Thing'은 [ⓥ베뤼 배앤 (θ)씽]. Bad에서 d는 받침소리입니다.

아하, 그렇구나! **Car Bumper에 붙인 sticker의 재미있는 문구들**

미국에서는 bumper에 재미있는 sticker를 붙이고 다니는 차를 많이 볼 수 있습니다.

• **I love N.Y.** 난 뉴욕을 사랑해요.

New York에 대한 자부심을 나타내기 좋아하는 New Yorker나 관광객이 붙이고 다닙니다.

• **My second car is Mercedes Benz.** 이래봬도 우리 집에는 벤츠가 있어요.

고물차를 몰고 다니는 사람이 이런 sticker를 붙이고 다니는 걸 본 적이 있습니다.

• **Honk, if you're from Heaven.** 천국에서 오셨으면 경적을 울려 인사나 합시다.

자신이 천국 갈 거라고 확신하는, 얼굴 두꺼운 사람이 붙인 sticker입니다. 자기 자신도 천국에 갈 예정이거나 거기에서 왔다는 말이죠. 여기서 honk [hɔŋ(k)]는 '자동차 경적소리; (자동차의) 경적을 울리다'라는 뜻입니다.

11 첫소리 c가 만드는 발음 [k]

Cowboy는 카우보이가 아니라 '캬우보이'

강의 및 예문듣기

C

턱을 당겨서 발음하는 c[k]

Korea의 k와 cock의 c는 소리가 서로 다릅니다. c[k]는 소주를 한 잔 쭉 들이킬 때 내는 "캬~" 소리에 가깝습니다. 첫소리로 나온 c의 [k] sound는 거친 소리로, 'ㅋ'보다 턱을 목 쪽으로 당기면서 입을 크게 벌리고 발음합니다.

cat   cow   cute   crown   Chris   Christ

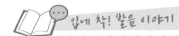
입에 착! 발음 이야기

Cute은 사전에 여자나 아이에게만 쓰는 표현이라고 풀이되어 있지만, 꼭 그렇지만도 않습니다. 미국에서는 이성에 대해 '마음에 든다'는 뜻으로 "She's cute!", "He's cute!" 하고 표현하죠. 의젓하고 사나이다운 image를 선호하는 남성들에게 cute이라는 표현을 쓰면 '귀여운, 깜찍한'이라는 사전적 풀이를 떠올리며 불쾌해할지 모르지만, 그럴 필요 없다는 겁니다.

"마음에 들어!" 하는 감정을 한껏 실어 "키유웉" 하고 과장해서 발음합니다. 절대 '큐트'라고 발음하지 않습니다. 이때 c 발음은 '커' 하는 거친 호흡소리가 들어갑니다. 목에 뭔가 걸렸을 때 갑갑해서 내는 소리 같기도 하죠.

c가 첫소리로 나오면서 [k]로 발음될 때는 우리말의 'ㅋ'과는 다른 소리로 들립니다. 비록 사전에서조차 이 차이를 구분하지 않고 발음기호 [k]로 취급하고 있지만, native의 소리를 들어보면 다릅니다. 왜 그런지 알아볼까요?

술 마실 때 자연스레 나오는 '캬~' 소리 c[k]

첫소리로 나온 c sound를 보통 k sound와 구분하기 위해 새로운 기호 [k]를 만들었습니다. 아랫부분의 곡선모양 c는 일반 k sound보다 목구멍을 크게 열고 소리를 내라는 뜻이죠. 미국 사람들은 구강 구조 특성상 턱을 아래로 많이 내리거든요. 그러다 보니 입안 깊숙한 곳에서부터 소리가 납니다. 이때 목젖 부분에서 공기가 마찰되면서 바람 새는 소리가 섞여 나오죠. 그래서 첫소리로 나온 [k]를 제대로 발음하려면 턱을 아래로 당기고 목구멍을 크게 열면서 발음해야 합니다.

c[k] sound는 우리가 실제 자주 내는 소리입니다. 소주나 양주, 고량주 등과 같은 독주hard liquor를 한 번에 꼴딱꼴딱 bottom up 해보세요. 곧이어 자연스럽게 터져나오는 "캬" 하는 소리, 바로 그것이 첫소리 [k]입니다.

[k] 발음

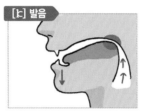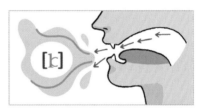

턱을 아래로 당기고 목구멍을 크게 열면서 발음합니다.

🎧 11-1.mp3

'턱을 당겨서' 발음하는 c[k], 단어로 익히기

$[k]$ 턱을 아래로(↓)로 당겨보세요. 그 상태에서 'ㅋ(흐)' 소리를 내보세요. 우리말 ㅋ을 발음할 때에 비해 목젖 부분에 공기 마찰이 심하게 일어나는 것을 느낄 수 있을 거예요.

❶ 학급, 계급
❷ 왕관
❸ 쿠폰, 할인권
❹ 미친, 흥분한
❺ 선인장
❻ 코트; 덧입히다, 코팅하다
❼ 숫자를 세다
❽ 거실용 소파

	미국식 발음 😊	잘못된 발음 ☹
❶ class	클ㅎ래쓰 [klæs]	클래스
❷ crown	크ㅎ롸운 [kraun]	크라운
❸ coupon	큐ㅎ으판 [kjúpɔn]	쿠폰
❹ crazy	크ㅎ뤠이지 [kréizi]	크레이지
❺ cactus	켁ㅎ터쓰 [kæktəs]	캑터스
❻ coat	코ㅎ울 [kout]	코트
❼ count	카ㅎ운(ㅌ) [kaun(t)]	카운트
❽ couch	카ㅎ우츄 [kautʃ]	코우치

⑨ county	카ㅎ우니 [káunʔi]	카운티
⑩ country	컨ㅎ츄뤼 [kʌ́ntri]	컨트리

이것까지 따라하면 진짜 미국발음!

① ~ ⑩ c를 발음할 때 목젖 부근에서 공기가 심하게 마찰하는 소리가 납니다. 그래서 c[k]를 한 글로 표시할 때 'ㅎ'을 넣어 표기했습니다.

⑨ 〈강모음＋nt＋약모음〉에서 t는 [ʔ]로 발음합니다.

🎧 11-2.mp3

말할 때 더 신경을 써야 하는 c[k], 문장에서 가려듣기

c[k]는 Listening보다 Speaking을 할 때 주의해야 합니다. 물론 강세만 제대로 지킨다면 우리말 'ㅋ'로 발음해도 외국인이 알아듣긴 하지만, 이번 기회에 미국식 발음을 제대로 구사해봅시다.

① 그만둬(그만해)

② 부담 없이 할 수 있는 일 이죠.

③ 야! 네가 혼자서 그 일을 해 냈다고?

④ 그들은 그를 무모한 사람이 라고 부른다.

⑤ 소파에서 TV 보고 있었어.

⑥ 꼼짝없이 앉아서 TV 보 는 걸로 상을 준다면, 아마 Billy가 일등을 할 거야.

⑦ 내 딸은 Elvis에게 완전히 빠져 있었어.

① **Cut** it out!

② It's a piece of **cake**.

③ Holy **cow**! You've done it by yourself?

④ They called him a **cowboy**.

⑤ I was on the **couch** watching TV.

⑥ If there were a prize for the best **couch** potato in the world, Billy would win it.

⑦ My daughter was **crazy** about Elvis.

이것까지 따라하면 진짜 미국발음!

① cut it out 커리라웃 [kʌ́tiʔaut]. 모음과 모음 사이에서 t는 [t].

② It's a piece of 잍쩌피이써v [itsəpíːsɔv]. a piece of cake 아주 쉬운 일.

③ Holy cow!＝Wow!

④ 여기서 cowboy는 무모하고 독단적으로 행동하는 사람을 일컫는 말이지만, 어떻게 보면 미국 개척시대에 필요했던 대담하고 용의주도하며 멋진 사나이를 일컫지 않을까요? "(시골 출신의) 촌뜨기"란 식으로 상대를 경멸하며 부를 때는 "red neck"이라고 합니다. 들판 땡볕에서 일을 많이 해서 셔츠 사이로 드러난 목만 발갛게 타 있죠(백인들은 햇볕에 타면 살이 갈색이 되는 게 아니라 발갛게 됩니다).

⑥ potato는 [퍼테이로우]. couch potato는 '꼼짝 않고 앉아서 TV만 보는 사람(a lazy person doing nothing but watching TV)'을 일컫는 말입니다.

12 변신하는 소리 [d]

D도 T만큼 화려하게 변신한다

강의 및 예문듣기

D **변신하는 소리 d**
사실 d sound를 정확하게만 알고 있으면 t의 화려한 변신까지 쉽게 응용할 수 있습니다. 정석 d sound는 혀끝을 입천장 볼록한 부분에 대고 발음합니다. 정석 d는 정석 t와 발성법이 같아 t와 유사한 pattern의 변화를 보입니다.

date   David   bedtime   middle

 입에 착! 발음 이야기

d와 관련하여 영어를 처음 받아들여 쓰던 세대의 유산 중 하나가 d를 'ㄸ'으로 발음하는 경향입니다. 예컨대 **double**을 '따블', **dance**를 '땐스', **down**을 '따운'이라고 발음하는 거죠. 발음 이론을 모른다고 해도 영어의 d가 우리말의 'ㄷ'과 다르고 좀 더 강한 느낌이 있음을 감지했기 때문입니다.

그리고 d 발음은 우리말의 'ㄷ'으로만 대치될 수 있는 것은 아닙니다. d의 발음형태가 몇 가지 있는데요. **grandeur**를 예로 들어보겠습니다.

사실 **Grandeur**의 발음은 우리가 알고 있는 '그랜져' 하나가 아닙니다. 그럼 사전에서 이 단어를 찾아볼까요?

grandeur 그렌줘r [grǽndʒər/-djuə]
❶ 장대, 장려, 위풍   ❷ 고상함, 심원함, 위대함

이렇게 보자면, 눈으로 보이는 d가 단순히 [d]로만 발음되지 않는다는 걸 알 수 있죠. d sound의 변신은 여기서 끝나지 않습니다. 우리가 잘 알고 있는 정석 d 발음, 받침으로 들어가는 d 발음, 혀를 굴려줘야 할 d 발음, 우리를 당황하게 만드는 들리지 않는 d 발음도 있죠.

자, 발음의 변화를 차근차근 하나씩 알아봅시다!

d와 t는 사촌 사이

d sound를 흔히 우리말 'ㄷ'과 같다고 생각하는데 우리말 '다리', '달', '대리', '도둑'을 한번 발음해보세요. 혀 앞부분 대부분이 입천장과 닿는 것을 느낄 수 있습니다. 하지만 date, desk 등을 발음할 때 영어의 [d] sound는 혀끝을 입천장의 돌출된 부분에 대고 목청을 울려 내는 소리입니다.

앞에서 t는 혀끝을 입천장의 돌출된 부분에 대고 내는 소리라고 했죠. d도 마찬가지입니다. 혀끝을 입천장의 돌출된 부분에 대고 바람만 내보내면 t, 성대를 울려 소리 내면 d sound가 됩니다. 혀의 위치는 서로 같습니다.

따라서 d sound는 t sound와 유사한 변신 패턴을 갖고 있습니다. -nd의 형태로 n sound에 바로 이어서 나온 d는 미국인들이 습관상 생략하고 말하는 경우가 많습니다. and가 대표적인 예라고 할 수 있죠.

또, middle을 발음하면, '미럴'이라고 들리는 경우가 많죠. 보통 우리가 '들'로 들릴 거라고 예상하는 단어, 즉 -dle/-ddle로 끝난 단어들에서 이런 현상이 자주 일어납니다. d가 약하게 발음되면서 굴러가는 소리가 나는 경우입니다. 이때는 약화된 t sound와 발음 요령이 같죠. 그래서 t와 d는 사촌 사이라고 할 수 있습니다. 실제로 d가 t와 비슷하게 변신을 하기도 하니까요.

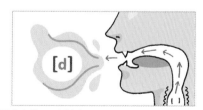

[d] 발음

혀끝을 입천장의 돌출된 부분에 대고 성대를 울려 내는 소리입니다.

🎧 12-1.mp3

다양하게 변신하기 전 정석 d 발음 익히기

[d] d는 t와 같은 위치에 혀를 대고서 목청 깊숙이에서 성대를 울려 내는 소리입니다. 배에서 공기를 끌어올리는 식으로 힘 있게 공기를 뿜어내주세요.

우선 정석 d 발음부터 연습해보죠. 아이를 어를 때처럼 혀로 '딱' 소리를 내어보세요. 바로 그 위치입니다. 혀끝을 입천장의 돌출된 부분에 대고 성대를 울려 d sound를 발음해보세요.

❶ date [데잍] ❷ down [다아운] ❸ double [더블] ❹ dandy [대앤디]

	미국식 발음 ☺	잘못된 발음 ☹
❶ aboard	어보어r언[əbɔ́ːrd]	어보드
❷ attitude	애러튜읃[ǽtətjùːd]	애티튜드
❸ barricade	배뤼케읻[bǽrəkèid]	바리케이드
❹ beside	비싸읻[bisáid]	비싸이드
❺ could	쿧/클[kud/kəd]	쿠드
❻ David	데이ⓥ빋[déivid]	데이비드
❼ dude	두우읃[duːd]	듀드
❽ outside	아웃싸읻[àutsáid]	아웃싸이드
❾ pride	프롸읻[praid]	프라이드
❿ trade	츄뤠읻[treid]	트레이드

이것까지 따라하면 진짜 미국발음!

❷ attitude에서 -tt-는 모음과 모음 사이에서 굴리는 t[t]로 발음합니다.

❼ dude는 청년 남자들 사이에서 '잘난 체하는 사람, 멋 내는 사람'이란 뜻으로 두루 쓰입니다. 친구 간에 혹은 이름을 모르는 사이에서도 친밀한 감정으로 부를 때 "Hey, dude[헤이, 두우읃]"이라고도 합니다. 우리말의 '녀석, 인마'보다는 정중한, 무게가 있는 호칭입니다.

-d/-de처럼 [d]로 끝난 단어인 경우 '드'로 발음하지 말고 받침으로 발음하세요. 경우에 따라서는 약하게 [d] 발음이 들리기도 하죠.

$$[d + 자음]$$ d sound 다음에 바로 b, k, p 등의 자음이 올 때 d는 받침소리로 발음해야 합니다. 받침이 된 d는 거의 들리지 않는 것처럼 느껴집니다. 대신 d 다음에 온 자음은 상대적으로 더 강하게 들리죠.

	미국식 발음 ☺	잘못된 발음 ☹
❶ bedtime	벧타임[bédtaim]	베드타임
❷ breadcrumb	브뤧크럼[brédkrλm]	브레드크럼브
❸ weedkiller	(우)위읻킬러r[wíːdkìlər]	위드킬러
❹ woodland	(우)욷런[wúdlən(d)]	우드랜드
❺ world bank	(우)월뱅(ㅋ)[wəːrl(d) bæŋ(k)]	월드 뱅크

이것까지 따라하면 진짜 미국발음!

❺ world의 끝 발음인 d와 bank의 k 발음이 약화되어 마치 '우월뱅(ㅋ)'처럼 들립니다.

[(d)]

단어가 -nd로 끝나면 d 발음은 주로 생략합니다.

	미국식 발음 ☺	잘못된 발음 ☹
❶ bond	반[bɑɛn(d)/bɔn(d)]	본드
❷ Cleveland	클리이블런[klíːvlən(d)]	클리브랜드
❸ diamond	다이여먼[dáiəmən(d)]	다이아몬드
❹ Donald	다널[dɔ́nl(d)]	도날드
❺ grandmother	그뤤마더r[grǽn(d)mʌ̀ðər]	그랜드머더
❻ blind spot	블라인 ㅅ빨[bláin(d)spɑ̀t]	블라인드 스폿트
❼ sandbag	쌔앤백[sǽn(d)bæg]	샌드백
❽ sandwich	쌔앤위츄[sǽn(d)witʃ]	샌드위치
❾ Scotland	ㅅ깥런[skɑ́tlən(d)]	스코틀랜드
❿ handball	핸버얼[hǽn(d)bɔ̀ːl]	핸드볼

이것까지 따라하면 **진짜 미국발음!**

- ❶ ❹ bond와 Donald의 [ɔ]는 턱을 크게 열고서 '아'로 발음해도 됩니다.
- ❺ grandmother에서 mother는 사전의 발음기호는 [mʌ̀ðər]로 되어 있지만, 실제로는 [ʌ]를 거의 '아'로 발음합니다.

아하, **그렇구나!**

Drugstore에 대하여

미국에서도 의사의 처방전prescription이 있어야 종합병원 내 pharmacy 혹은 WalGreen(미국 전역 의약품 전문매장 체인점)에서 약을 살 수 있습니다. 하지만 소독약, 기침약, 무좀약 등의 가정상비약emergency care drugs은 일반의약품over-the-counter drugs여서 일반 편의점이나 대형 market에서도 구입할 수 있습니다.

그 중에서도 항생제antibiotics는 오/남용misuse/abuse을 방지하기 위해 drugstore에서 구입할 때에도 처방전을 필요로 합니다.

* WalGreen은 대표적인 약국상호로 미국 전역에 거의 독점한 약국체인점입니다. drugstore 대신에 "Where can I find WalGreen around near here?"(이 근처에 약국(WalGreen) 어디에 있어요?)라고 말하면 더 잘 통합니다.

d와 t, 문장에서 가려듣기

d와 t를 가려듣는 연습도 해봅시다. 특히 과거형 어미 '-ed'에서 무시되는(탈락하는) d 발음은 listening에 큰 걸림돌이 될 수 있음을 염두에 두세요.

❶ 너 지금 내가 바보인줄 아니?

❷ 하루 종일 비가 엄청 내렸어.

❸ 그게 친구 좋다는 거지.

❹ 다이아몬드의 상징적인 의미는 당신의 사랑이 절대 변하지 않는다는 것이죠.

❺ 할머니와 손주는 가까운 관계죠.

❻ 조경공사는 어떻게 되어갑니까?

❼ 샌드위치는 보통 칩과 함께 나옵니다.

❽ 설계상에는 수십 개의 서재가 있습니다.

❾ 찍어 먹는 dip이 맛있어서 팁을 더 주고 나왔죠.

❿ 개가 마루의 매트를 물어뜯은 걸 알았을 때, 정말 화가 났어요.

❶ You think I'm **stupid**?

❷ It **rained hard** all **day**.

❸ That's what **friends** are for.

❹ The symbolic meaning of **diamond** is that your love'll never change.

❺ There's a close relationship between **grandmothers** and **grandchildren**.

❻ How's the **landscaping** coming?

❼ **Sandwich** is usually **served** with chips.

❽ **Tens** of **dens** are in the blueprint.

❾ We left extra **tip** for the delicious **dip**.

❿ I got **mad** when I **figured** out that my dog had **chewed** the floor **mat**.

여기까지 따라하면 **진짜 미국발음!**

❶ stupid ㅅ뚜우(뜌우)핃 [stjúpid].

❸, ❹ friends ① 프렌z [fren(d)z], diamond [dáiəmən(d)]의 d는 발음하지 마세요.

❺ grandmothers와 grandchildren, -nd의 d는 발음하지 마세요.

❻ landscaping 랜ㅅ께이핑 [lǽn(d)skèipiŋ].

❼ sandwich [sǽn(d)witʃ]. '쌔앤위츄' 혹은 '쌔애느위츄'로 들려요.

❽ ten [ten] / den [den]. den은 미국에서 '서재'라는 뜻으로 주로 쓰입니다.

❾ tip [tip] / dip [dip]. dip은 chips나 야채를 찍어 먹는 크림 모양의 소스.

❿ mad [mæd], mat [mæt].

13

굴리는 d sound

Radio를 왜 '뤠이리오우'라고 할까?

강의 및 예문듣기

D
굴리는 d sound
idiom, medical, modern 같은 단어들을 좀 더 native speaker에 가깝게 발음해보죠. 그리고 "I paid it off."를 확실히 본토 발음으로 해봅시다.
이런 발음을 정확히 구사하려면 〈강모음+d+약모음〉에서 d가 약화되면서 혀를 굴리는 [t]로 소리 난다는 것을 알아야 해요. 원리는 [t]→[t]로 변하는 것과 같습니다.

au**d**ience　　par**d**on　　noo**d**le　　loa**d**ing zone

 입에 착! 발음 이야기

Native speaker가 **everybody**를 발음하는 걸 주의해서 들어보세요. '에브리바디'가 아니라 '에브뤼바리'라고 발음하는 사람이 많습니다. 영국식 영어를 구사하는 사람들은 everybody를 '에브뤼보디'라고 d를 정확하게 발음합니다. 하지만, 미국인들과 대화할 때나 미국영화나 드라마, MSNBC나 FOX 뉴스 등을 들어보면 d를 '디'가 아닌 '리'에 가깝게 발음하죠.

nobod**y**, **ra**d**io**, **rea**d**y** 같은 단어들도 '노우바리', '뤠이리오우', '뤠리'라고 발음하는 걸 많이 접할 수 있습니다. 라디오가 아니라 '뤠이리오우'인 거죠.

하나만 더 예를 들어볼게요. 이런 표현 들어보셨나요?

　　"알았어, 오케 바리."

한때 요런 말 많이 했었죠. 원래 '오케 바리'는 "Okay, **buddy**![오우케이 버리]"를 우리식으로 임의로 생략법(?)을 써서 발음하면서 유행하게 된 말입니다.
여기서 buddy는 늘 단짝처럼 붙어 다니는 친한 사이의 남자들끼리 부르는 호칭으로 buddy[버리]라고 해서 뒤에 -dd-가 약화되어 발음되고 있습니다.

굴리는 d sound

앞에서 t가 강모음과 약모음 사이에 있을 때는 ㄹ과 비슷하게, 굴리는 [t] sound로 변신한다고 했죠. 그래서 love letter도 '러브 레터'가 아니라 [lʌv letər]로 발음한다고 했습니다.

d도 마찬가지입니다. d가 강모음과 약모음 사이에 있으면 굴러가는 소리가 납니다. 왜 그럴까요? d와 t는 모두 혀끝을 입천장 볼록한 부분에 대면서 만들어 내는 소리입니다. 다만, 그 상태에서 바람을 세게 내보내면 t 소리가 나고, 목청을 울리며 소리 내면 d 소리가 납니다. 이렇게 d와 t는 같은 곳에서 만들어지는 소리입니다.

또한 모음과 모음 사이에서 굴리는 [t] 소리는 [d], [t] 소리가 만들어지는 곳에서 혀가 입천장에 부딪치는 강도가 약화되면서 일어나는 현상입니다. 한마디로, 앞의 강모음을 확실히 강조하기 위해 d는 소리가 최소화됩니다. 그래서 [d]도 [t]도 아닌 혀가 심하게 굴려지는, 교과서적이 아닌 [t] 소리가 만들어진 것입니다. 그래서 천천히 말하면 [d]로 똑바로 들리던 것이 혀를 굴리면서 빨리 말하고 지나갈 때는 [t]로 들립니다. 이 모든 소리의 강약이 영어를 리드미컬하게 만듭니다.

실제 미국인들의 대화나 미국 영화, 드라마를 들어보면 d sound를 혀끝이 입천장 볼록한 부분에 슬쩍 스치듯이 대면서 굴러가는 [t]로만 발음하고 지나가는 경우를 상당히 자주 접할 수 있습니다.

굴리는 d는 굴리는 t와 같은 발음이므로 [t]와 동일한 발음 표기를 사용합니다.

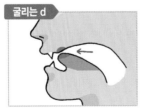
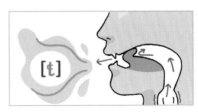

굴리는 d

혀끝을 입천장의 볼록 튀어나온 부분에 살짝 스치듯이 굴리는 소리로 발음해보세요.

굴리는 d sound가 되는 네 가지 경우, 단어로 익히기

$[\, t\,]$ d가 강모음과 약모음 사이에 있을 때는 허끝을 입천장의 볼록 튀어나온 부분에 살짝 스치듯이 굴리는 소리로 발음해보세요.

❶ 청중. 관중
❷ 분할된, 갈라진
❸ 각자, 누구든지
❹ 준비된
❺ 모형, 귀감
❻ 근대의, 현대식의
❼ 의학의
❽ 아무도 ~ 없다
❿ 다 만들어져 있는

	미국식 발음 ☺	잘못된 발음 ☹
❶ audience	어아리언ㅆ [ɔ́:tiəns]	오디언스
❷ divided	디ᵛ바이맅 [diváitid]	디바이디드
❸ everybody	에ᵛ브뤼바리 [évribàti]	에브리바디
❹ ready	뤠리 [réti]	레디
❺ model	마를 [mátl/mɔ́tl]	모델
❻ modern	마런 [mɔ́tərn]	모던
❼ medical	메리컬 [métikəl]	메디컬
❽ nobody	노우바리 [nóubàti]	노바디
❾ radio	뤠이리오우 [réitiòu]	라디오
❿ ready-made	뤠리메읻 [rétiméid]	레디메이드

잠깐만요!

addition은 '어리션'이 아니라 [ədíʃən] **어디션**

d 바로 다음에 나오는 모음에 accent가 있을 때에는 그대로 [d]로 발음하세요.

edition 이디션 [idíʃən]
academic 애커데믹 [æ̀kədémik]
identity 아이데너리 [aidèntəti]

$[\, r\, t\,]$ r을 바로 뒤따르는 d는 앞선 r에 영향을 받으면서 [t]로 약화시켜 발음합니다.

❶ 순서, 차례
❷ 용서, 사면
❸ ~에 따라서
❹ 더 열심히 하는, 더 어려운
❺ 보호자, 수호자

	미국식 발음 ☺	잘못된 발음 ☹
❶ order	오어r러r [ɔ́:rtər]	오더
❷ pardon	파어r른 [pá:rtn]	파든
❸ according	어코어r링 [əkɔ́:rtiŋ]	어코딩
❹ harder	하r러r [há:rtər]	하더
❺ guardian	가r리언 [gá:rtiən]	가디언

잠깐만요!

rd 바로 다음 모음에 accent가 있을 때에도 정석 d로 발음합니다. 이때는 d 자체가 강모음과 더불어 강조되어야 하기 때문입니다.

ordain 오r데인 [ɔːrdéin]
ordeal 오r디얼 [ɔːrdíːəl]

$[\,\text{ț}\,l\,]$

d와 l이 만나면서 d sound가 영향을 받습니다. -dle/-ddle로 끝나는 단어의 d도 굴리는 [ț]로 발음 합니다.

	미국식 발음 ☺	잘못된 발음 ☹
❶ noodle	누으럴[nú: țl]	누들
❷ cradle	크뤠이럴[kréițl]	크래들
❸ middle	미럴[míțl]	미들

❶ 국수, 면류

❷ 요람, 발상지

❸ 중앙의

이것까지 따라하면 진짜 미국발음!

❶ ~ ❸ -dle나 -ddle로 끝난 단어에서는 d가 약화되어 [ț]로 들립니다. l을 발음할 때는 [(에)] 하고 모음이 자연스럽게 들어갑니다. 허를 올리는 과정에서 나오는 자연스러운 소리지요. 실제 sound는 [모음+d+(에)] 식으로 d가 모음 사이에 놓이게 됩니다. 그래서 cradle, middle 하는 단어에서 d를 약화시켜 발음하는 사람들도 있지만 아직 절대적인 발음 규칙으로 자리 잡지는 않았습니다.

$[\,\text{ț}+\text{모음}\,]$

d로 끝난 단어가 모음으로 시작하는 단어를 만나면, 연음현상이 일어나서 d는 ㄹ과 비슷한 굴리는 [ț] 소리가 납니다.

	미국식 발음 ☺	잘못된 발음 ☹
❶ side effect	싸이르①펙(ㅌ)[saițəfék(t)]	사이드 이팩트
❷ read a lot	뤼이러랕[rí:țəlàt]	리드 어 랏
❸ dead issue	데릳슈[déțiʃu]	데드이슈/뎃 이슈
❹ made in	메이린[méițən]	메이드인
❺ blood and guts	블러른 겉츠[blʌ́țn gʌ́ts]	블러드 앤 겉쯔

❶ (약물 등의) 부작용

❷ 다독(多讀)하다

❸ 물 건너간 화제

❹ ~산

❺ (소설 · 영화 등의) 유혈 폭력물

이것까지 따라하면 진짜 미국발음!

❶ side effect[saițifékt] 부작용. d가 effect의 첫모음 [i]를 만나 [ț]로 발음됩니다.

❹ in은 문장에서 강세가 없으면 [ən]→[ən]→[n]으로 약화됩니다.

❺ blood and는 블러른[blʌ́țn].

굴리는 d, 문장에서 가려듣기

나름 다양하게 변신하는 d sound를 들어볼까요? spelling은 d이지만, ㄹ과 비슷하게 굴리는 [t]로 소리 나는 경우를 기억해두세요.

❶ 지금 농담하는 거야?

❷ 지금 주문하세요.

❸ 다시는 여기에 주차하지 않을게요.

❹ 진작에 해놓았어야지.

❺ 좀 더 크게 말씀해주세요. 잘 안 들려요.

❻ 그녀는 한창 일하는 중이야.

❼ 미안하게 됐어요. 더 노력했어야 하는 건데.

❽ 네가 와주어서 정말 기뻐.

❶ Are you **kidding** me?

❷ Place an **order** now.

❸ I **wouldn't** park here again.

❹ It **should have** been done earlier.

❺ Could you speak a little **louder**? I can't hear you good.

❻ She is in the **middle** of work.

❼ I'm sorry. I **should have** tried **harder**.

❽ I'm so happy you **made it**.

이것까지 따라하면 진짜 미국발음!

❶ kidding 키링[kítiŋ].

❷ order 오러r[ɔ́ːrtər]. place an order: 주문하다

❸ wouldn't은 '(우)워른[wutən]'으로도 들립니다. nt의 t는 묵음이 됩니다. 그래서 wouldn't은 [wudn]입니다. 이때 발음기호에는 나와 있지 않지만, d와 n 사이에 '으' 모음이 살짝 들어갑니다. 그런데 강모음과 약모음 사이에서 d는 굴리는 [t]가 되기도 합니다. 그래서 '우든' 또는 '(우)워른'이라고 발음합니다. didn't이 '디든' couldn't이 '크른'으로 들리는 것도 같은 이유입니다.
She _didn't_ come. 디든/디른[ditn(t)]
I _couldn't_ do that. 크든/크른[ditn(t)]

❹ should have 슈러v[ʃut(h)əv].

❺ louder 라우러r[lautər].

❻ middle of 미를어v[mítləv].

❼ harder 하러r[háːrtər].

❽ made it 메이릿[meitit]. make it: (약속시간, 장소)에 나타나다

14 '듀'와 '쥬'의 중간 소리 [dr]

Driver는 드라이버? 듀(쥬)롸이버!

강의 및 예문듣기

DR

'듀'와 '쥬'의 중간 소리로 발음하는 [dr]

drive는 자주 쓰는 영단어이기에 소홀히 넘어가는 단어에 속하기 도 하죠. 하지만 dr-로 시작하는 단어들이 생각보다 듣기가 어렵습니다. dr에서 d와 r을 정확하게 발음하면 자연히 '듀'와 '쥬'의 중간 소리로 들립니다. 발음 연습할 때 자신 있게 넘어가기 쉽지만 극히 조심해야 할 중요한 발음이죠!

dream   **dr**ive   **dr**ug   **dr**um   **dr**y-clean

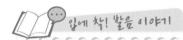
입에 착! 발음 이야기

대도시를 배경으로 한 미국 영화나 드라마를 보면 택시 타는 장면이 나오죠? 이걸 유심히 본 적이 있나요? 대부분의 영화에서 **taxi driver**는 흑인이나 중동계 이민자로 자주 오죠. 실제로도 New York City의 taxi drivers 가운데 본토박이 미국인은 몇 퍼센트 안 된다는군요. 대부분 비영어권에서 이민 온 사람들이 이 직업에 종사하고 있거든요. 미국에서 특별한 기술이 없고 영어 실력이 짧아도 taxi driver만큼 수입이 되는 직업도 흔치 않답니다.

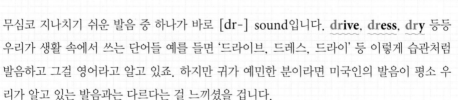

흔히들 택시 운전기사를 영어로 '택시 드라이버'라고 발음하죠. 하지만 '택시 드라이버'는 '택시 듀(쥬)롸이버*r*'라고 하면 더 잘 통합니다!

무심코 지나치기 쉬운 발음 중 하나가 바로 [dr-] sound입니다. **drive**, **dress**, **dry** 등등 우리가 생활 속에서 쓰는 단어들 예를 들면 '드라이브, 드레스, 드라이' 등 이렇게 습관처럼 발음하고 그걸 영어라고 알고 있죠. 하지만 귀가 예민한 분이라면 미국인의 발음이 평소 우리가 알고 있는 발음과는 다르다는 걸 느끼셨을 겁니다.

[dr-]로 시작한 단어에서 d는 r의 영향을 받습니다. '듀'라고 소리를 내면 자연스럽게 미국식 발음에 가깝게 발음이 됩니다. trouble, trunk, trip의 t 발음이 '츄'와 유사한 소리로 발음되는 경우와 같은 이치입니다. t처럼 d도 r sound의 영향권에 있다는 걸 기억하세요.

소홀하기 쉬운 [dr-] 발음

d sound와 r sound의 발음 요령을 정확하게 지켜서 하면 이 복자음 dr sound는 자연스럽게 구사됩니다. 우선 d sound를 발음할 때 '드' 하면서 '으' 하는 모음을 넣지 않도록 주의하는 것이 중요합니다. d sound를 만드는 곳에 혀를 스칠 때 입모양이 '우' 하는 모양이 됩니다. 입천장 볼록한 부분을 스치자마자 '뤄' 하면서 r sound로 이어서 말해보세요. d sound를 발음할 때도 '드'라고 '으' 모음을 넣어 소리 내지 않도록 주의하세요.

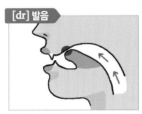

[dr] 발음

허끝을 입천장 볼록한 부분에 대며 d sound를 낸 후, 바로 r sound를 만들기 위해 허끝을 구부리세요.

🎧 14-1.mp3

[듀r]와 [쥬r]의 중간 소리 [dr-], 단어로 익히기

[dr-]

허끝을 입천장 볼록한 부분에 대면서 d sound를 낸 후, 곧 r sound를 만들기 위해 구부려보세요. '듀'도 '쥬'도 아닌 중간 sound로 발음됩니다.

		미국식 발음 ☺	잘못된 발음 ☹
❶	dress	듀뤠ㅆ [dres]	드레스
❷	drop	듀뢒 [drɑp/drɔp]	드롭
❸	drive	듀롸이v [draiv]	드라이브
❹	dry	듀롸이 [drai]	드라이
❺	dream	듀뤼임 [driːm]	드림
❻	drugstore	듀뤅ㅅ또어r [drʌgstɔːr]	드럭스토어

❶ 원피스: 옷을 차려입다
❷ 떨어뜨리다, 데려다주다
❸ 운전, 운전하다
❹ 마른, 건조한
❺ 꿈, 꿈꾸다
❻ 약국(미국은 Pharmacy란 표지판으로 대형 마켓이나 의약 관련 마켓에 들어가 있습니다.)

이것까지 따라하면 진짜 미국발음!

❷ drop에서 o는 '오'에서 시작해서 '아'로 입을 벌리면서 자연스럽게 이어 발음하면 됩니다. 이 요령을 지켜서 발음하면서 잘 관찰하며 들어보세요. '드롭'도 '드랍'도 아닙니다.

❺ dream에서 -ea-를 '듀뤼이임' 하고 길게 좀 과장했다 할 정도로 끌면, 실제로 미국인들에게 확실한 장음으로 느껴집니다.

[dr-] 발음 문장에서 가려듣기

dr-은 평소에 알고 있던 발음 '드ㄹ'이 아닙니다. sound mode로 새롭게 머릿속에 입력해둡시다.

① 저거 봐! 저 여자 죽여주게 입었는데.

② 그냥 얼굴이나 보려고 그 사람 집에 한번 들러봤던 거야.

③ 집에 가는 길에 약국에 좀 들러야겠어.

④ 이 세금인지 뭔지 때문에 열 통 터지겠어.

⑤ 아니, 이러지 마세요. 글쎄 저리 꺼지라니까요.

⑥ A Main Avenue에 있는 세탁소 알지?

B 어, 내가 보기엔 좀 비싼 것 같던데.

A 하지만 예전에는 일을 완벽하게 해왔잖아. 받는 값을 한다고 생각하는데.

① Look! She's **dressed** to kill.

② I just **dropped** by at his house to say hi.

③ We need to stop by at a **drugstore** on our way home.

④ This tax stuff is about to **drive** me crazy.

⑤ No, please don't do this to me. I say "**Drop** dead!"

⑥ A   You know the **dry** cleaner on Main Avenue.

B   Yeah. I think they are a little pricey.

A   But they've done a perfect job with my clothes in the past. I think they're getting paid for their service.

 이것까지 따라하면 진짜 미국발음!

① dressed to: ed의 [t]와 to의 [t]는 한 번만 발음합니다. 듀뤳ㅆ트 킬

④ is about to 이②저바웃러[izəbáutə]. stuff는 '가치 없는 것 따위', drive someone crazy는 '열받게 하다'의 뜻입니다.

⑤ Drop dead! = Go away and don't bother me. 저리 가요, 귀찮게 굴지 말고.

⑥ '일반 세탁소'는 dry cleaner 혹은 cleaner라고 하고, 우리가 말하는 '빨래방'은 laundry [lɔ́:ndri] 혹은 laundromat[lɔ́:ndrəmæt]이라고 합니다.

아하, 그렇구나!   ### Avenue와 Street의 차이?

미국에서는 길 이름을 ~ Avenue, ~ Street이라고 부르는 일이 많습니다. 일반적으로 Avenue는 남북, Street는 동서로 뻗은 도로를 말한다고 설명하는 책들이 있는데 반드시 그런 것은 아닙니다. '~로, ~가' 하는 식으로 길 이름을 말할 때, Street(St.), Avenue(Av.) 이외에 Drive(Dr.), Boulevard(Bl.), Circle(Cr.), Road(Rd.), Court(Ct.), Place(Pl.), Route(Rt.), Way(Wy.) 등이 쓰입니다. 주로 Apple Av., Peach Bl. 하는 식으로 표기하기 때문에 Road sign길 이름 표지판을 읽을 때 이런 약자 정도는 미리 알고 있어야 당황하지 않습니다.

15 그 동안 몰랐다, e의 세 가지 발음

E는 다 '에'가 아니다

E **e의 세 가지 발음**
알파벳 e는 무조건 '에'로 발음한다고 생각하는 분 있나요? 차차 짚어가겠지만 영어의 e가 우리말의 '에'라는 생각은 이제 그만 떨쳐버려야 합니다.
e sound는 강세를 받는가, 받지 않는가, 어디에 위치하는가에 따라 세 가지로 발음될 수 있으니까요.

escort　　event　　edition　　nice

입에 착! 발음 이야기

얼마 전 미국행 비행기 안에서 옆자리에 일본인 여자분이 함께 자리를 하게 되었습니다. 오랜 시간이 걸리는 비행이다 보니 옆 사람과 말벗이 되는 것도 지루함을 덜 수 있는 좋은 방법인지라 대화를 하게 되었죠.

"So, what do you do? (그런데, 무슨 일 하세요?)"

"I am 마 나수. (나수 입니다.)"

"Pardon me? (실례지만, 뭐라고 하셨죠?)"

"나수. I am 마 나수. (나수, 나수라고요.)"

"나수?"

도대체 "나수"가 뭔지 몇 번을 갸웃하며 중얼거리다가 결국 써달라고 부탁을 했죠. 그런데 이 여인이 쓴 단어는 바로 **"nurse!"**

일본인들은 nurse에서 r을 발음하지 않는 영국식 영어를 구사한다고 하지만, '너어쓰'도 아니고 '나수'라니 달라도 너무 다르구나 싶더군요. 끝소리로 나오는 e를 '으'도 아니고 '우'라고 발음을 해서 완전히 다른 말을 만들어낸 것입니다.

알고 보니 일본어의 구조상 받침소리를 구사하지 않아서 일어날 수 밖에 없는 현상이라 하겠습니다.

강세와 자리에 따라 달라지는 e 발음 세 가지

👄 강세를 받는 e

e는 escort, essay에서처럼 강세를 받을 때는 우리가 "에계, 이까짓 걸 어디다 썼나?"와 같은 말을 할 때 힘을 주면서 '에'를 발음하는 것과 같습니다. 사실, 우리말에서는 '에'로 표기하는 것을 영어에서 강세를 받는 e sound로 발음하고 있다고 보면 됩니다. 반면, '애'는 사실상 [æ]와 동일한 음가이지만, 현대 한국어에서는 '애'와 '에'의 차이가 거의 없어졌습니다.

👄 강세를 받지 않는 e

event, edition에서와 같이 강세를 받지 않는 e는 아랫입술을 1.5~2cm 정도 많이 벌린 상태에서 힘주지 않고 '이'로 발음합니다. 이 요령으로 발음하면 확실하게 떨어지는 '이'도 아닌, 똑 떨어지는 '으'도 아닌 sound가 만들어지죠. 이것이 강세를 받지 않는 e sound입니다. 사전마다 강세를 받지 않는 e sound의 기호는 조금씩 차이가 있습니다. 이 기회에 자신이 사용하고 있는 사전의 발음기호 표시를 꼼꼼히 살펴본 뒤 발음을 익히는 습관을 들이면 더 좋겠죠?

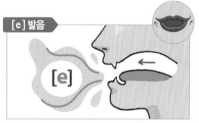

강세를 받는 e[e]:
'에계~'라고 할 때처럼 힘 있게 [에].

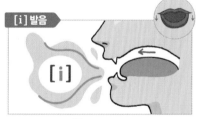

강세를 받지 않는 e[i]:
입을 조금 더 많이 벌린 상태에서 힘 안 주고 [이]

👄 단어 끝에 붙는 e

우리는 '나이스~, 케이크~, 아이스~' 하는 식으로 final e를 정식으로 '으'란 모음을 넣어 발음하고 있죠. 일본사람들이 '나수nurse' 하듯이 말이죠. 단어 끝에 붙는 e는 무시하고 발음 안 하면 됩니다. 'ㅣ' 혹은 'ㅡ'라는 모음을 넣지 않도록 주의하면서 e 바로 앞에 나온 자음까지만 충실하게 발음하고 끝내세요.

세 가지 e 발음, 단어로 익히기

[e] 강세를 받는 e sound를 연습해보죠. e가 첫소리 강세 모음으로 나온 경우입니다. 우리가 '에계~'라고 할 때처럼 힘 있게 '에' 하고 발음하세요.

		미국식 발음 ☺	잘못된 발음 ☹
❶	echo	엑코우[ékou]	에코
❷	epic	에픽[épik]	에픽
❸	escort	에쓰코r트[éskɔːrt]	에스코트
❹	esquire	엣쓰꽈이여r[éskwaiər]	에스콰이어
❺	Everest	에⁰버리슽[évərist]	에베레스트

❶ 울림, 울림소리
❷ 서사시, 장편 서사 영화
❸ 호위대
❹ 영국식 영어에서 남자에게 붙이는 존칭 (예 : Edward Jones Esq)
❺ 에베레스트

👓 이것까지 따라하면 **진짜 미국발음!**

❸ escort에서 끝소리 -rt 중 r만 크게 들리고, 마지막 t는 거의 안 들릴 수 있습니다.

[i] 강세를 받는 않는 e sound 발음을 연습해봅시다. 입을 1.5~2cm 정도 많이 벌린 상태에서 힘주지 않고 '이' 하고 발음하세요.

		미국식 발음 ☺	잘못된 발음 ☹
❶	election	을렉션[ilékʃən]	엘렉숀
❷	economy	으카너미[ikánəmi]	에코노미
❸	embarrassing	음베뤗씽[imbǽrəsiŋ]	임바라싱
❹	establish	웃쓰떼벌롯슈[istǽbliʃ]	에스테블리시
❺	exclusive	윽쓰끌룻쓰v[iksklúsiv]	엑스클루시브

❶ 선거
❷ 경제
❸ 황당한, 당황하게 하는
❹ 설립하다
❺ 독점적인

👓 이것까지 따라하면 **진짜 미국발음!**

❸ -ssing 할 때 -ss는 '씽' 하고 발음합니다.
❺ exclusive에서 ex- 다음에 나온 c는 'ㄲ' 하는 된소리로 표현될 수도 있습니다. sky 할 때와 마찬가지로 s 다음에 나온 k sound를 된소리로 표현하는 미국인들의 발음 습관 중 하나죠.

단어 끝에 나오는 -e는 '으'가 아닙니다.
무시하고 바로 앞에 나온 자음만을 충실하게 발음하도록 하세요.

	미국식 발음 ☺	잘못된 발음 ☹
❶ base	베잇ㅆ[beis]	베이즈
❷ cute	키윹[kju:t]	큐트
❸ gene	주위은[dʒi:n]	진
❹ move	무우우v[mu:v]	무브
❺ page	페인쥬[peidʒ]	페이지
❻ slice	슬라잇ㅆ[slais]	슬라이스
❼ take	테잌[teik]	테이크

 이것까지 따라하면 진짜 미국발음!

❶, ❻ -se와 -ce로 끝나는 경우, '쓰' 하면서 바람만 세게 나가는 소리로 끝냅니다. 따라서 base
의 형용사형인 basic은 '베이씩'이지 '베이직'이 아닙니다.

❷, ❼ -te나 -ke와 같은 무성음으로 끝난 경우, 받침소리로 처리합니다.

❸, ❹, ❺ -ne, -ve, -ge와 같은 유성음인 경우, sound의 여운이 호흡에 남도록 해줍니다. 각 자
음의 발음 요령을 다시 한 번 확인하고 마지막 sound로 나오는 것을 연습하는 것도 귀에 확실
하게 익힐 수 있는 좋은 방법입니다.

세 가지 e sound, 문장에서 가려듣기

이번에는 문장 단위로 e sound를 정리해보도록 하죠. 위에서 배운 세 가지 모두를 구분하면서 따라해보세요. e의 위치와 강세를 주의 깊게 관찰하면서 따라하세요.

❶ 이 뼈들은 나중에 국물 내는 데 아주 끝내줄 거야.

❷ 안 들려요. 내가 말하는 것만 울려서 돌아와요.

❸ 경제가 지난 4년간 정말로 안 좋았죠.

❹ 지난주는 정말 일이 많았던 주였어요.

❺ 이건 부작용이 전혀 없어요. 왜냐하면 모두 천연 성분이니까.

❻ 너희 여자들은 쇼핑 엄청 좋아하지. 그거 타고난 거잖아.

❼ 그분 호출해서 여기 오셨다고 전해드릴게요.

❽ 거기서 햄 두 조각만 나한테 건네줘요.

❾ 그 사람 내가 마치 자기 개인 비서인 것처럼 다루고 있더라니까. 정말 황당했지.

❿ '리더스 다이제스트'에서는 그 달에 멜 깁슨과 단독 인터뷰를 했었어요.

❶ These bones will make an **excellent** soup **base**.

❷ I can't hear you. I only hear the **echo** of my own **voice**.

❸ The **economy** has been really bad for the last four years.

❹ Last week was a very **eventful** week indeed.

❺ This doesn't have any side **effects because** it's all natural.

❻ You girls love shopping. It's in your **genes**.

❼ I will have him **paged** and tell him you're here.

❽ Hand **me** two slices of ham over there.

❾ He was treating me as if I was his personal secretary. It was so **embarrassing**.

❿ *The Reader's Digest* had an **exclusive** interview with Mel Gibson that month.

이것까지 따라하면 진짜 미국발음 !

❶ will은 거의 축약형 'll[얼]로 말합니다 : These bones'll make ~ [디이z 보운ⓩ절 메익 ~]

❸ really bad가 강조됩니다. last four는 [래애쓷①포얼r].

❺ any side effects를 가장 강조하여 또박또박 말합니다. 부정의 의미가 들어간 doesn't과 any에 힘주어 강조합니다.

❼ have him paged and[헤ⓥ븜 페이줜ㄷ-], and 다음에 살짝 쉬어줍니다.

❽ hand me[핸미] -nd에서 d sound는 거의 탈락시키고 말합니다.

❿ had an[헤런], interview[이널ⓥ비유].

16 바람을 세게 내보내는 소리 f[f]

"F*** you!"는 제품에 화가 풀릴 정도로 세게!

강의 및 예문듣기

F **바람을 세게 내보내는 소리 f[f]**
[f]는 윗니로 아랫입술을 살짝 깨물고 바람만 세게 내보내는 소리입니다.
특히 f가 단어 끝에 있을 때 '프'라고 절대 모음 '으'를 넣어 발음하지 마세요. 바람 새는 소리만 내야 합니다.

fast　golf　coffee　phoenix　enough

 입에 착! 발음 이야기

언젠가 TV에서 진행자^{host}가 외국인에게 "파이팅 하고 외치세요."라고 하는 걸 본 적이 있습니다. 그 외국인은 영문도 모르고 시키는 대로 하더군요. 영어에서는 사기를 북돋우는 의미로 **fighting**이라는 말은 쓰지 않습니다. 올바른 영어 표현은 "Let's go!", "Go for it!", "Go get it!" 등입니다. 우리말로 하면 '힘내세요!'입니다.

국영방송에 속하는 AFN(American Forces Network)에서는 비속어에 속하는 **Fuck you**를 beep sound^{삐이 소리}로 대치하고 있습니다. 영화나 TV Show에서 특히 자주 들리는 Fuck, Fuck you는 아주 저속한 말로, 어려운 관계나 점잖은 자리에서 절대 쓰지 않아야 합니다.

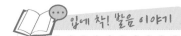

하지만 살다 보면 이런 말을 쓸 날이 오기도 하죠. 이때 f 발음은 바람을 드세게 내보내면서 발음하는 소리라 분을 푸는 데 상당히 효과적입니다. 아랫입술을 슬쩍 물었다가 입안에서 바람을 아랫입술 쪽으로 날려버리듯 발음을 하기에 좀 귀찮은 감이 없지 않아 있습니다. 그렇다고 'ㅎ' 정도로 대충해서는 청취도 대화소통도 되지 않으니 각별히 신경을 써서 입에 붙여야 할 발음입니다.

f를 대충 발음해서 'ㅍ'이나 'ㅎ'으로 할 경우 이런 오해가 생길 수 있죠.

fan 팬 → pan (프라이팬)　　　　fun 펀 → pun (말장난)
fancy 휀시 → fence (담장)　　　full 풀 → pool (웅덩이, 수영장)
four 포/폴r → pore (땀구멍)

윗니를 입술 안쪽 경계에 살짝 얹어 발음하는 [f]

f 발음을 너무 의식한 나머지, 윗니로 아랫입술을 다 쓸어넣을 듯이 하면서까지 발음할 필요가 없습니다. 아랫입술이 만들어지는 경계선, 즉 안쪽 입술과 입안 피부의 경계선에 윗니를 살짝만 얹어주세요. 그리고 바람을 후욱 내뿜어보세요. 윗니와 아랫니 사이를 바람이 스쳐나가면서 f sound가 자연스럽게 만들어집니다.

우리말에서 'ㅍ'이나 'ㅎ'으로 표기되는 f sound는 발음 요령을 잘 알고 있더라도, 쑥스러워서인지 제대로 하지 못하는 발음이죠. 입과 귀와 혀에까지 익숙해지도록 다시 한 번 정확하게 연습해볼까요?

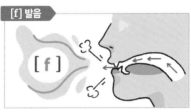

[f] 발음

윗니를 아랫입술과 입안 피부의 경계선에 살짝 얹은 후 바람을 '후욱' 하고 내뿜어보세요.

바람을 세게 내보내는 소리 [f], 단어로 익히기

[f] 윗니를 아랫입술의 경계선에 살짝 얹은 후 바람을 훅 내뿜어보세요. 사이로 바람이 빠져나가면서 자연스러운 f sound가 완성됩니다.

❶ 감정

❷ 신선한, (조리되지 않은) 날 것의

❸ 커피

❹ 자유로운, 공짜의, (시간이) 빈

❺ 사무실

	미국식 발음 ☺	잘못된 발음 ☹
❶ feeling	⒡피일링 [fíːliŋ]	필링
❷ fresh	⒡프뤠슈 [freʃ]	프레쉬
❸ coffee	커어⒡퓌 [kɔ́fi]	커피
❹ free	⒡프뤼이 [friː]	프리/후리
❺ office	아⒡피ㅆ [ɔ́fis]	오피스

여기까지 따라하면 **진짜 미국발음!**

❶ 필링 (×). '필링'이라고 발음하면 peeling(껍질 벗기는 것)으로 오해할 수 있습니다.

❸ 커피 (×). 늘 마시는 건데 정확한 발음을 습관 들여둡시다!

$[-f]$ f가 맨 뒤에 나올 때는 바람 새는 소리만 납니다.
'으'를 넣어 '프'로 발음하지 마세요.

	미국식 발음 ☺	잘못된 발음 ☹
❶ off	아f[ɑf]	오프
❷ golf	걸f[gɔlf]	꼴프
❸ scarf	ㅅ까아rf[skɑːrf]	스카프
❹ half	해f[hæf]	하프
❺ brief	브뤼이f[briːf]	브리프

❶ 밖으로, 꺼진
❷ 골프
❸ 목에 두르는 천
❹ 반쪽, 1/2, (시간상) 30분
❺ 간단한, 짧은

이것까지 따라하면 진짜 미국발음!

❷ 목 안 깊숙이 나오는 g sound와 특히 o 발음에 주의하세요. 정확한 [g] 발음은 바로 다음 과에서 설명이 이어집니다.

❸ sc-는 [sk-]로 발음될 때 s 다음에 나온 k sound는 우리말로 'ㄲ' 하는 된소리로 발음되는 경향이 있습니다. 자세한 설명과 연습은 30과에서 이어집니다! 흔히 목에 두르는 얇은 천만 scarf라고 생각하기 쉽잖아요. 하지만 털실로 짠 것도 scarf라고 합니다. muffler는 자동차 부품을 이르는 말로만 쓰이고 있으니 주의하세요.

❹ half에서 a는 apple, ant 할 때처럼 볼 양쪽으로 보조개가 들어갈 정도로 힘주면서 발음해야 합니다.

🎧 16-2.mp3

3단계
문장 발음훈련

[f] 발음, 문장에서 가려듣기

실제 자신의 입으로 소리를 내보아야 그 sound가 머리에 확실히 입력됩니다. 이제까지는 눈으로만 보았기 때문에 귀와 입에서 멀어지게 된 것입니다.

❶ 그냥 가져가세요.
❷ 거리낌 없이 질문하세요.
❸ 그만해 둬!

❶ **Free** to pick up.

❷ **Feel free** to ask.

❸ **Enough** is **enough**!

이것까지 따라하면 진짜 미국발음!

❸ Enough is enough 으너f 이②즈너f[inʌ́fizinʌ́f].

④ Are you **free** tomorrow?

⑤ Would you **prefer** a **front picture** or a **profile**?

⑥ What **if** I ask your girl **friend** out?

⑦ Is **Jeff off** this **Friday** or next **Friday**?

⑧ A   How would you like your **coffee**?

  B   With cream and sugar.

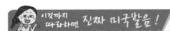

⑥ 〈What if+S+V?〉 만약 ~라면 어떻게 할 것인가?(=What would you do if ~?)

 '필리핀'의 '필'은 입술을 물어? 말어?

alphabet 중 ph나 gh의 조합에서도 f sound가 납니다. 의외로 우리가 익숙하게 쓰는 말 중에서 p 발음인 줄 잘못 알고 있는 단어들이 많습니다.

Philadelphia [filədélfjə]   Philippine [filəpí:n]   Philip [fílip]

photograph [fóuɫəgræf]   philharmonic [fìlhəːrmónik]   nephew [néfju:]

triumph [tráiəmf]   cough [kɔ:f]   enough [inʌf]

17 턱을 쑥 내리고 내는 소리 g[g]

G는 'ㄱ'보다 걸쭉한 소리로!

강의 및 예문듣기

G **턱을 쑥 내리고 내는 소리 [g]**
[g]는 턱을 아래로, 즉 목 쪽으로 떨어뜨리고 목구멍 깊숙한 곳에서 끌어올리듯 걸쭉하게 발음하세요.
g는 'z'보다 훨씬 걸쭉한 소리입니다.

girl   signal   graphic   ghost

 입에 착! 발음 이야기

영어를 처음 배울 때 익히는 단어 중 하나인 **girl**. 이렇게 쉬운 단어도 내가 하는 것과 미국인들이 하는 발음이 왜 다를까요? 잘 들어보면 다릅니다. **girl**^{여자아이, 아가씨}이나 **good**^{좋은}은 일상 회화는 물론, 영화, 팝송, 가요까지 분야를 막론하고 자주 등장하는 단어입니다. 이렇게 쉬운 단어라도 정확한 발음을 알고 있는 사람은 의외로 많지 않습니다. 설마 하는 분들이 많이 있겠지만 실제로 그렇습니다. 대학생이나 직장인들도 girl을 제대로 발음해 들려주면 알아듣지 못하는 사람이 꽤 됩니다.

바로 g 발음 때문입니다. 흔히 '도개걸윷모' 할 때처럼 '걸'과 같은 소리로 단정 짓습니다. 그래서 발음할 때 별 주의를 기울이지 않는 거지요. 갈비뼈가 만나는 지점(횡격막)부터 목 안 깊숙이에서 소리를 끌어올려야 올바른 g sound로 걸쭉하게 들립니다.

girl도 우리말 '걸'이 아니라 목 안 깊숙이에서 '거어-rl'하고 발음해야 하죠. girl 발음이 쉽지 않은 또 한 가지 이유는 끝소리 -rl의 발음에 있습니다. r과 l 둘 다 발음해야 하거든요. 미국에서는 아예 여자 화장실을 Gal이라고 간략히 표기한 sign도 간혹 볼 수 있습니다(남자 화장실은 Guy).

마찬가지로, **good**을 습관대로 '굿'이라고 발음하면 '무당굿' 할 때의 '굿'으로 들립니다. '좋다'는 느낌을 한껏 담을 때는 [그-우-웃] 하고 발음합니다.

성대의 차이에서 달라지는 g sound

g는 'ㄱ'보다 훨씬 걸쭉한 소리입니다. alphabet을 사용하는 서구 민족들의 성대는 우리 것보다 목 안 깊숙이 자리 잡고 있기 때문에, g[g] 소리는 ㄱ보다 깊숙이에서 만들어집니다.

이 발음을 기억하는 데 도움이 되는 지저분한 이야기 하나 할게요. 한국에 온 외국인들의 눈살을 찌푸리게 하는 대표적인 습관 중 하나가 바로 가래침을 뱉는 행동입니다. 언젠가 지하철에서 문이 닫히기 직전에 문밖으로 침을 뱉는 아저씨를 본 적이 있습니다. 어이없고 민망한 일이죠….

이렇게, 목에 걸린 것을 뱉을 때 '캬악' 하는 소리를 조금 강도를 낮추어 그윽하게 내면서 성대를 울리면 이것이 바로 미국인들이 하는 g sound입니다. 마치 배에 힘을 주어 횡격막 아래 깊숙한 곳에서 걸쭉하게 내는 소리 '(으)그'로 영어의 g sound를 제대로 연습해보세요.

[g] 발음

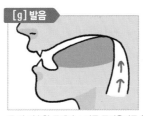 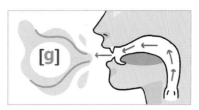

목 안 깊숙한 곳에서 소리를 끌어올리듯 힘주어 '그–' 하세요.

'ㄱ'보다 깊고 걸쭉한 소리 [g], 단어로 익히기

[g-] 턱을 아래로, 즉 목 쪽으로 뚝 떨어뜨리고 목구멍 깊숙한 곳에서 소리를 끌어올리려는 듯 목 안을 넓게 하여 힘을 주며 '그–' 합니다.

❶ 어린 여자 아이, 젊은 여자

❷ 좋은, 멋진, 맛있는

❸ 유령

	미국식 발음 ☺	잘못된 발음 ☹
❶ girl	(으)거얼[gəːrl]	걸
❷ good	(으)귿[gud]	굳
❸ ghost	(으)고우슽[goust]	고스트

 진짜 미국발음 !

❸ ghost의 o는 오[o]가 아니라 오우[ou].

④ 발사된 탄환, 발사
⑤ 휘발유

④ gunshot   건솨앝[gʌ́nʃɑ̀t]   건샷

⑤ gasoline   (으)개썰리인[gǽsəlìːn]   가솔린

이것까지 따라하면 **진짜 미국발음!**

⑤ gas station에서 gas는 gasoline의 약자입니다.

[-g]

받침소리로 숨어버려 거의 들리지 않는 g sound는, 받침소리지만 깊은 데서 끌어올리는 [g] sound 특유의 여운이 남습니다.

① 손잡이가 있는 비교적 큰 커 피잔
② 신호
③ 개
④ (개가) 꼬리를 흔들다
⑤ Z자 꼴의 형태, 모양

	미국식 발음 ☺	잘못된 발음 ☹
① mug	먹[mʌg]	머그
② signal	씨널[sígnəl]	시그날
③ dog	더악[dɔg]	도그
④ wag	왝[wæg]	웨그
⑤ zigzag	직잭[zígzæg]	지그재그

이것까지 따라하면 **진짜 미국발음!**

① '머그 잔'은 '역전 앞'처럼 틀린 말입니다. mug에 '잔'이라는 뜻이 이미 포함되어 있습니다.
② signal을 발음할 때 sig-에서 g sound는 받침으로 들어갑니다. 잘 들어보면 g의 느낌만 살짝 남을 뿐 이어지는 음절 -nal에 묻히는 느낌이 들 겁니다.
④ wag에서 w는 '우' 하는 입모양에서 시작해서 '우웨애-' 하면서 [æ]까지 모음을 연결해주어야 제대로 표현됩니다.

🎧 17-2.mp3

3단계
문장 발음훈련

[g] sound, 문장에서 가려듣기

그윽한, 혹은 걸쭉한 g sound가 문장 속에서 어떻게 들리는지 들어보세요.

① 다시 가져가주세요.
② 나 다음 달에 결혼할 거야.
③ 큰 통들이 우유가 떨어졌던 데.

① **Get** it back, please.

② I'm **getting** married next month.

③ They were out of **gallon** milk.

④ 비행기 객실에 큰 가방을 가지고 타지 마세요.

⑤ 사람들(미국사람들)은 여자애들을 '병아리'라고 부르죠.

⑥ 개가 꼬리를 흔들고 있네.

⑦ A 무슨 좋아하는 노래 있어요?

B 'Unchained Melody' 같은 느리고 낭만적인 노래요…

A 알겠어요. 영화 'Ghost'의 주제가죠?

④ Don't bring a **big bag** into the cabin.

⑤ They also call young **girls** chicks.

⑥ The **dog** is **wagging** its tail.

⑦ A **Got** any favorite songs?

B Yes, I like slow and romantic songs like *Unchained Melody* and...

A I **got** it. Isn't it the theme song of the movie *Ghost*?

이것까지 따라하면 **진짜 미국발음!**

① get it[geṭit].
② getting[geṭiŋ].
③ were out of 워라우러v[wərautɔv].
⑦ got any 가래니[gɑtǽni]. isn't it 이②즈닡[íznit]. isn't에서 t는 거의 발음하지 않습니다.

아하, 그렇구나! **supermarket에서 필요한 상식**

우선 supermarket이라고 하면 Wal Mart, Coscos와 같은 초대형 매장을 말합니다. supermarket이라는 말보다는 Wal Mart, Jewel, Coscos 등의 고유의 이름으로 주로 부릅니다.

gallon^{갤런}은 액체의 양을 나타내는 단위로 a gallon of milk라고 하면, 128 oz(ounce [auns])의 가장 큰 단위입니다. plastic jug에 들어 있다고 해서 jug milk라고도 합니다. 더 적은 용기로는 half gallon(64 oz), quart(32 oz), pint [pain(t)] (16 oz)이 있습니다. 우리나라에 나온 가장 큰 용기 우유는 half gallon 정도에 해당합니다. 흔히 보는 작은 우유 pack이나 콜라^{coke} 용기가 바로 1pint(16 oz)에 해당합니다. 물론, third quart(3/4), half pint짜리 용기(주로 carton)도 있습니다. 참고로, carton pack, 종이 pack은 잘못된 표현입니다.

앞에서 배운 내용을 잘 소화했는지 확인할 차례입니다.
발음뿐 아니라 어휘와 회화 표현력도 높이는 기회가 될 것입니다.

STEP 1 잘 듣고 빈칸의 단어를 완성해보세요.

❶ c _____

❷ d _____

❸ b _____

❹ a _____

❺ g _____

❻ e _____

❼ h _____

❽ d _____

❾ b _____

❿ m_____

STEP 2 다음 표현을 잘 듣고 빈칸을 채워보세요.

❶ baseball _____

❷ _____ code

❸ _____ _____ number

❹ _____ service

❺ _____ pump

❻ _____ to impress

❼ _____ dot com

❽ _____ furniture

❾ _____ _____ sets

❿ _____ outlet

STEP 3 잘 듣고 빈칸에 들어갈 단어를 넣어 문장을 완성해보세요.

> 해석하지 말고 들리는 대로 이해하도록 노력하는 것이 Listening 정복의 근간이 됩니다.
> 어휘력이 부족하다고 판단되면, 먼저 어휘를 익힌 후 문장을 듣는 것이 좋습니다.

❶ This is a place that you can _____ a _____ of quality _____
all at once.

❷ You don't want to send out your _____ or _____
_____ number there.

❸ It's a piece of _____. I will have _____ it _____ tomorrow.

❹ You want to _____ to _____ on a _____ or on a
_____.

❺ Do you know the number of the _____ to pick up our
_____?

❻ I _____ this watch at the _____ shop at the Incheon
International _____.

❼ I'm sorry, _____ I can't _____ it. I'm _____ to spices.

❽ Please put the _____ and _____ before your _____
number.

❾ _____ on what you _____, not what you don't _____. You
will _____.

❿ Take some _____ and take a _____. Rest at _____
_____ this weekend.

대화를 잘 듣고 문장을 완성하세요.

| 반복해서 들어보고 자신 있을 때 답을 써도 좋습니다.

❶ **A** I'm looking for a _____ place to buy a _____ and a coffee

 table.

 B Did you ever look up the online stores?

 A I haven't yet. _____ websites you want to recommend?

 B Well, it _____ what you're looking for. Like size,

 _____, quality, price, and so forth.

❷ **A** _____ I can't _____ the _____ water from this

 machine?

 B Oh, let me show you. Put your _____ here, and press the red

 _____ on top of the _____. Then, push the lever. See?

 A Ah-ha! Now I get it. Thanks!

 B No problem.

| 정답 | 299쪽

셋째마디

●

영어가 쏙쏙 귀에
들어올 것이다!

18

안 들리는 게 자연스러운 소리 h[h]

Like him이 왜 '(으)라이큼'으로 들릴까?

강의 및 예문듣기

H

탈락하는 소리 [h]

like him에서 h sound는 탈락하여 '라이큼'으로 발음됩니다. 인칭대명사 소유격 또는 목적격 him, his, her나 동사 have, has, 부사 here 등의 h는 빠른 대화에서는 약화되어 거의 들리지 않는 경우가 많습니다.

Don't tell (h)er.　　**Bring (h)im over.**　　**Get out of (h)ere.**

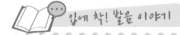 입에 착! 발음 이야기

다음은 Beetles[biːtlz]의 노래 'Hey Jude'의 가사 일부입니다. 이 노래는 Beetles의 폴 매카트니가 부모의 이혼에 상심한 존 레논의 아들 줄리앙 레논을 위해 만든 노래라고 해요.

… Remember to **let (h)er** into your heart …

…그녀(어머니)를 마음속에 간직해봐…

여기서 let her의 발음을 주목하세요. 만일 미국사람이 이 노래를 불렀다면 let her를 '렡 허 r'가 아니라 '레러r[letər]'라고 발음했을 거예요. 앞뒤를 잘못 알아들었다면 letter로 오해할 소지도 있겠죠.

미국인 발음 습관상 **"I like him."**을 '라이크힘'이 아니라 '(으)라이큼'으로 발음할 때가 많습니다. 인칭대명사 him, her, 혹은 have, here 등은 일상생활에서 많이 쓰고 있는 쉬운 단어들에 포함됩니다. 하지만 실제 대화에서는 h가 약화되어 거의 들리지 않기 때문에 의외로 듣기가 어려운 발음입니다.

남녀를 구분하는 대명사나 지시어는 대화 안에서 반복되는 요소를 대치하는 역할을 합니다. 그래서 앞서 언급한 내용을 잘 기억해야 하고, 그다음에 습관상 약화 혹은 탈락되는 h sound에 익숙해지도록 연습하는 것이 중요합니다.

영어의 독특한 rhythm과 연음에 주의하자!

영어는 rhythm을 매우 중요시하는 언어입니다. rhythm 하면 떠오르는 게 억양이나 강세지만, rhythm에는 억양이나 강세만 있는 게 아니죠. 영어에서 rhythm은 바로 말하고자 하는 사람이 중요하게 생각하는 것은 강조하고, 그렇지 않은 것은 약하게 빨리 발음한다는 의사전달의 효율성과 관계된 개념이기도 합니다.

우리말은 '나는 학교에 간다.'에서 명사나 동사, 조사가 모두 같은 박자를 가집니다. 그러나 영어는 "I go to school here."에서 school을 강조하고 싶다면 I go to는 빨리 발음해버립니다. 중요한 말 외에는 못 알아들어도 의사소통에 큰 지장이 없다는 무의식적인 판단이 들어간 거죠.

"What do you do here in Korea?(한국에서는 무슨 일 하세요?)" "(나) 학교 다녀요." 하는 식으로 아예 주어 I는 생략하고 go to도 '고우루[goutu]'로 약화시키고 school만 크게 또박또박 말합니다. 연음으로 빠르게 흘러가는 부분이 있는가 하면 또박또박 다 들리게 말해주는 부분이 있어 박자와 리듬, 단어의 강세를 포함한 목소리의 고저까지 형성되는 것입니다. 이렇게 영어는 의사소통을 할 때 전달하고자 하는 내용의 핵심어를 중요시합니다.

그리고 말하는 사람의 의사를 전달하는 데 그다지 중요하지 않은 요소들, 즉 전치사, 관사, 3인칭대명사 목적격 또는 소유격, 조동사 같은 요소에는 일반적으로 강세를 주지 않습니다. 따라서 억양^{pitch}이 떨어지고 자연히 대충 발음하고 넘어가는 경향이 있습니다. 그 과정에서 묵음 아닌 묵음 현상이 일어나기도 합니다.

그래서 like him이 '(으)라이큼' 정도로 들리는 것입니다. 대명사 him의 h sound가 탈락하고, 아주 말이 빠른 경우 단어 중간에서 강세를 받지 않는 i sound까지도 무시되는 경향이 있기 때문입니다. h 발음의 탈락은 회화에서 자주 나타나는 현상입니다.

[h] 발음

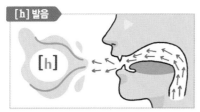

입천장에 혀를 대지 않고 'ㅎ' 하는 바람을 내보내세요.

2단계
단어 발음훈련

정석 [h] sound, 단어로 익히기

[h] 정석 h 발음은 입천장에 혀를 대지 않고 'ㅎ' 하는 바람을 내보냅니다. 우리말 'ㅎ'과 같아 바람을 세게 내보내야 제대로 표현됩니다.

		미국식 발음 ☺	잘못된 발음 ☹
❶	hurt	허어r트 [hə:rt]	허트
❷	hammer	해애머r [hǽmər]	햄머
❸	half	해애f [hæf]	하프
❹	ham	해앰 [hæm]	×
❺	Hugh	히유우 [hju:]	휴
❻	behind	브하인 [bəháin(d)]	비하인드
❼	perhaps	퍼r해앺ㅅ [pərhǽps]	퍼햅스

❶ 다치게 하다
❷ 망치, 장도리
❸ 절반
❺ 남자 이름
❻ ~의 뒤에
❼ 아마, 혹시

3단계
문장 발음훈련

탈락하는 [h], 문장에서 가려듣기

특히 he, him, his, her 같은 3인칭대명사, has, have 같은 조동사, here 같은 부사 등의 첫소리 h sound는 빠른 대화에서 자주 탈락하는 경향이 있습니다. 관용적으로 자주 쓰는 용어의 경우도 가끔 h가 탈락하는 경우가 있습니다.

❶ Don't tell **him**.

❷ Put **him** on the phone.

❸ I **have** been to the White **House**.

❹ I bought **her** a pound of butter.

❶ 그에게는 비밀이야.
❷ 그 사람 전화 좀 바꿔줘요.
❸ 나 백악관에 가본 적 있어요.
❹ 난 그녀에게 버터 1파운드를 사주었다.

> 여기까지 따라하면 **진짜 미국발음!**
>
> ❶ tell him [teləm]. 인칭대명사 him의 h가 탈락했습니다. him에서 강세를 받지 않는 i sound는 '으' 정도로 발음하기도 합니다.
> ❷ put him 푸럼 [putəm]. h가 탈락하고 t는 모음과 모음 사이에서 굴리는 [t]로 발음합니다.
> ❸ White House는 익히 알려진 말이라 h를 생략하고 발음하는 경향이 자주 있습니다: (우)와이 라우ㅆ [wai(h)aus]
> ❹ bought her 버아러r [bɔːtər] butter 버럴r [bʌtər]

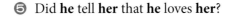

⑤ 그가 그녀에게 사랑 고백 했어?

⑥ 그 사람한테 머리 좀 깎으라고 해요.

⑦ Hugh는 큰 망치에 손을 다쳤다.

⑧ Hillary는 Hub한테 자기 빵 반을 선뜻 먹으라고 권했어요.

⑨ Holly는 자기 샌드위치에 햄을 충분히 넣었어요.

⑤ Did **he** tell **her** that **he** loves **her**?

⑥ Have **him** get **his** hair cut.

⑦ Hugh **has** hurt **his** hand with a heavy hammer.

⑧ Hillary **has** offered Hub half of **her** bread.

⑨ Holly **has** had enough ham for **her** sandwich.

잠깐만요!

일상 대화에서는 반복되는 인칭대명사(he, him, her, his 등)의 h가 주로 탈락됩니다. 굳이 똑바로 발음하지 않아도 누구인지 상대방이 이미 알고 있다는 판단이 들어간 경우입니다.

이것까지 따라하면 진짜 미국발음!

⑥ Have him에서 h가 탈락하여 해범[hævəm] 정도로 들릴 수도 있습니다. 단, 첫소리로 나는 Have나 hair 같은 일반명사의 h는 정확하게 발음합니다.

⑦, ⑧, ⑨ Hugh has hurt his hand에서 has와 his의 h가 탈락하여 '휴어z 하r리z해앤 [hjuəzhərtiz hæn(d)]' 정도로 들립니다. hand는 '핸드'가 아니라 '해앤'이죠. 단어 끝에서 n 다음의 d는 발음하지 않는다는 것 기억하시죠? Hugh나 다음에 나오는 Hillary, Holly는 사람이름이므로 [h]를 생략할 수 없습니다.

⑧ has offered와 half of her bread의 발음에 유의하세요. has offered는 '해자퍼r드' [(h)æzɔːfərd], of her는 어ⓥ버r[əvər].

⑨ has had에서 조동사 has의 h는 약하게, 본동사 had의 h는 정확하게 발음합니다. for her 는 [fərəːr] Holly는 '하알리' [hɔli]

아하, 그렇구나! **일반명사에서 첫소리 h가 탈락하는 경우**

h로 시작하는 일반명사에서도 첫소리 h가 탈락되는 경우는 상당히 드뭅니다.

White House, Make yourself at home, Two and a half.

위의 경우는 h를 발음하고 안 하고는 개개인의 발음 습관 차이로 나타납니다. 이렇게 h를 발음해야 함에도 불구하고 미국식 영어에서는 h를 발음하지 않는 게으른 습관들이 눈에 띄게 나타나고 있습니다.

미국식 영어에서는 childhood, neighborhood, manhood, womanhood와 같은 단어에서 h를 발음하지 않는 경향이 많습니다. 물론, 아직까지 사전에는 h를 발음하는 것으로 나와 있습니다. 하지만 herb 같은 경우 [hərb]와 [əːrb] 둘 다 표기한 사전도 있습니다. 현재 미국인들의 발음 습관으로 보아, 위의 예들도 이처럼 사전에 두 가지 경우가 다 표기될 것으로 예상됩니다.

그에 반해 말이 아무리 빨라져도 h가 탈락하지 않는 경우도 있죠.

❶ have나 has 같은 조동사가 문장의 첫머리로 왔을 때

❷ hair, ham 같은 일반명사의 경우

❸ "I like him." 같은 문장에서 "나는 다른 사람이 아닌 바로 '그'를 좋아해.(I don't like anybody else but "him".)" 라는 의미로 him을 강조하고자 할 때는 h sound를 정확하게 발음합니다.

19

강의 및 예문듣기

'이'도 아니고 '에'도 아닌 중간 발음 i[i]

I는 우리말 '이'가 아니다

> **I**
>
> **'이'와 '에'의 중간 발음 [i]**
>
> this is도 알고 보면 발음하기가 쉬운 게 아닙니다. 턱을 아래로 쭉 당기며 i 발음을 해보세요. 자연스럽게 '이'와 '에'의 중간 발음으로, '에'에 더 가까운 소리가 납니다.
>
> i에 강세가 오면 [에]와 비슷한 발음이 됩니다. 턱을 아래로 당겨서 발음하세요.
>
> i에 강세가 없으면 [ə], 심지어 소리가 나지 않는 경우도 있습니다.
>
> kiss me   sit down   immigrate   impossible

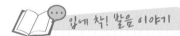

입에 착! 발음 이야기

TV에 마땅히 재밌는 것도 하지 않는 날 채널을 이리저리 돌리다가 누구나 한번쯤은 "**This is** CNN Breaking News..."로 시작하는 CNN의 이런 station identification^{방송국명 밝히기}을 들어보았을 겁니다.

자, 여기서 유의해서 확실히 배워야 할 것은 this is입니다. 미국식 발음에 익숙하지 않은 사람은 this is를 '디스 이즈'로 발음할 것이고, 연음현상에 조금 신경 쓰는 사람은 [(ð)디시즈] 정도로 발음할 겁니다. 하지만 이 발음을 실제로 들어보면 [(ð)뎃서z]에 가깝게 들립니다. 예를 하나 더 들면, **six**도 우리는 [씩쓰]라고 발음하지만, 미국인의 발음을 들어보면 거의 sex에 가깝게 들리기도 합니다.

"I drank the whole **six-pack** of beer last night.(지난밤 맥주 6개들이 한 pack을 다 마셨어.)"이라는 말에서 six-pack of beer가 sex-pack of beer로 들릴 수도 있습니다.

그렇다고 i를 '에'로 발음해서 "I live on the **hill**.(나는 언덕 위에 살아.)"에서 hill을 hell^{지옥}로 오해를 살 수도 있습니다. 대체로 hill은 부촌을 가리킵니다. Beverley Hills처럼요. hill을 hell로 발음했다면 정말 의미가 엄청나게 차이 나죠.

자, 그럼 i sound를 정확하게 발음하는 법을 배우고, 아울러 강세를 받는 경우와 받지 않는 경우를 가려듣는 연습도 해보죠.

116

'이-'한 상태에서 턱을 아래로 내려 '이'와 '에'의 중간 발음으로!

영어의 i 발음은 우리가 알고 있는 '이' 발음과는 다른 소리입니다. 우리말 '이'는 입을 좌우 양옆으로 힘을 가해 당기며 내는 소리입니다. 하지만 영어의 i sound는 강세가 오면 입 모양이 아래로 벌어집니다.

앞에서 서양인들과 우리는 구강 구조가 다르다고 했죠. 육식을 주로 하는 서양인들은 우리들보다 턱뼈를 많이 쓰기 때문에 턱의 움직임이 큽니다. 그래서 [i]라는 소리를 내면서도 턱뼈가 아래로 벌려 내려가 '이'보다는 큰 '에'에 가까운 발음이 됩니다.

따라서 미국식 발음을 정확하게 하려면 턱을 아래로 최대한 당기고 발음하면 됩니다. 귀 옆에 턱뼈가 벌어지는 곳에 손을 대고 턱을 아래로 내리면서 발음해보세요.

[i] 발음

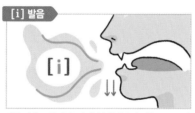
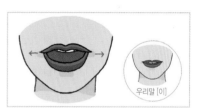

턱을 아래로 쭉 당기고 '이'와 '에'의 중간 발음으로, 오히려 '에'에 가깝게 발음해보세요.

🎧 19-1.mp3

[i]는 강세가 있으면 '에'에 가깝게, 강세가 없으면 [ə]

$$[i]$$

강세가 있는 모음 [i]는 턱을 아래로 쭉 당기고 발음합니다. i 다음에 무성음(p, t, k)이 오면 '으'에 가깝게 들립니다. 하지만 유성음이 오면 '에'에 가깝게 들리기도 합니다.

① 에스키모인의 얼음집
② 여섯
③ (시간 단위의) 분, 순간
④ 대변(욕설로 쓰는 말)
⑤ (구체적인) 여행 일정
⑥ (속어로) 젊은 여자들

	미국식 발음 ☺	잘못된 발음 ☹
❶ igloo	에글루우/이글루우[íglu:]	이글루
❷ six	쓰엑ㅆ[six]	식스
❸ minute	메닡/미닡[mínit]	미니트
❹ shit	쉩/쉩[ʃit]	시트
❺ itinerary	아이테너뤄뤼/아이티너뤄뤼[aitínərəri]	아이티너러리
❻ chicks	췌읔ㅅ/취읔ㅅ[tʃiks]	칙스

117

④ i에 강세가 올 때는 모음 [e]와 비슷한 발음이 됩니다. 그래서 헷갈릴 수도 있습니다.
six/sex   him/hem   hill/hell   pit/pet

⑤ chicks는 chickens[tʃíkins]의 줄임말로, 속어로는 young ladies, 즉 '계집애들, 여자애들' 이란 뜻입니다. He's been busy chasing chicks.(걔는 여자애들 쫓아다니느라 정신없어.) 이걸 자칫 잘못 들어 checks로 이해하면 돈 쫓아다니느라 정신없다는 얘기가 되죠.

[ə]

첫소리나 마지막 소리가 아니면서 동시에 강세를 받지 않을 경우,
[ə]로 약화되거나 소리가 없어집니다.

① 4월
② 휴일, 축제일
③ 치과의사
④ 테니스
⑤ 이주하다, 이민하다

	미국식 발음 ☺	잘못된 발음 ☹
❶ April	에이프럴 [éiprəl]	에이프릴
❷ holiday	할러데이 [hálədèi]	홀리데이
❸ dentist	데너슽 [dénʔəst]	덴티스트
❹ tennis	테늣ㅆ [ténəs]	테니스
❺ immigrate	이머그뤠잍 [íməgrèit]	이미그레이트

③ dentist에서 nt의 t는 'n' Sound에 동화된 [ʔ].

🎧 19-2.mp3

3단계
문장 발음훈련

때로는 길고 때로는 짧은 i sound, 문장에서 가려듣기

"I went to the beach."에서 beach를 길게 '비이잍츄[biːtʃ]'라고 발음하지 않고 '빝츄(bitch)[bitʃ]'라고 발음하면 듣는 사람이 오해할 소지가 큽니다. i가 길게 발음되는 [iː] 경우와 길게 늘이지 않는 경우를 비교해봅시다.

① 난 주말을 거의 그 못된 여자와 보냈잖아. / 난 주말을 거의 해변에서 보냈지.

❶ I spent most of the weekend on the **bitch**.

I spent most of the weekend on the **beach**.

❶ bitch 빝츄[bitʃ] 못된 년, 여자에 대한 욕설 / beach 비이잍츄[biːtʃ] 해변. bitch는 상당히 과격한 상소리이므로, 특별히 주의해야 합니다. spent와 weekend의 t와 d는 발음하지 마세요.

❷ 앉아. / 이쪽으로 앉아요.

❸ 그 사람 부자야. / 그 사람 이제는 노년에 이르렀지.

❹ Beverly Hills에 저택을 마련하시려고요? / 시간이 최고의 약이지.

❺ 집에 가는 길에 그를 데려가 주세요. / 그녀 인생의 절정기였어.

❷ **Sit** down.

Have a **seat** over here.

❸ He's a **rich** guy.

Now he has **reached** old age.

❹ Are you thinking of a mansion on Beverly **Hills**?

Time is said to have a great **healing** power.

❺ **Pick** him up on your way home.

It was the **peak** of her life.

이것까지 따라하면 **진짜 미국발음!**

❷ sit[sit] / seat[si:t]. sit down은 '앁 다운'. 그런데 미국 영화나 드라마에서 보면 가끔 마치 '씨 다운'처럼 발음하는 것으로 들립니다. t와 d는 비슷한 음이므로 뒤의 d 발음을 강조해서 발음하다 보니 t가 잘 들리지 않는 것입니다. seat over 씨이로우ⓥ버r[si:touvər].

❸ rich[ritʃ] / reach[ri:tʃ]. reached old age[ri:tʃtouldeidʒ]에 주의하세요.

❹ hill[hil] / heal[hi:l].

❺ pick[pik] / peak[pi:k]. pick him up 피커멉[pik(h)əmʌp]. 인칭대명사 him/her의 h가 탈락합니다. 전혀 안 들린다고요? "Pick him up on your way home." 마치 아주 긴 한 단어처럼 들리죠? 여기서는 그냥 넘어가세요. 나중에 연음을 배우면 귀가 뚫립니다. peak of her 피이커ⓥ브얼r[pi:kɔvər].

아하, **그렇구나!** **중학교 때부터 잘못 알고 있는 단모음과 장모음의 진실**

'단모음 = 짧은 발음', '장모음 = 긴발음'이라는 공식은 애매하게만 들립니다.

[i]와 [i:]를 예로 들어보죠. [i]는 '입에 힘을 빼고' 턱을 아래로 떨어뜨리고 발음하면 됩니다. 그러면 [e]에 가까운 발음이 됩니다.

[i:]는 우리말 '이'가 두세 개 반복되었다 생각하고 '이이-이-' 하면 거의 정확히 표현됩니다. [i:]를 발음하느라 꼭 그들 식으로 턱을 내렸다 올렸다 할 필요까지는 없습니다. 우리말 모음과 똑같이 발음하되 좀 더 길다 싶게 끌어주면 되죠. 어렵게 생각하지 마세요. 장모음 [i:]는 철자상 -e-, -ee-, -ea-로 표현되는 경향이 있습니다. eve[i:v], teeth[ti:θ], speak[spi:k].

20 [dʒ]와 [ʒ] 확실하게 구별하기

DJ는 '디이쮀이', joke는 '(으)죠욱'

강의 및 예문듣기

J **[dʒ]와 [ʒ]의 발음 차이는 '(읏)쥬'와 '쥬'의 차이**

발음을 배울 때 J는 잘 신경을 안 썼죠? 하지만 수업시간에 보면 제대로 발음하는 사람이 의외로 적습니다. 발음 기호만 봐서는 애매한 [dʒ]와 [ʒ]를 확실하게 구별해볼까요?

[dʒ]는 정석 [d] 소리에서 쥬[ʒ] 하는 소리를 연달아 내어 '(읏)쥬' 하고 발음합니다.

[ʒ]는 우리말 '쥬'처럼 입술을 앞으로 모으고 부드럽게 발음합니다.

joke　　bridge　　individual　　large

 입에 착! 발음 이야기

j[dʒ] 발음이 의외로 만만치 않습니다. **James**, **Jennifer**, **John**, **Jane**, **Joseph** 등 이름으로도 자주 나와서 이름을 부르면서 발음해야 하는 경우도 많고요. just와 같이 흔히 즐겨 쓰는 부사도 그렇고요. **jasmine**, **juice**, **jelly**와 같이 일상식품들에서도 j[dʒ]를 정확히 발음해야 shopping에 지장을 초래하지 않겠죠.

우리말에서 쨈(jam), 째즈(jazz), 짜스트(just) 등과 같이 j가 'ㅉ'으로 표기되어 통하는 것은 분명 우리말의 'ㅈ'보다는 j가 더 강한 느낌의 소리라는 증거입니다.

미국 어린이들이 즐겨 먹는 snack 중 하나가 peanut butter **jelly** sandwich이지요. 땅콩버터와 과일잼을 바른 빵을 겹쳐 놓은 것인데, 우리 가정에서 일반적으로 엄마들이 하는 것을 따라 초등학생 어린이가 "피넛 버터 쨈 bread, please" 했다가 좀 고생했다고 하더군요. **jam**은 주로 동사로 '엉키다, (교통이) 체증되다'라는 뜻으로 쓰입니다. 우리가 말하는 '쨈'은 jelly라고 한답니다.

흥미로운 것은 사람 이름인 경우는 'ㅈ'으로 표기하고 있다는 것이죠. '쫀'이 아니라 존(John), '쩨니'가 아니라 제니(Jenny), '쩨임스'가 아니라 제임스(James)로 말입니다. 발음기호 [dʒ]로 표현되는 경우는 j 말고도 철자상 -ge, -dge, -du 등으로도 표현됩니다.

[d]에서 시작해 [ʒ]로 연결하여 발음하는 [dʒ] / 입술을 모아 쭉 내밀며 발음하는 [ʒ]

joke[dʒouk]는 '죠크'도 '쪼크'도 아닙니다. 영어의 [dʒ]는 [d]와 [ʒ]가 합쳐진 소리입니다. 정석 d를 발음할 때의 혀 위치를 찾아(혀끝을 입천장 볼록한 부분에 대고) 혀를 차내면서 '(우)쥬' 하고 발음하세요. 그래서 가까이에서 들으면 [(우)쥬]처럼 들릴 수도 있습니다.

대중 가요 'J에게'는 '[(우)�줴이]에게'라고 해야 미국식 발음에 가깝습니다. 미국의 유명한 Talk Show program인 'Tonight Show'의 진행자 Jay Leno의 이름과 같은 발음이죠. July는 줄라이가 아니라 '(우)쥴라이', Jane은 제인이 아니라 '(우)�줴인'입니다. [dʒ]는 ㅈ 발음보다는 훨씬 힘이 많이 들어간 강한 소리라고 생각하면 됩니다.

한편 [ʒ] 발음은 [dʒ]를 발음할 때보다 훨씬 힘이 덜 들어가 부드러운 느낌을 줍니다. casual, television을 발음할 때 -su-와 -si-가 부드러운 [ʒ] 발음이 납니다. [ʒ]는 우리말 '쥬'와 같은 소리입니다. 입 모양을 '우' 할 때처럼 만든 상태에서 '쥬' 하고 소리를 내면 영어의 [ʒ]가 됩니다. 보통 -ge는 [dʒ]로 발음되지만, beige, corsage 등과 같이 주로 불어에서 수입한 단어들은 불어식 발음대로 '쥬'로 부드럽게 발음합니다.

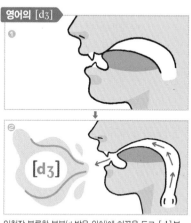

영어의 [dʒ]

입천장 볼록한 부분(d 발음 위치)에 혀끝을 두고 [d]부터 시작해 [ʒ]로 연결하여 발음하세요.

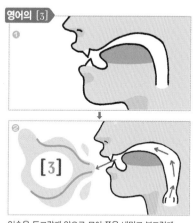

영어의 [ʒ]

입술을 동그랗게 앞으로 모아 쭈욱 내밀고 부드럽게 '쥬' 하고 발음하세요.

🎧 20-1.mp3

단어 발음에서 연음까지, [dʒ]와 [ʒ] 단어로 익히기

[dʒ]

혀끝은 정석 d 발음 위치(입천장 볼록한 부분)에 두고 입천장을 힘껏 열면서 [d] 소리부터 시작해서 [ʒ]로 연결해서 발음하세요. 어떤 때는 [(옷)쥐]처럼 들리기도 합니다.

	미국식 발음 ☺	잘못된 발음 ☹
❶ Java	(옷)좌®버 [dʒɑ́ːvə]	자바
❷ jail	(옷)�줴이얼 [dʒéil]	제일
❸ jasmine	(옷)좨z민 [dʒǽzmin]	자스민
❹ Jersey	(옷)�줘어r지 [dʒɚ́rzi:]	저어지
❺ Jakarta	(옷)줘카아r터(러) [dʒəkɑ́rtə]	자카르타
❻ Jerusalem	(옷)쥘루슬럼 [dʒirúːsələm]	예루살렘
❼ judge	(옷)줘쥬 [dʒʌdʒ]	저지
❽ individual	인디®빋쥬얼 [ìndivídʒuəl]	인디비두얼
❾ adjustment	엄쥐슽먼(트) [ədʒʌ́s(t)mən(t)]	어드저스트먼트
❿ gesture	(옷)줴스춰어r [dʒéstʃər]	제스처
⓫ college	카얼맅쥬 [kɔ́lidʒ]	컬리지
⓬ Germany	(옷)줘r머니이 [dʒɚ́ːrməni]	저머니

이것까지 따라하면 진짜 미국발음!

❶ Java '자바'가 아니라 [(옷)좌버]. Java는 인터넷 환경의 프로그램을 개발하는 프로그래밍 언어로 개발자들이 즐겨 마시던 커피 이름에서 따왔다고 합니다.

❺ Jakarta의 t는 모음과 모음 사이에서 t.

❼, ⓫ 주로 j가 [dʒ]로 발음되지만, judge, gesture와 같이 첫소리나 끝소리 -g-/-ge/-dge일 때도 [dʒ]로 발음합니다.
general   Germany   language   bridge

❾ adjustment에서 d는 받침소리지만 아주 약화되어 제대로 안 들릴 수도 있습니다.

⓫ college의 -ge는 [-dʒ]로 발음됩니다. 한편 -ge가 [ʒ]로 발음되는 경우도 있습니다. massage, corsage, mirage 등 주로 불어에서 차용된 단어들이 [ʒ] sound를 가지고 있습니다.

[3]

편하게 입는 차림인 casual을 발음할 때처럼, 우리말 '쥬'와 같이 입술을 동그랗게 모아 쭈욱 내밀고 부드럽게 '쥬' 하면 완벽한 발음이 됩니다.

	미국식 발음 ☺	잘못된 발음 ☹
❶ leisure	리이쥬어r [líːʒər]	레져
❷ casual	캐쥬월 [kǽʒuəl]	캐주얼
❸ usually	유주월리 [júʒuəli]	유주얼리
❹ pleasure	플레쥬r [pléʒər]	플레져
❺ Asia	에이쥐 [éiʒə]	아세아/아시아
❻ Persian	퍼r젼 [pə́ːrʒən]	페르시안
❼ television	텔러비젼 [téləvìʒən]	텔레비젼
❽ decision	디씨젼 [disíʒən]	디시젼
❾ corsage	커어r싸아쥬 [kɔːrsáːʒ]	코사지
❿ beige	베이쥬 [beiʒ]	베이지

[dʒ]+[ju]

단어와 단어 사이에서 [d]가 모음 [ju]를 만나면 [dʒ] 발음이 됩니다.

	미국식 발음 ☺	잘못된 발음 ☹
❶ could you	큰지유 [kədʒju]	쿠드 유
❷ would you	월지유 [wudʒju]	우드 유
❸ did you	딛지유 [didʒju]	디드 유
❹ called you	커얼지유 [kɔldʒju]	콜드 유
❺ and you	앤지유 [ændʒju]	앤 유
❻ made you	메읻지유 [meidʒju]	메이드 유
❼ had you	핻지유 [hædʒju]	헤드 유

123

[dʒ]와 [ʒ], 문장에서 가려듣기

[dʒ]와 [ʒ]를 구별하는 데 귀가 얼마나 열렸는지 문장을 통해 확인해봅시다.

❶ I was **jammed** up in the traffic.

❷ Each person has an **individual** locker.

❸ It sounds more likely a **joke**.

❹ Try not to **judge** a man by his appearance.

❺ **Could** you possibly give me a lift?

❻ **Did you** say anything about the **project**?

❼ I **called you** yesterday, do you remember?

❽ **Would you** kindly get the door for me, please?

❾ Fine. Thank you, **and you**?

❿ What **made you** come here?

⓫ A Thanks a lot.   B **Pleasure** is mine.

⓬ A **Beige is** my favorite color.

   B Well, that's my favorite, too. Dark **beige**, light **beige**, I like all kinds of **beige**.

❶ 교통 체증 때문에 꼼짝 못하고 갇혀 있었어.

❷ 각자가 개인 사물함을 가지고 있지.

❸ 농담인 것 같은데.

❹ 사람을 외모로 판단하지 마라.

❺ 저 좀 태워주시겠어요?

❻ 네가 그 프로젝트에 대해 이야기했던가?

❼ 내가 너한테 어제 전화했는데, 기억나니?

❽ 문 좀 열어주시겠어요?

❾ 좋아. 당신은 어때?

❿ 무슨 일로 왔어?

⓫ A 고마워.
   B 별 말씀을.

⓬ A 베이지는 내가 제일 좋아하는 색이야
   B 음, 나도 그래. 어두운 것도 밝은 것도 베이지면 다 좋아.

> 이것까지 따라하면 **진짜 미국발음!**
>
> ❶ jammed up 주앰덥[dʒǽmdʌp].
> ❻ 프로젝트가 아니라 '프라줵' [prɑ:dʒekt]
> ❿ come here 커미어r[kʌmiər]. 빠른 대화에서 부사 here의 h가 탈락했습니다.

 아하, 그렇구나!   **[t] 다음에 반모음 [j]가 오면 [tʃ]**

단어와 단어 사이에서 [t] 다음에 반모음 [j]가 오면 [tʃ]로 소리 납니다.

❶ Why don't you talk to your parents?
너희 부모님과 얘기 좀 하면 안 될까?

❷ Why didn't you attend the seminar last month?
지난달 세미나에 왜 참석하지 않았어요?

❸ I am sorry. I didn't get your name.
미안합니다만, 성함이 어떻게 되시죠?

❹ I don't know what you want.
네가 원하는 걸 모르겠어.

21

우리말 ㅋ과 닮은 k sound

ㅋㅋㅋ를 영어로 kkk로 써도 되나?

강의 및 예문듣기

K

ㅋ과 비슷한 [k]
우리말 ㅋ과 비슷한 발음인 k sound입니다. 비교적 쉬운 발음이지만, 쉽다고 그냥 넘어가서는 안 됩니다.
k sound에는 c와 함께 쓰여 받침소리가 되기도 하고 소리가 나지 않는 경우도 있으니까요. 차근차근 따라하면서
정확한 발음을 배워봅시다.

kind   kiss   knife   knee   duck   pack

입에 착! 발음 이야기

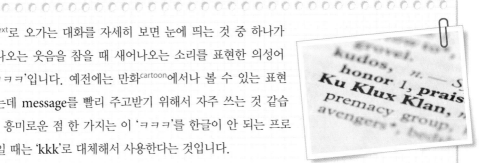

문자^{text}로 오가는 대화를 자세히 보면 눈에 띄는 것 중 하나가
터져나오는 웃음을 참을 때 새어나오는 소리를 표현한 의성어
인 'ㅋㅋㅋ'입니다. 예전에는 만화^{cartoon}에서나 볼 수 있는 표현
이었는데 message를 빨리 주고받기 위해서 자주 쓰는 것 같습
니다. 흥미로운 점 한 가지는 이 'ㅋㅋㅋ'를 한글이 안 되는 프로
그램일 때는 'kkk'로 대체해서 사용한다는 것입니다.

우리말의 'ㅋ' 발음은 영어의 k sound와 거의 차이가 없으므로 적절하다고 봅니다. 하지만
영어권 화자들에게 읽어보라고 하면 우리의 기대와는 달리 '케이케이케이'라고 읽습니다. 혹
은 **Ku Klux Klen**의 약자로 이해하는 사람도 있을 거고요. 이 경우는 약자이므로 대문자를
써서 KKK라고 하죠. 참고로, 영어 문자메시지$^{text\ messages}$에서는 웃음을 흔히 두 가지로 나
누어 나타내는데, 싱긋 웃는 미소는 :)로, 박장대소는 LOL로 표현합니다.

어쨌든 영어의 k sound는 우리말의 'ㅋ'와 아주 흡사하므로 부담 없이 발음할 수 있습니다.
받침소리로 표현되는 경우 주로 -ck의 형태로 나오는 경우가 많습니다. **kick**이라고 했을 때
는 '킥'이나 '킼'이나 같은 소리로 들리지만, **"Kick it!"**과 같이 'ㅋ' sound가 연음이 될 경우
[키킽] 하는 식으로 받침소리가 드러날 수 있습니다. knife, knee와 같이 kn-으로 시작하는
단어들은 거의 대부분 k가 묵음입니다.

Ku Klux Klen 남북 전쟁 후 흑인과 북부 사람들을 위압하기 위해 남부 여러 주에 결성된 비밀 결사
LOL Laugh Out Loud의 첫 글자를 따온 말

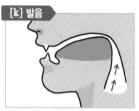

1단계
발음 따라잡기

우리말 'ㅋ'과 비슷한 k sound

k sound는 우리말의 'ㅋ'처럼 발음하되, [k]가 첫소리인 경우 그다음에 이어 나오는 모음을 분명하게 발음해주는 것이 단어 구사에 있어서 중요합니다.

k가 받침으로 쓰여 -ck로 표현되는 k sound는 우리말의 'ㅋ'과 같은 요령으로 발음하면 됩니다. 또한 k가 묵음으로 나오는 경우도 있죠. 소리 나지 않는 k sound에도 유의하면서 하나하나 살펴보도록 하죠.

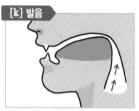
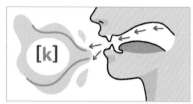

[k] 발음

우리말의 'ㅋ'처럼 발음하되, 다음에 나오는 모음을 분명하게 발음하세요.

🎧 21-2.mp3

2단계
단어 발음훈련

k sound, 단어로 익히기

[k] 첫소리 k나 받침소리로 나오는 -ck도 모두 k sound로 표현됩니다.

		미국식 발음 ☺	잘못된 발음 ☹
❶	key	키이이[ki:]	키
❷	Kentucky	켄털키[kəntʌ́ki]	켄터키
❸	ketchup	켙춮[két∫əp]	케챂
❹	kid	킫[kid]	키드
❺	kick	킥[kik]	키크
❻	rock	롹[rɑk]	로크
❼	truck	츄뤅[trʌk]	트럭

❶ 열쇠
❷ 켄터키(미국 남부의 주)
❸ 케첩
❹ 어린애, 아이, 자식
❺ 차다, 걷어차다
❻ 바위, 좌우로 살살 흔들다
　(rocking chair: 흔들의자)
❼ 트럭

이것까지 따라하면 진짜 미국발음!

❶ key에서 -ey는 '이이-' 하는 장모음으로 길게 여운을 빼면서 발음해야 합니다.
❺~❼ -ck는 받침소리 [k]로 발음됩니다. 소리를 늘여 '크' 발음이 나오지 않게 주의하세요.

[k̶] 철자는 있되, 소리가 나지 않는 k입니다.

중학교 듣기 시험이나 어휘 시험에 자주 나왔던 영어 문제 중에 묵음이 있는 단어를 찾는 문제가 있었죠. 예를 들어, 알파벳 k가 들어있는 네 단어에서 소리가 나지 않는 k sound를 찾는 문제가 출제되기도 했죠. 어떻게 보면 쉬웠지만 은근히 헷갈리기도 했던 문제였습니다. 소리가 나지 않으면서 자리를 차지하고 있는 k sound가 어떤 것들이 있는지 이번 기회에 다시 점검해보세요.

	미국식 발음 ☺	잘못된 발음 ☹
❶ knee	니이이[niː]	니
❷ know	느오우[nou]	노
❸ knife	나이f[naif]	나이프
❹ knight	나잍[nait]	나이트
❺ knit	닡[nit]	니트
❻ knob	납[nɑb]	노브
❼ knock	낙[nɑk]	노크
❽ knuckle	넠킬[nʌkəl]	너클

 이것까지 따라하면 **진짜 미국발음!**

❸, ❹ knife와 knight에서 i는 [아이]. 천천히 발음하지 말고 '아이'를 한 호흡에 빨리 '아이' 하고, '-이' 소리는 남은 호흡에 잔영으로 남도록 발음합니다.

❽ knuckle에서 u는 [ʌ], '어' 하는 모양에서 턱을 내리면서 '아' 하고 발음하세요.

세 가지 k sound, 문장에서 가려듣기

우리말 'ㅋ'과 비슷하지만 받침소리도 있고 묵음도 있는 k sound. 문장에서도 놓치지 말고 듣고 발음해야 할 것과 아닌 것을 잘 가려서 말해야 합니다.

❶ (sandwich shop에서 주문할 때) 양파하고 케첩은 넣지 마시고요.
❷ 문 손잡이가 헐거워지고 있네요.
❸ 저 KFC 닭고기 엄청 좋아해요.
❹ 뭐, 내가 망친 건데. 누구한테 시비를 걸겠냐?
❺ 타이어 바람 나갔네. 견인차 불러야겠어요.
❻ 열쇠가 어디 있는지 못 찾겠네. Ross, 그거 어디 있는지 봤어?
❼ 나한테 그 칼 좀 집어줄래요?
❽ 들어오기 전에 문 좀 두드려 줘요, 알겠죠?
❾ 산업 스파이라 하면 산업이나 기술 관련 노하우를 훔쳐서 팔아넘기는 사람들이잖아.
❿ 그 사람 손을 꺾어 우두둑 소리를 내면서 그들을 노려보더라고. 그 사람이 그들을 다 때려눕혔잖아.

❶ Please hold the onion and **ketchup**.
❷ The door **knob** is getting loose.
❸ I am a big fan of **Kentucky** Fried Chicken.
❹ Well, I messed it up. Who am I **kidding**?
❺ We've got a flat tire here. We need to call for a tow **truck**.
❻ I can't find my **keys**. Did you see them, Ross?
❼ Will you hand me the **knife**?
❽ Please **knock** on the door before you come in, OK?
❾ Industrial spies are those who steal and sell industrial or technical **knowhow**.
❿ He stared at them, cracking his fingers. Then, he **knocked** them all down.

여기까지 따라하면 진짜 미국발음!

❶ hold에서 o는 [오우].
❷ getting loose[게링루우ㅆ].
❹ messed it up[메스티럽].
❿ knocked them all down에서 속도를 내서 말하면 them → 'em으로 약화될 수 있습니다 : [나크머얼 다운].

128

22

두 가지 l 발음: clear l(첫소리 l)과 dark l(끝소리 l)

Milk는 미-얼(ㅋ)라고 해야 얻어 마신다

강의 및 예문듣기

L

첫소리 l과 받침 l을 구분하기
첫소리로 나온 l은 clear l, 받침으로 나온 -l은 dark l이라고 언어학자들이 지칭합니다. [l]은 혀끝을 윗니 뒤에 대고 '얼' 하고 밀면서 소리를 냅니다. 첫소리 l은 밝은 느낌을 가져옵니다. 한편, [l]이 style에서처럼 단어 끝에 오면, 혀끝이 윗니 뒤편에 붙은 채 말이 끝납니다. '얼' 하는 어두운 느낌을 가져오죠.

leadership   level   film   milk

입에 착! 발음 이야기

발음 특강에 참여했던 한 40대 후반 직장인이 이런 이야기를 들려준 적이 있습니다. 부하직원 두 명과 미국에서 열리는 산업전Industrial Exhibition에 참석할 기회가 있었답니다. 짧은 영어 실력 때문에 주저했지만, 영어 못해서 안 가겠다고 말할 수도 없고, 게다가 빠릿빠릿한 부하직원들이 있으니 통역시키면 되겠지 하는 마음에 참석하기로 했답니다.

그런데 전시회 도중, 공교롭게도 부하직원이 둘 다 자리를 비운 사이 booth로 외국인이 찾아왔더랍니다. 전시해 놓은 상품에 관심 있어 하는 걸 보고, 더듬더듬 이렇게 말했습니다.

"It is made of **silk**."

그런데 몇 번을 반복해도 그 외국인은 못 알아들었습니다. 결국 목에 맨 tie를 흔들며 "Like this '실크.' 실크 넥타이"라고 하자, 그제서야 외국인이 고개를 끄덕이더랍니다. 그는 이 이야기를 들려주면서, 왜 그 미국 사람이 silk 같은 간단한 단어를 못 알아들었는지, 어떻게 발음해야 하는지를 물었습니다.

왜 그럴까요? 우선 정답부터 밝히면, 차라리 '씨얼(ㅋ)'라고 했더라면 알아들었을 것입니다. [l] 역시 한국인이 정확히 발음하지 못하고 자주 틀리는 소리라서 정확한 연습이 필요합니다.

잠깐만요!

clear l/dark l이라는 용어에 집착하지 마세요. 다만 두 가지 경우에 들려오는 l의 소리와 느낌의 차이를 sound mode로 입력해두세요. 같은 l이라도 다르게 들릴 수 있다는 사실을 명심해두고 Listening에 임해야 합니다. 그리고 언어적 감수성을 기르기 위해서는 무엇보다 먼저 스스로 소리를 내보고 그 차이점을 느껴봐야 합니다.

두 가지 l 발음: clear l(첫소리 l)과 dark l(끝소리 l)

우선 정석 l 발음부터 차근차근 배워보죠. l 발음은 우리말 'ㄹ'과는 느낌이 다른 소리입니다. 우리말 ㄹ은 혀 앞부분 전체가 입천장에 닿아 나는 소리죠. 하지만 like, light 할 때처럼 첫소리로 나오는 l은 혀끝을 앞니 뒤에 대고 '얼' 하면서 밀어내며 발음하는 소리입니다. 그래서 우리말 ㄹ보다 훨씬 맑고 투명한 느낌을 줍니다. 언어학자들은 이 느낌을 가진 l을 clear l이라고 합니다.

silk, milk, film, feel처럼 자음 앞이나 단어의 끝에 오는 l은 첫소리 l과는 소리가 좀 다릅니다. 이때 l은 혀끝을 앞니 뒤에 가볍게 대거나 또는 닿는 순간에 소리를 냅니다. 그래서 l 소리가 많이 약화됩니다. silk, milk에서처럼 뒤에 있는 k[k]와 같은 끝자음 소리에 묻혀 l 소리가 거의 드러나지 않는 경우도 있습니다. 원래 l보다 어둡고 숨는 듯한 느낌을 준다 해서 dark l이라고 합니다.

영어에서는 lk와 같이 서로 다른 두 자음이 받침이 되는 경우, 두 자음 모두 소리가 납니다. 우리말에서 '닭', '옳소', '많아'와 같은 경우는 받침 중 대표로 하나만 선택해서 발음하죠. 우리말과는 다른 받침 sound에 유의하면서 듣기 훈련을 해보세요.

영어의 [l]

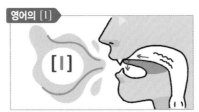

정석 l (clear l): 혀끝을 앞니 뒤에 대고 '얼' 하면서 밀어내며 발음하세요.

l을 발음하다 보면 마치 우리말 '어' sound가 들어 있는 것 같은 소리가 납니다. 예를 들면, silk는 '실크'가 아니라 '씨얼(ㅋ)'입니다. 혀끝을 올려 윗니 뒤에 대면서 목소리를 내게 되는데, 이때 혀가 구부러지면서 자연스럽게 만들어지는 소리입니다. 혀를 구부려서 내는 r도 마찬가지입니다. l이나 r이 받침소리로 들어가는 경우, '어'라는 모음이 살짝 들어가면서 [-l], [-r] 하는 소리가 들립니다.

첫소리 l과 끝소리 l, 단어에서 구별하기

[l-] 첫소리로 나오는 clear l은 혀끝을 앞니 뒤에 대고 밀어내며 발음하세요.

① 로스앤젤레스
② 리무진
③ 지도자, 통솔력
④ 문학, 저술
⑤ 큰 액수(돈)
⑥ (활동, 원기) 부진
⑦ 지방 자치정부

		미국식 발음 ☺	잘못된 발음 ☹
❶	Los Angeles	러ㅆ 앤줠러ㅆ [lɔːs-ǽndʒələs]	로스 앤젤레스
❷	limousine	리머②지인 [líməzìːn]	리무진
❸	leadership	리러r쉽 [líːtərʃip]	리더쉽
❹	literature	리러뤄춰r [lítərətʃər]	리터러처
❺	lumpsum	럼썸 [lʌ́msʌm]	럼프썸
❻	lamp	램(ㅍ) [læmp]	램프
❼	plastic	플래ㅅ틱 [plǽstik]	플라스틱
❽	slump	슬럼(ㅍ) [slʌmp]	슬럼프
❾	local government	로우컬 가②버r언먼(ㅌ) [lóukəl gʌ́vərnmən(t)]	로컬 가번먼트

이것까지 따라하면 진짜 미국발음!

② limousine을 줄여서 구어체에서는 limo르모우 [límou]라고도 합니다. 우리가 벤스 또는 벤츠라고 부르는 Mercedes Benz는 줄여서 Mercedes [mərséidəs]입니다.
③ leadership에서 d는 모음과 모음 사이에서 [t].
④ literature에서 t는 각각 [t], [tʃ]로 바뀝니다. 그런데 이 경우 '리러뤄춰r'이 되어 '러' 발음이 겹쳐 소리 나므로, 아주 빨리 대화를 할 경우 '리뤄칠r' 정도로 들리는 경우도 있습니다.
⑤ lumpsum (일시불)로 내는 돈, 뭉칫돈. [p]는 묵음.
⑨ government에서 단어 끝의 -nt의 t는 생략합니다.

[-l] 단어의 끝에 오거나 마지막 자음 바로 앞에 오면 혀끝을 앞니 뒤에 가볍게 살짝만 대고 발음하세요.

① 필름
② 실크

		미국식 발음 ☺	잘못된 발음 ☹
❶	film	ⓕ피엄 [film]	필름
❷	silk	씨얼(ㅋ) [silk]	실크

❸ self	쎄얼f [self]	셀프
❹ golf	걸f [gɔlf]	골프
❺ detail	디테얼 [díteil]	디테일
❻ oil	오이얼 [ɔil]	오일
❼ civil	씨ⓥ벌 [sívəl]	시빌
❽ oatmeal	오울미얼 [óutmì:l]	오트밀
❾ full time	ⓕ푸얼 타임 [ful taim]	풀 타임
❿ wheel	위얼 [wi:l]	휠

🎧 22-2.mp3

3단계
문장 발음훈련

두 가지 l sound, 문장에서 가려내기

단어 끝 또는 끝 자음 바로 앞에 오는 l은 묻혀서 잘 들리지 않기에 생소한 다른 말로 착각할 수 있습니다. 느낌이 서로 다른 두 가지 l sound를 구별하며 들어봅시다.

❶ There's Korea Town in **L.A.**

❷ Koreans **call** a desk **lamp** a stand.

❸ This tie is made of **silk**.

❹ **Load** the **film** before you shoot.

❺ Traffic is heavy at this hour as **usual**.

❻ You **always** say that.

❼ Do they fry even a **fly** in China?

❽ May I have another **glass** of **milk**?

여기까지 따라하면 진짜 미국발음!

❸ tie is made of 타이z 메이러v [tai:z meitəv]. made of의 d는 강모음과 약모음 사이에서 [t]라고 발음됩니다.

❹ 사진을 찍을 때 load는 '필름을 끼우다'라는 의미로 사용됩니다. shoot은 '사진', 특히 '스냅사진 촬영하기'라는 뜻으로 이해하면 됩니다.

❺ have another glass of 해버나(ð)더r 글래쎄v [hævənʌ́ðər glǽsəv].

⑨ Larry는 늘상 나보고 조심
하라고, 신중하라고 이야기
해 주지.

⑩ 한국에는 자기가 직접 주유
하는 곳보다는 주유소 직원
이 기름을 넣어주고 다 알아
서 해주는 주유소가 더 많이
있죠.

⑨ **Larry's always telling** me to be **careful.**

⑩ There're more **full**-service gas stations in Korea than **self**-service ones.

 진짜 미국발음!

⑨ always 어어ㄹ웨이z[ɔ́:lweiz]. always를 [올웨이즈]라고 발음하는 분들이 있는데, 실제 미국인들의 발음을 들어보면 l 발음이 잘 들리지 않습니다. 그렇다고 l이 묵음은 아닙니다. 다만 강세를 받은 a[ɔ]란 모음이 ways로 이어지면서 l이 비교적 강한 모음 sound에 묻혀 두드러지게 발음되지 않는 것입니다.

Plus

발음훈련 보충

또 하나의 l sound, silent [l]

아예 소리가 나지 않는 l로 silent l, 즉 묵음 l을 말합니다. 학생들에게 말을 시켜보거나 읽혀보면, silent [l]을 무시하고 발음을 하는 경우가 의외로 많습니다.

미국식 발음 ☺

① 송아지
② 고요한, 평온한
③ 분필
④ 대령
⑤ 반, (시간상) 30분
⑥ 사람들, 여러분
⑦ 연어
⑧ 손바닥

① calf	ㅎ캐f	[kæf]
② calm	ㅎ카아암	[ka:m]
③ chalk	츄억	[tʃɔ:k]
④ colonel	ㅎ커어널	[kə́:rnl]
⑤ half	해애f	[hæf]
⑥ folk	⑥포욱	[fouk]
⑦ salmon	쌔애먼	[sǽmən]
⑧ palm	파아암	[pɑ:m]

 **진짜 미국발음!**

② calm은 '고요'. clam[klæm]은 '대합조개'. 혼동하지 않도록 주의하세요.

⑤ half[hæf]. [haf]는 영국식 발음. help와 half의 발음을 혼동하지 않도록 주의하세요.

⑧ palm[pɑ:m]은 '손바닥'. 손바닥 모양의 잎사귀를 가진 종려나무를 palm tree라고 합니다. 미국 동남부 Florida 주에 있는 유명한 관광지 Palm Beach와 서부 California 주에 있는 온천 및 골프 휴양지 Palm Springs는 palm tree를 연상시키는 지명이죠.

23 콧소리로 발음하는 [m]/[n]

Mm... Nn... 콧등을 울리는 sexy한 소리

강의 및 예문듣기

M

콧등을 울리는 소리 [m]/[n]
귀엽고 사랑스러운 이미지의 여배우들을 보면 m/n 등의 비음이 많이 섞인 발성도 한몫을 합니다.
[m]은 입술을 말아 넣어 '음' 한 상태로 발음하여 여운이 콧등에 전달될 정도로 끌어줍니다.
[n]은 '은' 한 상태에서 발음을 시작하여 역시 여운이 콧등으로 전달될 정도로 끌어줍니다.

madam   manual   Monica   noon

 입에 착! 발음 이야기

영어의 m sound와 n sound는 우리말의 'ㅁ'이나 'ㄴ'보다는 콧등의 울림이 많은 것이 특징이죠. 콧등에 울림이 많은 까닭은 발음할 때 '음', '은' 하면서 입 안에서 소리를 머금고 있는 시간이 길기 때문입니다. 그러면 입안에서 소리의 진동이 콧등까지 전달되면서 비음^{nasal sound}이 구사됩니다. 고양이 울음소리를 mew mew(미이유~ 미이유~) 하는데, m/n의 비음을 바로 이 고양이 울음소리의 느낌이라고 보면 됩니다.

남자들보다는 주로 여자들이 이 비음, 즉 콧소리를 심하게 내면서 귀여운 인상을 주려고 하죠. 할리우드의 전설적인 여배우 Marilyn Monroe의 발성에는 비음이 많이 섞여 있습니다. 그녀의 sexy하고 사랑스러운 이미지에는 빼어난 외모와 함께 비음이 섞인 매력적인 발성이 한몫했던 것 같습니다.

비음, 즉 콧소리는 흑인들의 음악인 힙합에서 자주 들을 수 있습니다. 우리나라 힙합 가수들도 TV 음악 프로그램에서 "Yo~ man"이라는 소리를 자주 하잖아요? 이때 man 소리를 주의 깊게 들어보세요. "미애앤~" 하면서 man 소리에 비음이 많이 섞여야 옳은 발음입니다.

미국의 대표적 sports channel인 ESPN에서 중계하는 가운데 "C'Mon Man"이란 코너가 있습니다. 각종 운동경기에서 웃음이 터져 나오게 하는 장면만 모은 순서입니다. 이때도 man ~은 길게 끌어 발음하거든요. C'Mon Man은 Come on Man을 간략하게 발음 나는 대로 표기한 것으로, 우리말로 하면 '이거 왜 이러나 이 사람아' 정도의 뜻입니다.

콧등을 울리는 소리 [m]/[n]

콧등을 울려서 내는 m sound와 n sound는 불어에서는 더 심한 콧소리로 발음합니다. 불어의 mon은 영어의 my와 같은 뜻인데, mon몽 [mon]을 발음하는 것을 들어보면 콧등의 울림을 느낄 수 있을 정도입니다.

콧소리 m sound나 n sound는 영어와 불어가 같은 느낌의 소리로 표현됩니다.

영어에서는 m, n, ŋ만을 비음으로 분류하고 있습니다. 그래서 m, n을 발음할 때 콧등의 울림을 느낄 정도로 소리를 냅니다. [m]은 입술을 약간 말아 넣고 [음-mmm] 하면서 소리를 냅니다. [n]은 혀 앞부분(1/4 가량)을 입천장에 댄 채로 [은-nnnn] 하면서 여운이 역시 콧등까지 전달되도록 발음합니다.

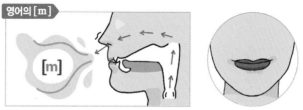

영어의 [m]

입술을 약간 말아 넣고 '음-' 하면서 콧등을 울려서 발음하세요.

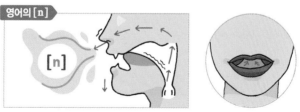

영어의 [n]

혀를 입천장에 댄 채로 '은-' 하면서 콧등을 울려서 발음하세요.

high tone voice를 가진 여자들의 발성을 잘 들어보면 sexy한 느낌을 주기도 하지만, '앵앵' 하는 소리가 많이 나서 고양이 같다는 느낌을 간혹 받을 때가 있습니다. 그래서 여자들이 언성을 높여 싸울 때 그것을 보고 cat fight이라고 하지요. 말할 때 콧소리를 많이 내면 귀여운 느낌도 줍니다.

2단계
단어 발음훈련

콧등을 울리는 [m]/[n]

[m]/[n]

콧등을 찡하게 울리면서 비음을 구사해보세요. man은 그냥 '맨'이 아니라 '(음)맨', 비음인 n이 사용된 new 역시 '(음)니유'

① 사람
② 형태, 서식
③ 주인, 지배자
④ 복면, 위장
⑤ mo(tor)+(ho)tel
⑥ 착오, 실수
⑦ 운동, 작동
⑧ 출생지의, 본래의
⑨ 부정적인, 반대의
⑩ 새로운
⑪ 소설·이야기 외의 산문 문학

	미국식 발음 ☺	잘못된 발음 ☹
❶ man	(음)매앤[mæn]	맨
❷ form	⒡포r엄[fɔːrm]	폼
❸ master	(음)매애ㅅ떠r[mǽstər]	마스터
❹ mask	(음)매애슥[mæsk]	마스크
❺ motel	(음)모우텔[moutél]	모텔
❻ mistake	(음)미ㅅ떼익[mistéik]	미스테이크
❼ motion	(음)모우션[móuʃən]	모션
❽ native	(음)네이리v[néitiv]	네이티브
❾ negative	(음)네거리v[négətiv]	네거티브
❿ new	(음)누우/니유[nuː][njuː]	뉴
⓫ nonfiction	(음)난⒡픽션[nɑnfíkʃən]	논픽션

이것까지 따라하면 진짜 미국발음!

- ③ master의 t 발음은 [s] 다음이어서 [t].
- ⑤ motel에서 o는 [ou]. 영어에서 홑소리 [o] 발음은 없습니다. t는 다음 모음에 강세가 있으므로 정석 t로 발음해야 합니다.
- ⑧, ⑨미국식 발음에서 t는 강모음과 약모음 사이에서 [t].
- ⑩ new를 미국인들은 '누'로 발음하는 경향이 있습니다. New York도 '누-요rk', news도 '누우 z'라고 발음하기도 합니다.

[m/n]

[m]/[n]이 한 단어에서 연속으로 발음이 되면 '음--' / '은--' 할 때 [m/n] sound의 여운을 충분히 느끼면서 발음하세요.

① 달

	미국식 발음 ☺	잘못된 발음 ☹
❶ month	머안ㅆ[mʌnθ]	먼쓰

❷	moon	(음)무운[muːn]	문
❸	monument	마아뉴먼(트)[máːnjumən(t)]	마뉴먼트
❹	name	네에임[neim]	네임
❺	noon	느우운[nuːn]	눈
❻	normal	노오r멀[nɔ́ːrməl]	노멀

🎧 23-2.mp3

3단계
문장 발음훈련

문장에서 m sound, n sound 제대로 발음하기

우리말과 차이가 크지 않기 때문에 listening이나 speaking에 큰 어려움은 없을 겁니다. 단, 비음의 느낌이 문장 속에서 어떻게 들리는지 유념하며 들어보세요.

❶ Don't **mess** with **him**.

❷ **I'm** a **computer science major**.

❸ She **nagged** her **husband** all day long.

❹ **Nice** to take a walk in the **misty moon** light.

❺ **Mark** your **answer on** your **answer** sheet.

❻ Fill up the **form** by **tomorrow**.

❼ The African **American** men like to call each other "**Man.**"

❽ Are you **nuts**? Now you're gonna screw up the project.

❾ Excuse **me**, but what was your last **name, Ms**?

❿ **Natalie** has a **one-bedroom apartment downtown**.

❶ 그 사람한테 시비 걸지 말아요.
❷ 저는 computer science를 전공하고 있습니다.
❸ 그녀는 하루 종일 남편에게 찡찡대며 귀찮게 굴었다.
❹ 희미한 달빛 아래 걸으니 좋구나.
❺ 답안지에 정답을 표시하세요.
❻ 내일까지 서식을 작성하세요.
❼ 미국의 흑인들은 자기들끼리 'man'이라고 부르기를 좋아합니다.
❽ 당신 제정신이야? 이제 당신이 일을 망치게 생겼어.
❾ 실례합니다만 성이 어떻게 되시나요?
❿ Natalie는 시내에 침실 하나짜리 아파트를 가지고 있다.

이것까지 따라하면 **진짜 미국발음!**

❶ with him에서 인칭대명사 him의 h가 탈락하고 i 발음이 약화되어 [wiðm], mess with 멧쓰윋[mès wið] 참견하다, 훼방놓다.
❷ computer[kəmpjúːtər].
❸ nagged her 내그더r[nægdər]. 인칭대명사 her의 h가 탈락됩니다.
❹ take a는 테이커[teikə]. ❻ fill up 필럽[filʌp]. ❽ screw up[스크루우엎] 망치다.

137

24

입술은 '오' 하며, 턱을 내려 '아'에 가깝게 발음하는 [ɔ]

Orange Juice(오렌지 주스) 마시고 싶다고?

강의 및 예문듣기

O **입 모양은 '오'에, 소리는 '아'에 가까운 [ɔ]**

"오렌지 주스, please"라고 하면 미국 사람들이 못 알아들어요. "아륀 쥬-ㅆ, please." 해야 합니다. 왜 그럴까요? 미국식 발음에서 [ɔ]는 '오'가 아니에요. 일단 입 모양을 약간 오므리고 턱을 밑으로 당기면서 소리내보세요. 그러면 거의 [아]에 가깝게 들립니다. 그게 바로 미국식 [ɔ] 발음입니다.

j**o**gging   c**o**ffee   p**o**litics   n**o**minate

 입에 착! 발음 이야기

우리는 발음 공부를 할 때 외래어는 다른 나라에서도 그대로 쓴다고 생각해 소홀히하는 경향이 있는 것 같습니다. 어느 지식인 한 분이 자신이 미국행 비행기에서 겪은 일을 말해주더군요. 이 일화를 들으면 당연히 통하리라고 생각했던 외래어 발음들이 통하지 않는다는 것을 알 수 있을 겁니다.

이분이 업무차 미국에 갈 일이 있었답니다. 영어에 자신은 없었지만 도착하는 공항까지 지인이 마중 나오기로 했고 외국 항공사 비행기지만 우리나라 사람들도 많이 탈 것 같아 별일이야 있겠냐 싶었대요. 긴장도 했고 오랜 비행 탓인지 목이 탈 무렵 음료수를 나눠주는 소리가 들리더랍니다. 이분은 반가운 마음에 자기 차례가 되기를 기다려 이렇게 말했습니다.

"오렌지 주스, please."

그런데 돌아온 답은 "Pardon?" 그래서 accent를 바꿔가며 "오-렌지 주스, please.", "오렌-지 주스, please." 해도 못 알아듣고요. 결국에는 "OJ(오우 줴이) please!"라고 약자로 말하고 끝냈습니다.

사전에서 **orange**라는 단어의 발음기호를 찾아보면, [ɔ(:)rindʒ]라고 나와 있습니다. 그동안 [ɔ] 발음을 '오'와 '아'의 중간 발음이라고 애매하게 배웠죠. 이렇게 설명이 애매하다 보니 이 발음 원리를 확실하게 파악하지 못해 제대로 발음하는 사람이 드뭅니다. 이제 확실히 익힐 수 있을 겁니다.

입술은 '오' 하며, 턱을 내려 '아'에 가깝게 발음하는 [ɔ]

[ɔ] 발음은 미국인들의 턱 구조 때문에 생긴 발음입니다. 그들은 속칭 아구가 발달한 탓에 턱을 우리들보다 훨씬 큰 각도로 움직입니다. 우리는 턱을 거의 움직이지 않고 입술을 동그랗게 모아주면서 '오'라고 발음하지만, 그들은 입술을 모으는 순간, 턱이 아래로 '뚝' 떨어집니다.

턱을 잘 움직이지 않고 소리를 내는 우리가 볼 때는 입이 거의 '아' 모양이 됩니다. 우리 '아' 발음은 상하좌우로 고루 힘이 분산되지만, 영어의 [ɔ] 발음은 '오' 한 상태에서 주로 상하로만 힘이 실립니다. 그래서 실제로 미국인이 발음하는 것을 들어보면 '오'가 아니라 '아'에 가깝게 들립니다. top[tɔp]이 '탑'으로, Bob[bɔb]이 '밥'으로, Tom[tɔm]이 '탐'으로 발음되는 것도 이 발음에 충실하려는 노력의 결과입니다.

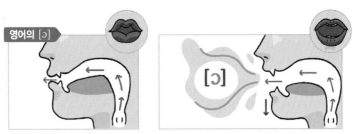

영어의 [ɔ]

'오' 하듯이 입술을 오므리는 순간, 턱을 밑으로 당기면서 발음하세요. '아'에 가깝게 들립니다.

에피소드에 나온 그분도 차라리 "아아린 쥬-ㅆ, please"라고 했으면 orange juice를 드실 수 있었을 겁니다. '오렌지 주스'라는 발음과 정말 다르죠.

참, orange juice에서 [ʤ] 발음이 두 번 나옵니다. 같은 자음이 연달아 나오면 한 번만 발음하면 됩니다. 그래서 '아린ʤ 쥬-ㅆ'가 아니라 '아린 쥬-ㅆ'입니다.

[ɔ]의 정확한 발음 요령을 알고 발성법을 익히면 더욱 좋겠지만, 잘 안 된다면 부담없이 턱을 크게 벌려 소리를 내도 크게 무리는 없습니다. '아'로 소리가 나니까요.

'오'보다 '아'에 가까운 소리 [ɔ], 단어로 익히기

[ɔ]

미국식 영어에서 **강세를 받는 o[ɔ]는 우리말 [아]와 비슷한 발음**입니다.
입술을 '오' 하는 모양으로 하고 턱을 아래로 크게 벌리면서 소리를 내세요.

① 존
② 모형, 모범
③ 인형
⑤ 좌우명, 격언
⑥ 정치, 정치학
⑦ 두목, 사장
⑨ 지명하다
⑩ 오믈렛

		미국식 발음 ☺	잘못된 발음 ☹
❶	John	쥬아안[dʒɑn/dʒɔn]	존
❷	model	마들/마를[mɑ́dl/mɑ́tl]	모델
❸	doll	도어알[dɑl/dɔl]	돌
❹	orange	아륀쥬[ɔ́(:)rindʒ]	오렌지
❺	motto	마로우[mɑ́tou/mɔ́tou]	모토
❻	politics	팔러틱ㅅ[pɑ́litiks/pɔ́litiks]	폴리틱스
❼	boss	보아ㅆ[bɑs/bɔːs]	보스
❽	chocolate	츄아컬릿[tʃɑ́kəlit/tʃɔ́kəlit]	초콜렛
❾	nominate	나아머네잍[nɑ́məneit/nɔ́məneit]	노미네이트
❿	omelette	아아믈잍[ɑ́məlit/ɔ́məlit]	오믈렛

아하, 그렇구나! 💡

미국에서는 흔하고 값싼 orange

미국에서는 orange가 매우 흔하고 값도 싸서 snack으로도 즐겨 먹는 과일 중 하나입니다. California 주와 Florida 주에서 많이 재배될 뿐만 아니라 남미에서 싼값으로 대량 수입되기 때문에, 우리나라 대형 할인매장에서 볼 수 있는 커다란 양파자루 하나 가득 담아 싼 값에 판매합니다.

우리나라에서는 손님이 오면 때와 상관없이 orange juice를 접대용으로 많이들 내놓는데, 미국에서는 너무 흔한 과일이어서 그런지 손님 접대용으로 orange juice를 내놓는 경우는 거의 없답니다. 남미에서 대량생산해서 미국으로 넘어와 큰 자루 하나에 1달러에 팔기도 하지요. 주로 breakfast로 간단하게 마십니다.

3단계
문장 발음훈련

'아'에 가까운 [ɔ] 발음, 문장에서 익히기

현재 미국에서는 [ɔ]와 [ɑ]의 구별이 점차 없어지고 있습니다. 하지만 턱을 크게 벌려 발음하면 전달이 명확해서 미국인과의 소통에 좋습니다.

❶ John은 구형 컴퓨터를 가지고 있지.

❷ 그 사람은 아카데미 수상 후 보자로 지명이 되었죠.

❸ 의사 선생님의 진료시간은 언제예요?

❹ 알았어요. 오렌지 주스를 갖다드릴게요.

❺ 빗방울 소리의 리듬을 들어보세요.

❻ 그건 위법입니다. / 우린 날 생선을 먹었어.

❼ 핑계 대지 마.

❽ 난 가끔 '추남'이라고 불리지.

❶ John has an old-**model computer**.

❷ He was **nominated** for an Academy award winner.

❸ When does the **doctor** have **office** hours?

❹ Okey, I'll be back with your **orange** juice.

❺ Listen to the rhythm of the **falling** rain.

❻ It's against the **law**. / We eat **raw** fish.

❼ I don't want to hear '**because**'.

❽ Sometimes I'm being called an '**Autumn** man'.

이것까지 따라하면 진짜 미국발음 !

❷ Academy 어캐러미[əkǽ+əmi].

❸ office[ɔ́(ː)fis]. 이때 [ɔ]는 '아'로 읽어야 합니다.

❻ law 로어아[lɔ́ː] / raw 뤄어[rɔ́ː]. against는 '어게인스트'가 아니라 어겐슽[əgénst].

❼ because[bikɔ́(ː)z]. 비커아z 또는 비카아z로 발음합니다. want to는 자음인 t가 연달아 나오므로 하나는 탈락합니다. 그리고 -nt에서 t는 앞의 n의 영향을 받아 음가를 잃어버립니다. 그래서 want to가 [와너]로 들리고 wanna라고 표기하기도 합니다.

❽ Autumn 어아럼[ɔ́ːtəm].

Law[lɔ́ː]를 심지어 '라아'라고 발음하기도 합니다

현재 미국에서는 [ɔ]와 [ɑ]의 구별이 뚜렷하지 않고 그 경계가 무너지고 있습니다. 우리나라 사전에도 단어에 따라서는 [ɔ]와 [ɑ]를 함께 표기해주는 경우도 있습니다. 미국 구어 발음을 비교적 충실히 반영하고 있는 Longman 사전의 경우, 심지어 [ɑ]로만 표기하는 경우도 있습니다. 혹자는 not처럼 o[ɔ]일 때만 [ɑ]로 발음한다고 합니다. 과연 그럴까요?

아직도 영국식 발음의 영향을 많이 받는 동부에서는 [ɔ]를 '오'라고 발음하기도 하지만, 남부나 서부에서는 우리말 '아'로 발음하는 경향이 두드러지게 나타나고 있습니다. 그래서 toll[toːl]도 [토얼]과 [터얼], fall[fɔːl]도 [포얼]과 [퍼얼], mall[mɔːl]도 [모얼]과 [머얼]이란 발음이 공존하고 있습니다. 동부에서는 by the law를 [로어]라고 발음하지만, 서부에서는 [러아], 심한 경우 남부에서는 [lɑː]라고 발음하기도 합니다.

결론적으로, 현재 미국식 발음에서는 [ɑ]나 [ɔ]나 거의 우리말 '아'에 가깝게 발음하는 경향이 커지고 있다는 겁니다. [ɔ]나 [ɑ]나 모두 턱을 '아래'로 내리고 시원하게 발음해주어야 한다는 것을 잊지 마세요.

이 책에서는 과도기에 있는 [ɔ] 발음을 실제 현지 미국인들의 발음 습관을 충실히 반영하여 설명하고자 했습니다.

25

'오'가 아니라 '오우'로 발음하는 o

"Oh my..."는 '오 마이'가 아니라, "오우 마아이"

강의 및 예문듣기

O 홀소리 '오'가 아닌 '오우'로 발음하는 o

joke는 '죠크'가 아니라 '죠우ㅋ', 언뜻 들으면 발음하기 쉬운 것 같지만 무심코 '오'라고 틀린 발음을 하는 사람들이 의외로 많습니다.

영어에서 o는 [ou/oi/or] 등을 발음할 때의 일부분의 소리입니다. 우리말 '오'와 같은 순수한 홀소리는 없습니다.

---

joke   ghost   open   doughnut(=donut)

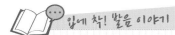

입에 착! 발음 이야기

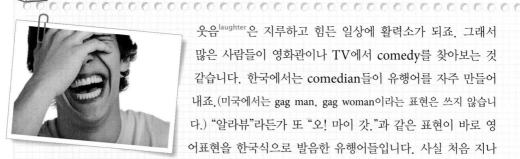

웃음^{laughter}은 지루하고 힘든 일상에 활력소가 되죠. 그래서 많은 사람들이 영화관이나 TV에서 comedy를 찾아보는 것 같습니다. 한국에서는 comedian들이 유행어를 자주 만들어 내죠.(미국에서는 gag man, gag woman이라는 표현은 쓰지 않습니다.) "알라뷰"라든가 또 "오! 마이 갓."과 같은 표현이 바로 영어표현을 한국식으로 발음한 유행어들입니다. 사실 처음 지나치듯 이 말을 들었을 때는 영어인줄도 몰랐습니다. "Oh, my God!"에서 우리가 주의해야 할 발음이 있습니다. Oh가 '오'가 아니라 [ou]라는 거죠. 영어에는 o[오]라는 순수한 홀소리 발음이 없습니다. o를 [ou]로 발음하는 습관을 갖고 있는 미국 친구들에게 babo를 읽어보라고 하면 [bǽbou]라고 발음을 하죠.

미국의 식품업체 **Dole**을 아시나요? Del Monte와 더불어 바나나와 파인애플 통조림으로 잘 알려진 상호죠. 우리나라 사람들에게 Dole을 읽어보라고 하면 '돌'이라고 하는데요. 이 단어 역시 o를 [ou]로 [도울]에 가깝게 발음해야 합니다.

우리는 영어라고 쓰고 있지만 미국인들이 우리가 말하는 걸 알아듣지 못하는 이유 중 하나는 예를 들었던 단어들에 나오는 "Oh", "Dole"과 같이 우리가 자신 있게 발음하는 부분에 있습니다. o 발음은 잘못된 발음 습관을 고치고, '오우' 하는 새로운 sound로 귀에 익히는 것이 관건이 됩니다.

1단계
발음 따라잡기

하나의 연결된 음으로 '오우-'라고 발음하는 o

영어에는 o[오]라는 홑소리 발음은 없습니다. [ou]라고 발음해야 합니다. o를 '오우'라고 발음할 때는 '오'와 '우'를 분절시켜 발음하면 안 됩니다. 우리에게는 두 개의 sound이지만, 영어의 o로 표현되는 경우에는 두 sound가 자연스럽게 이어져 하나의 연결된 음으로 표현되어야 합니다.

그러기 위해 턱에 힘을 주어 부드럽게 움직여 주면서 '오우' 하고 소리를 내야 하죠. 턱을 부드럽게 움직여주면서 '오우-'라고 해보세요.

영어의 [ou]

[o] ➡ [u]

하나의 연결된 음으로 '오우-' 하면서 턱을 부드럽게 움직이며 '우' 할 때 입을 앞으로 주욱 내밀며 발음하세요.

🎧 25-1.mp3

2단계
단어 발음훈련

[ou] 발음, 주의하며 단어로 익히기

[ou]

'오우-' 하면서 '우' 할 때 특히 입을 앞으로 주욱 뽑아내보세요.

	미국식 발음 ☺	잘못된 발음 ☹
❶ open	오우픈[óupən]	오픈
❷ note	노욷[nout]	노트
❸ joke	(으)죠욱[dʒouk]	조크
❹ cold	코울(ㄷ)[kould)]	콜드
❺ ghost	고우슽[goust]	고스트
❻ doughnut	도우넡[dóunət]	도너츠

❶ 열린, 펼쳐진

❷ (염두에 둘 사항을) 기록, 메모

❸ 농담, 웃음거리

❹ 추운, 냉담한

❺ 유령, 혼령

이것까지 따라하면 진짜 미국발음!
❹ cold의 d 발음도 다음에 모음으로 시작하는 단어가 오지 않을 때는 발음하지 마세요.

143

❼ 동기

❽ 구멍, 함정

❾ 모뎀

❼ motive	모우리v [móutiv]	모티브
❽ hole	호울 [houl]	홀
❾ modem	모우럼 [móutəm]	모뎀
❿ Oh (my God!)	오우 [ou]	오

이것까지 따라하면 진짜 미국발음!

❼ -tive로 끝나는 발음은 '립'으로 발음합니다. 〈강모음+t+약모음〉은 [t], 기억하시죠? sensitive (센서러v), negative(네거러v), native(네이러v), positive(파②저러v)도 마찬가지입니다.

❿ God에서 특히 g는 목젖 깊숙이에서 만들어내는 소리입니다. god을 제대로 발음하는 걸 들어보면 소리에 깊이가 있습니다. '쑥갓' 할 때 '갓' 하고는 말의 분위기 자체가 다릅니다.

🎧 25-2.mp3

3단계

문장 발음훈련

[ou] 발음, 문장에서 익숙해지기

o[ou]는 그동안 잘못된 습관이 굳어져, 귀와 입에 박힌 발음을 교정하는 것이 중요합니다.

❶ 마음을 열어라.

❷ 알아서 잘 표기해주세요.

❸ 더도 덜도 아닌 농담일 뿐이야.

❹ 찬 것 좀 드세요.

❺ 그건 말하지 마.

❻ 전화번호 좀 가르쳐 주세요.

❼ 해외에 얼마나 자주 나가세요?

❽ 우체국 가는 길 좀 가르쳐주세요.

❶ **Open** up your heart.

❷ Make your **own note**.

❸ It's not more nor less than a **joke**.

❹ Have something **cold**.

❺ **Don't** mention it.

❻ Can you give me your **phone** number?

❼ How often do you **go overseas**?

❽ Could you tell me how to get to the **post** office?

이것까지 따라하면 진짜 미국발음!

❺ Don't는 '돈트'가 아니라 [도운]. ❻ phone[foun]. ❼ overseas[òuvərsíːz].

❽ how to get to[getu] 하우두 겔트.

post office 포우ㅅ따피ㅆ[poustɔ(ː)fis]. [ɔ]는 '아'로 발음하세요.

A 이봐, 여기서 뭐 하고 있니?

B Jane이 날 놔두고 차를 몰고 가버렸어.

A 잘 있었어? 요새 어때?

B 그저 그래(아직까지는 괜찮아).

A Hey, what are you doing here?

B Jane **drove off on** me.

⑩ **A** Hi. **How** is it **going**?

B **So so**(It's just okay).

⑨ drove[drouv].

⑩ so[sou]로 발음해야 합니다. 그래서 '쏘 쏘'가 아니라 [쏘우 쏘우].

So far so good. 지금까지는 괜찮게 잘 유지하고 있어요.(지금까지는 별 문제 없이 잘 풀리고 있어요.)

 틀린 줄 모르고 쓰는 틀린 표현

● **office number는 틀린 표현**

직장 전화번호는 office number가 아니라 work number입니다. office number는 경우에 따라 직장 주소를 가리킬 수도 있습니다. 집 전화번호는 home number, 공중전화 번호는 pay phone number, 휴대폰 번호는 cell. phone number / mobile number라고 합니다. 이때 cell.은 cellular의 약자입니다.

● **'over(오바)하셨어요'도 틀린 표현**

어떤 일에 지나치게 반응하는 사람을 보고 "오바하셨네요" 하는 말을 할 때가 있습니다. 하지만 이 표현은 우리말도 아니고 영어도 아닌, 국적 불명의 표현이죠. 그럼, 이 말을 영어 문장으로 표현하면 어떻게 말할 수 있을까요?

I think (s)he overreacted to what I said. (제가 한 말에 지나치게 반응하신 것 같아요.)

이런 말은 상대방의 자존심을 다치게 할 수 있기 때문에 가능한 조심스럽게 해야 합니다. 필요 이상으로 화를 내거나 오해를 하거나 극단적으로 행동한 사람에게는 이렇게 말할 수 있습니다.

You've gone too far. (당신이 너무한 거예요.)

She overplayed her cards. She is only the daughter of CEO, not the CEO in that company.

(그 여자가 지나치게 행동한 거죠. 사장 따님이지 사장은 아니잖아요.)

26

양 입술을 말아 넣고 바람소리로 내는 [p]

ㅍ과 P 구별해서 정확하게 발음하기

강의 및 예문듣기

P 입술 말아 넣고 내는 바람소리 [p]
[b], [p], [f], [v]는 listening을 할 때 잘 헷갈리는 발음들입니다. 이 과에서 구별해서 듣는 연습을 해보죠.
p는 우리말 'ㅍ'과는 좀 다른 음입니다. [b]와 같은 요령으로 윗입술과 아랫입술을 약간 말아 넣고 성대를 울리지
않으면서 바람소리로 내야 미국식 발음입니다.

Pope   hope   purple   public

 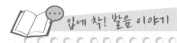
입에 착! 발음 이야기

fried chicken을 파는 fastfood restaurant인 Popeye's 아시죠? 우리가 '파파이스'라고 부르는 이곳이 '뽀빠이네'라는 뜻인 걸 알고 있었나요?

혹시 '뽀빠이'라는 고전 만화 기억하세요? 악당 브루투스에게 잡혀서 "뽀빠이, 도와줘요!"를 외치는 여자친구 올리브를 구하기 위해 시금치^{Spinach} 캔을 먹고 힘센 영웅으로 변신했던 뽀빠이. 그는 한때 전 세계 어린이들의 사랑을 받았던 cartoon character였습니다. 미국에서 성장기 어린이들에게 채식을 권장하고 시금치를 많이 먹게 하기 위해 만들어졌다고 하죠. 현재는 KFC만큼 대중적 인기가 있는 닭튀김 체인점의 이름으로 널리 쓰이는 말이 되었습니다.

'뽀빠이'의 원래 발음은 **Popeye** [pápai]입니다. pop은 툭툭 튀어나오는 소리를 표현한 의성어죠. 웹사이트를 들어갈 때 갑자기 툭 튀어나오는 **Pop-up** 창, 극장에서 영화를 보면서 먹는 **Popcorn**의 pop도 같은 말입니다. Popeye는 툭 튀어나온 눈을 가진^{popped eye} 사람이라고 해서 붙인 이름입니다. 뽀빠이는 시금치를 먹고 힘이 나면 눈과 알통이 툭 튀어나오면서 힘자랑을 하잖아요?

우리는 권총소리를 "탕탕"으로 표기하죠. 그런데 영어식 표현으로 권총이나 강한 펀치 소리는 표현할 때 p를 씁니다. pop! pop, pop, pow ~처럼요.

146

'ㅍ'과 [p]와 [b] 발음 구분하기

p sound는 우리말 'ㅍ'보다 입술을 안으로 더 말아 넣고 소리를 내기 때문에 'ㅃ'으로도 'ㅍ'으로도 들릴 수 있습니다. 윗입술과 아랫입술을 말아 넣고 발음한다는 점은 b sound와 같죠. 이때 성대를 울리면 b sound가 되고, 성대를 울리지 않으면 p sound가 됩니다.

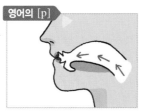
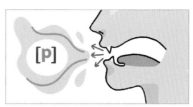

영어의 [p]

윗입술과 아랫입술을 약간 말아 넣고 성대를 울리지 않으면서 바람소리로 내어 발음하세요.

🎧 26-1.mp3

'ㅍ'과 다른 p sound, 단어로 익히기

[p]

윗입술과 아랫입술을 말아 넣고 성대를 울리지 말고 발음하세요.
잘 안 되면 여자들이 lipstick을 입술에 골고루 펼 때처럼 해보세요.

❶ 전경, 회전그림
❷ 순찰병, 순찰
❸ 양산
❹ 땅콩
❺ 의견, 평가

	미국식 발음 ☺	잘못된 발음 ☹
❶ panorama	패너래머 [pǽnərǽmə]	파노라마
❷ patrol	퍼츄로울 [pətróul]	패트롤
❸ parasol	패뤄쏘울 [pǽrəsɔ́:l]	파라솔
❹ peanut	피이넡 [pí:nʌt]	피너츠
❺ popcorn	팝코*r*온 [pápkɔ̀:rn]	팝콘
❻ opinion	어피년 [ɔpínjən]	오피니온
❼ apartment	아파앑먼(ㅌ) [əpá:rtmən(t)]	아파트먼트

여기까지 따라하면 **진짜 미국발음!**

❷ patrol에서 -tr- 발음은 [츄].
❼ apartment에서 t는 받침소리로 발음하고 마지막 t는 발음하지 않아도 됩니다.

⑧ correspodent	커뤠ㅅ빤넌(ㅌ)[kɔ̀respándən(t)]	코레스폰던트
⑨ optimistic	앞터미ㅅ띡[àptəmístik]	옵티미스틱
⑩ department	디파아r트먼(ㅌ)[dipáːrtmənt]	디파트멘트

[-p]

받침소리 p는 입 모양은 만들되, 소리는 내지 않습니다.
다음을 소리 내어 읽어보면서 받침소리를 확인해보세요

	미국식 발음 ☺	잘못된 발음 ☹

❶ rope	로웊[roup]	로프
❷ envelope	엔®벌로웊[énvəlòup]	엔빌로프
❸ telescope	텔러ㅅ꼬웊[téləskòup]	텔레스코프
❹ ramp	뤠앰(ㅍ)[ræmp]	램프
❺ camp	캠(ㅍ)[kæm(p)]	캠프

> **이것까지 따라하면 진짜 미국발음!**
>
> ⑥ slump, pump, camp에서 끝에 있는 p를 '프'로 발음하지 마세요. 그렇다고 '슬럼, 펌, 캠'이
> 라고 발음해도 안 됩니다. p는 입술 사이로 터져 나오는 공기의 흐름 정도로만 표현됩니다.
> boot camp라고 하면 주로 체력 단련에 관련된 단기 집중 훈련과정을 말합니다.

🎧 26-2.mp3

3단계
문장 발음훈련

p sound, 문장에서 가려듣기

❶ Got any **plans** for this weekend, **Peter**?

❷ Would you like some mashed **potatoes**?

❸ My girl may not be an eye-**popper**.

> **이것까지 따라하면 진짜 미국발음!**
>
> ❶ Got any 가래니[gɑtǽni].
> ❷ Would you에서 연음되어 [(우)워쥬]. w 발음은 33과에서 더 자세히 봅니다.

④ 주유원에게 채워달라고 해
⑤ 아직은 경제회복의 희망적인 조짐들이 있다.
⑥ 노래 그만 좀 불러. / 계속해.
⑦ 그는 완전히 정신병자야.
⑧ 지불 후 영수증 받는 걸 잊지 마세요.

④ Ask the **pumpman** to fill her up.

⑤ There're still **hopeful** signs of economic recovery.

⑥ **Stop** singing. / **Keep** going on.

⑦ He's an absolute **psychopath**.

⑧ Don't forget to take the **receipt** after **paying** the bill.

이것까지 따라하면 진짜 미국발음!

④ fill her up 필러럽[filərʌp]. her는 여기서 my car를 가리킵니다.
pumpman 펌프맨 → 펌(ㅍ)맨.
⑤ signs of는 '싸인즈 오브'가 아니라 '싸인저v[sainzɔv]'.
⑥ going on 거잉언[gəinɔn].
⑦ psychopath[sáikəpǽθ].
⑧ receipt의 p는 묵음. 고지서 청구서(bill)와 영수증(receipt)을 구별해서 쓰도록 하세요.

아하, 그렇구나! 한국인이 발음했을 때 미국인이 가려듣기 어려운 말들

문장에서 b 발음과 p 발음을 가려듣기는 쉽지 않습니다. b와 p는 윗입술과 아랫입술을 말아 넣고 발음한다는 점은 같습니다. 그 상태에서 성대를 울리면 [b] 발음이 되고, 성대를 울리지 않으면 [p] 발음이 됩니다.

f와 v sound도 헷갈리기 쉽습니다. f는 윗니를 아랫입술에 살짝 대고 바람을 내보냅니다. v는 같은 요령으로 하되 성대를 울립니다.

ban	pan	fan	van	base	pace	face	vase
bail	pale	fail	veil	bat	pat	fat	vat
big	pig	fig	Vic*	bine	pine	fine	vine
boat	pout	fought	vote				

*Vic : Victor의 애칭

27 복모음으로 순차적으로 발음하는 qu-

Quick은 '퀵'이 아니라 '크윅'

강의 및 예문듣기

Q **복모음처럼 순차적으로 발음하는 qu-**
queen, quick, question 같은 간단한 단어들도 발음해 보면 왠지 native speaker의 발음과 다르다는 느낌을 받은 적이 없나요? 그 이유가 설명됩니다.
미국 사람들은 복모음을 한꺼번에 잘 발음하지 못합니다. 대신 단모음에서 복모음으로 순차적으로 발음합니다. 그래서 queen도 '퀸'이 아니라 '크위인'

queen   request   antique   choir

입에 착! 발음 이야기

발음특강을 할 때 끝날 때쯤에는 질문을 받습니다. 한 번은 질의응답시간^{Q&A}이 끝날 때쯤 한 학생이 영어로 "I have a 킥 케스천!" 하며 손을 들더군요. 처음에는 '킥' kick이라고 해서 '뭔가 차버릴 것이 있다는 말인가? 그건 아니고, 끝에 question^{질문}이라고 한 것 같은데…' 하고 속으로 생각하면서 끝까지 들어보니, quick question을 잘못 발음한 것임을 알게 되었습니다. quick question이라는 영어표현은 좋았는데 발음이 정확하지 않아 의사전달이 잘 안 되었던 거죠.

이런식의 발음 습관은 **quick**, **queen**, **question**을 발음할 때도 나타납니다.

예를 들어, 우리는 '퀸'이라고 한번에 말할 수 있지만 미국인들과 대화가 통하기 위해서 둘 다 발음할 수 있는 우리가 순차적으로 발음해 주도록 하죠. 우리는 이 단어들을 '퀸', '퀵', '퀘스천'이라고 복모음을 한 번에 발음할 수 있습니다. 하지만 미국인들은 '위'는 '으 → 위', '웨'는 '으 → 웨'와 같이 모음을 나눠서 발음하기 때문에 queen을 '크위인', question을 '크웨ㅅ춘'으로 발음합니다.

단모음이 아니라 복모음으로, 순차적으로 발음하는 qu-

alphabet 가운데 q는 알다시피 [k]로, 우리말 ㅋ과 같은 소리이기 때문에 발음하는 데 어려울 것이 없습니다. 반드시 u와 함께 쓰이기 때문에 qu는 하나의 sound 단위로 보아도 무방합니다.

단, 문제는 qu- 다음에 이어지는 모음의 발음입니다. queen을 예로 들어볼까요? 수업시간에 학생들에게 queen을 발음하라고 시켜보면 '퀸' 합니다. 하지만, 미국인들은 우리처럼 자연스럽게 한 번에 복모음 '위'를 발음하지 못합니다. '위'를 '으 → 위' 하면서 늘였다 합치는 것처럼 발음합니다.

순차적으로 발음하는 첫소리 qu-와 [k]로 발음하는 끝소리 -que

[kw]

미국인들은 '위'라는 복모음을 한꺼번에 발음하지 않고 '으위' 하는 식으로 늘려서 순차적으로 발음합니다. 'qu+모음'을 발음하는 데 적용되는 원칙입니다. 마찬가지로 발음하세요.

❶ 여왕, 왕비
❷ 4분의 1, 분기
❸ 물음, 의문
❹ 빠른, 신속한
❺ 그만두다
❻ 요청하다, 요구하다
❼ 압착하다, 꽉 쥐다
❽ 수족관

		미국식 발음 ☺	잘못된 발음 ☹
❶	queen	크위인[kwiːn]	퀸
❷	quarter	크워러r[kwɔ́ːrtər]	쿼터
❸	question	크웨ㅅ춘[kwéstʃən]	퀘스천
❹	quick	크윅[kwik]	퀵
❺	quit	크윗[kwit]	큇
❻	request	뤼크웨슽[rikwést]	리퀘스트
❼	squeeze	ㅅ끄위이z[skwiːz]	스퀴즈
❽	aquarium	어크웨어뤼염[əkwɛ́əriəm]	아쿠아리움

[-k]

-que로 끝나면, 받침소리 [k]로 발음해야 합니다. '크으' 하고 발음하지 않도록 하세요.

❶ 골동의, 고대의

❷ baroque 양식의

❸ 괴상한

	미국식 발음 ☺	잘못된 발음 ☹
❶ antique	앤티익 [æntí:k]	앤티크
❷ baroque	버로욱 [bəróuk]	바로크
❸ grotesque	그로우테슥 [groutésk]	그로테스크

🎧 27-2.mp3

3단계

문장 발음훈련

[kw] 발음, 문장에서 익히기

⟨qu+모음⟩의 listening 요령은 '크위-, 크웨-, 크워-' 하는 모음 발음을 제대로 익히는 데 있죠. speaking에 적용할 때 좀 더 세련된 발음을 구사할 수 있습니다.

❶ 다른 질문 있나요, 여러분?

❷ 빠를수록 좋다.

❸ 예절 좀 지켜라.

❹ 요구하신 대로.

❺ 25센트짜리로(10센트나 1센트짜리 따위의 더 적은 동전으로) 바꿔주시겠어요?

❻ 그 사람은 지난달에 그만뒀어.

❼ 차에 사람이 꽉 차지 않았으면 끼여 타도 될까요?

❽ 맥주를 좋아해요, 아니면 (소주 같은) 독한 술을 좋아해요?

❾ Rick은 언젠가 성가대 지휘자가 되고 싶어 해.

❿ 그 큰 배인 Queen of Mary는 더 이상 항해하지 못하지.

❶ Any **questions**, class?

❷ The **quicker** the better.

❸ Where is your **etiquette**?

❹ Upon your **request**.

❺ Do you have change for a **quarter**?

❻ He **quit** his job last month.

❼ Is the car full or can I **squeeze** in?

❽ Do you like beer or hard **liquor**?

❾ Rick wants to be a **choirmaster** someday.

❿ The big ship, **Queen** of Mary is not sailing anymore.

여기까지 따라하면 진짜 미국발음!

❷ better [bétər].

❸,❽ etiquette, liquor는 u의 음가가 없어 단모음으로 소리를 냅니다. etiquette에러킽/에러클 [étəkit] liquor리꺼r [líkər]

❾ choirmaster 크와이어r매스떠r [kwáiərmæstər] 성가대 지휘자. 반대로 choir(성가대, 합창단)는 qu가 없는데도 [크와이어r]라고 발음합니다.

152

🎧 T03.mp3

앞에서 배운 내용을 잘 소화했는지 확인할 차례입니다.
발음뿐 아니라 어휘와 회화 표현력도 높이는 기회가 될 것입니다.

STEP 1 잘 듣고 빈칸의 단어를 완성해보세요.

❶ h

❷ i

❸ k

❹ q

❺ l

❻ n

❼ m

❽ o

❾ j

❿ p

STEP 2 다음 표현을 잘 듣고 빈칸을 채워보세요.

❶ _____ _____ of view

❷ _____ _____

❸ _____ maker

❹ _____ _____

❺ _____ problem

❻ White _____

❼ _____ solutions

❽ _____ _____

❾ _____ _____

❿ _____ _____

잘 듣고 빈칸에 들어갈 단어를 넣어 문장을 완성해보세요.

> 해석하지 말고 들리는 대로 이해하도록 노력하는 것이 Listening 정복의 근간이 됩니다.
> 어휘력이 부족하다고 판단되면, 먼저 어휘를 익힌 후 문장을 듣는 것이 좋습니다.

❶ _____ use a _____ to swat a fly _____ from someone's head.

❷ _____ is not an _____ for _____.

❸ I _____ a _____ that says "Anyone _____ where my

_____ is?"

❹ LOL means _____ out _____.

❺ My _____ is doing so well at football, and he may _____

_____ after _____.

❻ _____ exists in _____ of life in Korea.

❼ Can I have English _____ and _____ eggs with _____ juice,

please?

❽ Samsung Insurance offers _____ with this

_____.

❾ _____ your _____, we are sending a book that has _____

100 _____ meal recipes.

❿ Many _____ are seeking job _____ now.

| 정답 | 300쪽

❶ **A** This is ＿＿＿＿＿＿＿＿＿＿＿＿＿, but it is working so good.

B Really? How much did you ＿＿＿＿ for that thing?

A About ＿＿＿＿ dollars or so. It was a couple of years ＿＿＿＿.

B No kidding! That was a bargain.

❷ **A** I'd like to return this ＿＿＿＿ and get another one.

B Can you give me the ＿＿＿＿, please?

A It's inside the ＿＿＿＿ there.

B OK. Did you ＿＿＿＿ this with credit or debit?

넷째마디

●

입과 귀가 뻥뻥
뚫릴 것이다!

28

굴려주는 소리 r [(으)r-] / [어r]

강의 및 예문듣기

R은 Dog sound!

R

굴려주는 소리 [(으)r-] / [어r]

혀를 잘 길들여놓아야 확실하게 굴려줄 수 있는 r 발음. 차라리 개들이 이 r 소리를 잘 내는데, 바로 개들이 으르렁거리며 내는 소리가 이 r 발음에 가깝답니다.

첫소리 [r]은 입천장에 닿지 않게 구부린 혀를 펴면서 '(으)r-' 하고 내는 소리죠.

끝소리 [r]은 [어r] 하면서 혀를 구부려 소리를 냅니다.

read   reason   recover   record

 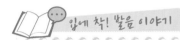 입에 착! 발음 이야기

이름이 제법 알려진 한국계 미국 정치인의 예전 실수담 하나를 소개할게요. 미국의 정치인 후원 모임에는 미국 내 각개 유명인사들이 참석하는데, 대부분 통역은 쓰지 않습니다. 해외 인사들이 모이는 국제적 모임에서 통역관들은 자신이 통역해야 할 말을 놓치지 않기 위해 그림자처럼 붙어다니죠. 국내인사 모임이라 통역관 없이 한국계 대표인사로 초청받은 이 분이 VIP를 직접 소개하겠다고 나서는 겁니다. 몇 문장 되지 않아 열심히 준비한 터라 꽤 뿌듯한 표정으로 단상에 올라선 그는 이런 말을 하더군요.

"It's my great privilege to have such an impotent guest..."

순간 장내는 웃음을 참느라 우스꽝스러운 얼굴이 된 사람들, 헛기침을 하는 사람들, 고개를 숙이고 웃는 얼굴을 감추는 사람들로 그야말로 아수라장이 되기 직전까지 가고 말았습니다.

VIP 소개에서 이같이 물의를 일으킨 이유는 발음에 있었습니다. **important**임포 r턴(ㅌ) [impɔ́ːr**t**n(t)]를 impotent임포턴트[ímpətən(t)]로 발음한 것입니다. '매우 중요한 신사분을 소개하게 되어 영광입니다'로 들려야 할 말이 그만 '성불구인 신사분을 소개하게 되어 영광입니다'로 들렸던 것입니다.

[r] 발음을 혀를 제대로 구부리지 않고 한 것이 실수 하나. 두 번째 실수는 위치를 무시한 잘못된 강세stress로 이 단어를 말했다는 것입니다. 자신의 정치 생명이 걸린 중요한 모임에서 이런 어처구니없는 실수를 해서 본인 경력과 활동에 큰 타격을 입었다 하겠습니다.

혀를 입천장에 안 닿게 구부려 내는 소리 '(으)r-' / '어r'

먼저 단어의 끝소리로 나오는 r sound부터 살펴봅시다. 예를 들면 doctor, skirt의 r은 [ər]로 표기하고 있습니다. 이 '쓰러진 r' sound는 재미있는 별명을 가지고 있습니다. 바로 dog sound, 일명 개소리입니다. 개들이 '으rrr' 하고 화났을 때 내는 소리와 아주 흡사하다고 해서 언어학자^{linguist}들이 붙인 별명입니다. 혀를 입천장에 닿지 않게 목구멍 쪽으로 구부리며 '어r' 해 보세요. 바로 그 소리입니다.

race처럼 단어 앞 첫소리로 오는 r sound를 배워볼까요? 먼저 혀를 입천장에 닿지 않게 한껏 구부립니다. 그 상태에서 혀끝을 입천장에 닿지 않게 하면서 힘주어 확 펴보세요. r sound를 주의를 기울여 들어보면, r-이 '(으)뤄-'로 들립니다. race를 우리식으로 읽으면 '레이스'라고 해서 lace와 혼동을 일으킬 수 있어요. r sound를 제대로 굴려 [(으)뤠이씨]라고 하면 구분이 확실해집니다.

영어의 첫소리 [r]

혀를 구부린 상태에서 혀끝을 입천장에 닿지 않게 펴며 '(으)r-' 하고 굴려 발음하세요.

영어의 끝소리 [r]

입천장에 닿지 않게 혀를 목구멍 쪽으로 구부리며 '어r' 하고 발음하세요.

미국식 영어에서는 단어의 끝소리로 나온 r sound[-ər]는 확실하게 혀를 구부려 발음해줍니다. 반면 영국식 발음에서는 끝소리 r sound를 발음하지 않습니다. 미국식 영어가 영국식 영어에 비해 전반적으로 부드러운 인상을 주는 이유가 끝소리 r sound에 있다 해도 과언이 아닙니다.

혀를 굴리며 내는 소리 [r], [r], [rl], 단어로 익히기

[r] 우선 첫소리 r sound입니다. 입천장에 닿지 않게 혀를 구부리려면 입술이 자연스럽게 모아진 상태가 되죠. 그 상태에서 혀를 펴면서 [(으)뤄ㅎ-] 하고 발음하세요.

❶ 경주, 인종
❷ 개조하다, 고치다
❸ 로큰롤
❹ 러시아워, 혼잡한 시간
❺ 나르다, 전하다
❻ 결혼, 결혼생활
❼ 희곡의, 극적인
❽ 폭이 좁은, 여유가 없는
❾ 대표자, 대리인
❿ Sahara 사막, 불모지

		미국식 발음 ☺	잘못된 발음 ☹
❶	race	뤠이쓰 [reis]	레이스
❷	remodel	뤼마를 [rì:mátl]	리모델
❸	Rock and Roll	롹큰로울 [rɔ̀kənróul] / 롹캔로울 [rɔ́kænròul]	로캔롤
❹	rush hour	뤄샤워r [rʌ́ ʃàuər]	러시아워
❺	carry	캐뤼 [kǽri]	캐리
❻	marriage	매륏쥬 [mǽridʒ]	메리지
❼	dramatic	듀뤄매릭 [drəmǽtik]	드라마틱
❽	narrow	내로우 [nǽrou]	내로
❾	representative	뤠프뤼제너뤼v [rèprizénə̬tiv]	리프리젠터티브
❿	Sahara	써해어뤄 [səhɛ́ərə]	사하라

이것까지 따라하면 진짜 미국발음!

- ❷ remodel에서 d는 모음과 모음 사이에서 [t]로 발음되는 경우도 있습니다.
- ❸ Rock and Roll에서 and는 '은' 정도로 발음됩니다.
- ❼ dramatic에서 t는 모음과 모음 사이에서 [t].
- ❾ representative에서 앞의 t는 〈강모음+nt+약모음〉 사이에서 [t]. -tive는 '티브'가 아니라 '리v'[tiv]로 발음해야 합니다.

[r] 입천장에 닿지 않게 하면서 혀를 목구멍 쪽으로 구부리며 '어r' 하고 발음합니다.

❶ 카드
❷ 딱딱한, 어려운

		미국식 발음 ☺	잘못된 발음 ☹
❶	card	카아r드 [kɑːrd]	카드
❷	hard	하아r드 [hɑːrd]	하드

❸ mark	마아rㅋ [mɑ:rk]	마크
❹ heart	하아rㅌ [hɑ:rt]	하트
❺ skirt	ㅅ꺼어rㅌ [skə:rt]	스커트
❻ turn	터어rㄴ [tə:rn]	턴
❼ master	매스떠r [mǽstər]	마스터
❽ Oscar	아ㅅ꺼r [ɔ́skər]	오스카
❾ reporter	뤼포어r러r [ripɔ́:rtər]	리포터
❿ escalator	에ㅅ껄레이러러r [éskəlèitə r]	에스컬레이터

[rl]

-rl이 나란히 나온 경우에는 [r]과 [l]을 모두 발음해야 합니다. 혀를 구부리는 r[어r]이 먼저 나오고, 혀끝을 윗니 뒤에 대는 [l] 발음으로 끝내세요.

	미국식 발음 ☺	잘못된 발음 ☹
❶ curl	커어r얼 [kə́:rl]	컬
❷ girl	거어r얼 [gə́:rl]	걸
❸ pearl	퍼어r얼 [pə́:rl]	펄
❹ swirl	스워r얼 [swə́:rl]	스얼
❺ whirl	워어r얼 [hwə́:rl]	월
❻ world	워어r얼ㄷ [wə́:rld]	월드

[r], [ɾ], [ɾl] sound, 문장에서 가려듣기

fastfood restaurant에서 French Fries를 주문할 때 French Flies[flaiz]라고 발음하면 안 됩니다. cashier들에게는 '프랑스산 파리들'을 주문하는 것으로 들리거든요. r 발음과 l 발음을 구분하지 않고 마구잡이로 쓰거나, r 발음을 제대로 굴려 발음하는 것을 창피하게 생각하는 사람들이 있습니다. 이런 잘못된 습관이나 태도는 좋은 발음을 위해 하루빨리 버려야 합니다.

❶ 샐러드 드실래요?

❷ 진입로는 어디야?

❸ 비밀은 지키겠소(seal 입술을 꼭 다물다).

❹ Rita는 레스토랑에서 여종업원으로 일하고 있어.

❺ 죽어도 좋으니 그를 잡아와.

❻ 근처에 카페가 있나요?

❼ 손전등은 어두운 곳에서 유용하지.

❽ 모퉁이에서 우회전해라.

❾ 우리 조부께서는 두 차례의 세계대전을 겪으셨죠.

❿ Rita는 Larry가 주었던 그 진주 귀걸이를 하고 있었어요.

❶ Would you like **salad**?

❷ **Where** is the on-**ramp**(off-**ramp**)?

❸ My **lips are sealed**.

❹ **Rita** is **working** as a **waitress** in a **restaurant**.

❺ **Arrest** him, dead **or alive**.　　❻ Is **there** a **cafeteria around**?

❼ **A flashlight helps** in the **dark** place.

❽ Make a **right turn** at the **corner**.

❾ My **grandfather** has been **through** two **world wars**.

❿ **Rita** put on the **pearl earings Larry** had given **her**.

 진짜 미국발음!

❷ on-ramp [언뤠앰ㅍ] 고속도로 진입로, off-ramp [아①프뤠앰ㅍ] 고속도로에서 다른 도로로 빠지는 진입로.

❼ dark place를 '다크 플레이ㅆ'라고 발음하지 마세요. [닭 플레이ㅆ]로 [-rk]를 한번에 받침소리로 다 발음해야 합니다.

아하, 그렇구나! 　Mass Media에서 '워크 아웃'이라고들 표기하던데…

work out은 '일을 해서 어려운 상황에서 벗어나다, 빚을 갚아나가다' 등의 뜻으로, 경제 용어로 쓰일 때는 구조조정을 통해 기업 회생을 도모하는 작업을 뜻합니다. workout은 또 역기(weights), 아령(dumbbells) 등으로 몸의 근육을 기르는 운동을 뜻하기도 하고요. exercise보다 더 많이 쓰는 표현입니다. 한국에서는 fitness club이라고들 하는, 소위 '헬스장'을 뜻하는 표현도 미국에서는 gym 또는 fitness facility로 사용합니다.

그런데 뉴스를 보면 진행자들이 work(우)월ㅋ [wəːrk] out을 '워크 아웃'으로 발음하고 있습니다. 저는 처음 이 말을 들었을 때 walk[wɔːk] out을 연상했습니다. walk out은 '걸어 나가 버리다'란 뜻이기 때문에, '기업퇴출'이라는 사건 전달 맥락과는 앞뒤가 맞지 않게 들렸던 거죠. work out을 의미하는 '워크아웃'은 한국에서만 통용되는 경제용어가 되어 버렸습니다.

우리나라에서는 work out이 퇴출기업 선별 작업으로 변질되어 쓰이고 있습니다. work out은 퇴출이라는 부정적 표현이라기보다는 '구조조정'에 더 가까운 표현입니다.

29

'ㅅ' 또는 'ㅆ'으로 소리 나는 [s]

Basic은 베이직이 아니라 '베이씩'

강의 및 예문듣기

S

'ㅅ'과 'ㅆ' 두 가지로 발음하는 [s]

그동안 basic, sister 같은 간단한 단어도 막상 미국인들 발음으로 들으면 뭔가 다르다는 느낌을 받은 적이 있으시죠? 그 이유를 가르쳐드릴게요.

s는 대개 모음 앞에서 'ㅆ' 하는 된소리로 발음됩니다. -s/-ss의 형태로 단어 끝에 위치할 때도 역시 'ㅆ'로 발음합니다.

seat   dress   basic   switch

 읽에 착! 발음 이야기

요즘 TV를 보면 여성화된 image를 풍기는 남자 연예인들이 꽤 등장하더군요. 미국에서는 이런 남성들을 <u>sissy boy</u> 혹은 pretty boy라고 합니다. sissy는 sister에서 파생되어 나온 말로, 남성적인 이미지가 없다는 뜻입니다. 근육질, 호탕한 기질, 남성스러움 등과는 거리가 멀다고 하겠죠. 그래서 'sissy'는 동성애자로 연결되는 의미를 품고 있는 말입니다. pretty boy

는 말 그대로 꽃미남으로, 주로 젊고 예쁘장한 얼굴을 가진 남자를 일컫습니다. 미국에서는 영화 '타이타닉'에서 앳된 모습으로 나왔던 Leonard Decaprio가 한때 pretty boy의 대명사로 통했습니다.

'sissy'에 나타나는 s 발음을 살펴보면, 첫소리 s는 'ㅆ'에 가까운 소리입니다. 다른 점은 발음이 세게 터져 나온다는 거죠. 가운뎃소리 '-ss-'도 역시 마찬가지로 바람소리가 강하게 터지는 'ㅆ'에 가까운 발음입니다. 우리나라에서 베이직으로 통하는 <u>basic</u>은 사실 '베이씩'이라고 발음합니다. '베이직'이라 하면 미국에서는 통하지 않습니다.

'ㅅ'과 'ㅆ' 두 가지로 발음하는 [s]

본래 s sound는 혀가 입천장과 닿을 듯 말 듯한 위치에서 바람만 내보내는 소리입니다. 실제로 s는 거의 바람소리에 가깝습니다. 평소에 느끼셨는지 모르겠지만, sister의 첫소리 s와 중간소리 s는 조금 다릅니다. 첫소리 s는 우리말 ㅆ과 같고 두 번째 s는 우리말의 ㅅ 발음에 가깝습니다.

하지만 사전에는 이렇게 서로 다른 s를 모두 [s]로 표기하므로, 이 두 가지 차이 나는 [s] 소리를 구분하지 않고 있습니다. 첫소리 s가 'ㅆ'에 가까운 발음이 되는 것은 바람 새는 소리인 s를 정확히 표현하기 위한 일종의 변칙 현상이죠. 그래서 seat를 시트가 아니라 '씨잍', sad가 '쌔앧'이라고 발음합니다.

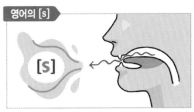

영어의 [s]

[s]

혀가 입천장과 닿을 듯 말 듯한 위치에서 바람을 내보내며 발음하세요.
단, 'ㅅ' 할 때와 'ㅆ' 할 때를 구분하세요.

[s] sound를 단어에서 'ㅅ'과 'ㅆ'로 구분하기

[S] 첫소리 s와 모음 중간에 끼어 있는 -s- / -ss-는 'ㅆ'과 같이 드세게, 끝소리 -s는 바람만 세게 내보내세요.

❶ 슬픈, 서글픈
❷ 자루
❸ 좌석

	미국식 발음 ☺	잘못된 발음 ☹
❶ sad	쌔ㄷ [sæd]	새드
❷ sack	쌕 [sæk]	색
❸ seat	씨잍 [siːt]	시이트

이것까지 따라하면 **진짜 미국발음!**

❶, ❷, ❸ 강세를 받는 모음 a, ea는 좀 길게 끌어서 발음하면 더 잘 알아듣습니다.

④ beside	비싸인 [bisáid]	비싸이드
⑤ corsage	코어r싸아쥬 [kɔ:rsá:ʒ]	코사지
⑥ essence	엣쓴씨 [ésəns]	에센스
⑦ sense	쎈씨 [sens]	센스
⑧ tennis	테늣씨 [ténəs]	테니스
⑨ kiss	킷씨 [kis]	키쓰
⑩ pass	패앳씨 [pæs]	패스

[s-]

〈s+자음〉의 형태일 때 s는 우리말 ㅅ보다는 바람 새는 소리가 강하게 실려 나가야 합니다.

	미국식 발음 ☺	잘못된 발음 ☹
❶ slide	슬라인 [slɑid]	슬라이드
❷ Sphinx	ㅅⓕ핑(ㅋ)씨 [sfiŋ(k)s]	스핑크스
❸ smooth	ㅅ무우ð [smu:ð]	스무스
❹ slope	슬로웊 [sloup]	슬로프
❺ snake	ㅅ네익 [sneik]	스네이크
❻ squash	ㅅ꾸와슈 [skwaʃ]	스쿼시
❼ switch	ㅅ윝츄 [switʃ]	스위치

❼ w는 반자음에 속합니다. 그래서 '스윝츄'가 아니라 'ㅅ윝츄'

29-2.mp3

3단계
문장 발음훈련

바람을 내보내는 [s] sound 문장에서 가려듣기

끝소리로 나오는 -s에 특히 주의해서 들어보세요. s 발음이 어떤 것인지 감이 확실히 올 겁니다.

1. A **Nice dress!** B **Thanks!**
2. **Snap** out of it!
3. **Something** about **this** contract **smells** fishy.
4. J. F. Kennedy Jr. is **said** to be a **smooth** operator.
5. Girls **just** love him.
6. Is **this seat** taken?
7. Can I **kiss** you?
8. The **disc** jockey couldn't pronounce who's **singing**.
9. **Simon** ditched **science*** **class** today.
10. That gentleman wearing a **corsage** is the keynote **speaker**.
11. **Susan** is turning into a real **psycho**.

1. A 옷 멋진데! B 고마워.
2. 신경 쓰지 마! 그런 걸 가지고 그래!
3. 이 계약에는 뭔가 수상쩍은 게 있는 것 같아.
4. Kennedy 아들은 여자 다루는 데 아주 능숙한 사람이라고 하던데.
5. 여자들이 아주 그 사람한테 사족을 못 써.
6. 여기 자리 있나요?
7. 키스해도 돼?
8. 저 DJ는 누가 노래하고 있는지 발음하지 못해.
9. Simon은 오늘 과학시간에 땡땡이 쳤다.
10. 꽃 장식을 단 저 신사가 기조 연설자야.
11. Susan은 알고 보니 진짜 미친 사람이더라고.

이것까지 따라하면 진짜 미국발음!

1. thanks!에서 [ks]는 우리말 'ㅆ'로 발음하세요. [(θ)쌔앵ㅆ-]
2. out of it 아우러빗[aut̬ɔvit].
4. smooth operator [스무우우(ð)다뻐뤠이럴*r*] 능숙하게 이성의 상대를 사랑에 빠지도록 하는 사람.
6. this seat taken (ð)디씨이테이큰[ðisiːtéikən].
9. ditch[ditʃ] 내쳐버리고 달아나다, 도망가다
10. corsage코어*r*사아쥬[kɔːrsáːʒ] 가슴에 다는 꽃 장식.
    keynote speaker [키이노웉스삐이컬*r*] 기조 연설자.
11. psycho[saikou], psychopath[sáikəpæ̀θ]라고도 합니다.

잠깐만요!

sc도 ㅆ 발음하던데요?

sc-/c-가 첫 글자로 나올 때, -ce로 끝날 때 'ㅆ' 소리를 내는 경우도 있습니다.

science 싸이언ㅆ[sáiəns]
sci-fi 싸이파이[sáifai]
cinema 씨너머[sínəmə]
cyber 싸이버*r*[sáibər]
nice 나이ㅆ[nais]
prince [prins]

30

된소리를 유도하는 [s]

Stop(ㅅ땊), Sky(ㅅ까이), Spain(ㅅ뻬인)

강의 및 예문듣기

S

된소리를 만드는 [s] sound

s 다음에 k, p, t가 오면 된소리 'ㄲ', 'ㅃ', 'ㄸ'로 발음이 됩니다.

sk-, sp-, st-는 모두 호흡으로 표현되는 sound 조합이라 발성이나 전달 시 명확성을 기하기 위해 생겨난 변칙 현상이죠.

skirt   speaker   stress   extension

입에 착! 발음 이야기

야구경기 중계를 보다 보면, 해설자가 흥분된 어조로 '스뚜~롸익' 하고 힘주어 말하는 것을 자주 들을 수 있습니다. 이렇게 말하면 '스트라이크'라고 밋밋하게 말하는 것보다 훨씬 더 박진감이 넘치죠. 그라운드의 투수가 던진 투구의 속도감과 힘을 TV를 통해서도 느낄 수 있습니다.

미국인이 **strike**을 발음하는 걸 들어보면, 거의 '스뜨롸익'[sㄸraik]이라 들립니다. st를 '스트'라고 하지 않고 'ㅅㄸ'라고 해서 된소리로 발음하는 걸 알 수 있어요. 그러고 보면 야구해설자의 발음이 현지 미국인들의 실제 발음과 상당히 가까운 셈입니다. 단, st-발음을 할 때 'ㅜ'라는 모음을 넣지 않아야 본토 발음이 된답니다.

대체로 media에서 표준 accent를 구사하는 anchorperson의 억양을 귀 기울여 들어보면 이런 특징이 뚜렷이 나타납니다. 이런 발음 현상은 s로 시작해서 바로 -p/-k/-t라는 자음이 연이어 나왔을 때 일어납니다. s 다음에 온 '-p/-k/-t'가 된소리로 표현되는 거죠. 자세한 설명을 듣고 싶다면 1단계 발음 따라잡기로 넘어가주세요.

된소리를 만드는 [s] sound

본래 s sound는 성대를 울리지 않고 'sss-' 하고 바람을 내보내면서 표현합니다. k, p, t도 바람만 내보내고 성대를 울리지 않는 소리입니다. 그래서 sk, sp, st는 모두 바람소리 조합이 되죠. 첫소리로 나오는 경우 말하기도 힘들고 알아듣기엔 더욱 힘이 듭니다.

이런 현상을 막기 위해 s 다음에 나온 k, p, t는 된소리 ㄲ, ㅃ, ㄸ로 발음합니다. 비록 첫소리에서 바람이 새어나가도 바로 다음에 된소리로 바람을 막아주면 단어의 전달성이 좋아지는 거죠. 그래서 sky도 스카이가 아니라 ㅅ까이, speaker는 ㅅ삐이커r, stop는 ㅅ땁입니다. 아직까지 사전에서는 이 된발음에 대한 기호를 통일된 형태로 제시하지 않고 있습니다. 우리는 여기서 'sㄲ-', 'sㅃ-', 'sㄸ-'를 [sk], [sp], [st]로 표기합니다.

모든 언어는 입으로 말해지는 것이다 보니, 일단 편하게 발음하려는 속성을 가지고 있습니다. 그렇게 시간이 흐르다 보면 사실상 사전적인 원칙과는 다른 언어습관이 생겨나는 것이죠. 위에서 설명한 현상도 그런 속성에서 비롯된 언어습관입니다. 따라서 정확한 발성원칙과 그에 따른 미국인들의 언어습관을 함께 관찰하고 모방하는 한편, 반복 연습을 통해 늘 노력해야 합니다.

한 가지 더. /sk/ 발음인 경우 철자상 sk-뿐만 아니라 sc-로도 시작하는 단어에서도 된소리가 납니다. 예를 들면, scandal/scrape/scream 등과 같은 단어들에서도 c가 된소리 'ㄲ'로 표현된다는 거죠.

exk [iksk-]	exp [iksp-]	ext [ikst-]
excuse	expert	extend
exquisite	express	

[s]가 유도하는 된소리 ㄲ, ㄸ, ㅃ

[sk]

sk, st, sp에서 k, t, p를 'ㄲ, ㄸ, ㅃ'으로 발음합니다. 발음이 훨씬 더 깔끔하고 명확해지는 것을 느낄 수 있을 것입니다.

	미국식 발음 ☺	잘못된 발음 ☹
❶ skate	ㅅ께잍 [skéit]	스케이트
❷ skirt	ㅅ꺼어r트 [skə́ːrt]	스커트
❸ scandal	ㅅ깬덜 [skǽndəl]	스캔들
❹ scramble	ㅅ끄룀블 [skrǽmbl]	스크램블
❺ describe	디ㅅ끄롸입 [diskráib]	디스크라이브

❶ 스케이트
❷ 치마
❸ 불명예, 악평
❹ 기어오르다, 서로 빼앗다
❺ 묘사하다

[sp]

	미국식 발음 ☺	잘못된 발음 ☹
❶ spade	ㅅ뻬잍 [spéid]	스페이드
❷ speak	ㅅ삐익 [spíːk]	스피크
❸ special	ㅅ뻬셔얼 [spéʃəl]	스페셜
❹ spill	ㅅ삐얼 [spíl]	스필
❺ spouse	ㅅ빠우ㅆ [spáus]	스포우즈

❶ (카드에서) 스페이드
❷ 말하다
❸ 특별한, 독특한
❹ 엎지르다
❺ 배우자

[st]

	미국식 발음 ☺	잘못된 발음 ☹
❶ stress	ㅅ뜨뤠ㅆ [stres]	스트레스
❷ steak	ㅅ떼잌 [steik]	스테이크
❸ statue	ㅅ때츄 [stǽtʃuː]	스테튜
❹ street	ㅅ뜨뤼잍 [striːt]	스트리트
❺ strike	ㅅ뜨롸잌 [straik]	스트라이크

❶ 스트레스, 강세
❷ 두껍게 썬 고기
❸ 상(像)
❹ 거리
❺ 치다, 때리다

[s]가 유도하는 된소리, 문장에서 확인하기

sk, st, sp에서 k, t, p를 된소리로 발음하는 것은 오히려 말을 할 때 유용한 법칙입니다. 이렇게 하면 발음이 쉬워지기 때문이죠.

① 봄은 너무 아름다운 계절이지.

② 실례지만 내선번호 좀 알려 주실래요?

③ 우리 수출 부서에는 전문가 가 필요해.

④ 날씨가 흐리면 하지 말고 그 냥 지나가.

⑤ 전동차가 가파른 언덕을 올 라가고 있네요.

⑥ 스케이트 타면서 우리는 신나 서 막 소리를 지르곤 했었죠.

⑦ 팩팩거리는 다람쥐를 손으 로 꽉 움켜쥐지는 마.

⑧ Steve는 지금 굉장히 스트 레스 받고 있는 게 역력해.

⑨ 우리는 헤어스프레이 사용 을 자제해야 한다.

⑩ 보다시피 서울은 고층 빌딩 으로 가득하다.

① **Spring** is an **extraordinary** beautiful season.

② **Excuse** me, could you give me your **extension** number?

③ We need some **experts** in our **export** department.

④ **Skip** it when the **sky** is grey.

⑤ The **street** car is running on the **steep** rail.

⑥ We used to **scream** when we were **skating**.

⑦ Do not **squeeze** the **squeaky squirrels**.

⑧ **Steve** must be **stressed** out.

⑨ We should refrain from using too much hair **spray**.

⑩ As you can see, Seoul is packed up with **skyscrapers**.

이것까지 따라하면 진짜 미국발음!

① extraordinary 익ㅅ뜨로어r디너뤼[ikstrɔ́:rdinəri].

② extension[ikstén∫ən]. extension number 내선번호, 구내번호

③ export department 엑스뽀r(ㅌ) 디파아rㅌ먼[ékspɔːr(t) dipáːrtmən(t)]. export의 끝소리 t와 department의 첫소리 d는 유사 발음군에 속하는 sound입니다. 첫소리인 d만 발음하고, department의 끝소리 t는 발음하지 않고 묻혀버립니다.

④ street car ㅅ뜨뤼일 카아r[stríːtkàːr] 전차.

⑤ skating ㅅ께이링[skéitiŋ].

⑥ squeaky[skwíːki]. squeak는 '끼익' 하는 의성어. [s] 다음에 나오는 q도 된소리로 발음해서 ㅅ꾸익키(끼). squirrel[skwə́ːrəl] 다람쥐. squirrel은 'ㅅ쿼럴'이 아니라 'ㅅ꿔럴'. squeeze [skwiːz] 꽉 쥐다. 꽉 죄다.

⑦ stressed out 스뜨뤠ㅆ따웃[strestaut] 스트레스 받다.

⑩ skyscraper 스까이스끄뤠이뻘r[skáiskrèipər] 초고층 빌딩.

31 '우'가 아니라 '어'와 '아'의 중간 발음 [ʌ]

Ultra는 울트라가 아니라 '(어)알튜롸'

강의 및 예문듣기

U
u의 두 가지 발음 [ʌ]/[ju]
u는 보통 '우'로 생각하기 쉬운데 실제로는 어와 아의 중간 발음 [ʌ]로 표현되는 경우가 더 많습니다. 우리가 알고 있는 단어 중 80% 이상에서 u가 [ʌ]로 나죠. 또한 u가 '유'로 발음되는 경우도 있습니다.

ultra   uncle   but   fun   use   unique

입에 착! 발음 이야기

미용실에 들어가기 전에 그 앞에서 sign을 자세히 본 적이 있나요? 머리를 잘라준다는 표시로 어떤 데는 '컷트'라고 돼 있고, 어떤 데는 받침 없이 '커트'라고 돼 있죠. 또 어떤 데는 '캇트'라고 해놓은 것도 볼 수 있습니다. 그리고 제대로 '컷'이라고 해놓은 곳도 있지요.

'컷트', '커트', '캇트', '컷' 중에서 cut을 우리말로 가장 적절하게 표기한 것을 고르라고 하면, '컷'이라고 표기한 것에 가장 높은 점수를 주고 싶습니다. 마지막 자음을 받침으로 발음하는 것까지 잘 듣고 우리말로 적절하게 표현했기 때문이죠. cut이란 단어 하나도 이렇게 다양하게 표현해 놓은 걸 보면 영어를 듣고 우리말도 제대로 표기하는 게 그리 쉬운 일이 아니라는 걸 알게 됩니다.

그에 반해 컷트와 커트, 캇트는 자음을 모두 모음과 연결시켜 발음하는 일종의 일본식 영어 발음 표기로 볼 수 있습니다. 일본어에는 받침이 없으므로 모든 단어를 '자음+모음'으로 발음합니다. nurse를 '나수'라고 한다든가, cut을 '커트' 혹은 McDonald를 '마그도나르도'라고 하는 식으로 말이죠.

우리말 이름을 영문으로 표기할 때 보통 '우'로 u를 쓰는데, 실제로는 'oo'로 쓰는 것이 미국인들에게는 '우'로 바로 인식되어 발음됩니다. 그래서 '숙'은 sook으로, '석'은 sug 혹은 suk/seok으로 하는 것이 더 정확한 소리를 표현하는 방법이죠. 단, 주의할 점은 '석'을 suck^{김이 세}
다, 망치다으로 쓰지 않도록 하세요. 일상생활에서 주로 쓰는 단어 중 u가 '유'로 표현되는 경우는 극히 드뭅니다. 다음에 나오는 발음 훈련에서 정리한 단어 정도만 익혀도 충분합니다.

u sound의 정체성

'어'와 '아'의 중간발음이라고 하는 발음이 실제로 들어보면 어떤 때는 '어' 같고 또 어떤 때는 '아' 같이 들립니다. 말하는 사람에 따라, 또 입을 얼마나 벌려서 말하느냐에 따라 들리는 느낌이 '어'인 듯 '아'인 듯 애매하게 들릴 수 있습니다.

'어'란 모음을 강조해서 발음할 때 서양인들은 턱을 아래로 확 내리면서 발음하기 때문에 애매한 소리가 나는 거죠. 턱을 아래로 확 끌어내리듯 입을 '아' 하고 벌린 상태에서 턱을 뚝 떨어뜨리면서 바로 '어'로 발음해주세요. 양쪽 귀 밑에 턱뼈가 시작되는 부분에 검지를 대보세요. 턱이 아래로 뚝 떨어지면, 이 부분이 쑥 들어가면서 손가락이 귀 쪽으로 밀려들어갈 겁니다.

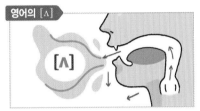

영어의 [ʌ]

입모양 '어'에서 시작해 '(어)아' 하고 턱을 아래로 힘껏 벌려 발음하세요.

🎧 31-1.mp3

[ʌ] 발음과 [ju] 발음 완전히 익히기

$[\Lambda]$ u[ʌ]는 '어' 하고 턱을 아래로 확 끌어내리면서 입을 '아' 하고 벌려주세요.

	미국식 발음 ☺	잘못된 발음 ☹
❶ uncle	(어)앙클 [ʌŋkl]	엉클
❷ under	(어)안덜r [ʌndər]	언더
❸ ultra	(어)알츄롸 [ʌltrə]	울트라

❶ (친, 외삼촌, 작은아버지
❷ 아래로
❸ 과도한, 극단적인

🗣 이것까지 따라하면 진짜 미국발음!

❸ ultra에서 -tr-로 두 sound가 연이어 나오는 경우, t sound는 '츄'로 소리 날 수 있습니다.

❹ upgrade	(어)앞그뤠잍 [ʌ́pgréid]	엎그레이드
❺ urgent	(어)얼r쥰ㅌ [ə́ːrdʒənt]	어전트
❻ but	버앝 [bʌ́t]	밭/벝
❼ gulf	거알f [gʌ́lf]	걸프
❽ multiply	머알터플라이 [mʌ́ltəplài]	멀티플리

이것까지 따라하면 진짜 미국발음!

❺ urgent에서 마지막 t sound는 받침으로 표현되면서 안 들릴 수 있습니다.

❼ gulf에서 마지막 f sound는 윗니를 아랫입술 위에 살짝 올려놓고 바람만 세게 푸욱 불어내세요.

[ju]

u '유[ju]'는 마치 '이유'처럼 발음하세요. 홑소리에서 복모음으로 '이 → 이유'처럼 만들어나가는 식으로 발음하면 미국인의 발음에 가깝습니다.

	미국식 발음 ☺	잘못된 발음 ☹
❶ union	(이)유-니언 [júːnjən]	유니온
❷ utility	(이)유틸러리 [juːtíləti]	유틸리티
❸ united	(이)유나이맅 [ju(ː)náitid]	유나이티드
❹ unification	(이)유니f피케이슌 [jùːnəfikéiʃən]	유니피케이슌
❺ excuse	엑스끼유z [ikskjúːz]	익스큐즈
❻ human	히유먼 [hjúːmən]	휴먼
❼ tune	티유운 [tjúːn|tjúːn]	툰

이것까지 따라하면 진짜 미국발음!

❷ utility에서 첫번째 나온 -ti-에 강세가 옵니다. 강세를 받지 않는 마지막 -ty는 약화되어 [리]처럼 들립니다.

❺, ❻, ❼ '유'로 발음하는 u 앞에 자음이 오는 경우, 천천히 말할 때는 숨어 있던 '이' sound가 자음과 함께 비교적 잘 드러납니다. 그러나 속도가 빨라지더라도 우리가 말하는 것처럼 '유' 하고 한번에 단음처럼 말하지 않습니다. 이것이 미묘한 sound의 차이를 만들어냅니다.

🎧 31-2.mp3

3단계
문장 발음훈련

[ʌ]와 [ju] 발음, 문장에서 확인하기

u는 '아>어[ʌ]'와 '유[ju]' 두 가지 sound로 들릴 수 있습니다. 문장을 주의 깊게 들으면서 'u'의 두 가지 발음에 익숙해지도록 연습해보세요.

❶ Please take a right **turn** under the overpass.

❷ There is a saying that there's nothing new **under** the sun.

❸ Jacky is a **human** resource manager.

❹ Excuse me, I hate to interrupt you guys, but this is **urgent**.

❺ Would you take care of this **utility** bill by Friday?

❻ I heard that young generation do not want **reunification**.

❼ If we hadn't spent the money on the **sunset** cruise, we could have been **upgraded**.

❽ Before the concert begins, **musicians** always **tune up** their instruments.

❾ **UN**, **UK**, **USA** start with **U**, all of which stands for **United**.

❿ Do you remember the bible verse, "Be fruitful and increase in **number?**" That means to **multiply**.

❶ 육교 밑에서 우회전해 주세요.
❷ '태양 아래 새로운 것은 없도다.' 하는 말이 있잖아요.
❸ Jacky는 인사 담당 과장으로 있어요.
❹ 실례해요. 방해해서 너무 미안한데, 이거 다급한 일이라서요.
❺ 금요일까지 이 공과금 좀 처리해 줄래요?
❻ 내가 듣기로는 젊은 사람들은 재통일을 원하지 않는다던데.
❼ 일몰 맞이 유람선 타기에 돈을 안 썼더라면, 업그레이드 받을 수 있었을 텐데.
❽ 연주회를 시작하기 전에 연주자들은 늘 악기를 조율하죠.
❾ UN, UK, USA는 U로 시작하는데, 모두 United란 뜻이지.
❿ "생육하고 번성하라."라는 성경 구절 기억해요? 그게 바로 수적인 번식을 의미하는 거죠.

이것까지 따라하면 진짜 미국발음!

❶ take a right turn[테이커롸잍털은], overpass[오우벌r패앳쓰].
❹ hate to interrupt you[헤잍트 인터뤄츄/이너뤄츄].
❻ 축약형이 아닌 do not으로 풀어서 말할 경우 두 단어를 또박또박 말해줍니다. 부정적 의사를 표현하는 데 있어 상당히 강한 어조를 띄고 말하는 것입니다.
❼ we could have been[위크러v(브)빈] 하고 한 호흡에 몰아서 말하고 upgraded는 살짝 pause를 두어 강조해서 말해줍니다.
❿ instrument [인ㅅ트루우먼(트)], fruitful [①ㅍ루울①펄]. u가 '우'로 발음되는 경우입니다. 이때 '우우우-' 하고 길어지는 경향이 있습니다.

32 [b]와 다른 소리 [v]

계곡(Valley)과 아랫배(Belly)의 차이

강의 및 예문듣기

V

[f]처럼 발음하지만 성대를 진동시키는 [v]

v sound는 발음하는 요령이 [f]와 같습니다. 윗니를 아랫입술에 살짝 얹은 채 입술에 입안 공기를 뿜어내어 진동을 활용한 발음입니다. 단, f와의 차이점은 성대를 진동시켜 음성(voice)을 실어내는 유성음이라는 거죠.

valley   van   vegetable   dive   move

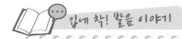
입에 착! 발음 이야기

우리말에는 v sound가 없어, 대신 우리말 'ㅂ'과 흡사한 b sound로 대치해서 발음해버리기 쉽습니다. 하지만 영어에서 v sound와 b sound는 단어의 의미를 확연히 구분케 하는 서로 다른 sound입니다. 이 두 발음의 차이를 무시하고 발음할 경우, 오해의 소지가 있거나 의사 소통에 혼란이 생기는 경우가 많습니다. Konglish 사례에서도 흔히 볼 수 있죠.

한 가지 예를 들어보죠. 경치 좋은 계곡이라고 말하려고 하는데 **'beautiful valley'** 대신 'beautiful belly'라고 발음하게 되면 상대에 따라 말로 하는 성추행^{sexual harrassment}으로 오해를 받을 수 있습니다.

berry도 우리가 자주 혼동하는 단어 중 하나죠. berry는 딸기와 같은 종류의 열매인데, '대단히, 몹시'라는 뜻의 very와 구별해서 쓰지 못해 어처구니없는 상황을 만들어 버리는 일이 있습니다.

윗니를 아랫입술에 얹고 입 안의 공기를 세게 내보내는 v sound

v sound의 발음 요령은 다음과 같습니다. 윗니를 아랫입술 경계선에 살짝 얹은 상태에서 입 안의 공기를 '후욱' 하고 세게 내보내면 됩니다. 이 발음 요령은 f sound와 거의 동일합니다. 단지 다른 점은 v sound는 유성음ᵃ ᵛᵒⁱᶜᵉᵈ ˢᵒᵘⁿᵈ이기 때문에 발음할 때 목소리를 내야 한다는 거죠. 손가락을 목청에 대고 성대가 진동하는 걸 느껴보세요.

발음할 때, 윗니가 아랫입술 위에 얹어서 스치는지를 잘 점검하면서 연습하세요. 입안의 공기가 아랫입술을 밀어내면서 진동을 느끼게 됩니다. 이렇게 공기를 힘껏 뽑아내어야 v sound가 제대로 발음됩니다.

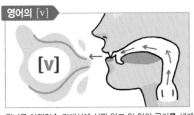

윗니를 아랫입술 경계선에 살짝 얹고 입 안의 공기를 세게 내보내며 'v' 하세요.
이때 성대가 아랫입술과 진동하는 게 느껴져야 해요.

🎧 32-1.mp3

첫소리 [v-]와 끝소리 [-v]

[v-]

윗니를 아랫입술 경계선에 살짝 얹고서 '(으)v---' 해 보세요. 아랫입술에 떨림이 살짝 느껴질 정도로 입안의 공기를 세게 뿜어내면 좋습니다.

	미국식 발음 ☺	잘못된 발음 ☹
❶ valley	ᵛ배앨리[vǽli]	벨리
❷ van	ᵛ배앤[vǽn]	벤
❸ version	ᵛ벌쥰[vɚ́ːrʒən]	버젼
❹ vegetarian	ᵛ베쥬테뤼언[vèdʒtɛ́əriən]	베지타리안

❶ 계곡
❷ 봉고차
❸ ~판, ~역, 번역판
❹ 채식주의자

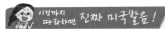

❶, ❷ valley/van은 모두 a에 강세가 있습니다. [æ]하는 발음으로 가로 방향으로 힘을 힘껏 주면서 '애애-' 하세요.

175

⑤ very	ⓥ베뤼 [véri]	베리
⑥ Vatican	ⓥ배애리컨 [vǽtikən]	바티칸
⑦ Valentine	ⓥ배앨런타인 [vǽləntàin]	발렌타인

이것까지 따라하면 진짜 미국발음!

⑤ very와 berry를 구별해야 합니다.

⑥ 미국식 영어 발음으로는 Vatican에서 -ti-가 약화됩니다.

[-v]

끝소리로 나온 v sound를 대충 'ㅂ'으로 뭉뚱그려 발음하는 것은 잘못된 습관입니다. 마지막 sound까지 정확하게 말하는 것에 익숙해질 때 귀가 열리고 입이 트이는 법입니다.

	미국식 발음 ☺	잘못된 발음 ☹
❶ valve	ⓥ배앨v [vǽlv]	밸브
❷ curve	커얼rv [kə́:rv]	커브
❸ give	기이v [giv]	기브
❹ love	라어v [lʌv]	러브
❺ serve	써얼rv [sə́:rv]	써브

이것까지 따라하면 진짜 미국발음!

❷, ❺ curve와 serve는 미국식 영어에서 혀를 구부려서 -r[얼r] sound를 충실하게 발음합니다. 혀를 충분히 구부려주기 때문에 '얼얼rrr' 하고 약간 길게 끌어주는 느낌을 줍니다. 상대적으로 마지막 -ve는 오히려 짧게 처리되는 듯한 느낌이 있습니다.

3단계
문장 발음훈련

[v], [b], [f], 문장에서 가려듣기

이제 문장을 통해 v sound를 익혀볼까요? 우리가 자주 혼동하는 v와 b, v와 f를 잘 구별하면서 발음해 보세요.

❶ 발렌타인 데이가 올해는 목요일이네요.

❷ 전 승용차보다는 밴이 더 좋아요.

❸ Fred는 채식주의자야?

❹ Barry는 아주 좋은 사람이야.

❺ 난 맥주를 막 좋아하는 건 아니에요.

❻ 먼저 마루를 진공 청소기로 밀던가. 먼지 덩어리가 사방에 굴러다니고 있네.

❼ 삼겹살 2인분 더 주시고, 상추도 좀 주실래요?

❽ 그 여자 분은 천주교 신자라서 언젠가 한번은 바티칸에 가보고 싶어해요.

❾ 예수님께서 네 이웃을 사랑하라고 말씀하셨을 때는 그들을 섬기고 네 이익보다는 그들의 이익을 앞세우라는 말씀이셨지.

❿ 내가 사망의 음침한 계곡을 다닐지라도 두려워하지 않을 것이거늘.

❶ **Valentine's** day falls on Thursday this year.

❷ I prefer a **van** over a sedan.

❸ Is Fred a **vegetarian**?

❹ **Barry** is a **very** nice guy.

❺ I'm not a big fan of **beer**.

❻ You can **vacuum** the floor first. Dust **balls** are rolling all **over**.

❼ Would you **give** us two more **servings** of samgyupsal and more **leaves**?

❽ She's a catholic, so she wants to **visit** the **Vatican** someday.

❾ When Jesus said **love** your neighbors, that means to **serve** them, and put their interests before yours.

❿ **Even** though I walk through the **valley** of the shadow of death, I will fear no **evil**.

이것까지 따라하면 진짜 미국발음!

❶ falls on [f펄z잔].

❻ vacuum [ⓥ배애키움]. dust balls [더슽보알z].

❽ catholic [캐애θ써릭].

❿ the valley of the shadow of death : [(ð)더 ⓥ배앨리 어ⓥ브(ð)더 쉐애로우어v 대애θ]
shadow에서 d sound는 흔히 약화됩니다.

even though를 말할 때는 [이ⓥ븐노우]라고 해서 though의 첫소리 th(ð)-가 생략된 채 even의 n sound를 바로 연결하여 발음하는 습관을 미국인들에게서 자주 볼 수 있습니다.

33 h는 없는 셈 치는 미국식 'wh-' 발음

White House는 '화이트 하우스'가 아니라 '(우)와이라우ㅆ'

WH

[h]가 탈락하는 미국식 영어 wh- 발음
미국식 영어에서는 wh-로 시작하는 단어에서 [h] 발음을 하지 않는 경우가 많습니다. what을 '윗'으로 발음하는 것과 같은 이치입니다. 그래서 white/whistle 등의 단어도 'h'를 빼고 발음하는 것이 미국식 영어 발음의 특징입니다.

whale　　whistle　　whisper　　White House

 입에 착! 발음 이야기

I'm dreaming of a **White Christmas**. (나는 눈에 쌓인 화이트 크리스마스를 꿈꾸고 있어요.)
Just like the ones I used to know. (예전에 내가 알고 있던 그 크리스마스와 같은.)

성탄절이 가까워올 때마다 여러 가수들의 목소리로 들을 수 있는 노래입니다. 가수들마다 한결같이 '와잍 Christmas…'라고 발음하고 있죠. 우리나라에서는 잡지나 크리스마스 상품, 길거리의 광고문구, 그리고 그맘때 일기예보weather forecast를 하는 담당관meteorologist까지도 '화이트 크리스마스'라고 말합니다.

영국식 발음에서는 wh-를 [h-]로 발음하지만, 미국식 발음에서는 h를 발음하지 않는 경우가 많습니다. 그래서 White Christmas도 [(우)와잍] Christmas입니다.
CNN 뉴스에서 미국 대통령 관저인 **White House**를 말할 때 발음을 주의해 들어보세요. [화이트 하우스]라고 하지 않고 '(우)와이라우ㅆ'라고 합니다. white의 wh에서 h를 발음하지 않고, 누구든지 아는 곳이므로 House의 h마저도 과감하게 생략하고 말하는 것을 자주 들을 수 있습니다. wh에서 h를 거의 발음하지 않는 습관에서 옮아간 것입니다.

미국인들에게 'wha-jang-shil'을 읽어보라고 하면 '오와장쉴'이라고 읽습니다. wh에서 h를 발음하지 않는 습관이 있기 때문입니다. 따라서 우리말 'ㅎ'을 표기할 때는 영어로는 hwa로 표기해야 'ㅎ' 발음으로 읽어줍니다. 미국인과 대화할 때 wh- 단어에서 h sound를 발음하지 않는 그들의 발음 습관에 귀를 익숙케 하는 것이 이번 과의 과제입니다.

h는 없는 셈 치고 발음하는 wh- sound

wh-로 시작하는 단어인 경우, 미국식 영어에서는 h sound는 없다고 생각하고 들으면 오히려 더 잘 들립니다. 단, 유의할 것은 '우' 하는 w 발음을 제대로 하고는 다음 모음으로 진행한다는 것입니다. 예를 들어 white를 발음할 때, 마치 h가 없는 wite인 것처럼 '(우)와잍' 하고 들리죠. 동부나 남부 출신의 미국인인 경우, h sound를 아주 약하게 표현하기도 합니다만, 영국식 영어에서 하는 것만큼 확실하게 발음하지는 않습니다.

영어의 [w]

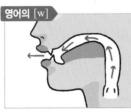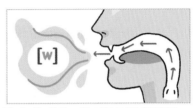

턱을 입을 쭈욱 내밀고 '우' 하고 발음한 다음, h는 없는 셈 치고 다음 모음으로 이어 발음하세요.

h는 발음 안 하고 다음 모음으로 넘어가는 wh-, 단어로 익히기

 입을 주욱 내밀고 '우' 하는 w sound에서 시작해서 다음 모음으로 이어가세요.

① 백악관
② 고래
③ 밀
④ 바퀴
⑤ 어느 쪽
⑥ 휘파람을 불다, 속삭이다
⑦ 귀엣말을 하다

	미국식 발음 ☺	잘못된 발음 ☹
❶ White House	(우)와이라우ㅆ [wáitaus] / (우)와잍 하우ㅆ	화이트 하우스
❷ whale	(우)웨이얼 [weil]	훼일
❸ wheat	(우)위잍 [wi:t]	휫
❹ wheel	(우)위얼 [wi:l]	휠
❺ which	(우)윝츄 [wítʃ]	휘치
❻ whistle	(우)위썰 [wísl]	휘슬
❼ whisper	(우)위스뻐r [wíspər]	휘스퍼

> **여기까지 따라하면 진짜 미국발음!**
>
> ❸ wheat에서 -ea는 길게 [이이-] 하고 끌어주세요. -t는 받침으로 처리합니다.
> ❺ which에서 -ch는 [-읕츄]. '취이-'라고 '이'라는 모음을 넣어 발음하지 않도록 주의하세요.
> ❻ whistle blower[위썰 블루우워r] 뒤에서 비아냥대는 사람.

179

3단계

문장 발음훈련

wh-의 [w] 발음, 문장에서 확인하기

who/whose/whole과 같이 wh-에서 반드시 h 발음을 해주는 경우도 있습니다. 다음 문장을 통해 살펴보도록 합시다.

❶ 그는 작은 목소리로 속삭였다.

❷ 4륜 구동 자동차는 요즘 흔해.

❸ 너 여태 어디 갔다 왔어?

❹ 그는 멋진 구레나룻을 가지고 있어.

❺ 그 남자 누군 거 같아?

❻ 그는 온몸을 다 써서 말합니다.

❼ 이거 누구 스타킹이야?

❶ He spoke in a **whisper**.

❷ Four-**wheel**-drive autos are common nowadays.

❸ **Where** have you been?

❹ He has nice looking **whiskers**.

❺ **Who** do you think he is?

❻ He talks with his **whole** body.

❼ **Whose** pantyhose are these?

 이것까지 따라하면 진짜 미국발음!

❶ spoke in a ㅅ뽀우키너 [spoukinə].

❷ Four-wheel-drive 4륜구동(4WD라고도 표기함).

❺ think he is에서 he의 h가 탈락하여 [θiŋki:z].

❻ whole 홀이 아니라 [houl].

❼ pantyhose [pǽnˈtihouz]는 우리말로는 속칭 '팬티스타킹'. 영어 panty stocking은 잘못된 표현이니 주의하세요! 영어로는 오히려 nylon [náilɔn] 이라고도 합니다. wh- 중에는 h를 분명하게 발음하는 경우가 몇 가지 있습니다.

whiskers, who, whole, whose 같은 단어들이 그런 경우죠. 이 단어들은 예외적으로 h sound를 생략하지 않고 발음합니다. 예외적인 단어들은 그냥 외워야 합니다.

아하, 그렇구나! │ **white에 '수정액'이라는 뜻은 없습니다**

우리가 흔히 '화이트'라고 부르는 '수정액'의 정확한 표현은 correction liquid입니다. pen 형태의 수정액은 correction pen이라고 합니다. 흰색 액체가 나와 지워주는 것이므로, white-out이라고도 합니다. 이때 발음은 [wai aut. 와이라웉]. 극지 같이 눈 덮여 분간이 어려운 형상도 white out이라는 표현을 씁니다.

The explorers easily get whited out in the Arctic.
탐험가들은 극지에서 길을 쉽게 잃는다.

한 가지 더! 술 먹고 기억을 못할 때 우리말로 '필름이 끊겼다'는 표현을 많이 쓰는데, 영어 표현으로 하면 black out 혹은 pass out이라고 합니다. 참고로 black out은 '정전'이라는 뜻도 있죠.

I drank a lot of soju that night, so I got blacked out(=passed out).
그날 밤에 소주를 너무 많이 마셔서 필름이 끊겼어.

34 복모음을 만드는 w-[w] / y-[j] / eu-[ju]

복모음은 한 큐에 발음하지 않는다

강의 및 예문듣기

j

한 호흡에 발음하지 않고 늘어지게 발음하는 w-[w], y-[j], eu-[ju]
복모음을 만드는 [w], [j]로 시작하는 복모음은 한번에 발음하지 않습니다. 그래서 미국 사람들은 요요(yoyo)를 '이요우요우' 하고 발음하죠.

woman　　**y**ellow　　**y**ogurt　　**Eu**railpass

 입에 착! 발음 이야기

영화나 TV Show에서도 보면, "앗싸!" 하는 느낌으로 하는 "yes!"도 "이예엣쓰–" 하고 발음하는 걸 분명하게 들을 수 있습니다. "I love you!"라고 부부나 애인 사이에 자주 쓰는 애정 표현도 [아이 러비유] 하지, [러뷰] 하지 않지요. 같은 이치로 징그럽거나 역겨운 것을 보면서 우리말에서는 '으익' 하는 것을 영어에서는 "yew[이이유–]" 하죠. 이걸 '유'라고 한 큐에 발음했다간 오해를 불러일으킬 수 있어요. "야" 하고 시비조로 상대를 불러내는 것처럼 들릴 수 있습니다.

위/워/웨/여/유와 같은 복모음은 영어 단어에서 첫소리로 나오는 경우가 많습니다. 보통 w-/y-/eu-로 시작하는 단어들이 이런 복모음으로 시작하는 단어들이죠. 우리가 자신 있게 발음하는 "win", "yes", "thank you", "Europe"과 같은 단어들이 사실상 Listening이나 Speaking에서 의외로 걸림돌이 되는 경우를 많이 봅니다. 그 걸림돌의 원인은 우리말식으로 복모음을 한 큐에 발음한다는 것이죠. '윈/예쓰/땡큐우–' 영국식이든 미국식이든 이런 복모음은 풀어서 '우위–/이예–/이유–' 하는 식으로 발음합니다.

win → (우)위인

yes → (이)예쓰

thank you → (θ)쌔앵키유

Europe → (이)유뤞

영어의 복모음, 한 번에 하지 말고 순차적으로 발음하자!

👄 wall은 우월[○] / 월[×]

w는 모음이라도 독자적으로 음가를 갖지 못합니다. 그래서 wa-, we-, wi- 등 w 다음에는 다른 모음들이 늘 따라다니죠. 그래서 w는 반모음이라고 합니다.

wall이라는 말을 볼까요? w가 없다면 -all[얼]이라고 발음이 됩니다. 여기에 복모음을 만드는 w가 첨가되었습니다. w를 옆으로 세워놓고 보면 '우' 하는 입술모양과 비슷합니다. w를 보면 일단 입술을 앞으로 쭉 내밀어 '우' 하는 입 모양을 만드세요. 그래서 wall은 '월'이 아니라 [(우)월]입니다.

wolf는 '울프'가 아니라 [(우)워얼f]가 됩니다. wood, would는 '우드'가 아니라 [(우)윌]. women도 '위민'보다 [(우)위민]. 미국인들은 복모음을 한 번에 발음하지 않고 '우위-/우워-/우웨-' 하는 식으로 순차적으로 발음한다는 것 잊지 마세요.

👄 yes는 이예쓰[○] / 예스[×]

y[j]도 w와 마찬가지로 복모음을 만드는 소리입니다. y는 우리말 '이'와 같습니다. 그래서 항상 다른 모음들과 함께 나옵니다. yes를 흔히 '예쓰'라고 발음하지만 y=[이]이므로, [(이)예쓰]입니다. 첫소리 y[이]의 여운을 살짝 살리면 훨씬 미국식 발음에 가까워집니다.

미국 사람들은 부부 간에 혹은 애인 사이에, 혹은 부모가 자녀에게 가볍게 서로 "Love ya."란 말로 인사말을 대신합니다. love you는 '러브유'가 아니고, [러ⓥ비유] 혹은 [러ⓥ비야]로 들리죠. "Love ya."는 "Love you."에 비해 가벼우면서도 귀엽고 애교스런 표현이라 하겠습니다. 영어의 복모음을 발음하는 공통적 요령은 한 번에 소리를 내지 말고 모음의 여운을 느끼면서 고무줄을 늘리 듯 늘여서 발음한다는 것입니다.

🗣 Europe은 이유뤕[○] / 유럽[×]

eu[ju]도 역시 복모음을 만드는 소리입니다. 예를 들면, Europe [júːrəp]도 첫소리 [이]의 여운을 살리면서 발음해야 합니다. 따라서 [(이)유뤕]이라고 해야 발음이 훨씬 세련되게 들리죠.

여자 이름인 Eunice의 발음은 '유니스'가 아니라 [(이)유느씨]. 이때 i는 단어 중간에 있으면서 강세가 없기 때문에 거의 무시됩니다. 특히 이름을 부를 땐 상대방 기분이 상하지 않도록 신경 써서 정확하게 불러주는 게 예의입니다.

🎧 34-1.mp3

2단계
단어 발음훈련

복모음처럼 순차적으로 발음하는 [w], [j], [ju]

[w] w sound는 한 호흡에 '위' 하지 않고 모음을 늘려서 '우위-' 혹은 '우워-' 하는 식으로 발음하세요.

❶ 보다, 기다리다
❷ 멋진, 훌륭한
❸ 결혼식
❹ 웨하스
❺ 샌드위치

	미국식 발음 ☺	잘못된 발음 ☹
❶ watch	(우)워츄 [watʃ]	와치
❷ wonderful	(우)원덜r(f)펄 [wʌ́ndərfəl]	원더풀
❸ wedding	(우)웨링 [wétiŋ]	웨딩
❹ wafers	(우)웨이퍼rz [wéifərz]	웨하스
❺ sandwich	쌘(우)위츄 [sǽnwitʃ]	샌드위치

이것까지 따라하면 진짜 미국발음!

❺ sandwich에서 d는 거의 발음하지 않습니다. 굳이 하고 싶으면 [쌔앤드윝츄]라고 하세요. dw-/sw-/tw-처럼 w가 자음 다음에 올 때는 첫 자음과 이어 나온 모음 w를 분리시켜 또박또박 두 sound가 모두 명확하게 들리도록 발음해주세요.
dwell [드웰] / swell [스웰] / twin [트윈] / Gwen [그웬]

183

[j]

y[j] 역시 '이'에서 '여−', '요−' 등으로 늘여 발음해야 합니다.

		미국식 발음 ☺	잘못된 발음 ☹
❶	yes	(이)예ㅆ [jes]	예스
❷	yacht	(이)여앝 [jɔːt]	요트
❸	yogurt	(이)요우겉r트 [jóugərt]	요구르트
❹	yoyo	(이)요우요우 [jóujòu]	요요
❺	Yahoo	(이)야후 [jɑ́ːhùː]	야후

❹ yoyo에서 o는 [ou]로 발음하는 것 잊지 마세요.

❶ 네, 응
❷ 요트
❸ 요구르트
❹ 요요(장난감)
❺ 야후

[ju]

Eu[ju]도 마찬가지로 '이유−'로 마치 고무줄을 당겼다 놓는 느낌으로 발음합니다.

		미국식 발음 ☺	잘못된 발음 ☹
❶	Europe	(이)유럽 [júːrəp]	유럽
❷	Eunice	(이)유느ㅆ [júːnəs]	유니스
❸	Euphrates	(이)유프뤠이리이z [juːfréitiːz]	유프라테스
❹	Eurailpass	(이)유뤠이얼패ㅆ [júːreilpæ̀s]	유레일패스

❶ 유럽
❷ 여자 이름
❸ 유프라테스 강
❹ 유레일패스(유럽 전체 철도 항로에 통용되는 할인권)

복모음 [w], [j], [ju], 문장에서 제대로 익히기

단어에서는 복모음을 발음하기 어렵지 않습니다. 그런데 문장 속에서 연음이 되거나 묻혀버릴 때가 자주 있습니다.

❶ 교회 결혼식장 예약은 했어?

❷ 걔는 Dave의 파티에서 꿔다놓은 보릿자루 같았어. 춤도 안 추고 술도 안 마시고, 다른 사람과 얘기도 안 하고.

❸ 그거 직접 만드신 거예요?

❹ 황금색은 거의 노란색이잖아요.

❺ 그는 아직 도착 안 했어?

❻ 양키는 북부 출신의 미국인들을 말한다.

❼ 고소득의 전문적인 직업을 가지고 있고 소비성향이 큰 사람들을 '여피'라 부른다.

❽ 우리 부모님은 여름에는 절대 유럽에 안 가셔. 유럽은 여름에 교통도 복잡하고, 식당도 복잡하고, 어딜 가든 줄서서 많이 기다리고, 아무튼 모든 게 끔찍하다고 말씀하셔.

❶ Have **you** reserved a **wedding** chapel?

❷ He **was** kind of a **wallflower** at Dave's party. He didn't dance, didn't drink, didn't even talk to anyone.

❸ Did **you** make it **yourself**?

❹ The color of gold is almost **yellow**.

❺ He hasn't arrived **yet**?

❻ **Yankee** is an American person who is from the north.

❼ **We** call those who are in a professional job **with** a high income and enjoy spending money, '**yuppie**'.

❽ My parents never go to **Europe** in the summer. They say **Europe** in the summer is terrible **with** traffic, crowded restaurants, long lines and everything.

여기까지 따라하면 진짜 미국발음!

❶ wedding [wéʈiŋ].
❷ kind of a wallflower 카이너버 (우)월 플라우어r [kainɔvə wɔ́:lflàuər].
❹ almost yellow (아)얼모우ㅅ티옐로우 [ɔ́:lmoust jélou]. ye가 [(이)예]로 발음되므로 almost의 t와 연음되어 '티예-'.
❻ Yankee 양키 (×) (이)앵키 (○).

185

35

허를 살짝 물고 바람을 내보내는 소리 [θ]

He's thirty, or dirty?!
그 사람이 서른이라고, 지저분하다고?!

강의 및 예문듣기

θ

혀 끝을 살짝 물고 '쓰' 하며 바람을 내보내는 소리 [θ]

혀가 입 밖으로 나오면 점잖지 못한 인상을 준다고들 생각하기 때문인지, 의식적이든 무의식적이든 대충 지나가는 사람들이 많은 발음입니다.
[θ]는 혀를 윗니와 아랫니 사이에 살짝 내밀어 가볍게 물고 바람을 내보내는 소리입니다.

thick   thirsty   month   Catherine

입에 착! 발음 이야기

"He's **thirty** years old. (그는 서른 살이야.)"라고 말할 때, thirty를 [써티] 혹은 [떠리] 하는 식으로 우리말식으로 대충 발음하는 사람들이 있습니다. 심한 경우에는 thirty의 th를 유성음 [ð]로 혼동하여 '더리'라고까지 발음하는 경우도 있습니다.

"How old is he?"란 질문에 "더리."라고 잘못 발음하면 dirty(더럽다, 또는 지저분하다, 행실이 안 좋다)처럼 들릴 수도 있어서 자칫 오해를 살 수도 있습니다.

[θ]는 영어를 처음 배울 때부터 중요하다고 강조되는 발음이라 발음하는 요령은 다들 잘 알고 있는데도, 정확하게 실천하지 않는 대표적인 발음 중 하나입니다.

우리말에는 없는 th[θ] sound는 낯설기만 하죠. 우리말 '쓰'과 아주 흡사한데, 바람 새는 소리가 심하게 섞여나오는 소리가 바로 이 [θ]입니다. 바람 새는 소리가 치아 사이를 통해 나오기 때문에 우리말 '쓰'과는 다릅니다. 우리말 '쓰'은 성대를 울리면서 공기가 입안에서 머물러 있는 소리입니다. 이 미묘한 차이 때문에 미국인들이 우리말 '쓰' 소리로 말하면 잘 알아듣지 못하는 거죠.

혀를 윗니와 아랫니 사이에 물고 바람을 내보내며 '쓰' 하는 소리 [θ]

익히 알다시피 [θ]는 혀끝을 윗니와 아랫니 사이에 살짝 물고 바람을 내보내는 소리입니다. 우리말 [ㅆ] 소리에 비해 바람소리가 강하게 납니다.

thick을 한번 발음해 보세요. 혀끝을 윗니와 아랫니 사이에 놓고 그 상태에서 바람을 세게 내면서 [θik]이라고 발음해 봅니다.

책이 두꺼워도 thick이라고 표현하지만, 사람이 뚱뚱해도 "He's/She's thick." 이라고 합니다. '씩'이라고 말하면 sick^{아프다}으로 전달될 수도 있어요. 반대말인 '얇다'라는 뜻의 thin[θ:in]도 역시 마른 사람을 표현할 때 씁니다. "He's/She's thin." '씬'이라고 발음하면 죄(sin)의 의미로 전달됩니다.

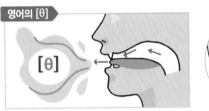
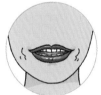

영어의 [θ]
[θ]

혀끝을 윗니와 아랫니 사이에 살짝 물고 '쓰' 하고 바람을 내보내는 소리를 내세요. 위아래 치아 사이로 바람을 세게 내보냅니다.

혀끝을 살짝 물고 바람을 내보내느 소리 [θ], 단어로 익히기

$[θ-]$ 혀끝을 윗니와 아랫니 사이에 넣어 살짝 물고 바람을 내보내면서 '(θ)ㅆ' 하는 바람소리를 내세요.

❶ 전율
❷ 극장, 관객
❸ 주제
❹ 천 개의
❺ 희석제

	미국식 발음 ☺	잘못된 발음 ☹
❶ thrill	(θ)ㅆ뤼얼 [θril]	스릴
❷ theater	(θ)ㅆ이어러r [θí:ətər]	씨어터
❸ theme	(θ)ㅆ임 [θi:m]	씨임(테마)
❹ thousand	(θ)ㅆ아우즌 [θáuzn(d)]	싸우전드
❺ thinner	(θ)ㅆ이너r [θínər]	신나

[-θ]

단어의 마지막 받침소리 [θ]는 입 모양은 만들되, [쓰]라고 발음하지 말고 바람만 세게 내보내세요.

		미국식 발음 ☺	잘못된 발음 ☹
❶	month	먼θ [mʌnθ]	먼쓰
❷	north	노어r θ [norθ]	노쓰
❸	Ruth	루우θ [ru:θ]	루쓰
❹	length	렝θ [leŋθ]	렝쓰
❺	health	헬θ [helθ]	헬쓰

❶ 달
❷ 북, 북부
❸ 여자 이름
❹ 길이
❺ 건강

🎧 35-2.mp3

3단계
문장 발음훈련

헷갈리는 [θ]와 [s], 문장에서 구별하기

번데기 [θ] 발음은 우리말 'ㅆ' 발음과 차이를 구별할 수 있어야 합니다. 다음 문장들을 잘 들으면서 구분해보세요.

❶ 'I Know What You Did Last Summer' is a **thriller**-diller.

❷ He is totally dishonest. A crook **through** and **through**.

❸ He just turned into his **thirties**.

❹ **Thanks** a bunch for your help.

❺ **Thirteen & Thirty** is one of my favorite places.

❻ Peter tried to **throw** a punch at me, but I blocked it.

❼ We will stick to each other **through thick** and **thin**.

❶ '난 니가 지난 여름에 한 일을 알고 있다'는 공포물이다.
❷ 걔는 완벽한 거짓말쟁이야.
❸ 그는 서른 살에 접어들었다.
❹ 도와줘서 엄청 고맙네.
❺ Thirteen & Thirty는 내가 제일 좋아하는 곳이야.
❻ Peter는 날 한 방 먹이려고 했지만 난 그걸 막아냈지.
❼ 좋을 때나 궂을 때나 우린 늘 함께 하는 거야.

> 이것까지 따라하면 **진짜 미국발음!**
>
> ❶ thriller-diller (책, 영화, TV series 등의) 공포물.
> ❷ totally [tóuṭəli], crook [kruk] 부정직한 사람(dishonest person).
>   through and through 철저하게, 완전하게.
> ❹ bunch [bʌntʃ] 큰 덩어리, (엄청나게) 많음.

188

❸ 이 나라의 이른바 '두뇌'라는 사람들에게서 어떤 식의 해결책이 나올까?

❾ 그녀는 지난 3년간 이 나라 방방곡곡을 두루 다녔다.

❿ A 이상형 여자가 어떤 외모를 가진 사람이었으면 합니까?

B 제가 바라는 이상적인 여성은 마르고, 키가 크고, 검고 긴 머리를 가진 여자죠.

❸ What sort of solutions are coming out of the **think**-tanks of this country?

❾ She has traveled to the **north**, **south**, east and west of this country for the last **three** years.

❿ A What would you like your ideal woman to look like?

B My ideal woman is **thin** and tall, and has long dark hair.

이것까지 따라하면 **진짜 미국발음!**

❼ **through thick and thin**: 풍족할 때나 없을 때나. 지갑에 돈이 많아 두꺼울 때(thick)와 돈이 얼마 없어 지갑이 얇아졌을 때(thin)나.

❽ **what sort of** 워쏘r러v [wətsɔːrtəv].

아하, 그렇구나! **'재주가 메주'라는 말을 영어로 어떻게 표현할까?**

"I'm all thumbs. [θʌmz]"는 특히 손재주가 없음을 표현하는 말입니다. 우리나라에서는 그나마 엄지손가락을 손도장을 찍을 때 활용하지만, 미국에서는 친필 서명만을 인정하기 때문에, 엄지손가락은 손가락 중에서 가장 쓸모없는 것으로 취급하는 경향이 있습니다. 다섯 손가락 모두 다 엄지손가락 같다고 상상해 보세요. 손재주는 기대할 수 없겠죠?

참고로, 집게손가락은 물건이나 방향을 가리킬 때 쓴다고 해서 index finger, 가운뎃손가락은 middle finger, 약손가락은 반지를 끼는 곳이라고 해서 ring finger, 새끼손가락은 제일 작은 손가락이라고 해서 little finger, 혹은 작고 예쁘다고 해서 pinkie라고 부릅니다.

36

윗니와 아랫니 사이에 살짝 문 혀를 빼면서 내는 소리 [ð]

though(하지만)와 dough(밀가루반죽) 의 차이

강의 및 예문듣기

ð

[ð]의 정확한 발음요령은 혀끝에 있다.
[ð]발음은 윗니와 아랫니 사이에 살짝 문 혀를 빼면서 내는 소리죠. 빠른 속도로 말할 때 인칭대명사 they와 them, 부사 there는 구어체에서 첫소리 th[ð]를 [n]처럼 발음하는 경향도 있습니다.

though　　　bathe　　　smooth　　　then and there

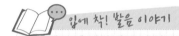

입에 착! 발음 이야기

강의를 하다보면 영어의 유성음 th[ð]와 d를 혼동해서 발음하는 경우를 자주 봅니다. th[ð]는 혀끝이 슬쩍 물렸다가 빠져나가면서 나오는 소리로 미국인들 귀에는 d와는 천지 차이만큼이나 다른 소리로 들리죠. 우리말에는 th[ð]가 없기에 언뜻 들었을 때 d와 비슷하 게 들려서 별 신경 쓰지 않고 [d]로 발음해버리는 경향이 있습니다.

though	dough (밀가루 반죽)
these	deeds (행위들)
then	den (서재, (동물 서식처로서의) 굴)
they	day (날)
there	dare (감히 ~하다)
those	dose (처방에 따라 복용할 양의 양, 정도)

"I don't like it so much, but it's good, **though**."
(그렇게 좋아하진 않지만, 그 자체로는 좋거든요.)

이 말을 한다면서 자칫 다음과 같이 들리는 말을 할 수 있는데, 이는 듣는 미국인을 혼란스 럽게 만들 수 있습니다.

"I don't like it so much, but it's good, dough.
(난 그렇게 좋아하진 않지만, 그 자체로는 반죽이 잘된 거예요.)"

이 상황이 만일 영화나 책, 그림작품 등을 놓고 오간 대화였면, 듣는 미국인으로선 정말 혼 란스러웠겠지요.

목청이 울려야 나오는 th[ð] 발음

th[ð]는 윗니와 아랫니 사이에 살짝 댄 혀를 빼면서 목청을 울리는 소리입니다. [θ]는 혀끝이 치아 사이에 물려 있는 상태에서 나오고, [ð]는 물렸던 혀끝이 빠지면서 표현되는 소리죠. 정확한 발음요령을 알고 반복 연습하며 입에서 자연스럽게 나오도록 하세요. 흔히들 d와 혼동하는데 반복 연습과정에서 sound의 차이를 확실히 귀에 익혀야 합니다.

영어의 [ð]

➡ [ð]

윗니와 아랫니 사이에 혀를 살짝 대었다가 빼면서 소리를 냅니다. [θ]와는 달리 목청을 울리는 소리로 발음하세요.

예외적으로 인칭대명사 they, them, their와 부사 there, then의 th 발음이 [n]처럼 변화되는 경우가 많습니다. 외화나 영화에서 보면 무장 강도가 가끔 날리는 대사 "Stick them up!(꼼짝 말고 손들어!)"도 '스티컴엎'이라고 them의 th[ð] sound가 탈락되면서 -em이 된 것이죠.

물론 같은 단어라도 특별히 강조해서 말할 때는 [ð]를 정확히 발음해야겠지만요.

🎧 36-1.mp3

[ð] 발음, 단어로 친해지기

$$[\check{ð}-]$$ th[ð] sound는 윗니와 아랫니 사이에 살짝 댄 혀끝을 빼면서 목청을 울려 발음합니다.

❶ ~이지만
❷ ~을 괴롭히다
❸ 더 멀리, 게다가
❹ 날씨
❺ 달래는, 수그러뜨리는

	미국식 발음 ☺	잘못된 발음 ☹
❶ though	(ð)도우[ðou]	도우
❷ bother	바(ð)더r[bɑ́ðər]	바더
❸ further	퍼r(ð)더r[fə́:rðər]	퍼더
❹ weather	웨(ð)더r[wéðər]	웨더
❺ soothing	쑤우(ð)딩[súːðiŋ]	수딩

191

[-ð]

[ð]가 받침소리로 쓰일 때는 쓸데없는 '으' 소리를 넣지 않고 발음해야 합니다.

	미국식 발음 ☺	잘못된 발음 ☹
❶ bathe	베이ð[beið]	배쓰
❷ breathe	브뤼이ð[bríːð]	브리드
❸ clothe	클로우ð[klouð]	클로우즈
❹ smooth	스므우ð[smuːð]	스무쓰
❺ teethe	티이ð[tiːð]	티쓰

❶ ~을 목욕시키다
❷ 숨쉬다
❸ 입다
❹ 매끄러운
❺ 이가 나다

 36-2.mp3

3단계
문장 발음훈련

th[ð] 발음, 문장에서 가려듣기

유성음인 영어의 th[ð]가 우리말 'ㄷ'과 어떤 차이가 나는지 잘 듣고 따라하면서 구별해보세요. th[ð]가 제대로 발음되는 경우와 구별하여 귀에 익혀봅시다.

❶ He's very attractive, not a good-looking guy, **though**.

❷ **That** stomping noise is really **bothering** me.

❸ Any **further** questions?

❹ Did you hear **the weather** forecast?

❺ **This** is a **bathing** place for **the teething** babies.

❻ Theresa just stood **there breathing** deeply.

❶ 그 사람 상당히 매력 있어요. 잘 생긴 건 아니지만.
❷ 거 발로 쿵쿵거리는 소리 되게 신경 쓰이네.
❸ 더 질문 없나?
❹ 일기예보 들었어?
❺ 이곳은 이가 나기 시작하는 정도의 아기를 목욕시키는 곳이에요.
❻ Theresa는 그곳에 서서 깊은 한숨을 쉬었다.

> 여기까지 따라하면 **진짜 미국발음!**
>
> ❶ attractive[ətrǽktiv].
> ❷ stomp[stamp]. 쿵쿵 소리 내면서 걷다(의성어).
> ❻ breathing[bríːðiŋ]. just stood there 져스뚜(ð)데어r[jʌstu(d)ðɛər].
> th이지만 정석 t sound로 '혀끝을 입천장 볼록한 부분에 대고' 발음하는 경우도 있습니다.
> Theresa[tríːsə], Thomas[táməs], Esther[éstər] 등 주로 사람 이름에서 이런 경우를 많이 볼 수 있습니다.

❼ 추운데 밖에 나가기 전에 따뜻한 외투를 입히도록 하세요.

❽ 밀가루하고 초콜릿 칩에 찬물을 약간 넣고 부드러운 반죽이 될 때까지 섞으세요.

❾ 평온한 음악 좀 들어볼까요?

❿ 그들은 카메라를 보라고 하자 고개를 들어 미소를 지었다.

❼ **Clothe them** in warm coats before **they** go out in the cold.

❽ Blend the flour and chocolate chips to a **smooth** paste **with** a little cold water.

❾ Shall we listen to some nice and **soothing** music?

❿ When **they** were asked to look at **the** camera, **they** lifted up **their** heads and smiled.

이것까지 따라하면 진짜 미국발음!

❼ clothe them[klouðəm]. [ð]는 한 번만 발음하세요. th[ð]가 축약될 때 이 정도로만 들립니다.

❾ soothe[suːð] 마음을 가라앉히다.

❿ When they를 빨리 말하면, [wenei]로 들릴 수 있습니다.

아하, 그렇구나! **미국인에게 자주 듣는 표현 nice and ~**

nice and cool은 '좋고 시원한'이 아니라 '기분 좋을 정도로 시원한'이라는 뜻입니다.
〈nice and 형용사〉의 어순으로 말하는 것은 미국인들의 입에 붙은 습관적 말투 중 하나입니다.

| nice and **warm** | nice and **bright** | nice and **kind** |
| nice and **soft** | nice and **mild** | nice and **reasonable** |

37 ex-의 세 가지 발음 [eks], [iks], [igz]

강의 및 예문듣기

EX- 발음 따라잡기

EX

ex-의 세 가지 발음 [eks], [iks], [igz]

의외로 exam, exhibit, exit 같은 간단한 단어의 발음에 자신 없어하는 사람들을 꽤 보았습니다. ex-의 끝자음 -s와 -z의 sound 표현이 귀에 익숙하지 않아서입니다.

ex를 [eks]로 발음할 때는 우리말 표기대로 [엑ㅆ-], [iks]는 부담 없이 [익ㅆ-], [igz]를 발음할 때는 혀의 진동이 강한 [z]에 유의하세요.

expert   express   exhibit   exhaust

입에 착! 발음 이야기

우리나라가 OECD 회원국 중 이혼율 1위란 통계자료가 있더군요. 세계 이혼율 상위권을 수년째 굳건히(?) 지키고 있는 미국 역시 이혼이 흔한 나라입니다. 그래서인지 미국 친구들과 이야기하다 보면, 이런 말을 이따금씩 듣습니다.

"He's my **ex-husband/ex-boyfriend**."
(그는 내 전남편/전에 사귄 남자친구야.)

"She's my **ex-wife/ex-girlfriend**."
(그녀는 내 전부인/전에 사귄 여자친구야.)

미국에서 남자친구/여자친구는 거의 동거남/동거녀의 관계까지로 보아도 좋습니다. 어떤 사람들은 간단히 줄여서 'his ex / her ex'라고도 하죠. 이때 ex-는 '전(前) ○○'라는 뜻입니다. his ex / her ex는 '전남편', '전부인' 혹은 '옛 애인'을 의미하는 말입니다. 우리나라와는 달리 전남편, 전부인과도 잘 지내고 현재 남편, 현재 부인들에게 소개시켜 주기도 하죠.

그렇다고 모두들 다 잘 지내는 건 아닙니다. 가정불화의 원인 중 하나가 이 ex-들에 있기도 합니다. '전남편', '전부인'할 때 '전(前)'에 해당하는 ex-의 발음은 [eks]라는 점에 유의하세요. 즉 발음이 알파벳 x의 철자명과 거의 같습니다.

ex-로 시작하는 단어의 발음은 [eks] 외에 [iks]와 [igz]로도 발음됩니다. 각각의 소리가 어떤 경우에 나는지, 정확한 발음 요령은 무엇인지 지금부터 차근차근 알아보겠습니다.

ex-의 세 가지 발음 [eks], [iks], [igz]

ex의 sound는 3가지입니다. 하나는 알파벳 x의 철자명과 동일한 [eks], 두 번째는 [iks], 나머지 하나는 [igz]입니다.

[eks]나 [iks]는 부담 없이 우리말 받침소리 [엑ㅆ-] [익ㅆ-]로 발음하면 됩니다. 어금니로 뭔가를 씹듯이 '엑/익' 하면서 힘을 확 주세요. 그 탄력을 받아서 나오는 바람 소리가 's-' 하고 나오도록 합니다. [igz]를 발음할 때는 목구멍 깊숙이에서 끌어내는 목젖이 진동할 만큼 강한 [z]에 유의하세요. 휴대폰을 진동상태로 놓았을 때 나는 소리라고 보면 됩니다.

🎧 37-1.mp3

ex-의 세 가지 발음, 단어에서 익히기

[eks-]
ex가 [eks]로 소리 날 때 '엑ㅆ-' 하고 힘껏 강세를 두면서 발음하세요.

① 숙련자, 전문가
② 수출하다
③ 운동, 연습
④ 전시, 전람회
⑤ 여분의

	미국식 발음 ☺	잘못된 발음 ☹
❶ expert	엑ㅆ뻐r트 [ékspə:rt]	엑스퍼트
❷ export	엑ㅆ뽀오r트 [ékspɔ:rt]	엑스포트
❸ exercise	엑써r싸이z [éksərsaiz]	엑서사이즈
❹ exhibition	엑써비션 [èksəbíʃən]	이그지비션
❺ extra	엑ㅆ트(츄)뤄 [ékst(ʃ)rə]	엑스트라

[iks-]
ex가 [iks]로 소리 날 때의 예입니다. [sss-] 하는 바람 새는 소리를 살려서 발음합니다.

① 흥분시키는
② ~을 빼다

	미국식 발음 ☺	잘못된 발음 ☹
❶ exciting	익싸이링 [iksáitiŋ]	엑사이팅
❷ except	익쌥트 [iksépt]	익셉트

여기까지 따라하면 진짜 미국발음!
❶ exciting에서 -ci-라는 강세음절 다음에 나온 t-ing은 약화되어 [굴리는 t]로 발음됩니다.

195

③ 용시하다
④ 고가의, 사치스러운
⑤ 확장; 구내번호

③ excuse	익ㅅ뀨우z [ikskjú:z]	익스큐스
④ expensive	익ㅅ뻰씨v [ikspénsiv]	익스펜시브
⑤ extension	익ㅆ뗀션 [iksténʃən]	익스텐션

이것까지 따라하면 진짜 미국발음!

③, ④, ⑤ exc-(단, c가 [k]로 발음되는 경우), exp-, ext-로 시작하는 단어에서 [k], [p], [t]는 각각 된소리 [k], [p], [t].

[igz-]

ex가 [igz]로 소리 날 때입니다. [z]의 강한 혀의 진동을 기억하면서 발음해보세요.

① 정확한
② 시험
③ 과장하다
④ 다 써버리다
⑤ 전시하다

	미국식 발음 ☺	잘못된 발음 ☹
① exact	익ⓩ재액ㅌ [igzǽkt]	이그젝트
② exam	익ⓩ재앰 [igzǽm]	이그잼
③ exaggerate	익ⓩ재줘뤼잍 [igzǽdʒəreit]	이그재저레이트
④ exhaust	익ⓩ저어슽 [igzɔ́:st]	이그조스트
⑤ exhibit	익ⓩ지이빝 [igzíbit]	이그지비트

이것까지 따라하면 진짜 미국발음!

사전상의 ex-[iks/igz]의 발음이 '익ㅆ-/익z'로 들리는 것은 미국인들이 말할 때 ex-에 사실상 secondary stress(제2강세)를 주고 있기 때문입니다. 턱을 아래로 떨어뜨리면서 하는 영어식 [i] 발음의 특성이 반영된 것입니다.

3단계

문장 발음훈련

ex- 발음 삼총사, 문장에서 가려듣기

문장 속에서 [eks], [iks] 그리고 [igz]의 발음이 어떻게 들리고 발음되는지를
연습해 보죠.

① 맞아요.

② 나는 완전히 진이 빠졌어.

③ 아주 좋은 생각이야!

④ 그 사람 교환번호가 몇 번이
죠?

⑤ 하와이로 신혼여행 가는 거
흥분되지 않아? 그렇지?

⑥ 우리 부산행 급행열차를 이
용하곤 했지.

⑦ 귀하의 신용카드 번호와 만
료 일자를 확인해 주세요.

⑧ 여보세요, Stan, (그렇지 않
아도) 전화 기다리고 있었어
요.

⑨ 그들은 옥수수를 수출용으
로 재배하고 있어요.

⑩ 수박을 깨끗한 천에 넣고 꽉
짜서 주스 원액을 만드세요.

① **Exactly**.

② I'm completely **exhausted**.

③ **Excellent** idea!

④ What's his **extension** number?

⑤ You're **excited** about your honeymoon to Hawaii, aren't you?

⑥ We used to take the **express** train for Busan.

⑦ Can you put down your credit card numbers and **expiration**
dates?

⑧ Hello, Stan, I was **expecting** your call.

⑨ They grow corn for **export**.

⑩ Squeeze the watermelon in a clean cloth to **extract** juice.

이것까지 따라하면 **진짜 미국발음!**

① exactly [igzǽktli].

② exhausted [igzɔ́ːstid]. completely 컴플릿얼리 [kəmplíːtli].

③ excellent [éksələn(t)].

④ What's his [wáːtsiz]. 인칭대명사 h가 탈락했습니다.

⑤ excited about 익싸이리러바웃 [iksáititəbàut]. t와 d가 각각 강모음과 약모음 사이에서
[t]. -ci-의 c는 드센 바람소리 [-s-] 발음.

⑥ used to 유즈투 [juːztu]. 비슷한 발성음인 d와 t가 연달아 나왔으므로 d는 거의 들리지 않
습니다.

⑦ expiration [èkspəréiʃən] (기한의) 만료.

38

혀의 진동이 귀까지 울리는 소리 [z]

[z]는 전화기 진동모드와 같은 소리

강의 및 예문듣기

z

'ㅈ'보다 혀의 진동이 강한 소리 [z]

이민 첫 세대 한국 교포들이 전화번호와 각종 번호를 말할 때 0(zero)를 발음했다가 통하지 않아 애먹는 경우를 많이 보았습니다.

z는 우리말 'ㅈ'과는 달리 혀를 입천장에 붙이지 말고 '(으)zzz' 하고 소리를 내면 됩니다. 이때 혀의 진동을 느낄 수 있어야 제대로 된 발음이라고 할 수 있습니다.

zero　　zoo　　cous**in　　executive**

입에 착! 발음 이야기

한번은 한국에서 위장약을 사려고 약국에 갔습니다. 미국에서부터 복용했던 약이라 습관대로 약을 달라고 했습니다.

"Zantac재낵[zǽnˀⁿək] 주세요." 그런데 약사가 못 알아들어서 다시 "Zantac[zǽntek]이요." 하고 말했습니다. 두세 번 반복하니 그때서야 "아, 잔탁이요! 이 약 '잔탁'이라고 해요." 하면서 필자에게 상품명을 한국말로 일러주었습니다.

TV 광고에서도 '잔탁'이라고 부르니 우리 귀에는 익숙해졌지만, 미국의 의사나 약사와 대화할 때 '잔탁'이라고 하면 못 알아듣습니다.

미국에서도 이민 첫 세대로 오신 분들이 z 발음을 정확히 못해서 고생하는 걸 자주 봅니다. 특히 숫자 **zero**는 전화번호나 고속도로 번호, 출구 번호 등 숫자로 표기된 중요한 정보에 많이 들어가니까요. 우리가 늘 말하듯이 "제로" 했는데 상대방이 자꾸 뭐라고 했냐고 물어볼 때, 나아가 이런 대화가 전화로 오갈 때 특히 고생들을 합니다.

한편, zero순지ㅇ를 '오우'라고 말하는 미국인들의 습관을 모르고, o(ou=zero)라고 한 것을 '5(오)'로 받아 적어 낭패를 보는 일도 종종 있습니다. 'ㅈ'과는 다른 z의 발음, 어떻게 발음해야 통하는 건지 알아봅시다.

'ㅈ'보다 혀의 진동이 강한 소리 [z]

z sound는 우리말 'ㅈ'과는 다른 소리입니다. ㅈ은 혀가 입천장에 전체적으로 닿으면서 혀의 진동은 없이 나는 소리입니다. 저기, 저고리, 자장면 같은 ㅈ소리를 해보면 알 수 있죠.

그런데 영어의 z sound는 혀가 입천장에 닿지 않고, 대신에 혀의 진동이 강한 소리입니다. 진동이 턱뼈를 타고 귀에까지 전달될 정도로 [zzz---]라고 하면 발음을 정확하게 한 것입니다.

이 소리는 전화기를 진동모드로 했을 때 들리는 소리와 거의 흡사합니다. 배에 힘을 주고서 공기를 끌어올리면서 zz 하고 혀를 진동시키는 것입니다. s와 다른 점은 목청을 울려 그윽한 울림을 자아낸다는 데 있죠. [z--]는 s sound에 비해 바람은 약하지만 혀의 진동과 함께 성대를 울립니다. 따라서 'z' sound는 더 크고 강하게 느껴집니다.

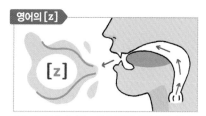

영어의 [z]

허를 입천장에 대지 않고 혀의 진동을 강하게 하여 '(으)ZZZ'라고 발음하세요.

진동이 심한 [z] 발음, 제대로 하기

$[Z-]$ z sound는 배에 힘을 주어 공기를 힘껏 뿜어내면서 혀를 입안에서 진동시키는 소리입니다.

	미국식 발음 ☺	잘못된 발음 ☹
❶ zero	(으)ⓩ지로우 [zíərou]	제로
❷ zigzag	(으)ⓩ직잭 [zígzæg]	지그재그
❸ zoo	(으)ⓩ주우 [zuː]	주
❹ Zeus	(으)ⓩ지우쓰 [zjuːs]	제우스
❺ crazy	크뤠이ⓩ지(이) [kréizi]	크레이지

- ❶ 0(영)
- ❷ Z자형
- ❸ 동물원
- ❹ 제우스
- ❺ 미친, 열중한

$[-Z-]$ 철자는 s지만 발음은 혀의 진동이 강한 z sound로 표현해주세요.

	미국식 발음 ☺	잘못된 발음 ☹
❶ close	클로우z [klouz]	클로즈
❷ cousin	커ⓩ즌 [kʌ́zn]	커진
❸ husband	허ⓩ즈번 [hʌ́zbən(d)]	허즈번드
❹ dessert	디ⓩ저어r트 [dizə́ːrt]	디저트
❺ raisin	뤠이ⓩ즌 [réizn]	레이진

- ❶ 닫다, 눈을 감다
- ❷ 사촌, 일가
- ❸ 남편
- ❹ 디저트
- ❺ 건포도

[igz-]

ex-가 [igz-]로 발음될 때 g sound와 z sound가 순차적으로 드러납니다. 먼저 귀로 -gz-의 sound 조합을 잘 익히면서 따라하세요.

① 검사하다
② 실행
③ 면제하다
④ 다 써버리다
⑤ 크게 기뻐하다

		미국식 발음 ☺	잘못된 발음 ☹
❶	examine	익②재민 [igzǽmin]	이그재민
❷	executive	익②제뀨리v [igzekjutiv]	이그재큐터브
❸	exempt	익②젬ㅌ [igzémpt]	이그잼프트
❹	exhaust	익②저어슽 [igzɔ́:st]	이그조스트
❺	exult	익②절ㅌ [igzʌ́lt]	이그졸트

s와 z는 발음할 때 혀의 위치는 같은데, 성대를 울리느냐 여부가 차이가 납니다. z 발음에서 성대를 울릴 때, 공기의 거센 흐름이 혀를 진동시킬 정도로 표현됩니다.

잠깐만요!

pea 완두콩(복수형은 peas[pi:z])
phase[feiz] 양상, 국면
gross[grous] 총계
dense[dens] 밀집한
seal[si:l] 봉인하다
zeal[zi:l] 열성(zealot 열성분자)

[-s]	[-z]		[-s]	[-z]
tense	tens		piece	peas
lice	lies		face	phase
niece	knees		trace	trays
gross	grows		dense	dens
course	cores		grace	graze
pace	pays		seal	zeal

3단계

문장 발음훈련

[s]와 [z], 문장에서 가려듣기

단어의 끝소리, 특히 /-s/와 /-z/가 얼마나 큰 의미의 차이를 만들어내는지 모른 채 무심코 지나갈 수 있습니다. 짝지어진 각각의 두 문장을 통해 비슷한 발음의 단어에서 s, z에 대한 정확한 음감을 가질 수 있도록 연습해보세요.

❶ 난 지금 인터넷 집중 강좌를 들을까 생각 중이야. / 그들은 사과 껍질을 벗기고 속까지 발라내는 기계를 사용해.

❷ 한때 크고 울창한 숲이 있었지. / 아이들이 요즘 'Starcraft'인가 뭔가 하느라고 서재에만 틀어박혀 있어요.

❸ 월간 잡지 〈Fame〉은 폐간되었다. / Carpediem은 라틴어로 '기회를 잡아라.'라는 뜻이다.

❹ 이 책은 당신이 자신의 능력에 맞게 미국식 영어발음을 배울 수 있는 기회를 제공해줄 것입니다. / 그건 한 달 안에 본전 뽑아요.

❶ I'm thinking about taking an intensive **course** through the Internet.

They use a machine that peels and **cores** apples.

❷ There once was a large, **dense** forest.

Kids have been shutting themselves up in the **dens** playing *Starcraft* or something.

❸ The publication of the monthly *Fame* has **ceased**.

Carpediem is Latin, which means '**Seize** the day.'

❹ This book will give you an opportunity to learn American English pronunciation at your own **pace**.

It **pays** for itself within a month.

잠깐만요!

xylophone은 실로폰?
alphabet x도 z 소리가 날 때가 있습니다.

xylophone 실로폰
→ ②자일러①포운[záiləfòun]

Xerox 제록스
→ ②지뢐ㅆ [zíərɑks]

이것까지 따라하면 **진짜 미국발음!**

❶ course[kɔːrs] core/cores[kɔərz] 속 씨앗을 발라내다. peel[피이열] 껍질을 벗겨내다.

❷ dense[dens] 울창한, 빽빽한. dens[denz] den은 서재, 작업실.

❸ ceased[siːst] cease 중단되다, 그치다. seize[siːz] 붙잡다.

❹ pace[peis] 속도. pays[peiz] pay 지불하다.

앞에서 배운 내용을 잘 소화했는지 확인할 차례입니다.
발음뿐 아니라 어휘와 회화 표현력도 높이는 기회가 될 것입니다.

STEP 1 잘 듣고 빈칸의 단어를 완성해보세요.

❶ s _____

❷ v _____

❸ w_____

❹ s _____

❺ h _____

❻ e _____

❼ z _____

❽ u _____

❾ s _____

❿ e _____

STEP 2 다음 표현을 잘 듣고 빈칸을 채워보세요.

❶ whole _____

❷ _____ - _____ disease

❸ _____ management

❹ _____ _____

❺ _____ economy

❻ _____ development

❼ _____ cleaner

❽ behind the _____

❾ _____ stomach

❿ _____ effect

> 해석하지 말고 들리는 대로 이해하도록 노력하는 것이 Listening 정복의 근간이 됩니다.
> 어휘력이 부족하다고 판단되면, 먼저 어휘를 익힌 후 문장을 듣는 것이 좋습니다.

❶ Eunice is dreaming about going to _____ to work as a _____ manager.

❷ I had a _____ conversation with him about my career _____.

❸ _____ we buy at our grocery shopping is always _____ _____ or _____ food.

❹ The _____ of _____ is one of the big _____ in New York City.

❺ No more _____ for not _____ your cell phone.

❻ Back pain, neck pain and _____ pain appear common to the computer _____.

❼ _____ can be a _____ symptom.

❽ The _____ bill does not include the gas _____ for cooking and heating.

❾ The camera zeroed in on a girl in tights _____ on the _____ mattress.

❿ _____ what you've been _____ about most _____, and you will find _____ and _____ your _____ wrong.

대화를 잘 듣고 문장을 완성하세요.

　　　　　| 반복해서 들어보고 자신 있을 때 답을 써도 좋습니다.

❶ A _____ me. I'm looking for an exit to go to the Yongsan

　　　Electronics market. What _____ number should I take?

B Take exit number 4 or 5. Walk _____ ahead from here and

　　　take the _____ on _____ at the end.

A OK. Thanks a lot.

B No problem. Well, maybe I can show you where it is. Let me walk

　　　with you guys.

❷ A Things are so _____ here. Everything _____ more _____

　　　in the States.

B Why don't you try online _____?

A I think I can, but I don't trust _____. I don't _____

　　　feel like _____ my credit card information.

B I can _____ you some _____, if you _____.

회화로 연결하기 위해
이것까지 챙기자!

다섯째마디 · 리듬과 박자를 살려라! 단어 강세와 강약

여섯째마디 · 이것까지 알면 Perfect! 연음과 축약

앞에서 배운 기초발음을 토대로 하여 이번에는 문장 단위로 영어의 리듬감을 타는 연습을 해봅시다.
리듬을 확실히 타야 영어가 영어다워지기에 이제부터가 더 중요합니다.

다섯째마디

●

리듬과 박자를 살려라!
강세와 강약

39

단어 강세는 리듬의 기초

잘 아는 단어, 강세부터 꽉 잡아라!

강의 및 예문듣기

강세 1 – 단어 강세는 리듬의 기초

American은 '아메리칸'이 아니라 [어메뤼컨], 단어 강세는 영어 리듬의 첫 단추입니다. 의미도 발음도 잘 알고 있는 단어인데도 미국 영화나 드라마에서 들을 때나 미국인과 대화할 때 알아듣지 못한 적이 꽤 있었죠? 바로 강세 때문입니다. 단어 강세 발음의 원칙이 있는데, 이 원칙이라는 것도 알고 보면 간단합니다.

❶ 강세를 받는 모음은 힘을 주어 높은 음으로 또렷이 말한다.
❷ 강세를 받지 않는 모음은 약하게 발음하고 특히 자음에 신경 써서 말한다.
❸ 명전동후(대부분, 명사의 강세는 앞 음절에 있고, 동사의 강세는 뒤 음절에 있다.)

입에 착! 발음 이야기

제 대학 후배 가운데 '단어박사'라고 자부하는 사람이 있었어요. 예를 들어 '물려주다[hand down]'란 뜻으로 거의 고어 수준인 bequeath까지도 척척 들이대니, 모두들 그 사람의 단어 실력에 감탄했답니다. 사실 이런 단어는 미국 사람들한테 물어봐도 거의 모르거든요. 'Jeopardy' 같은 퀴즈쇼에서나 나올 만한 단어이니까요.

어느 날, 이 친구가 조카하고 컴퓨터 앞에 앉아서 영어 단어 게임을 하다가 망신을 당했다고 합니다. 미국인이 불러주는 단어를 듣고 그 단어의 철자를 입력해서 알아맞히는 게임이었답니다. 하지만 이 '단어박사'는 듣기에 약한지라 도통 무슨 말인지 알아듣지 못해 조카에게 전혀 도움이 못

되었다는 거죠. 그는 덕분에 독해와 회화실력은 별개의 영역임을 절감했다고 합니다.

이 단어박사가 알아듣지 못했던 단어의 수준은 zucchini[애호박], exaggerate[과장하다], scrumptious[맛 좋게 생긴, 입맛 돋게 하는], embarrassing[당혹스러운] 정도로 어렵지 않았습니다. 어렵게 느껴졌던 이유는 바로 영어의 리듬감 때문입니다. 특히 단어 내에서 만들어지는 강-약의 리듬감이 귀에 익숙치 않다보니, 평소 알던 단어인데도 귀에 들어오지 않았다는 겁니다. 이를테면 zucchini[②주우키이니](첫 번째 i에 강세)를 '주히니'로 외운 거죠. 단어 철자와 발음, 강세를 한 번에 제대로 익혀두지 않으면, 이런 낭패를 당할 수 있습니다. 강세는 영어의 리듬과 높낮이 장단을 이해하는 기초 단위이기 때문이죠. 이것은 우리가 노래를 배울 때 한 소절의 흐름을 익히기 위해 작은 마디의 음정, 박자부터 알아나가는 것과 같은 이치입니다.

영어의 리듬을 타려면 단어 강세부터 익히자!

우리말과 달리 영어는 리듬을 타는 언어입니다. 우리말이 리듬감이 없다는 것을 대형 식품매장의 직원들이나 비행기 승무원들이 이렇게 말하는 걸 들어보면 알 수 있습니다. "안녕하십니까–", "시식해보고 가세요–" 한 음정을 골라 그 음으로 쭈욱 말하고 끝에서만 역시 같은 음으로 길게 끌어내죠.

이에 비하면 영어는 울림과 박자가 변화무쌍합니다. 단어를 이루는 음절이나 문장을 이루는 단어를 같은 강세로 말하는 법이 없죠. 아무리 짧은 단어라도 힘주어 말하는 음절과 힘을 빼서 슬쩍 넘기는 음절이 있습니다. 문장에서도 마찬가지입니다. 미국인들은 중요한 단어는 힘주어 말하고 그렇지 않은 단어는 슬쩍 흘려버리죠. 그래서 영어 듣기는 유난히 강조되어 들리는 것만 잘 들어도 50% 이상 그 의미를 해독할 수 있습니다.

리듬감과 박자감의 첫 단계는 단어의 강세입니다. 우선 짧은 단어의 강세를 먼저 익혀보죠. 강세를 익히기 전에 먼저 알아야 할 것은 강세는 모음을 단위로 하여 나타난다는 것입니다. 강세가 있는 모음은 힘주어 음을 높게 잡고 또렷이 발음하며, 그렇지 않은 모음은 약화하거나 생략합니다. 강세를 받지 않는 모음이 심하게 축약되는 현상은 상대적으로 강한 모음(음절)을 두드러지게 하는 효과를 나타냅니다.

sedan을 예로 들어볼까요? 우선 강세를 받는 부분인 -dan은 [대앤]으로, 강세를 받는 모음이 장음이 아닌데도 약간 늘이는 듯이 강조해서 발음하죠. 강세를 받지 않는 부분인 se-는 사전에는 [씨대앤]으로 발음한다고 되어 있어요. 하지만 실제 대화에서는 [ㅆ대앤] 하고 말합니다. 즉, 강세를 받지 않는 음절인 se-에서 거의 모음 없이 s만 있는 것처럼 들리는 것이죠. 그래서 다음에 나온 강세 음절인 -dan이 상대적으로 더욱 두드러지는 겁니다.

🎧 39-1.mp3

강세 발음 익히기

자주 쓰면서도 강세는 모르는 단어

우리가 자주 쓰면서도 강세를 정확히 구사하지 못하는 말들을 확인해보세요. 평소 생활하면서 자꾸 연습해봐야지 실력이 부쩍 자랍니다.

	천천히 들을 때 ☺	정상 속도로 들을 때 ☺	잘못된 발음 ☹
❶ American	어메에뤼컨	어메뤼큰	아메리칸

❶ 미국의; 미국인

		미국식 발음 ☺		잘못된 발음 ☹
❷	apartment	어파아r트먼트	어파앞면(트)	아파트(먼트)
❸	hotel	호우테엘	흐우텔	호텔
❹	fantastic	팬태애스띡	팬태스띡	판타스틱
❺	tennis	테에늣쓰	테늣쓰	테니스
❻	lipstick	리잎쓰띡	맆쓰띡	립스틱
❼	computer	캄퓨우러r	캄퓨러r	컴퓨터
❽	flower shop	ⓕ플라아워r샵	ⓕ플라워r샵	플라워숖
❾	driver	듀라아이ⓥ버r	듀우라이ⓥ버r	드라이버

이것까지 따라하면 진짜 미국발음!

❷ apartment에서 첫번째 t는 r과 함께 받침으로 들어갑니다. 마지막 sound -nt에서는 t sound가 거의 안 들립니다.

2음절 단어의 강세 발음 익히기

두 음절 이상의 단어를 중심으로, 강세와 리듬을 타는 연습을 해보도록 하겠습니다. 첫 음절에 강세가 있는 단어는 '강-약'으로, 두 번째 음절에 강세가 있는 단어는 '약-강' 순으로 리듬을 타면서 발음합니다.

[강-약]

첫 음절에 강세가 있는 단어는 '강-약' 순으로 리듬을 타며 발음하세요.

		미국식 발음 ☺	잘못된 발음 ☹
❶	essence	엣쓴쓰	엣쎈쓰
❷	cell phone	쎌ⓕ포운	셀폰
❸	level	레ⓥ벌	레벨
❹	coupon	키유펀	쿠폰

이것까지 따라하면 진짜 미국발음!

❹ coupon을 발음할 때 복모음 처리에 주의하세요. 미국인들은 복모음을 발음할 때 단모음에서 복모음으로 연결시켜 순차적으로 발음합니다. 이 점을 고려해 복모음의 리듬감을 확실히 이해할 수 있도록 순차적으로 발음되는 것으로 표기했습니다.

		미국식 발음	잘못된 발음
⑤	basket	배애ㅆ킽	바스켙
⑥	cover	카ⓥ버r	카바/카버
⑦	target	타아r킽	타겟
⑧	jacket	줴애킽	자켓
⑨	comedy	카므디(리)	코메디
⑩	chocolate	츄와컬릍	쵸코렛

이것까지 따라하면 진짜 미국발음!

- ⑦ target과 ⑧ jacket은 [-git]/[-kit]으로 모음 [i]가 발음되는 것으로 사전에 나와 있지만, 미국인들의 일상 대화에서는 강세를 받지 않는 모음 [i]가 거의 무시됩니다.
- ⑨ 강세를 받지 않는 모음에 잇따라 나온 d는 약화되기도 합니다. middle이 [미를]로 발음되는 것도 같은 이유입니다.

[약-강]

두 번째 음절에 강세가 있는 단어의 '약-강' 리듬으로 발음합니다.

잠깐만요!

shampoo와 같이 쓰는 중화제는 conditioner(컨디셔너)라고 합니다. rinse(린쓰)는 '헹구다'라는 동사로 주로 씁니다. career를 '캐리어'라고 하면 짐 나르는 카트(carrier)로 통하게 됩니다.

		미국식 발음 ☺	잘못된 발음 ☹
❶	enjoy	인죠오이	엔죠이
❷	shampoo	쉠프우	샴푸
❸	design	드ⓩ자아인	디자인
❹	career	커뤼이어r	캐리어
❺	massage	머싸아쥬	마사지
❻	sixteen	씩ㅆ티(띠)인	식스틴
❼	report	뤼포옽	리포트

이것까지 따라하면 진짜 미국발음!

- ❷ 첫 음절 모음 a[æ]는 강세를 받지 않지만 약화되지도 않습니다. 외래어라서 그렇습니다.
- ❸ design에서 s는 [z]로 발음하세요.
- ❹ career(경력, 직업)를 '캐리어'로 발음하면 carrier(배달 담당, 보균자)라는 엉뚱한 말이 됩니다!
- ❺ 첫 음절에 강세가 있는 message[메쓷쥬]와 잘 구별하세요.
- ❻ -teen으로 끝나는 숫자는 모두 강세가 뒤에 있죠. 장모음 ee[이이]를 확실하게 끌어주세요.
- ❼ 명사와 동사 모두 두 번째 음절에 강세가 있습니다.

40

네 가지 패턴으로 이루어진 긴 단어 강세

긴 단어의 강세도 놓칠 순 없다

강의 및 예문듣기

강세 2 – 네 가지 패턴으로 이루어진 긴 단어 강세

automatic은 오토메틱이 아니라 [아러매릭]. 긴 단어의 리듬을 타면 문장 리듬까지 탈 수 있습니다. 긴 단어의 리듬은 네 가지 pattern은 다음과 같습니다.

❶ 강-약-약　　　Amazon[애머②조운]　　❷ 약-강-약　　　position[퍼②지슌]

❸ 약강-약-강-약　automatic[아러매릭]　　❹ 강-약-약강-약　supermarket[쑤퍼r마아r킽]

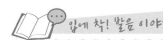

입에 착! 붙은 이야기

어떤 친구가 미국인 client를 접대할 일이 있었다고 합니다. 이 친구는 마땅한 이야깃거리를 찾다가 동·서양을 막론하고 주요 관심사 중 하나인 먹거리에 대한 대화를 시작했답니다. 대화를 하던 중 이 친구가 맥도날드에 아이들을 데리고 가끔 간다는 말을 했는데 미국인은 못 알아들었죠. 그래서 "You know 맥도날드?"라고 두어 번 반복하니 그제서야. 웃으며,

"Oh, 멕다날②즈(McDonald's)!" 하고 고개를 끄덕였답니다.

그걸 듣고 나서 이 친구가 "Yes, 맥도날드." 하면서 어색하지만, 그 미국인의 억양을 따라했더니 크게 고개를 끄덕이면서 알겠다는 미소를 보냈다는 거죠….

또박또박 말한다고 "맥-도-날-드" 하는 것보다는 "맥-도-날-드"라고 약-강-약의 고저 장단에 맞춰 강약 차이를 두면 더 잘 알아듣는 것을 깨달았다는 겁니다.

영어를 'sound소리'로 인식하는 데 있어 고저, 장단에 의해 만들어지는 sound의 흐름을 익히는 것이 상당히 중요합니다. 실제로 문장 단위 대화현장에서는 각 음소의 발음, 예를 들면 f/v/w/g 등등의 자모음 발음보다 단어 단위로 구사되는 고저장단이 더 중요한 역할을 합니다. sound의 흐름은 모음 중심의 음절 단위로 형성됩니다. Mc은 Mac[mæk]으로 발음하고 예외적으로 모음이 생략된 형태입니다. -nalds와 같이 〈자음+모음+다수의 자음(lds)〉의 형태로 나오기도 합니다.

3음절 이상 단어의 리듬 타기

3음절 단어의 강세 표현도 기본 리듬의 발음 요령과 같답니다. 이 요령을 중심으로 각 단어의 강세를 기억하고 귀와 입에 익혀두면 효율적입니다.

첫째. 강세를 받는 부분은 음정을 높이 잡고 pitch를 올리면서 특히 모음을 강조해 분명하게 발음해줍니다.

둘째. 강세를 받지 않는 부분은 그보다 저음으로 자음만 분명히 발음하고, 모음은 약화시킵니다.

강세를 받는 모음의 pitch는 음계에서 '솔'이나 '라' 정도의 느낌이라고 보면 됩니다. 강세를 받지 않는 음절은 '도'나 '레' 정도의 저음을 상상하며 발음하세요. 강세를 받지 않는 음절의 자음 발음은 앞 과에서 설명한 요령을 충실히 지키는 것에 주안점을 두고 발음 연습을 하면 listening 실력향상이 배가됩니다. 3음절 이상의 비교적 긴 단어의 리듬은 다음에서 소개할 네 가지 패턴으로 나타납니다. 이 패턴에 따라 흔히 쓰는 단어들을 중심으로 단어 속에 있는 리듬감을 익혀보죠.

잠깐만요!

au[ʌ]나 oo[u/u:] 혹은 ea[i:]처럼 하나의 모음을 표현하기 위해 alphabet이 두 개가 동원되는 경우가 자주 있는데, 하나의 모음을 표현한 한 음절로 인식하고 발음하면 됩니다.
because(왜냐하면)
teacher(선생님)
book(책) noodle(국수)

🎧 40-1.mp3

긴 단어의 리듬감 익히기

영어 단어에서는 첫음절에 강세를 두고 pitch를 높이는 경우가 상당히 많습니다. 우리가 자주 쓰면서도 강세를 정확히 구사하지 않고 있는 말들을 먼저 확인해보세요.

❶ 아마존
❷ 저녁
❸ 오페라

[강-약-약]

첫 음절에 강세가 오는 단어는 '강-약-약' 리듬을 탑니다. 강세를 받지 않는 나머지 모음 표현에도 귀가 익숙해지도록 반복해서 듣고 연습하세요.

	미국식 발음 ☺	잘못된 발음 ☹
❶ Ámazon	애머②죠운	아마존
❷ évening	이◉브닝	이브닝/이부닝
❸ ópera	아프롸	오페라

❷ 강세를 받는 첫 음절 [i]와 받지 않는 두 번째 음절의 [i] 발음을 비교하며 따라해보세요. 앞의 [i]는 우리말 '에'와 비슷하고, 뒤의 [i]는 '으'에 가깝게 들립니다.

❹ interésting	인트뤠ㅆ팅(띵)/이너뤠ㅆ팅	인터레스팅
❺ márgarine	마아r줘륀	마아가린
❻ téchnical	텍니컬	테크니컬
❼ véteran	ⓥ베트(르)롼	베테랑

🧑 이것까지 **따라하면** 진짜 미국발음 !

❹ 두 번째와 세 번째 음절이 연결되는 부분을 잘 들어보세요. 첫번째 음절에 강세를 주기 위해 두 번째 음절의 모음은 거의 사라지고 있죠. 화자에 따라 internet을 '이널넽' 하듯이, [이너뤠ㅆ팅] 하고 발음하는 경우도 있습니다.

❺ 두 번째 음절 -ga-는 '가'가 아니라 [줘]예요.

❻ technical은 tech-ni-cal로 -ch는 받침소리로 들어갑니다.

❼ veteran에서 강세를 받지 않는 음절에 연결된 t sound는 굴려 발음합니다. water를 '(우)워럴' 하듯이요.

[약–강–약]

두 번째 음절에 강세가 오는 경우, '약–강–약' 리듬을 탑니다. 마치 파도를 넘듯이 낮은 음에서 높은 음으로 자연스럽게 끌어올리며 발음해보세요.

	미국식 발음 ☺	잘못된 발음 ☹
❶ apártment	아파앝먼(ㅌ)	아파트먼트
❷ acádemy	어캐더(러)미	아카데미
❸ banána	버내너	바나나
❹ bróchure	브로우슈어r	브로셔
❺ Chicágo	슈카아거우	시카고
❻ compúter	캄퓨러r	컴퓨터
❼ condítion	큰디슌	컨디션

🧑 이것까지 **따라하면** 진짜 미국발음 !

❹ brochure의 강세는 두 번째 음절 -chure[슈어r]에 있습니다. 우리식으로 말하는 '브로셔'는 강세를 앞에 둔 잘못된 발음입니다.

		미국식 발음	잘못된 발음
⑧	intérior	인테뤼어r	인테리어
⑨	Las Végas	라쓰ⓥ베이거쓰	라스베가스
⑩	Los Ángeles	러쓰에인쥘르쓰	로스앤젤레스
⑪	matérial	므터어뤼얼	머티리얼
⑫	neccésity	느쎄쓰티(리)	네세시티
⑬	socíety	써싸이어리	소사이어티
⑭	vanílla	ⓥ버느엘라	바닐라

이것까지 따라하면 진짜 미국발음!

⑨, ⑩ Las Vegas를 미국인은 Vegas라고 줄여서 부르기도 합니다. Los Angeles는 Vegas 식으로 줄여서 말하지 않습니다. LA라고 줄여서 말하죠. Las/Los의 끝소리 -s는 바람만 세게 내보냅니다. 참고로 Washington DC는 줄여서 보통 DC라고 부르기도 합니다.

⑬ 끝소리 -ty에서 t가 약화되기도 합니다.

⑭ 첫소리 va-에서 v sound만 확실하게, 모음 a는 거의 생략된 채 넘어갑니다.

[약강-약-강]

강세가 두 개인 단어들은 제1강세(강)와 제2강세(약강)로 패턴이 형성됩니다. 약강의 경우, 음계상 '미' 정도로 잡고 시작하세요.

		미국식 발음 ☺	잘못된 발음 ☹
❶	àutomátic	아러매를	오토매틱
❷	còndomínium	칸도미니음	콘도미니엄
❸	Còntinéntal	커니네널	콘티넨탈
❹	ìnternátional	이널네슈널	인터내셔널
❺	màrijuána	매러웨나	마리화나

이것까지 따라하면 진짜 미국발음!

❷ 우리가 보통 콘도(condo)라고 부르는 것은 일본식이고, 미국인들은 이렇게 줄여 말하지 않습니다.

❸, ❹ continental과 international에서 t sound가 n sound에 동화되었습니다. 이것은 미국 영어에서만 일어나는 현상이죠.

		미국식 발음 ☺	발음잘못된 발음 ☹
⑥	mayonnaise	메이여네이z	마요네즈
⑦	sentimental	쎄느메널	센티멘탈
⑧	television	텔러ⓥ비ⓔ쥰	텔레비전
⑨	worldwide	월ㄷ와읻	월드와이드
⑩	volunteer	ⓥ발런티이어r	발룬티어

이것까지 따라하면 진짜 미국발음!

⑩ -eer로 끝나는 단어는 대부분 [이어r] 하는 모음에 강세가 실립니다. 예를 들면 engineer, pioneer, career가 있습니다.

[강-약-약강]

첫 음절 강세는 3음 정도 높여 살짝 과장한다는 느낌으로 발음해보세요.

		미국식 발음 ☺	발음잘못된 발음 ☹
①	Cornflakes	코옳ⓡ플레익 ㅆ	콘후레이크
②	marathon	매러(θ)싸언	마라톤
③	supermarket	쑤퍼r마아r킅	슈퍼마켓
④	telephone	텔레ⓕ포운	텔레폰

이것까지 따라하면 진짜 미국발음!

① 원래는 cereal [siəriəl] 종류의 제품 이름인데, 우리는 cereal과 같은 뜻으로 쓰고 있죠.
② -th- 발음은 [θ]입니다. 발음에 유의하세요.
③ r 발음을 꼭 해야 미국 영어에 가깝게 들립니다.

아하, 그렇구나! '약강-약-강'의 리듬

보통 '약강' 강세는 사전의 발음기호를 보면 ˋ로 표시되어 있습니다. 가장 높은 pitch를 구사하는 강세를 primary accent(제1강세)라고 하는 반면, 이 '약강' 강세는 secondary accent(제2강세)라고 합니다. 이런 용어를 익히는 것은 중요하지 않고, 사전 발음기호를 보는 데 참고하면 됩니다. 다음 단어들을 통해 〈약강-약-강〉 리듬을 연습해보세요.

Mìssissíppi   àccidéntal   dèmonstrátion

일반적으로 동사가 명사형 tion으로 전환될 때 tion앞에 강세가 옵니다.

attríbute → àttribútion   inspíre → ìnspirátion
consíder → cònsiderátion   predíct → prèdíction

41 끝자음이 탈락하는 -st, -sk

무성자음들이 떼로 몰려다닐 때

강의 및 예문듣기

-st
-sk

바람만 새는 무성음인 -st, -sk가 다른 단어로 이어질 때
무성음인 -st, -sk, -sc로 끝난 단어 뒤에 '자음'으로 시작되는 단어가 연이어 나오면, s 소리만 내는 것처럼 들립니다. 마치 우리말 발음의 받침처럼 취급한다고 생각하세요.

| fast lane | desktop | disc jockey | just pass |

입에 착! 발음 이야기

'고속 차도, 추월 차도'라는 뜻을 가진 **fast lane**이란 단어를 경상도 지역에 사는 분들에게 발음해보라고 하면 특유의 accent에 따라 "훼스터 레인"이라고 발음하죠. 혹은 '페스트 레인'이라고 해서 '이 차선은 이미 지났다'는 뜻으로 오해의 여지도 있습니다. 유사한 현상으로 이처럼 무성음 -st, -sk가 한꺼번에 나온 경우, 발음이나 청취에 어려움을 겪는 경우가 많습니다. **desktop**도 흔히 '데스크 톱' 혹은 '데서커 탑'이라고 발음합니다. 우리에게 s, t, k가 힘든 것은 모두 유성음으로 확실하게 발음하려고 하기 때문입니다.

유성음과 무성음의 인식의 차이가 작은 것 같지만 큽니다. -st, -sk, -sc로 끝나는 단어를 공부하면 늘 '-스트'나 '-스크' 하는 식으로 읽고 암기하는 걸 당연하게 생각하죠.

그래야 확실하게 철자도 기억나고 입에 붙는 느낌이 있기 때문입니다. 원래 외국어를 익히면서도 무의식적으로 자신의 모국어 체계에 슬쩍 적용시켜서 익히는 경향이 있습니다. 그래서 모국어식으로 발음하고 말하는 일본식, 필리핀식, 호주식 영어 등이 있는 거죠.

-st나 -sk(sc)가 마지막 sound로 나오게 될 때, 맨 끝에 나온 -t sound와 -k sound는 -s sound에 묻혀버립니다. 바람소리만 내는 무성음 둘이 나란히 나올 경우, 발음할 때 바람소리만 계속 내는 건 서양인에게나 우리에게나 쉽지 않기 때문이죠. 그리고 마지막에 나오는 바람 새는 소리는 호흡에 묻혀 생략이 되어도 의사소통상 큰 지장이 없기 때문이기도 합니다. 이런 현상은 쉽고 빨리 발음하려는 언어의 경제성 때문에 생긴 것이기도 합니다.

218

바람만 새는 소리들(b/t/p/k)이 떼로 몰려온다

best/fast/desk와 같이 무성음이 단어 끝에 나오는 경우, 다음에 오는 단어가 어떻게 시작되는가에 따라 소리가 다르게 나타납니다. best ever와 같이 모음으로 시작되는 경우에는 bestever(베쓰테ⓥ버r)처럼 하나의 소리로 들릴 수 있습니다. 하지만 "ever"는 내용상 강조해서 말하는 부사인지라 best(베쓸) ever(에ⓥ버r)로 들리는 경우가 훨씬 많지요. "Just a moment" 같은 경우도 "줘쓸어"라고 분리하거나 "줘쓰터" 하고 "Justa"를 한 단어로 붙여 말하는 두 가지 경우를 다 들을 수 있습니다.

한편, 무성 자음들이 겹쳐서 나오고 또 다음에 이어 나오는 단어가 같은 무성 자음으로 이어진 경우, 예를 들어 best friend를 살펴보죠. 끝소리 -st와 첫소리 f-가 모두 무성음으로 두 단어가 연이어 발음될 때, 각각의 자음 /s/, /t/, /f/ 가 모두 또렷이 들리지 않습니다. 그 이유는 첫째, 모두 바람 새는 무성음이고, 둘째, 모두 무성음이다 보니 발음을 제대로 다 하기가 불편하고 쉽지 않기 때문이며, 따라서 셋째, 영어가 모국어인 화자라도 이걸 다 발음하지 않고 생략, 약화시켜 발음합니다. 대체로 s, t, p, k, f 등과 같은 무성자음이 겹쳐서 나올 때는 '용두사미' 법칙이 적용된다고 볼 수 있어요. best(베쓸), friend(ⓕ프뤤) 을 예로 들어보죠. s, t, f 와 같은 무성자음이 세 개 정도 겹쳐 나올 경우, 끝자음으로 배치된 자음이 생략됩니다. 즉 -st에서 (t)는 생략된 것처럼 받침으로 슬쩍 넣어버리는 거죠. 대신, 다음 단어의 첫소리인 ⓕ는 확실하게 강조해서 발음하죠.

겹쳐 나온 무성음 발음 훈련

	실제 발음 ☺	사전식 발음 ☹
❶ cakes	캐일쓰	케이크쓰 [keiks]
❷ gifts	기ⓕ플쓰	기프트쓰 [gifts]
❸ graphs	그뤠앺쓰	그래프쓰 [græfs]
❹ grapes	그뤠잎쓰	그레이프스 [greips]
❺ risks	뤼쓱쓰	리스크스 [risks]

❻ tapes	테잎ㅆ	테이프스 [teips]
❼ students	ㅅ뜌던ㅉ	스튜던트쓰 [stuːdnts]
❽ wipes	와잎ㅆ	와이프쓰 [waips]

이와 같은 원리로 소유격 -'s나 복수형 혹은 현재 단수형 -s도 같은 식으로 발음합니다.

Mike's cat [마잌ㅆ 캐앹]

graphs for review [그래앺ㅆ ⓕ포어r 리ⓥ비유]

hits ten times [힡ㅉ텐 타임z]

-st, -sk, -sc로 끝나는 단어가 자음으로 시작하는 단어를 만날 때

[-st], [-sk]

s가 무성음들로 단어 중간이나 끝에 나오는 경우, s 다음에 나온 무성음이 탈락되어 소리를 내지 않기도 합니다.

	실제 발음 ☺	사전식 발음 ☹
❶ postbox	포우슽박ㅆ	[póustbàks]
❷ restless	뤠슬리ㅆ	[réstlis]
❸ first speaker	ⓕ퍼r슬뻬이커r	[fəːrst spiːkər]
❹ cast votes	캐슽ⓥ보웉ㅆ	[kæst vouts]
❺ burst pipes	버r슬파잎	[bəːrst paips]
❻ best friends	베슽ⓕ프뤤z	[best frenz]
❼ test result	테슬뤼②절ㅌ	[test rizʌ́lt]
❽ task force	태슼ⓕ포어rㅆ	[tæsk fɔːrs]
❾ last time	래애ㅆ타임	[lǽstaim]
❿ risk factors	뤼슼ⓕ팩터rz	[risk fǽktərz]

-st, -sk, -sc로 끝나는 단어 문장에서 연습하기

〈-st/-sk/-sc＋자음〉은 '-스트'나 '-스크'가 아니라 '-슽, -슼'으로 발음하세요. 아주 빠른 대화에서는 '스'로만 들릴 뿐 받침소리는 제대로 들리지 않는 경우도 있습니다.

❶ 이제껏 본 중에 제일 아름다
  워요.

❷ 비용이 엄청 깨졌지.

❸ 그가 우리 회사에서 옷을 제
  일 잘 입는 사람이야.

❹ 우리는 방금 시애틀을 지나
  쳤어.

❺ 여권을 잃어버렸어요.

❻ 일정표에는 내일 시험이라
  고 나와 있는데.

❼ 방문객 전용이라는군.

❽ 내가 말했잖아, 우리 책상이
  가는 길을 막고 있다고.

❾ 그녀는 너무 많이 묻는다.

❿ 수학은 내가 제일 좋아하는
  과목이야.

⓫ 3/4갤런이면 될 거야.

❶ **Most beautiful** ever.　　❷ That **cost me** a lot.

❸ He's the **best dresser** in our company.

❹ We **just passed Seattle**.　　❺ I've **lost my** passport.

❻ The schedule says the **test's** tomorrow.

❼ It's for **guests** only.　　❽ I said, "our **desk's** in the way."

❾ She **asks** too many questions.　　❿ **Math's my** favorite subject.

⓫ Three **fourths** of a gallon would do it.

😀 이것까지 따라하면 진짜 미국발음!

❶ Most beautiful 모우슽비유러①펄 [mous(t) bjúːtəfəl].

❷ cost me 카아슽미 [kɔːs(t) mi].

❸ best dresser 베슽듀뤠썰r [bes(t)drésər].

❹ just passed Seattle 줘슽패앹 씨이애럴 [dʒʌs(t)pæs(t) siǽtl].

❺ lost my 러아슽마이 [lɔs(t) mai].　　❻ test's 테슽ㅍ [tes(t)ㅍ].

❼ guests 게에슽ㅍ [ges(t)ㅍ].　　❽ desk's 데슼ㅆ [des(k)ㅆ].

❾ asks 애애슼ㅆ [æs(k)ㅆ].　　❿ math's 매앳ㅍ [mæ(θ)ㅍ].

⓫ fourths ①포어r ㅍ [fɔr(θ)ㅍ].

💡 **아하, 그렇구나!**　**months/strengths를 쉽게 발음하려면**

months/strengths의 경우, -th-가 탈락하기도 하지만, -th-의 일부가 받침소리로 남아있게 됩니다.
이 두 단어의 경우 마지막 s의 발음은 우리말 'ㅍ'에 가깝게 들립니다.

months [mʌn(θ)ㅍ]　　strengths [streŋ(θ)ㅍ]

유성음 th[ð]로 끝난 단어 clothe의 복수는 clothes [klou(ð)z]입니다. 여기서도 [ð] 발음은 혀 위치만 잡고 혀를 진동시켜
내는 z sound만을 강하게 내면 됩니다. 그래서 [klouz]로 발음하면 잘 통합니다.

단모음과 차별화해야 하는 장모음 발음

긴 모음은 확실하게 끌어줘야 오해가 없다

강의 및 예문듣기

[iː]

[uː]

장모음 – 확실히 길게 끌어주어야 뜻이 통하는 장모음 발음

우리말에도 같은 글자로 된 단어지만 길게 발음하느냐 짧게 발음하느냐에 따라 의미가 달라지는 경우가 있죠. 얼굴에 있는 '눈'과 하늘에서 내리는 '눈', 달이 뜨는 '밤'과 열매인 '밤'.

영어에서도 마찬가지 입니다. "리브 히어?" 여기서 산다고, 아니면 여길 떠난다고(live here or leave here)? 산다고 할 때는 짧게 '리v', 떠난다고 할 때는 '리이이v' 하고 확실히 길게 끌어줘야 뜻이 통한답니다.

live / leave   hit / heat   full / fool

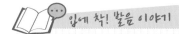 입에 착! 발음 이야기

어느 미국인 친구 집에 놀러간 한 한국인 친구가 집이 좋다는 칭찬을 하며 들어섭니다.

한국인 A군   Wow, this is a nice apartment.
아파트 좋은데.

미국인 B군   Yes, I like this place, but I will be leaving here
soon. 응. 나 이 집 마음에 드는데, 곧 여길 떠나게 될 것 같아.

이 한국인 친구는 leaving[리이v빙]을 living[리v빙]으로 알아듣고는,

한국인 A군   What do you mean? You're **living** here now, aren't you? I thought this is
your place... 무슨 말이야? 너 지금 여기서 살고 있잖아! 난 이게 네가 사는 아파트인줄 알았는데….

미국인 B군   I mean **LEAVING**. My contract is over this July.
내 말은 '떠난다고.' 이번 7월에 계약이 끝나거든.

장모음과 단모음은 우리말에서는 확실히 차이 나게 발음하지 않더라도 그리 큰 의미 차이를 발생시키지 않지만 영어에서는 아주 중요합니다. 우리나라 사람은 장모음보다는 단모음에 익숙해져 있어, 단어의 발음기호에서 모음 옆에 길게 끌어줘야 한다는 ' : ' 표시를 봐도 별로 주의를 기울이지 않고 단어를 익힙니다. 이러다 보니 영어의 장모음을 별 생각 없이 단모음으로 잘못 발음하는 경우가 많습니다. 실제 대화에서 이런 잘못된 습관대로 말을 하거나 듣다가 실수를 하는 영역이 바로 대부분 장모음을 단모음으로 잘못 구사하는 경우입니다. 장모음, 정말 확실하게 끌어주어야 합니다!

한국인의 취약발음, 확실하게 늘여야 할 장모음

보통 철자가 -i-/-u-이면 짧은 모음입니다. -ea-/-ee-/-oo-이면 길게 늘여서 발음합니다. book과 boom은 같은 'oo'라도 길이가 다릅니다. book은 짧고 힘있게 '우' 하고, boom은 '부우움' 하면서 모음이 '우우' 하고 두 번 연달아 나오는 느낌으로 발음합니다. 실제로 수업에서도 '우우우' 하고 같은 모음이 세 개 정도 연달아 나오는 느낌으로 좀 과장한다 싶게 하라고 연습을 시킵니다. 그래야 장모음이 충분히 나오기 때문이죠.

어떤 sound든 자신이 확실하게 감을 가지고 발음할 때 그 sound가 머릿속에 입력되죠. 장모음은 확실히 우리의 인내심을 필요로 하는 영역입니다. 자신이 느낌상 '좀 너무 끌었나…' 하는 생각이 들 정도로 늘여서 발음하는 것을 습관화해두세요! 그러면 장모음 구사나 듣기에 문제가 없을 것입니다!

🎧 42-1.mp3

단음과 장음 구별하기

[i] & [iː]

짧은 [i]는 턱에 힘을 빼고 속도를 빨리 하면 '으'에 가깝게 들립니다. 장음 [iː]가 오히려 우리말 '이'로 확실하게 들립니다.

짧은 소리 ☺	긴 소리 ☺
❶ bit [빝]	beat [비이이잍]
❷ hit [힡]	heat [히이이잍]
❸ live [리v]	leave [리이이v]
❹ pick [픽]	peak [피이이잌]
❺ sick [씩]	seek [씨이이잌]
❻ sit [씯]	seat [씨이이잍]
❼ slip [슬맆]	sleep [슬리이잎]
❽ tin [틴]	teen [티이이인]

① bit : 조금, 소량 / beat : 두드리다, 후려치다

② hit : 치다 / heat : 열, 열기

③ live : 살아 있다 / leave : 떠나다, 방치하다

④ pick : 줍다, 주워들다 / peak : 절정

⑤ sick : 아픈 / seek : (심적으로, 영적으로) 찾다, 추구하다

⑥ sit : 앉다 / seat : 좌석

⑦ slip : 미끄러지다 / sleep : 잠자다

⑧ tin : 양철 / teen : 십대

[uː]

[우우–] 하는 장모음으로 표현되는 -oo, -oe, -u, -ew 등을 연습하고 익혀두도록 합시다.

미국식 발음 ☺

❶ moon	무우우운	[muːn]
❷ soon	쑤우우운	[suːn]
❸ too	투우우	[tuː]
❹ zoo	ⓩ주우우	[zuː]
❺ shoe	슈우우	[ʃuː]
❻ blue	블루우우	[bluː]
❼ June	주우우운	[dʒúːn]
❽ rude	뤄우우드	[ruːd]
❾ few	ⓕ피유우우	[fjuː]
❿ new	니우우우	[njuː]

❶ 달
❷ 곧, 머지않아
❹ 동물원
❺ 신발
❻ 파란
❼ 6월
❽ 무례한
❾ 소수의
❿ 새로운, 최근의

잠깐만요!

u라는 철자는 주로 [어]로 짧게 발음되는 경우가 흔히 있습니다.

bun fun run sun
lung spun drum

🎧 42-2.mp3

3단계
문장 발음훈련

❶ 자, 이제 출발합시다.
❷ 난방 좀 틀어줄래요?
❸ 저 식당에 가면 마루에 앉아야 해요.
❹ 이 극장에는 좌석이 만 오천석이죠.
❺ James는 아프다고 오늘 아침에 전화 왔어요.

장모음과 단모음을 가려서 듣는 연습하기

❶ Let's **hit** the road.

❷ **Will** you turn the **heater** on?

❸ We **should sit** on the floor in that restaurant.

❹ **This** theater has 15,000 **seats**.

❺ James called in **sick** this morning.

이것까지 따라하면 진짜 미국발음!

❷ heater[히이이러r]. will은 '이' 모음을 짧게, wheel은 길게 발음합니다.

❸ should[슈읻] 'ou'는 짧은 '우'입니다.

❹ seats[씨이이읻쯔] -ts는 '트스'가 아닙니다.

224

⑥ 그는 삶의 모든 영역에 있어
서 하나님의 뜻을 충실하게
따르고자 노력하고 있어요.

⑦ 이 요리책은 정말 좋아요.

⑧ 그 사람은 30명 넘게 초대
를 보냈는데, 몇 명 안 나타
났데.

⑨ 남의 집에 손님으로 초대되
어 왔을 때는 냉장고를 열어
보는 게 무례한 일이죠.

⑩ 그는 자기 조카들을 데리고
동물원에 갔어요.

⑥ He's **seeking** God's **will** faithfully in every walk of his life.

⑦ This **cook book** is really **good**.

⑧ He **threw** invitation to over 30 people, but only a **few** showed up.

⑨ It's **rude** to open the refrigerator without asking when you're invited as a guest at somebody's house.

⑩ He went to the **zoo** with his **nephews** and **nieces**.

이것까지 따라하면 진짜 미국발음!

⑦ cook, book에서 -oo-는 모두 짧은 '우'로 발음합니다.

⑧ threw, few에서 -ew는 길게 '우우우' 하는 장모음.

⑨ rude의 u는 '우우우' 하는 장모음이죠.

⑩ nephews[네①피유우우z], nieces[니이잇쓰z].

43 강조할 말과 강조 안 할 말을 구별하라

강조하는 말만 들어도 절반은 알아듣는다

강의 및 예문듣기

강조 1 – 강조할 말과 강조 안 할 말을 구별하라

영어의 리듬을 타기 위해서는 무엇보다 문장에서 강조하는 말과 강조하지 않는 말을 잘 구별해야 합니다.
다음 말들과 품사는 강조해서 말해야 하죠.

❶ 사람·사물 이름, 장소·지명 등 고유명사
❷ talk, see, run 등 일반동사
❸ not, none, no, hardly, scarcely 등 부정어
❹ 의문문을 이끄는 when, where, who, how 등 의문사
❺ 시간, 날짜, 각종 번호 등 숫자

입에 착! 발음 이야기

들기훈련을 할때 처음부터 미국인들이 하는 말을 단어 토씨 하나 놓치지 않고 모조리 알아들으려고 욕심을 내다보면 중도에 포기하기 쉽습니다. 듣기훈련에서 Listening Comprehension이란 핵심단어를 중심으로 전반적인 내용을 이해하는 것이지, 모든 단어를 다 듣고 암기하는 것이 아닙니다. 우리말로도 상대방이 하는 말을 토씨 하나 틀리지 않고 기억하는 것은 아니잖아요. 영어의 리듬에 따라 잘 들을 수 있는 핵심어를 확실히 듣고 이해하는 것입니다. 다음 예문을 한 번 볼까요?

❶ I saw Georgia kissing your boyfriend at the bar the other night. I couldn't believe my eyes.

❷ Georgia kissed your boyfriend, and I saw [it].

비교적 길게 느껴지는 ❶번 문장을 들어보면, 내용상 핵심어에 속하는 단어들이 분명하게 발음될 것입니다. 이 단어들을 모아서 재구성해보면 결국 ❷번 문장이 되는 것이죠. 내용상 핵심어는 주로 주어, 동사, 목적어를 중심으로 시간, 장소에 관련된 정보를 가진 단어들에 해당합니다. ❶번 문장에서 군더더기를 없애고 ❷번 문장처럼 핵심어만 남겨놓아도 의사 전달이 되죠. 이렇게 내용상 중요한 핵심 요소가 바로 '강조어'가 됩니다. 강조만 들으면서 의미를 추측해보는 훈련은 Listening에서 기본이 되는 거죠.

비교적 긴 문장을 들을 때에도 핵심 내용만 집중적으로 듣고 이해하는 훈련을 쌓는다면, Listening이 부담 없는 즐거움이 될 수 있습니다. 잘 들리지 않는 부분보다는 잘 들리도록 발음해주는 요소에 초점을 맞추고 훈련하는 것이 필요한 거죠.

강조해야 할 핵심어 다섯 가지

첫째, 고유명사나 일반명사는 강조합니다. 사람 이름(Joe, Catherine), 장소 · 지명(the mall, San Diego), 사물 이름(a laptop computer, a tie)이 나오면 일단 긴장하세요. 그것들을 놓치면 대화의 흐름을 잡지 못하거든요. 그러나 대명사(it, that, they, those, the one), 인칭대명사(I, you, he, she, we, they), 목적격 대명사(me, her, him, us, them)는 일반적으로 강조하지 않습니다. 앞서 진행된 대화를 통해 이미 서로 간에 잘 알고 있어 명사의 반복을 피하려고 쓰는 것이 대명사이기 때문이죠. 그래서 명사나 일반명사로 말해줄 때 확실히 들어두는 것이 중요합니다.

둘째, 영어는 동사 중심의 말이므로, 일반동사는 강조합니다. 〈주어 + 동사〉는 모든 말에서 가장 기본이자 핵심이 되는 메시지를 담고 있습니다. 때문에 일반동사(talk, see, run, take, get 등)는 늘 강조해서 말합니다. 그러나 동사를 보조하는 조동사(do, does, did, have, has, had, can, may, will, would, could)나 수동태 또는 진행형을 만드는 데 감초처럼 들어가는 be동사는 강조하지 않습니다. 문법에서는 중요하게 다루지만 실제 대화에서는 약하게 발음합니다.

셋째, 우리말이든 영어든 '부정어'는 늘 강조합니다. 잘 들어두어야 할 부정어로 not, none, never, no, hardly, scarcely 등이 해당되죠. 조동사는 강조하지 않지만 조동사의 부정형(don't, didn't, can't, won't, couldn't)은 강조합니다. 부정어는 전체 문장의 내용을 180도 바꿀 수 있는 요소이기 때문이죠. 따라서 부정형의 발음 또한 정확히 알아두어야 합니다.

넷째, 의문문을 이끄는 의문사는 항상 강조합니다. when, where, why, who, whom, which, how 육하원칙의 내용을 주관하는 의문사들은 질문에 핵심뿐 아니라 대화의 초점을 이끌어냅니다. 그러나 문장과 문장을 이어주는 다리 구실을 하는 관계대명사 which, that, who, whom은 강조하지 않습니다.

다섯째, 숫자나 시간, 장소를 나타내는 부사는 강조합니다. 숫자(one, two, three, twenty, fifteen hundred), 날짜(July 4th, first of September), 전화번호, 이메일 주소, 물량, 수량 등을 표시하는 중요한 정보는 반드시 또박또박 강조해서 말합니다.

또한 상태나 정도를 표현하는 pretty (hot), very (much), so (that), ever, most 등과 부사들도 강조해서 말합니다. 일반동사와 함께 나와 의미의 완결성을 높여주는 up, down(sit down, run down, look up, check up, listen up, clean up 등)도 강조해서 말합니다.

🎧 43-1.mp3

2단계
문장 발음훈련

문장에서 '강조하는' 말 찾아보기

다음 문장을 듣고 강조해서 말하는 부분을 표시하거나 써보세요. 그 강조된 부분들을 중심으로 뜻을 이해하도록 해보세요. 그리고 나서 강조할 부분을 강조하며 따라 읽어보세요.

❶ 당신이 Joe Fox 같은 사람하고 말을 했다니. 믿을 수가 없네요.

❷ 우리 pancake house 에 갔었거든. i-hop이라고. Dampster 하고 Lawrence 거리에 있는 거야.

❸ 저희 액체형 립스틱 SPF-15는 풍부한 느낌의 크림색에다가 화사하면서도 빛나는 마무리를 더해주는 제품입니다.

❹ 토요일 저녁 8시 어때?

❺ 전 8월 9일에 떠나요.

❻ 제 회사[직장]번호를 드리죠. (02) 332-0931이에요.

❼ 제가 전화 통화를 하고 있는 분이 누구신지 밝혀주시겠습니까?

❶ I **couldn't** believe you **spoke** to **Joe Fox**.

❷ We went to a **pancake house**, **i-hop**. It's on **Dampster** and **Lawrence St.**

❸ Our **liquid lipstick SPF 15 blends rich, creamy color** with a **luxurious, shiny finish**.

❹ How does **8 pm** on **Saturday** sound?

❺ I'm **leaving** on **August 9th**.

❻ Let me **give** my **work** number. It's **(02) 332-0931**.

❼ Could you tell me **who** I am **speaking with**?

여기까지 따라하면 **진짜 미국발음!**

❶ 동사 spoke와 함께 Joe Fox란 사람 이름이 이 문장의 핵심이 됩니다. Joe Fox란 사람에 대해 좋지 않은 감정을 가지고 있다는 것이 전제가 된 말입니다.

❷ 갔었던 장소 이름과 그 위치를 설명하고 있습니다. 장소 이름과 위치를 강조해서 말합니다.

❸ 제품 광고로 꼭 전달해야 할 알짜 정보로만 문장이 만들어졌죠. 전치사(with)와 관사(a)를 제외하고는 모든 단어를 강조해서 또박또박 말해야 제품의 특성이 제대로 전달되겠죠.

❹ 약속시간을 정하는 대화에서는 시간과 요일을 강조해서 말합니다.

❺ 숫자는 항상 강조된다고 보면 됩니다. 비행기표를 예매할 때에는 날짜가 가장 중요한 정보겠지요? 날짜 중 1~9일은 거의 예외 없이 서수로 말하는 습관이 있죠.

❻ 전화번호를 또박또박 강조해서 말합니다. 전화번호에서는 우선적으로 지역 번호를 밝혀주는 게 좋습니다.

❼ 전화를 걸어온 상대방이 누구인지 묻는 상당히 정중한 표현입니다. 따라서 who와 speaking with가 강조되죠.

대화에서 강조어 잡아내기

간단한 대화를 통해서 중요한 정보를 듣는 연습을 해보죠. 핵심 내용을 전달하기 위해 어떤 말들을 강조하는지 잘 들어보세요.

❶ **A** ¹**Who's** this **naked** guy in that **picture**?

B That's **me**.

A Oh, ²I got **Monica** naked **here** in this **picture**. **What's** she **doing standing** towards the **tree**, anyway?

B **No**, **that's** me again, ³trying to do something.

❷ **A** ⁴You **look great** in that **jacket**, sir. ⁵**You** in **that jacket remind** me of **Elvis Presley**.

B Do you mean **young** Elvis Presley or **old**?

A Well, I **can't** tell, sir. ⁶I **didn't know** you **when** you were **young**.

❶ A 저기 사진에서 옷 벗고 있는 애는 누구야?
B 그거 나야.
A 아, 여기 이 사진에서는 Monica가 옷 벗고 있네. 그런데, 나무를 향해서서 지금 뭐 하고 있는 건데?
B 아니, 그것도 나야. 뭐 하려고 하는 중이야.

❷ A 그 윗도리가 아주 잘 어울리십니다. 선생님. 그 윗도리를 입고 계시니까 Elvis Presley를 보는 것 같네요.
B Elvis Presley 젊었을 때요, 아니면 늙었을 때요?
A 글쎄요. 그건 모르죠. 제가 선생님이 젊었을 때를 모르니까요.

여기까지 따라하면 진짜 미국발음!

❶ ¹사진의 주인공이 누구인지 물어보는 문장이므로 who가 가장 강조됩니다. 의문사로 시작하는 의문문은 대부분 의문사를 가장 강조하죠. '옷을 벗고 있다(naked)'는 특징과 사진에 있는 것임을 알리는 picture가 강조되어 들립니다.

²"여기서는 Monica가 벗었다"는 뜻으로 한 말로, Monica, here가 강조되죠.

³trying to do something '뭐 하려는 중이야' 정도의 의미죠. 여기서 something은 '뭔가 밝히기 쑥스러운 것'으로 기어들어 가듯이 말합니다.

❷ ⁴'잘 어울린다'는 뜻의 great이 가장 강조되죠. great을 '위대한, 대단한' 정도의 뜻으로 알고 있기 쉽지만, 그 뜻은 동사와 연결되어 정해집니다. 동사와 연결해서 단어의 뜻을 적절하게 이해하는 훈련이 listening에서는 매우 중요합니다.

⁵이 문장에서 군더더기를 빼면, You, jacket, remind, Elvis Presley 정도가 남습니다. 정보가 길어질수록, 들을 때는 강조된 중요한 말들을 중심으로 의미를 유추하는 훈련을 하는 것이 중요하고, 말할 때는 이 강조할 말들을 분명하게 말하는 훈련이 중요합니다.

⁶부정어와 동사는 언제나 강조하기에 didn't know는 확실히 강조해서 말합니다. 그 외에 질문에 대한 답의 성격을 갖는 when과 young이 강조됩니다.

③ A 제 딸아이를 잃어버렸
어요. 5살인데. 이름은
Joan이라고 하고요. 핑
크색 원피스에 하얀 운동
화를 신고 있어요.
B 언제 어디서 그 일이 있
었던 것 같으세요?
A 화장품 코너에서요. 거기
서 새로 나온 립스틱을
좀 발라보고 있었거든요.
제 생각엔 두 시경인 것
같아요.

④ A 여보세요. Theresa 하
고 통화할 수 있습니까?
B 몇 번에 거셨어요?
A 332-9032 아닌가요?
B 아, 번호는 맞는데요. 그
런 이름 가진 분은 없는
데요.

③ A [7]I've **lost** my **daughter**, **5 years old**, named **Joan**, and she's wearing **a pink dress** and **white sneakers**.

B **When** and **where** do you think it had **happened**?

A [8]At the **cosmetics department**, where I've **tried** some **brand-new lipsticks**. And it was around **2 o'clock**, I guess.

④ A Hello. May I **speak** to **Theresa**?

B [9]**What number** are you **calling**?

A [10]Isn't this **332-9032**?

B [11]Well, the **number** is **right**, but we **don't have anyone** by **that name**.

이것까지 따라하면 **진짜 미국발음!**

③ [7]딸을 잃어버려 신고하고 있죠. 이럴 땐 딸의 이름과 나이, 차림새 등의 신상과 인상착의가 가장 중요하겠죠.

[8]문장에서 장소와 시간이 나오면 늘 강조해서 말하죠. 화장품 '코너'라고 할 때 영어에서는 department를 써야 합니다.

④ [9]의문사 뒤에 붙는 명사는 의문사와 함께 강조됩니다. 전화 건 번호가 몇 번인지를 묻는 질문이 므로 calling도 강조되겠죠.

[10]전화번호는 또박또박 말합니다. 전화번호를 말할 때는 각각의 숫자를 말하거나, 90(ninety) 32(thirty-two)와 같이 두 자리씩 끊어서 말할 수도 있습니다. 그러나 이 대화처럼 번호를 확인하는 경우엔 숫자를 하나하나 말하는 것이 더 확실하겠죠.

[11]의사 전달을 위한 최소 단위만 남기면 number, right, don't have, anyone, that name 정도가 남습니다.

44 문법적인 기능어는 약하게 말하라

문법적으로 중요한 요소들은 말할 때 약해진다

강의 및 예문듣기

강조 2 – 문법적인 기능을 갖는 말은 약화시켜 말하라

약세 단어들은 구어체에서 연음·축약·생략되기 쉽습니다. 다음 말들과 품사는 약화시켜 말합니다.

---

① 부정사를 만드는 to는 [트] 정도로 약화됩니다.
② 완료형을 만들어주는 조동사 have/has, 진행형 혹은 수동태나 2형식의 be동사도 약화됩니다.
③ 의문사 다음에 나오는 do나 did, does도 모음을 최소화시키는 형태로 약화시킵니다.
④ 〈전치사+명사〉의 전치사구에서 전치사는 명사보다 약하게 말합니다.
⑤ 대명사와 접속사, 관계대명사도 그다지 강조하지 않습니다.

입에 착! 붙는 이야기

평소에 마음에 두고 있던 한국인 여학생에게 접근을 시도하는 미국인 남학생이 다음과 같이 슬쩍 흑심을 품은 농담을 합니다.

“Feel free to ask me questions. (눈을 찡긋 하며) And **for More!**”
(물어볼 것 있으면 해도 돼. 그보다 더한 것도 들어줄 수 있고.)

그런데 이 남자의 흑심을 아는지 모르는지 한국 여학생이 대답하기를,

“**Four More**? Why not five, six and ten?”
(네 번만? 다섯, 여섯 번은 안 되고?)

예상과 다른 대답에 머뭇거리던 미국인 남학생이 넉살 좋게 받아치며, 대화를 이어갔죠.

“Well, whenever you want.”
(아무튼, 니가 원하면 언제라도.)

흑심을 품은 남학생의 for More!(ⓕ포모얼r)을 이 여학생이 Four More로 받는 바람에 comedy가 벌어진 겁니다. 약하게 발음한 전치사 for를 대화 분위기상 살짝 강조해서 말한 것을 이 여학생이 잘못 알아들어 엉뚱한 실수를 하게 된 것이죠. “Four” More였다면, 숫자 Four를 강조해서 ‘포얼r 모얼r’이라고 했겠죠. 이렇게 약세단어를 지나치게 신경 쓰다보면 오해하는 일이 종종 일어납니다.

문법 공부 하면서 열심히 암기했던 요소들도 실제 대화 현장에서는 다른 단어 속에 묻혀서 약하게 들리거나 혹은 들리지 않는 경우가 많습니다. 대명사, 조동사, 관계대명사, 전치사, 접속사 등이 이 약세단어에 해당되죠. 특별한 의도가 없는 한 이런 문법적 장치에 해당하는 단어들은 강조해서 말하지 않습니다.

약세 단어는 과감히 초월하면서 듣는 요령을 익히자!

약세 단어 발음은 사전식 발음과는 확실히 다릅니다. 문장 내에서 다른 단어들과 어우러져서 연음·축약·생략되면서 새로운 sound로 만들어지기 때문입니다. 특히 모음이 축소되고 자음만 발음되는 경향이 많이 나타나기 때문에 새로운 sound처럼 느껴집니다.

약화되는 말들이 listening을 할 때 오히려 걸림돌이 되는 이유는 우리가 문법에 지나치게 초점을 두고 시험 대비 위주 암기식으로 공부해왔기 때문이기도 합니다. 이런 문법적 장치에 해당하는 단어들이 어떤 식으로 약화되어 발음되는지 정리해보도록 하죠.

❶ 부정사를 만들어주는 to[투]는 [트] 정도로 약화됩니다. 부정사가 나올 때는 to 다음에 나오는 동사의 의미에 집중하면서 전후 문맥과 연결해서 이해하고 지나가세요.

❷ 정관사 the와 같은 말은 아예 모음 없이 자음 th[ð]만 남죠.

❸ 완료형을 만들어주는 have, has, 진행형을 만드는 am, are, is, was, were와 같은 조동사들은 거의 축약된 형태로 말하기 때문에 빠르게 말할 때는 거의 들리지 않죠. 단, 의문문에서 주어 앞에 나올 때는 확실히 말해줍니다.

❹ 의문사 다음에 나오는 do, does, did도 축약되어 발음됩니다. 축약된 sound 형태를 익혀놓으세요.

❺ 전치사도 대부분 약하게 발음되죠. 예를 들면, in the morning(afternoon, evening), on Monday(Tuesday 등), in Chicago(New York, Seoul, Hong Kong) 등 '시간'이나 '장소'를 나타내는 전치사구에서는 전치사는 강조되지 않습니다. 이보다는 전치사 뒤에 오는 명사, 즉 실질적인 정보에 해당하는 말들을 집중해서 들도록 하세요.

많이 쓰이는 전치사의 약화된 발음을 보죠. for [ⓕ포어r]는 for [ⓕ퍼r], at [앹]은 [읕], in[인]은 [은], on[안]은 [은], with[위ð]은 [윋]으로 약화되죠.

❻ 대명사는 대체로 강조하지 않습니다. 대화 초반에 나온 인물이나 사물이 제시되었을 때 대화의 맥을 따라가는 것이 중요합니다.

❼ 접속사는 특별한 의도가 없는 한 강조하지 않습니다. 접속사의 성격이 강한 관계대명사도 마찬가지죠. 관계대명사보다는 다음에 이어지는 내용에 신경을 쓰세요.

잠깐만요!

조동사가 축약되는 발음에 귀가 익숙해지도록 하세요.

I have → I've (아이v)
You have → You've (유우v)
She has (쉬이어z)
He has (히이어z)
He's (히이z)
She's (쉬이z)
We're (위이얼r)
We were (위이얼r)
They're ((ð)데이얼r)
They were ((ð)데이얼r)

강조할 부분과 강조하지 않을 부분을 구별하기

다음 문장을 들으면서 약화시켜야 할 부분에서는 확실하게 신경을 끄고, 전달하려는 message에 충실한지 스스로 짚어보세요. 그리고 전달하려는 message를 생각하면서 강조할 부분과 강조하지 않을 부분을 구별하며 말해보세요.

❶ 상자 안에 남아 있는 마지막 초콜릿을 네가 먹어버렸구나!

❷ 일주일에 세 번 만나는 헬스 강좌에 들어가기로 결정했어.

❸ 거기는 다음 주에 세일할 거니까, 바쁘지 않으면 며칠만 기다리는 게 나을 것 같은데.

❹ 심장마비는 보통 가슴이 아프거나 압박 받는 것으로 설명된다.

❺ 내가 소파를 옮겨야 하는데, 그게 너무 무거워서 혼자 옮길 수는 없고, 좀 도와주실 수 있을까요?

❻ 지금 하고 있는 그 팔찌도 이 가게에 있나요?

❼ Nancy는 손자가 여섯인데, 그 애들 이름을 항상 혼란스러워해요.

❶ You've **eaten** the **last chocolate** in the **box**!

❷ I **decided** to **join** a **fitness** class that would **meet three times** a **week**.

❸ They're **having** a **sale next** week. So if you're **not** in a **hurry**, it would be **better** for **you** to **wait** a **few days**.

❹ A **heart attack** is **typically described** as a **crushing**, vice-like **chest pain**.

❺ I have to **move** the **sofa**, but it's **too big** for me to **move alone**. Will you **gimme a hand**, **please**?

❻ Do you **carry** the **bracelet** that you're **wearing now**?

❼ **Nancy** has **six grandchildren**, and she **always** gets **mixed up** on their **names**.

이렇게까지 따라하면 진짜 미국발음!

❶ in the box에서 in은 [은] 정도로 축소되어 발음되죠. 정관사 the는 특별히 강조하지 않죠.

❷ 관계대명사 that은 강조하지 않습니다. 다음에 이어지는 three times a week이 fitness class에 대한 중요한 부가 설명이 되므로 강조되죠.

❸ 진행형이지만 next week이 있으므로 '세일을 할 예정'이란 뜻입니다. be in a hurry(서두르다, 바쁘다, 시간상 쫓기다)에선 hurry가 가장 강조되어 들리고, 나머지 부분은 문법적으로 의미를 만들어주는 틀이라 강조하지 않습니다.

❹ 수동태를 만드는 be동사는 강조하지 않죠. 뒤에 따라나오는 과거분사 described가 핵심적인 message 전달에 큰 기여를 하므로 강조해서 말합니다.

❺ 대명사 it이 the sofa라는 것을 떠올리면 OK. please의 -ea-는 길게 늘여주세요.

❻ 관계대명사 앞에 있는 bracelet을 강조하죠. that이 나오면 뒤에 어떤 정보가 나올지 준비하세요.

❼ get mixed up은 '~를 제대로 머릿속에 정리하지 못하고 혼란스러워하다'란 뜻입니다.
   get보다는 다음에 따라온 동사(주로 과거분사형)에 따라 의미가 좌우되므로, 그 동사에 주의를 기울여야 합니다.

⑧ Cooper는 Merriot
Hotel에 지금 묵고 있으니
까, 거기에서 그 사람과 연
락이 닿을 거예요.

⑨ 라식 수술 하고 한 달이 지
났는데도, 전화번호를 제대
로 누르려면 어떤 때는 세
번씩이나 전화를 걸어야 하
는 때도 있어요.

⑩ 그 사람 말에 따르면 안전 차
단대가 올려져 있었다는 거예
요. 그런데 이미 자기가 철도
건널목에 진입해 있는데 경보
등이 깜빡거리기 시작했다는
거죠.

⑧ **Cooper** is **staying** at the **Merriot Hotel**, and you can get in
touch with him **there**.

⑨ **Even after one month** has **passed** since the **lasik surgery**, I
sometimes have to **dial** a telephone **three times** to get the
number right.

⑩ He said that the **security bars** were up, but the **warning lights**
started to **flash only when** he was **already** in the **railroad crossing**.

⑧ him은 Cooper를 말하죠. 글로 볼 때는 쉽지만 들으면서 him이나 her를 구별하기란 쉽지
않죠.

⑨ '(수술) 후 한 달이나 지났는데도'라고 해서 even after를 더 강조합니다. 현재완료를 만드는
has는 실제로 말할 때는 축약되어 [əz]란 sound만 남죠. lasik은 '라식'이 아니라 [레이씩]
으로 발음하죠.

⑩ 본론으로 들어가기 전에 나오는 접속사 that은 말하는 사람의 호흡을 조절하는 pause 역할을
하여 약하게 발음합니다. 이어서 나오는 접속사 but이 when도 역시 호흡 조절의 역할을 하죠.

🎧 44-2.mp3

3단계
대화 발음훈련

길어진 대화에서 강세 단어와 약세 단어 구별하기

강조되는 말 중심으로 전체적인 뜻을 파악한다는 원칙을 세우고 다음 대화를 들어
보세요. 자신감이 좀 생기면 약세 단어의 sound도 사전에 실린 발음과 비교하면
서 익혀보세요.

❶ A 이거 성인 채널 맞아?
B 나도 몰라. 우리 집사람
이 쉬는 데 도움이 되는
것 같은데.
A 야! 이거 홈쇼핑 채널이
잖아. 웬만하면 10달러 더
내고 스포츠 채널을 받아
보지 그래?
B 음. 속옷 바람에 반은 벗
은 거 보고 있잖아. 난 됐
네요.

❶ A Do you think this is an **adult channel**?

B I don't know. It seems to be **helping** my **wife relax**.

A Oh, man! This is a **home shopping** channel. ¹Why don't you
pay 10 bucks to get the **sport channel**?

B **Well**, I can **watch** them **half naked** in their **lingeries**. I **like** it.

❶ ¹pay 10 bucks와 sport channel이 강조됩니다.

A 옷 멋진데! 그거 샀어?

B 우리 엄마가 날 위해 만들어주신 거야.

A 그래. 우리 엄마는 옷을 만들지 못하는데. 사실, 옷을 만들어보신 적도 없으니까. 어쨌거나, 내가 보기엔 네 원피스가 멋지다.

B 고마워!

A 얼마나 많은 사람들한테 말한 거야? 넷, 다섯 아니면 모두 다한테?

B 무슨 얘기를?

A 나하고 Jacob에 대해서 말이야! 그 애가 내 사촌이야. 좀 전에, 내가 이 파티에 데려올 데이트 상대를 못 찾았어. 엄마가 그걸 알고는 그 애한테 부탁해서 이 파티에 가도록 데이트 신청하라고 시켰고, 그것 때문에 그 애는 자동차 기름값 정도를 보상으로 받을 거라는 거 말이야!

B 음. 난 몰랐어. 하지만 방금 네가 다 했지.

② **A** **Nice dress**! Did you **buy** it?

B ²**My mother made** it for me.

A Well, **my** mother **can't** make a dress. In fact, ³she's **never made** a dress. **Anyway**, ⁴I like **your** dress.

B Thanks!

③ **A** How **many people** did you tell? **Four**, **five** or **everybody**?

B About **what**?

A About **me** and **Jacob**! He is my **cousin**. A while ago I **couldn't find** a **date** for this **party**. When **my mother found** it out, she asked **him** to ask **me** out for this party, ⁵**for which** he would be **paid** the **gas money**!

B Well, I **didn't know about it**. ⁶But you just **did**.

이것까지 따라하면 진짜 미국발음!

② ²엄마가 만들어주었다는 대답에서 buy가 아닌 made임을 강조해서 말합니다. nice dress를 받는 대명사 it은 연음되면서 made it [메이를]으로 발음합니다.

³she's never made a dress는 대화 내용의 흐름상 never made가 강조됩니다. 현재완료를 나타내는 has는 축약되어 [z] 정도의 sound만 남게 되죠.

⁴'내가 보기에 네 원피스가 멋지다'는 뜻으로 소유격 your가 특히 강조되죠.

③ ⁵~ for which he would be paid the gas money!

전치사를 동반한 관계대명사 for which는 강조해서 말합니다. for which는 '그 일을 한 대가로'란 뜻으로, 돈을 받게 되는 이유를 설명한 중요한 정보가 되고 있습니다. 일반적으로 〈전치사＋관계대명사〉는 강조의 의도가 들어간 것으로, 말할 때도 강조해서 분명하게 말해야 합니다.

⁶But you just did에서 did은 said it이란 의미를 대신하는 대동사로서 강조되죠.

A 우리 오빠가 안전띠 부분이 떨어진 걸 Super Crazy Glue로 붙이려고 했었거든.

B 그런데 무슨 일이 일어났구나! 아, 알았다. 손가락이 안전띠에 같이 붙어버렸지, 맞지?

A 그래, 바로 그렇게 일이 벌어진 거야. 그래서 겉봉을 집어들고는 어떻게 해야 하나 봤다.

B 그래서?

A 거기에 씌어 있기를, 의사에게 상담하라는 거야.

listen up / clean up / coming right up도 같은 식으로 동사보다 부사를 더 강조해서 말합니다.

4 **A** [7]My brother was **trying** to **glue this part on** the **seat belt** with the **Super Crazy Glue**.

B And something **happened**? Oh, I **got** it. His **fingers** were **stuck** to the **seat belt**. **Right**?

A Yeah, that's **exactly** [8]what **happened** to him. So he [9]**picked up** the **package** to **see** what it **says** he should **do**.

B And **then**?

A It says to **consult** a **physician**.

[7]문장은 on을 강조해서 말합니다. on은 glue와 함께 연결된 부사로, on 다음에 잠시 pause를 두고 호흡을 조절할 수 있습니다. 다음에 나오는 with은 수단을 나타내는 전치사로서 강조하지 않죠. Crazy Glue는 순간 접착제의 상표명으로 순식간에 미친 듯이 붙어버린다는 뜻으로 지어졌습니다.

[8]what happened to him에서 관계대명사 what도 그다지 강조하지는 않습니다. 오히려 다음에 나오는 동사를 강조해서 말하는 편이죠.

[9]picked up the package에서 부사 up은 동사와 함께 '집어들다'란 의미를 만들어내죠. pick up의 두 단어이지만 동사와 함께 묶여 한 단위로 취급하고, 동사와 더불어 강조합니다. 동사보다 부사가 더 강조되는 이유는 부사가 동사의 뜻을 명확하게 해주기 때문이죠.

45

3가지 주요 패턴으로 이루어진 영어 억양

'약-강-내리고(2-3-1)', 미국식 영어의 기본 리듬

강의 및 예문듣기

억양 2 – 3가지 주요 패턴으로 이루어진 미국식 영어의 억양

억양은 앞서 배웠던 강조어를 중심으로 이루어집니다. 상상에 의한 가상현실이 아닌 일반적 사실(fact)전달을 목적으로 하는 문장의 억양은 주로 [2]-[3]-[1] 패턴을 따릅니다. 이때 문장 형태는 부정문을 포함한 평서문의 형태를 띕니다.

[2]-[3]-[1] 패턴은 주어인 서두를 힘 있게[2] 시작하며 전달코자 하는 핵심내용을 담은 동사, 목적어, 보어 등을 가장 높은 톤[3]으로 힘주어 말합니다.

입에 착! 발음 이야기

문장 내에서 강세가 박자를 형성합니다. 다시 말해서, 강조할 말은 시간을 들여 또박또박 말하는 반면, 약세 단어들은 말의 길이가 길더라도 대충 빠르게 말한다는 것이죠. 이렇게 강약의 리듬을 타려다 보니 연음 · 축약 · 생략과 같은 현상이 일어나게 됩니다. 사전에 수록된 발음기호대로 발음하는 것만으로 해결할 수 없는 부분 또한 생겨나죠. 이처럼 강세는 단어 하나하나를 말하는 박자와 템포의 개념이라 할 수 있습니다.

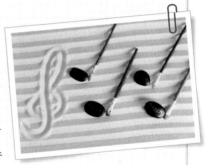

반면 억양은 높고 낮은 파도처럼 이어져 나가는 높고 낮은 sound의 흐름을 의미합니다. 음악의 멜로디 개념과 같다고 볼 수 있죠. 강조할 말은 높은 음역으로 세게, 그렇지 않은 말은 낮은 음역으로 약하게 말합니다. 이것이 억양의 기본입니다. 또 끝을 올려 대화를 끝내느냐, 아니면 내려 대화를 끝내느냐에 따라서도 의미가 달라집니다.

영어에 비하면 우리말은 상당히 단조로운 음정과 박자를 가진 언어입니다. 영어의 고저장단이 쑥스럽게 느껴져서 우리말을 하듯 점잖고 얌전하게 동일한 음정과 박자로 말하는 경우가 많죠. 한국말의 흐름은 대개 시작은 낮고 부드럽게 일정한 음정과 박자로 구사가 됩니다. 1-2-2-2 정도의 음정에 **4분의 4박자 행진곡 느낌 정도**로 표현할 수 있겠죠. 이런 식의 우리말식 음정과 박자감으로 영어를 구사하면 영어를 모국어로 하는 사람들에게는 낯선 sound의 흐름으로만 느껴지게 됩니다.

간단한 예로, 다음과 같은 상황이 벌어집니다. 동일한 어조와 박자로 "You love Elena."라고 말하면, 듣고 있던 미국인은 다음과 같이 응답할 겁니다.

Do you mean you noticed that I love Elena? Or, Are you asking me if I love Elena or not?

(내가 Elena를 사랑하는 걸 눈치 챘다는 거야? 아니면, 내가 Elena를 사랑하는지 아닌지 묻고 있는 거야?)

우리말 식 억양과 박자로 영어를 구사하면, 의사전달 과정에서 이런 오해가 빈번히 발생하여 소통이 순조롭지 못할 수 있습니다. 이와 같은 혼란을 피하기 위해서 말하는 사람의 의도에 따라 다음 두 가지 패턴의 음정과 박자로 말할 수 있습니다.

❶ You love Elena.

❷ You love Elena.

❶번처럼 끝을 올리면 의문문이 되어, "너 Elena를 사랑하고 있는 거야?"라는 사실을 확인하려는 의도를 표현한 것이고, ❷번처럼 내려 읽으면 평서문으로 "너는 Elena를 사랑하고 있구나."라는 의미를 전달합니다.

음의 고저(pitch)를 확실하게 표현해야 리듬이 산다

음악의 리듬이 박자와 음정으로 만들어진다면, 영어의 리듬은 강약[stress]과 고저[pitch]로 이어지는 억양으로 만들어진다고 할 수 있습니다. 강약이 박자라면, 억양은 바로 음의 높이인 음정입니다.

일반적으로 영어 문장의 억양 패턴은 주로 말의 서두가 되는 주어 부분을 살짝 올려 시작하고[2], 문장에서 내용어[content words] 가운데 key word에 해당하는 말은 가장 높은 음으로 말하며[2], 말을 마칠 무렵에는 억양을 내려 가장 낮은 음으로[1] 끝을 맺습니다.

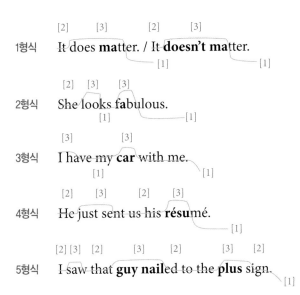

1형식	It does **matter**. / It **doesn't matter**.
2형식	She looks **fabulous**.
3형식	I have my **car** with me.
4형식	He just sent us his **résu**mé.
5형식	I saw that **guy nailed** to the **plus** sign.

모든 문장에서 가장 핵심 요소는 주어와 동사이고, 이것이 핵심 내용을 전달합니다. 이같이 〈주어 + 동사〉의 기본단위인 1형식에서 또 다른 핵심요소인 목적이나 보어가 더해지면서 문장의 단위가 확장되죠. 주어, 동사, 목적어, 보어는 key word로서 가장 높은 tone으로 또박또박 말하는 것이 일반적입니다.

'강'한 비트와 '고'음으로 구사되는 key word는 앞서 익혔던 미국인의 발음 습관을 충실히 따르면서 듣고 연동하면 효율적입니다. 그 다음에 문장 단위에서 약화되는 단어들의 sound와 호흡의 흐름을 귀에 익혀두는 것도 청취훈련의 핵심 point가 됩니다. 단, 실제 상황의 Listening에서 변수는 사람과 지역에 따라 특유의 리듬과 억양이 있음을 염두에 두세요. 우리나라에서도 지역에 따라 다른 억양을 구사하는 것과 마찬가지 현상입니다. 외국인으로서 영어를 익히는 경우, 표준어의 억양을 구사하는 것이 가장 바람직합니다. 따라서 정해진 원칙을 기초로 현장감을 익히는 것이 중요합니다.

잠깐만요!

의문사가 없는 의문문은 2-3(-1)(-3)-4의 억양 패턴으로 높은 음정으로 끝을 맺습니다. 이런 점은 우리말의 의문문과 비슷한 억양 패턴이라고 볼 수 있겠지요.

Do you like it?

Does he care anything?

Did they send you any of the results yet?

끝을 내려 말하는 억양 패턴 익히기

2-3-1의 기본 억양 패턴은 주로 평서문, 명령문, 의문사가 있는 의문문의 형태에서 나타납니다.

👄 평서문으로 연습하기

먼저 '평서문'을 한번 살펴볼까요? 대부분 문장이 끝나기 전에 높은 음으로 말했다가 부드럽게 떨어뜨려 말의 끝맺음을 나타내는 것을 알 수 있습니다.

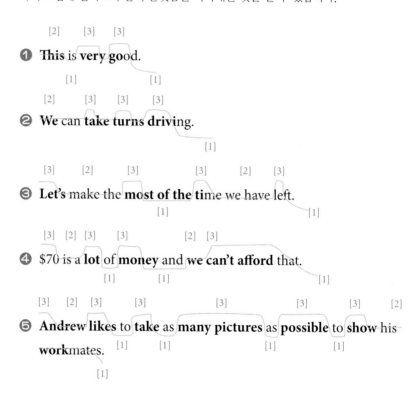

❶ This is very good.

❷ We can take turns driving.

❸ Let's make the most of the time we have left.

❹ $70 is a lot of money and we can't afford that.

❺ Andrew likes to take as many pictures as possible to show his workmates.

여기까지 따라하면 진짜 미국발음!

❸ 격려와 권고의 메시지를 강조하기 위해 Let's는 높은 음으로 시작합니다. 본론은 most of the time에 있으므로 가장 높은 음정[3]으로 강조합니다. 핵심 내용 사이에서 문법적 틀과 다리의 역할을 하는 부분인 of the/we have는 낮은 음정으로 구사합니다.

❹ 두 개의 평서문이 연결된 형태입니다. 이 문장을 연결하는 접속사 and는 [엔/은] 정도의 가장 낮은 음으로 부드럽게 넘어갑니다. 부정어 not이 동반된 동사 부분 can't afford는 문장의 핵심 message이므로 높은 음으로 또박또박 힘주어 말합니다.

❺ 주어가 대명사가 아닌 숫자($70)나 특정인의 이름이므로 중요한 정보로 취급되어 높은 pitch로 강조하면서 시작합니다. 동사는 늘 중요한 요소이므로 각 동사의 강세에 따라 3-2의 강세를 띕니다(likes/take/show). 부정사를 만드는 to나 as ~ as와 같이 문법적인 틀을 만들어 주는 말, 대명사 소유격 his는 낮은 pitch로 떨어지면서 강조하지 않습니다.

🦷 명령문으로 연습하기

이번엔 '명령문'으로 연습해 보죠. 주어인 you가 생략된 것이 명령문이므로, 강조되는 내용어인 동사가 서두에 나옵니다. 〈S + V + O〉의 일반 문장과는 달리 첫 단어인 동사를 강조하면서 시작하므로, 명령문의 동사는 좀 더 강하게 힘 있게 시작되는 느낌이 있습니다. 즉, 동사의 강세 때문에 높은 pitch로 시작될 수 있습니다.

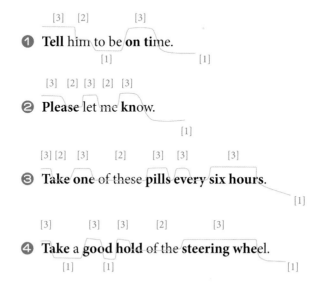

❶ 그 사람한테 시간 맞춰 오라고 해요.

❷ 저한테 좀 알려주세요.

❸ 6시간마다 이 알약 하나씩을 복용하세요.

❹ 운전대를 잘 잡아요.

❶ Tell him to be on time.

❷ Please let me know.

❸ Take one of these pills every six hours.

❹ Take a good hold of the steering wheel.

여기까지 따라하면 진짜 미국발음!

❷ please를 어떻게 구사하는가에 따라 말하는 어조가 달라질 수 있습니다. please를 가볍게 말하면 공손한 어조가 되어 '~해주세요.'란 뜻이 됩니다. 한편 please를 길게 끌면서 말하면 '제발 좀 ~ 꼭 해주세요.' 하고 간청하거나, 잊지 말라고 점잖게 당부하지만 짜증이 섞인 어투가 될 수 있답니다.

❸ 숫자 정보가 중요한 비중을 차지하는 문장입니다. 따라서 복용량 단위인 one과 시간 단위를 말하는 '6시간마다'란 뜻의 every six hours는 가장 중요한 정보로 취급되어 강조됩니다. 가장 높은 pitch로 정확히 말하세요.

❹ 동사 부분 중 '확실하게 잡는다'란 의미로 good hold를 가장 강조해 말합니다.

☕ **의문사 있는 의문문으로 연습하기**

❶ 의문사가 이끄는 의문문은 〈의문사 + 조동사 + 주어 + 본동사 + 목적어(혹은 보어)〉로 이루어집니다.

❷ 의문사 있는 의문문은 끝을 내려 읽는 것이 일반적 패턴입니다.

❸ 진행형 등 시제나 의문문을 만들기 위한 조동사는 강조하지 않습니다.

❹ 강조되는 단어들은 발음할 때 각 단어의 강세를 분명히 표현하는 것이 listening과 speaking의 관건이 됩니다.

❶ 안녕하세요?

❷ 무슨 일 있어요?

❸ 전화 거신 분은 누구시죠?

❹ 왜 날 그렇게 쳐다보고 있는 거예요?

❺ 이 아파트 어떤 점이 맘에 들어요?

❻ 현재 생존하는 인물로 누구를 제일 존경해요?

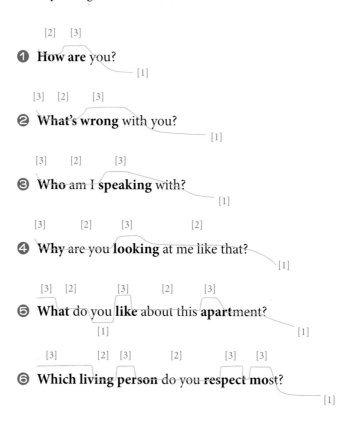

[2] [3]
❶ **How are** you?
　　　　　　[1]

[3] [2] [3]
❷ **What's wrong** with you?
　　　　　　　　　[1]

[3] [2] [3]
❸ **Who** am I **speaking** with?
　　　　　　　　　[1]

[3] [2] [3] [2]
❹ **Why** are you **looking** at me like that?
　　　　　　　　　　　　[1]

[3] [2] [3] [2] [3]
❺ **What** do you **like** about this **apart**ment?
　　　　[1]　　　　　　　　　　　[1]

[3] [2] [3] [2] [3] [3]
❻ **Which living person** do you **respect most**?
　　　　　　　　　　　　　　　[1]

 **이것까지 따라하면 진짜 미국발음!**

❷ 2형식 문장에서는 동사보다는 보어에 초점이 있습니다.

❺ 의문사 what과 직결되는 정보가 바로 about this apartment로 전치사나 관사는 강조하지 않지만, apartment는 내용상 강조해야 할 정보가 되죠.

❻ Which living person이란 의문사를 포함한 도입부는 세 단어 모두 확실하게 강조해서 전달해야 할 중요한 정보죠. most와 같은 최상급 부사는 강조해야 하는 말입니다.

242

46 같은 말도 억양을 달리 하면 뜻이 달라진다

강약과 높낮이로 의미까지 바꿔보자

강의 및 예문듣기

억양1 – 같은 말도 억양을 달리 하면 뜻이 달라진다

같은 표현이라도 어떤 단어를 강조해서 말하느냐, 어떤 억양으로 말하느냐에 따라 전달하려는 내용이 달라집니다. 또한 말하는 의도에 따라 높낮이가 달라지기도 하죠. 좀 더 수준 높은 영어를 구사하려면 이 부분을 정확히 파악해야 합니다.

❶ Thank you! (감사합니다!)   Thank you! (오히려 제가 감사하죠!)
❷ Excuse me! (실례합니다!)   Excuse me? (뭐라고 하셨어요?)

입에 착! 발음 이야기

같은 문장이라도 어떤 단어를 강조하느냐에 따라 의미가 달라집니다. 우리말에서 격려와 칭찬을 하려는 의도로 말하는 "잘한다"와 비꼬면서 말하는 "잘~한다"가 다르죠. 영어에서도 마찬가지입니다.

는 "너 여기서 나가!" 정도의 뜻인데, 눈에 힘을 주고 노려보면서 어금니를 물고 한마디 한마디 강한 억양으로 말하면 "꺼져!"라는 뜻이 되죠. 강조하는 단어에 따라 "시시한 소리 그만해."란 뜻이 되기도 합니다. 다음 대화를 한번 볼까요?

A Wow, look at her breasts. Are they real?
(저 여자 가슴 좀 봐. 진짜일까?)

B Who cares?
(누가 알겠어?)

A They look like real.
(진짜 같아 보이는데.)

B **Get out of here.**
(시시한 소리 그만해.)

가슴 큰 여자를 보며 이른바 '밝히는 남자'와 그렇지 않은 남자의 대화란 걸 알 수 있지요. 이 대화의 문맥상 B가 A에게 하는 "Get out of here."는 "나가라!"가 아닌 걸 알 수 있어요. 일반적으로 나가란 뜻으로 말할 때는 "out"이 강조되어 가장 높은 pitch로 구사됩니다. 하지만 이 대화의 문맥상 "됐네 이 사람아. 시시한 소리 그만하고!"란 의미로는 Get[3]/out of[2]/here[1]의 tone으로 구사됩니다.

강조하는 단어가 다르면 의미도 변한다

out이라는 부사와 함께 here란 말을 강조해서 Get **out** of **here**! [게**라**우러 히**어**r!] 하면 "(시비가 붙기 전에) (여기서) 꺼져!"란 뜻이 되죠. 하지만 그냥 get 동사만 강조해서 **Get** out of here! [**게**라우러v리어r!] 하면 상대방의 대수롭잖은 말에 핀잔을 주는 "시시한 소리 그만해!"란 뜻이 됩니다. 물론 대화 현장에서 들으면 생생한 표정과 상대방의 말투로 의미 차이를 확실하게 느낄 수 있습니다. 이제부터 강조하는 데 따라 의미가 어떻게 달라지는지 문장과 대화의 다양한 상황들을 통해 느껴보세요.

🎧 46-1.mp3

억양에 따라 달라지는 뉘앙스 차이 익히기

대화를 나누는 가운데 강세의 차이나 음정 높낮이^{pitch}의 조절로 단어 배열은 같지만 의미가 달라지는 경우가 종종 있습니다. 듣고 감정을 넣어 따라해보세요.

① **A** 감사합니다.
  B 오히려 제가 감사하죠.

② **A** 안녕하세요. 저 Elena인데요. Rick씨 좀 바꿔주세요.
  B 기다려봐요.

③ 여보세요. 누구 안 계요?

④ **A** 나한테 여자 소개시켜 줄래? 키 크고, 늘씬하고, 똑똑하고, 섹시하고… 물론 어릴수록 더 좋고!
  B 정신 차려. 너 지금 정신 있냐? 그런 여자를 내가 알면, 내가 너하고 이러고 있겠냐? 너한테서 그런 말도 안 되는 소리 들어가면서 말이야.

① **A** **Thank** you.   **B** Thank **you**.

② **A** **Hello**. This is **Elena**. May I **speak** to **Rick**?
  B **Hold on**.

③ **Hello**. Is **anybody here**?

④ **A** Will **you** introduce a **girl** to me? A **tall, thin, smart** and **sexy**... The **younger** the **better**, of **course**!
  B **Hello**. **Anybody there**? If I **knew a girl** like **that**, I would **not** be here with **you, listening** to that **gibberish** from you.

여기까지 따라하면 **진짜 미국발음!**

① A, B 모두 감사의 뜻을 전달하려는 의도는 같습니다. 하지만 강조점에 따라 의미 차이가 나죠. B는 '(오히려) 제가 감사하죠.'란 뜻이 됩니다.

② 전화 걸거나 받을 때 "여보세요." 하는 Hello는 [헬로우] 하면서 끝을 올려 말하죠. 높은 톤이지만 부드럽고 경쾌하게 말합니다.

③ 어떤 장소에 가서 누군가 사람을 부를 때 "여보세요!" 혹은 "저기요!" 하는 식으로 Hello를 말할 경우는 두 번째 음절 o[오우]를 강조해서 [헬로오우] 하고 말하죠.

④ Hello. Anybody there?란 말이 때에 따라서는 "무슨 소리 하고 있는 거예요, 지금? 정신 차려요!" 하는 의미로도 쓸 수 있습니다. 이럴 때 Hello는 [헐로오우] 하며 짧고 빠르게 [2]-[3]-[1] pitch로 구사됩니다.

같은 말 뉘앙스로 구분해서 듣기

다음 대화에서는 같은 말이 반복됩니다. 우리에게 익숙한 말이라 잘 들리겠지만, 정확한 뉘앙스가 어떤 것인지, 뉘앙스의 차이에 따라 강세나 높낮이가 어떻게 달라지는지 주의 깊게 관찰하면서 들어보세요.

❶ A 실례합니다. Joe Camel 이라고 아시나요?
　B 아예. 그분 마케팅부 부장님이신데요.
　A 이 못된 놈을 어디 가면 만날 수 있나요?
　B 지금 무슨 말씀을 하시는지…?
　A 험한 말 한 거 용서하십시오. 이 Joe Camel이란 사람이 내 약혼녀를 빼앗아갔지 뭡니까.

❷ A 이 의자 가지고 가도 되나요?
　B 아니요. 아니요. 안 돼요. 지금 누가 오기로 되어 있거든요.
　A 아, 알겠습니다.

❶ A 　¹Excuse me. Do you know Joe Camel?

　B 　Oh, yes. He's the supervisor of the marketing department.

　A 　Where can I find this fucking bastard?

　B 　²Excuse me?

　A 　³Excuse my language. This Joe Camel has stolen away my fiancee.

❷ A 　⁴Mind if I take this chair?

　B 　⁵Yes. Yes, I do mind. I'm expecting someone.

　A 　Oh, Okay.

❶ ¹첫번째 Excuse me는 낯선 사람에게 말을 걸 때 하는 말입니다. 끝을 올리면서, 상냥한 어조로 말을 걸면서 상대방이 자신에게 눈길을 줄 때까지 기다렸다가 본론을 이야기하게 되죠.
²두 번째 Excuse me는 전혀 예상치 못한 상황에서 "뭐라고 말씀하셨죠?"를 뜻하죠.
³마지막 Excuse는 사과할 때의 표현입니다.

❷ ⁴Mind if I~?는 양해를 구하는 대단히 공손한 표현입니다.
⁵Mind if I ~?는 '혹 제가 ~하면 많이 불편하시겠어요?'란 뜻으로, 답이 yes면 '안 된다'는 뜻이죠. I do mind를 붙여 좀 더 확실하게 대답한 것입니다. 어떤 친구가 party에서 잘 생긴 남자가 와서 Mind if I sit here? 하고 묻자, 얼른 Yes라고 대답해 좋은 기회를 놓쳤다고 하네요.

A 무슨 일이야? 아직도 그 여행 가이드한테서 전화 기다리고 있는 거야?

B 아니야!

A 그런데 뭘! 저녁 내내 전화기에서 떠나질 못하고 있잖아. 이거 봐, 내가 이런 말해서 뭣하지만, 다시 상기시켜 줄 사실이 있는데 말이야.

B 아니, 됐어.

A 하지만, Kelly.

B 됐다잖아!

A 알았어. 알았어. 신경 꺼주마. 아, 잠깐 깜빡했어. 이런 문제에 관해서 우리가 서로 (간섭 안) 하기로 했던 거 말이야. 사과할게.

3

A What's up? You're still expecting a call from that tour guide?

B Nope!

A Yes, you are! You can't be staying away from the phone all this evening. Well, would you mind if I remind you that?

B Yes, [6]I do mind.

A But, Kelly.

B Do you mind!

A Okay okay. Never mind. Oh, I almost forgot that's our rule about this kind of stuff. My apologies.

3 [6]I do mind는 Yes, I do보다 더 강한 어조로, 더 이상 거론치 말라는 말입니다. 이때 Do you mind!는 mind를 강하게 발음하면서 끝을 올려주면 '제발 상관하지 좀 말래'란 느낌이 전달됩니다. mind를 강조하기 위해 쓴 보조동사 do와 mind를 모두 강하고 분명하게 말해주는 것이 영어식 어법입니다.

[7]Never mind는 mind를 '그만두자.'(I won't mind your business.)란 뜻으로, Never는 살짝 강조해주고, mind는 약하게 발음하면서 끝을 맺습니다.

앞에서 배운 내용을 잘 소화했는지 확인할 차례입니다.
발음뿐 아니라 어휘와 회화 표현력도 높이는 기회가 될 것입니다.

STEP 1 잘 듣고 문장에서 강조하고 있는 단어들을 표시해보세요.

헷갈리면 반복해서 들어보고 선택해도 좋습니다.

❶ When you bring coupons, you will get a discount up to twenty percent.

❷ I use shampoo every other day. Instead, I use conditioner every day.

❸ Hillary has found an apartment near her work, but she hasn't moved in yet.

❹ We need a technical support to solve these issues concerning tethering.

❺ Don't ask too many questions, and just figure it out yourself.

❻ This email is automatically generated in the system, so that you are not supposed to reply back.

❼ When the yellow dust is really bad in the spring time, you're encouraged to wear a mask to protect yourself.

❽ You may have to dress to impress at this function, because all the important people will show up, including the CEO and the new HR Director.

❾ Before you set the itinerary for this trip, check with your boss if she needs anything else to get done.

❿ Koreans call this coffee Americano, which has no sugar, no cream, and just simply black.

| 정답 | 302쪽

잘 듣고 다음 질문에 우리말로 답해보세요.

> Step 1과 같은 문장들을 보다 빠른 속도로 들려줄 겁니다.
> 문장의 핵심 내용을 담은 key words를 이해했는지 점검해봅시다.

❶ 할인의 조건은 무엇인가요? / 얼마나 할인 혜택을 받을 수 있나요?

----

❷ 화자가 격일로 쓰고 있는 건 무엇인가요?

----

❸ Hillary는 새집에 이사해서 들어갔나요?

----

❹ 기술 지원이 필요한 문제는 어떤 문제를 해결하기 위한 것인가요?

----

❺ 화자가 지시하고 있는 내용은 무엇인가요?

----

❻ 현재 받은 이메일에 회신이 가능한가요?

----

❼ 봄철 황사에 대해 어떤 조언을 하고 있나요?

----

❽ 이번 행사 참가하는 중요한 사람들로 어떤 분들을 예로 들고 있나요?

----

❾ 여행 일정을 정하기 전에 해야 할 일이 무엇이라고 하고 있나요?

----

❿ Americano를 어떻게 설명하고 있나요?

----

l 정답 l 303쪽

잘 듣고 빈칸에 들어갈 단어를 넣어 문장을 완성해보세요.

해석하지 말고 들리는 대로 이해하도록 노력하는 것이 Listening 정복의 근간이 됩니다.
어휘력이 부족하다고 판단되면, 먼저 어휘를 익힌 후 문장을 듣는 것이 좋습니다.

❶ I just _____ that my mom has _____ the stage two
_____.

❷ I _____ working here _____, so I'm _____.

❸ In your statement, there is one _____ with the amount of _____
dollars on the _____ of September.

❹ Did you _____ your _____ through the _____ or _____
them up?

❺ She will try the _____ and _____ before taking further steps
with _____.

❻ We'll have a _____ dinner for Lee and Park as they are _____
the company at the end of this month.

❼ I can _____ it to the dinner _____ I have any other _____
with my _____.

| 정답 | 304쪽

STEP 4 대화를 잘 듣고 이해한 다음, 관련된 질문에 답을 찾아보세요.

듣기를 원활하게 하기 위해 핵심 단어의 뜻과 발음을 먼저 익히고
듣기를 시작하는 것도 좋은 학습 방법입니다.

❶ What happened to Lisa's mother?

(a) She forgot to take the medication.

(b) She was told that she has a cancer.

(c) She is not happy, because she fell on the stairs by missing the step.

❷ What seems to be the issue here?

(a) The caller wants to issue another credit card due to the ID theft.

(b) The caller wants to cancel one of the items that she originally bought.

(c) The caller wants to correct a wrong transaction created by cancellation on a part of the purchase.

❸ What is the reason that Kevin will not be able to make it to the farewell?

(a) He has a plan to get together with Mr. Lee and Park by himself.

(b) He has a family function to celebrate his father's birthday.

(c) He doesn't wish to go because he just doesn't feel like it.

여섯째마디

●

이것까지 알면 Perfect! 연음과 축약

47

자음과 모음을 부드럽게 맺어주는 법

강의 및 예문듣기

연음 1 – 자음으로 끝나고 모음으로 시작할 때는 이어서 발음한다.

연음이란 발음하기 좋도록 단어와 단어를 이어 말하는 것이죠.
고맙습니다(Thank you)가 '땡크 유'가 아니라 [쌩(θ)큐]인 것처럼요.
이번에는 자음으로 끝난 단어가 모음으로 시작하는 단어를 만났을 때 생기는 연음을 살펴보죠.

....

Is it   listen up   Chris left work early

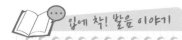

입에 착! 발음 이야기

미국 영화나 드라마에 흥미가 있고, 또 미국식 현지 회화 청취에 도전해 볼 사람이라면, 한두 번쯤은 *Friends*에 대해 들어본 적이 있을 거예요. New York을 배경으로 30대 초반의 남자 셋(Ross, Chandler, Joy)과 여자 셋(Rachel, Monica, Phoebe)의 생활을 담았던 인기 시트콤이죠. 미국 문화에 대한 별다른 배경 지식 없이도 즐길 수 있어, 미국뿐 아니라 우리나라에서도 꽤 인기를 끌었죠. 종영된 지 한참이 지난 지금도 가끔 케이블 채널에서 재방송해줄 정도랍니다.

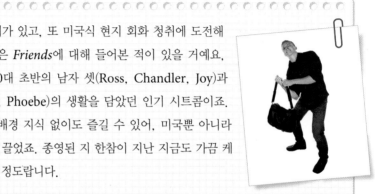

한번은 *Friends*에서 연음 때문에 생긴 오해를 comic하게 다룬 장면이 있었습니다. 백화점에서 남자 옷을 판매하는 salesperson인 Rachel이 연극배우로서 새로운 작품 audition에 나갈 Joy에게 옷을 권하는 장면입니다. 옷에 어울린다면서 Rachel이 가방 하나를 권하죠. 그 가방은 한눈에 보아도 여자들이 드는 가방^{purse}임을 알 수 있습니다. 그런데 이 가방을 든 남자 model들이 나오는 catalog을 보여주면서 Rachel이 적극 권하자, 가방을 든 자신의 모습을 거울에 비추어 본 Joy는 매우 만족해합니다. 그러면서 웃음이 터져 나오는 장면들이 연출되지요.

RACHEL (가방을 가리키며) It's unisex.

JOY Oh, no, you may need sex, but I don't need sex, cause I had sex a couple of days ago.

RACHEL No, U-N-I sex.

JOY   (Rachel 곁으로 가서 팔을 가볍게 잡고) Well, if you insist, I would not refuse.

     (관객 웃음)

정확한 대사는 아니지만, 대충 이런 대화가 오간 장면이었습니다. 단순하고 솔직한 성격인 Joy는 심각하고 진지한 화제에는 잘 어울리지 못하는 인물이죠. 그런 Joy가 uni-sex라는 말을 You need sex.로 알아들어 Rachel에게는 황당한 상황이 벌어지고 있습니다. 여기서 연음 구사 때문에 벌어진 mis-communication 상황을 좀 더 자세히 살펴볼까요? Rachel의 말을 Joy는 과연 어떻게 받아들였을까요?

Rachel이 한 말	Uni-sex. (남녀 공용이야.)
Joy가 받아들인 말뜻	You need sex. (넌 sex가 필요해.)
Rachel이 한 말	(uni의 의미를 밝히기 위해 spelling을 말해준다.)
	U-N-I sex. (남녀 공용이라고.)
Joy가 받아들인 말뜻	You and I (have) sex. (너하고 나하고 sex하자고.)

남녀간의 sex는 알아도 uni-sex란 말을 모르는 Joy의 단순 무지함이 이런 오해를 불러일으킨 화근이었던 거죠. 물론 comedy이기 때문에 가능한 상황입니다. 하지만 연음이 실제 communication 상황을 이해하는 데 얼마나 중요한지를 단적으로 보여준 재미있는 장면이었습니다.

결과적으로 우리가 여기서 배울 것은 단어와 단어가 만나 만들어지는 새로운 소리 형태에 주목해야 한다는 것입니다. 연음을 중심으로 만들어진 새로운 sound에 익숙해지는 것이 청취훈련의 핵심 point가 됩니다.

Rachel의 말을 Joy가 어떻게 들었기에 자꾸 오해를 하는지 발음을 살펴보면 좀 더 확실하게 '감'이 옵니다.

Rachel이 한 말	Joy가 오해한 말
Uni-sex. [유니쎅씨]	You **need** sex. [유닡 쎅씨]
U-N-I sex. [유에나이쎅씨]	**You and I** (have) sex. [유에나이 (헤v) 쎅씨]

세련된 영어를 구사하려면 연음을 익히자!

연음이란 단어와 단어가 만났을 때 부드럽게 연결하여 발음하기 좋도록, 분리된 소리를 이어 말하는 것입니다. 연음은 우리말에도 흔합니다. '바람이'란 단어를 소리나는 대로 쓰면 '바라미'가 되죠. 'ㅁ' 자음과 뒤따르는 'ㅣ' 모음이 연결되면서 각각 별개의 sound가 하나의 sound 단위로 묶이게 됩니다.

이런 연음현상은 영어에서 더 빈번하게 일어납니다.

연음에 해당하는 예를 들면, 대표적으로 Thank you와 같이 '자음으로 끝난 단어'와 '모음으로 시작하는 단어'가 만났을 때 생기죠. 그래서 Thank(θ쌩ㅋ) you (유우)가 'θ쌩키유–' 로 들리는 겁니다.

연음 원리는 알고 보면 이렇게 간단합니다. 다만, 문제는 실제 communication 현장에서 연음으로 인해 생긴 새로운 sound에 익숙해지는 것이 청취나 회화 훈련의 관건이 된다고 하겠습니다.

이제 연음의 원리를 알고 구→문장→대화로 이어지는 체계적인 훈련을 통해 그동안 알고 있어도 낯설기만 했던 연음 sound를 확실하게 익혀볼까요? 이런 연음현상은 주로 〈동사 + 부사〉 / 〈동사 + 부정관사(a/an)〉 / 〈전치사 + 명사〉 / 〈접속사 + 명사(주격 혹은 목적격)〉의 단위로 문장에서 나타납니다.

🎧 47-1.mp3

자음이 뒤의 모음과 어울리면 연음현상이 일어난다!

단어의 끝 자음과 모음으로 시작하는 단어가 만났을 때 생겨나는 새로운 sound에 적응해보세요. 주로 동사를 중심으로 이루어지는 것을 볼 수 있습니다.

		연음 후	연음 전
❶	Is it	[이②짙]	[이z] [잍]
❷	listen up	[리ㅆ낲]	[리쓴] [앞]
❸	come on in	[카마아니인]	[캄] [안] [이인]
❹	pick you up	[피큐앞]	[픽] [이유] [앞]

😀 이것까지 따라하면 **진짜 미국발음!**

❸ 동사 come뿐 아니라 on도 강조해서 발음합니다. on이 [안]에 가깝게 발음되는 것에 유의하세요. on을 강조하기 위해 길게 끌어서 [아안]으로 발음하기 때문에 [카마아닌]으로 들립니다.
　– left work가 연음이 되지 않는 이유는 w를 반자음 취급하기 때문입니다.
　left early → 연음되어 [레①프터얼리]　　　left work → 연음 안 되고 [레①픝(우)월]

⑤ left work early   [레①플(우)월커어*r*리]   [레①플] [(우)워*r*ㅋ] [어어*r*리]

⑥ took a short break   [투커 쇼울 브뤠익]   [툭] [어] [쇼울] [브뤠익]

⑦ wasn't at all   [워z네러얼]   [워②즌] [잎] [어얼]

> **이것까지 따라하면 진짜 미국발음!**
>
> ⑦ wasn't의 마지막 t sound는 탈락시켜 발음하지 않는 경우가 많습니다. at은 all과 함께 의미가 연결되는 단어이므로 [워즌 에러얼]로 발음하는 경우도 흔히 접할 수 있습니다.

🎧 47-2.mp3

3단계
문장 발음훈련

문장에서 연음 익히기

위에서 익힌 새로운 연음 sound가 문장 속에서 어떻게 들리는지 살펴보세요.

① 그건 어디에 있어요?

② 여러분, 잘 들으세요!

③ 어서 들어오렴, Jessica.

④ 내가 퇴근하면서 너 데리러 갈게.

⑤ Chris는 일찍 퇴근했어요.

⑥ Ron은 오늘 점심시간을 조금만 썼어.

⑦ 그들이 이기긴 했는데, 결과는 (이미 예상했던 바) 놀랄 만한 뜻밖의 것은 아니었지.

① **Where is it?**

[웨어뤼짙?]

② Everybody, **listen up!**

[에②브뤼바리, 리쓰낲!]

③ **Come on in**, Jessica.

[카마아니인, 줴씨카.]

④ I'll **pick you up** after work.

[아열 피큐앞 에②프터*r* 월ㅋ.]

⑤ Chris **left work early**.

[크뤼쓰 레①플(우)월커어*r*리.]

⑥ Ron **took a short lunch break** today.

[롼 투커 쇼울 러안츄브뤠익 트데(레)이.]

⑦ They won, but the result **wasn't at all** surprising.

[데이 원, 벝더 뤼②젙 워z네러얼 썰프롸이②징.]

> **이것까지 따라하면 진짜 미국발음!**
>
> ② up은 [앞]에 가깝게 들립니다. '어' 발음보다 더 크고 강한 것이 cut/but과 같은 u[ʌ] 발음입니다. '어' 하는 입 모양에서 시작해서 턱을 아래로 내리고 입을 크게 벌려주면서 발음하죠. 우리가 듣기엔 거의 '아'에 가깝습니다.
>
> ⑥ short lunch에서 겹쳐나오는 발음소리에 귀 기울여 익숙해지도록 하세요. '쇼트 런치'가 아니라 '쇼올(ㅌ)러언츄'입니다. short의 마지막 t는 r에 비해 상대적으로 호흡의 차단 정도만 느껴지고 지나갈 수 있습니다.
>
> ⑦ '결과가 신통치 않았다'는 내용상 주어 the result가 강조되기 때문에, result wasn't에서 연음될 수 있지만 하지 않죠. 더구나 부정어 not의 축약형 wasn't은 강조되는 말이므로 연음으로 연결시키지 않고 각각 분리해 강조해서 말하고 있습니다.

대화하면서 연음에 익숙해지기

이번에는 실제 대화 상황입니다. 새로운 연음 sound에 겁먹지 말고 대화 주제를 따라가면서 듣고 말하는 입체적인 연습을 해보세요.

❶ A ¹Oh, **wait a minute**! ²What do we eat tonight?

B Sushi.

A Sushi? Oh, ³you're **thinking about** that new Japanese restaurant, **aren't you**? It's on... **where is it**?

B On Main Street.

❷ A Everybody, **listen up**! ⁴You need to **fill out** this green form from top to bottom.

B Excuse me, ma'am. ⁵Do I have to write the zip code **with the** mailing address?

A Absolutely!

❶ A 저녁에 뭐 먹을까요?
B 스시.
A 스시요? 아, 잠깐만! 그 새로 생긴 일식집에 가려고 하는 거죠, 그렇죠? 그게, 어디에 있다고 했는데… 어디에 있다고 요?
B Main Street에.
❷ A 여러분, 잘 들으세요! 이 초록색 용지는 처음부터 끝까지 빠짐없이 작성하셔야 합니다.
B 잠깐만요. 주소 쓸 때 우편번호도 꼭 써야 하나요?
A 당연하죠!

이것까지 따라하면 진짜 미국발음!

❶ ¹Oh, wait a minute! [오우, 웨이러미늩!]
minute은 첫 음절에 강세가 가면서 두 번째 음절 -nute은 '닡'보다는 [늩] 정도로 매우 약화시켜 발음할 수도 있습니다. 이렇게 함으로써 강세를 받는 첫 음절이 훨씬 더 강조되죠.

²What do we eat tonight?[워르위이이잍트나잍?]
조동사 do의 d sound는 약화되어 [르] 정도로 발음되기도 합니다. 의문사 What의 마지막 t sound도 함께 약화되어 what do[월 두]를 [워르]로 발음하면서 부드럽게 넘어갑니다. 문장의 시제는 현재형이지만 tonight이라는 미래 시점을 가리키는 부사가 있으므로, do we eat 은 미래 시제로 이해하는 것이 옳습니다.

³[유어r(θ)씽키너바읕 (ð)뎉 누우얼리 오우쁜 줴퍼니이z 뤠쓰뜨롼, 안츄?]
thinking은 빨리 말할 때는 -ing를 다 발음하지 않고 보통 thinkin까지만 발음하죠. 그래서 about으로 이어지면서 연음(linking)이 가능합니다. about은 빨리 말할 때는 [어바읕] 정도로 발음하는 경우가 많습니다. 속도가 아주 빨라지면 그나마 첫소리 '어'는 거의 안 들리고 '바읕' 소리만 들릴 겁니다.

❷ ⁴You need to fill out this green form from top to bottom.
[유니트①필라웉 디쓰그륀인 ①포엄 ①프롬 탑트 바름.]
need to는 [니르] 정도로 약화시켜 말하기도 합니다. this green form은 중요한 정보고 취급되어 모두 강조해서 또박또박 말할 수 있습니다.

⁵Do I have to write the zip code with the mailing address?
[드아이헤v트 롸잍 더②짚코우ㄷ 위더(ð)메일링 애듀뤠쓰?]
with the는 (ð)가 반복되어 한 번만 발음하므로 마치 한 단어처럼 들립니다. zip code는 '우편 번호', mailing address는 '우편물(물건이나 고지서 등)을 받을 수 있는 주소'를 말하죠.

❸ A 어서 들어오렴. Jessica. 잘 있었니?
B 네. 안녕하셨어요, Foster 선생님?
A 그럼. 야, 너 그 분홍색 원피스 입으니까 아주 예쁜데.
B 감사합니다.

❹ A 그럼, 제가 어디서 만날까요?
B 글쎄. 내가 퇴근하면서 데리러 가지 뭐.
A 좋아요. 그럼 Magnolia Avenue(목련 길) 지나면서 나한테 전화해요.
B 그러자고!

❸ A **Come on in**, Jessica. How are you?

B Good. How are you, Mr. Foster?

A Great. Oh, ⁶you look very **nice in** that pink dress.

B Thanks.

❹ A ⁷**Where shall I meet you**, then?

B Well, ⁸I'll **pick you up after** work.

A Okay. ⁹Then give me a call **when you're** passing Magnolia Avenue.

B Sure thing

이것까지 따라하면 진짜 미국발음!

❸ ⁶you look very nice in that pink dress. [유룩 ⓥ베뤼나이ㅆ 인델 핑ㅋ듀뤠ㅆ.]
nice in that pink-라고 할 때 전치사 in은 [은] 정도로 발음합니다. 그래서 nice in은 [나이쓴]으로 들리죠. 뒤따르는 that은 특별히 강조하지 않는 경우, [넬]이라고 발음하고 지나가기도 합니다. [æt]보다는 [næt]으로 약하게 발음하는 걸 미국인들의 대화에서 자주 발견할 수 있죠. 멋있다. 예뻐 보인다, 보기 좋다고 할 때는 You look nice. 구체적으로 어떤 옷을 입어서 보기 좋다고 할 때는 〈You look nice+in+옷〉의 어순으로 말합니다.

❹ ⁷[Where shall I meet you, then? [웨얼r 쉐라이 미이치유, (ð)덴?]
shall I → 쉐라이로 -ll이 연음되면서 r sound에 가깝게 발음되는 경향이 있습니다.
meet you → 미이치유로 t가 [tʃ]에 가깝게 발음되는 경향이 흔히 나타납니다.

⁸I'll pick you up after work. [아열 피큐앞 애①프터r 월ㅋ.]
I'll은 혀끝을 윗니 뒷면에 대면서 발음하는 l sound 때문에 마지막 sound가 [열]에 가깝게 들립니다. pick up은 목적어가 사람일 때, 그 사람을 데리고 간다는 뜻이 있습니다.

⁹[(ð)덴 기 미어 카얼/웨뉴어r 패씽 매그날리어 애ⓥ브누우.]
give me는 gimme[김미] 정도로 발음할 수도 있습니다. Avenue에서 -nue 발음을 자세히 들어보면 '뉴'보다는 [누우-]에 가까운 sound입니다. new를 발음할 때도 마찬가지죠.

48 받침소리 t와 d가 모음을 만났을 때

메이드 인? 메잍 인? 메이린!!

강의 및 예문듣기

약화 1 – 받침소리 t와 d가 모음을 만나면 약화되어 부드러워진다.

둔탁한 소리 t 또는 d로 끝나는 단어가 모음으로 시작하는 단어를 만났을 때, [르ㅎ] 하며 둔탁한 소리를 약화시켜 부드럽게 굴려줍니다. What is는 [워르z], made in은 [메이린]처럼 물 흐르듯 부드럽게 말합니다.

get along   little did I think   What am I gonna do?

입에 착! 발음 이야기

'중산층'이라고 할 때 자주 쓰는 **middle class**란 말도 원칙적으로는 [미들 클래씨]가 되어야 하지만, [미럴 클래씨] 하고 굴려 말하길 즐기는 것이 미국인의 발음 습관입니다. t보다는 덜 하지만, 받침소리 d도 둔탁한 sound인데 이것을 약화시켜 주면 전반적으로 부드럽게 흐르는 느낌을 주게 되죠.

Not at all.이란 말만 잘 들어보아도 쉽게 알 수 있습니다. Not at all.은 연음 원칙에 따라 [나테터얼]로 발음해야 하고, 보통 영국 사람들은 Not을 '놑'으로 발음해서 [노테터오올]이라고 말합니다. 그러나 미국인들은 [나레러얼]로 발음해서 거친 t sound를 약화시켜 훨씬 부드럽게 발음합니다.

What a Burger라는 햄버거 체인점 이름을 영국식 발음으로 들어보면 무척 담백(?)합니다. 영국식으로 '월터 버어아거' 하고 굴리는 소리 하나 없이 쭈욱 나오죠. 한편, 미국인들은 '와 러벌r걸r' 하고 무척이나 기름지게(?) 발음하는 걸 들을 수 있습니다. 참고로 현지 한국교민들 사이에서는 '왈다버거'로 통합니다.

미국 영어의 특징은 영국 영어에 비해 물 흐르듯 부드럽게 넘어가는 sound에 있습니다. 이 같은 미국 영어의 특징은 단어의 끝소리로 나오는 t sound와 d sound가 모음으로 시작하는 단어를 만났을 때 연음으로 처리되는 데서 잘 나타납니다.

모음과 연결될 때 받침소리 t와 d 굴려 발음하기

right up / read on과 같이 단어의 마지막 받침소리 t sound와 d sound가 모음을 만나 연음이 일어납니다. 이때 받침소리 -t, -d sound는 약화되면서 굴러가는 t로 발음되는 경향이 있습니다. 이 굴려주는 d/t의 발음 요령은 혀끝으로 입천장 볼록한 부분을 스치면서 '뤄[t]' 하고 발음하는 것입니다. 눈에 보이고 들릴 것이라 예상했던 -t/-d가 t로 굴러가는 발음으로 드러나 새로운 sound pattern이 됩니다.

🎧 48-1.mp3

끝소리 -t/-d 미끄러지듯이 굴려서 연결하기

받침소리 t sound와 d sound가 모음으로 시작하는 단어를 만났을 때 어떻게 소리 나는지 살펴보도록 하죠.

받침소리가 t인 경우

❶ have **it in** her [헤ⓥ비린 힐r / 헤ⓥ비르널r]

❷ **get along** [게러엉]

❸ **what am** I [워레마이]

❹ **got an** A [가러네이]

받침소리가 d인 경우

❺ little **did I** think [리럴디다이 (θ)씽ㅋ]

❻ A **cold is** [어코울디(르)z]

❼ **made a** mistake [메이러 미ㅆ떼익]

❽ **Where do you** [웨어르이유]

이것까지 따라하면 진짜 미국발음!

❶ in her 부분도 속도가 빨라지면 in'er[으너r] 정도로 발음하고 지나갑니다.

❸ What'm I에서 be동사 am이 축약되기도 합니다. 이때 t sound가 약화되어 [위름]으로 발음되죠. 거기에 I라는 모음이 오면서 [워르마이]로, 하나의 연속된 sound 단위로 들립니다.

❻ cold is가 연음될 때 d sound가 분명히 들리기도 하지만, d를 약세 모음 앞에서 약화시키는 미국인들의 발음 습관에 따라 [코울르z]로 말하는 경우도 적지 않습니다.

❽ 말하는 속도가 빨라지면 조동사 do[드우]가 [르]로 약화되기 때문에 [웨어르이유]라고 들리기도 합니다. does도 마찬가지로 [더z]를 [러z] 정도로 약화시키는 것이 미국인의 발음 습관입니다. 그래서 where의 마지막 sound [r]과 약화된 do의 첫소리 [르]가 같은 sound로 취급됩니다. where[웨어r]+do[르]=[웨어르]라는 하나의 sound 단위로 만들어지는 것이죠.

받침소리 t와 d, 문장에서 익히기

이제 문장 속에서 어떻게 들리는지 확인해 보고 따라 읽으면서 미국식 발음의 리듬을 제대로 익혀보세요.

받침소리가 t인 경우

① She **has / it in her /** to be a great actress.
[쉬헤즐] [인허r] [트비어 그뤠잍 액츄르쓰.]

② I can't / **get along** / with my roommate.
[아이캐앤] [게러러엉] [윝마이 룸메잍.]

③ **What am I** / gonna do?
[워르마이] [거나 두?]

④ Look at this! I **got an** / "A".
[루케(ð)디쓰!] [아이가러] [네이.]

받침소리가 d인 경우

⑤ **Little** / **did I think** / I'd get sick / in Chicago.
[리럴] [디라이 (θ)씽ㅋ] [아잍겥씩] [인쉬카고우.]

⑥ **A cold is** / no / fun.
[어코울리z] [노우] [ᶠ펀.]

⑦ I made a / **big** / mistake.
[아이메이러] [빅] [미쓰떼익.]

⑧ **Where do you** / live?
[웨르유] [리v?]

① 그 여자는 정말로 배우가 될 기질이 다분해.
② 나 룸메이트랑 못 지내겠어.
③ 나 어떻게 해야 하지?
④ 이것 봬! 나 A 받았어.

⑤ Chicago에 가서 병이 날 거라곤 생각도 못했어.
⑥ 감기 걸리는 게 좋을 건 없지.
⑦ 내가 큰 실수를 저질렀지 뭐야.
⑧ 어디에 살아요?

이것까지 따라하면 진짜 미국발음!

① 속도가 빨라지면서 She has it in her까지가 하나의 sound 단위가 되어 문장이 둘로 나누어질 수도 있습니다. in her는 '이너r'로까지 축약될 수 있습니다. 이 문장은 타고난, 재능 있는 배우란 뜻으로 great actress가 가장 잘 들립니다. 결국 이 말이 문장의 주제어가 되는 거죠.
② can't는 강조할 때 모음 [æ]를 강조해서 [애애] 하고, 마지막 t sound는 발음하지 않습니다. 긍정형 can은 짧고 약하게 [켠] 하거나 [큰] 정도로 약하게 발음하기도 합니다.
⑤ I would의 축약형 I'd는 [아이]+[ㄷ]=[아읻]으로 발음합니다.
⑥ cold의 o의 발음은 [오우]로 합니다.

t로 굴려지며 약해진 t, d 실제 대화에서 익히기

이제는 실제 대화를 통해 확인해 볼까요? 약화된 t sound와 d sound가 자연스럽게 들리는지 확인해보세요.

받침소리가 t인 경우

① **A** ¹I was so **impressed** by Juliet in that film.

   B Yes, she played her part so well. She **has it in her** to be an actress.

   A Oh, yeah. She is a born-actress.

② **A** ²I **wanna** change my room in the dorm.

   B Why?

   A I can't **get along** with my roommate.

① A 그 영화에 나오는 Juliet 한테 난 굉장히 감명받았어.
B 그래. 그 여자는 자기 역할을 참 잘 소화해냈어. 배우 기질이 다분해 보여.
A 그래, 맞아. 그 여자는 타고난 배우야.

② A 기숙사에서 방 바꾸고 싶어.
B 왜?
A 지금 내 룸메이트랑 못 지내겠어.

🗣️ 이것까지 따라하면 **진짜 미국발음!**

① ¹I was so impressed by Juliet in that film.
[아이워z 쏘우 임프뤠쓷 바이 쥴리엩 인뎉①피염.]
'상당히, 꽤, 정말로'란 뜻으로 쓰는 so는 강조해서 말합니다. 모음 발음에 유의하세요([쏘우]). impressed는 두 번째 음절에 강세가 있으므로 첫소리 im-은 [음] 정도로만 발음해서 강조되는 press[-프뤠ㅆ-]이 확실히 들리도록 해줍니다. 과거형 -ed는 [t]로 발음해서 [-st]로 들립니다.
Julliet과 in that film은 연음되지 않아요. in이 이끄는 전치사구 앞에서 잠깐 호흡조절(pause)이 되기 때문입니다. 전치사가 나올 때 전치사 바로 앞에서 호흡을 조절합니다. 끊어읽기 요령의 기본이죠.

② ²I wanna change my room in the dorm.
[아이워너 츄에인쥬 마이루움 인(ð)더 도옴.]
change의 발음에 주의하세요. 마지막 -ge는 [지]가 아니라 [쥬] 하고 끝나야 미국 발음에 가깝습니다. dorm은 dormitory의 약어로, 구어에서는 이런 약어를 즐겨 쓰죠.

A Miami로 갔던 여행은
  어땠어?
B 여기서 휴가를 보냈으면
  좋았을 뻔했어.
A Miami가 싫었다는 거
  야?
B 아니 그게 아냐. 난 그
  곳을 굉장히 좋아해. 그
  런데 내가 아팠잖아.
  Miami까지 가서 병이
  날 줄을 누가 알았겠어.

A 날씨 참 좋네요. 산책이
  나 같이 하죠.
B 맘은 정말 가고 싶은데.
  몸이 좀 안 좋아요. 감기
  걸릴 것 같아요.
A 저런. 그럼 정말 조심하
  셔야겠네요. 감기 걸려
  좋을 건 없으니까.

받침소리가 d인 경우

❸ **A** [3]**How was** your trip to Miami?

B [4]I wish **I'd spent** my vacation here.

A You mean you didn't like Miami.

B No, it wasn't like that. I liked it there very much, but I got sick. **Little did I think** I'd get sick in Miami.

❹ **A** It's a beautiful day. Let' go for a walk.

B [5]**I'd love to**, but I don't feel well. I think I'm catching a cold.

A That's too bad. [6]**You'd better** watch your step then. **A cold is** no fun.

이것까지 따라하면 **진짜 미국발음!**

❸ [3]How was your trip to Miami?
[하워z 유어r 츄륍트 마이애미?]
How was에서 반복되는 sound [w(우)워]를 한 번만 발음하면서 자연스럽게 흐름을 타세요.

[4]I wish I'd spent my vacation here.
[아위슈 아인 ㅅ뻰마이 ⓥ베케이션 히어r.]
I'd spent를 발음할 때 I had의 축약형 I'd와 동사 spent가 한 호흡에 이어집니다. spent 의 마지막 t sound는 거의 들리지 않죠. I wish로 시작하는 문장은 '~했으면 좋았을 거라는 생각이 들어.'라는 뜻으로, 그렇지 못한 것에 대한 아쉬움, 유감을 표현할 때 씁니다.

❹ [5]I'd love to, but I don't feel well.
[아인 러ⓥ브트, 버라이 도운 ①피일 웰.]
I'd love to에서 love를 강조해서 말합니다. '마음만은 굴뚝 같은데…' 하는 뜻이 love에 담겨 있거든요.

[6]You'd better watch your step then.
[윤베러r 왙츄어r ㅅ뗍(ð)덴.]
You'd better에서 'd better는 조동사와 같은 격이므로 그다지 강조해서 말하지 않습니다.

49

발음도 효율을 따져라

같은 자음이 잇따라 나올 때

강의 및 예문듣기

연음 2 - 단어 간에 같은 자음이 연달아 나오면 한 번만 발음한다.

버스 정류장(bus stop)은 '버스 s땁'이 아니라 [버ㅆ땁]으로 s sounds를 한 번만 발음합니다. 이처럼 같은 자음이 연달아 나오면 하나의 sound로 처리해 줍니다. 다시 말해 발음도 경제적으로, 효율적으로 하자는 거죠.

big guy   **gas station**   **That's a perfect timing.**

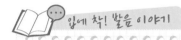

입에 착! 발음 이야기

"Is there a **gas station** around here?(근처에 큰 주유소가 있나요?)"라는 말을 눈으로 볼 때는 7개의 단어로 인식합니다. 연음(there a)이나 단어의 변칙적 발음 습관(station / around), 혹은 축약(gas station)에 대해 인식하지 못하고 단어 중심, 독해 중심으로만 학습한 경우 이 말이 심지어는 '이즈개수대 히얼r'정도로까지 들릴 수도 있습니다. 그런데  막상 미국인의 발음으로 들어보면 [이z(ð)데어뤄 / 게애ㅆ떼 이슌 / 어롸운히얼r]으로 3개 정도의 sound 단위로 들리게 되죠.

시간이나 에너지 낭비를 허용하지 않고 철저하게 효율성을 따지는 서양인들의 사고방식은 말하는 습관에서도 나타납니다. 잇따라 나오는 같은 sound를 절대로 두번 발음하는 법은 없습니다. **summer**도 '썸머'라 하지 않고 [써머r]라고 하죠. 아줌마를 Ajumma라고 써주면 '아쥬마~'라고 읽더라구요.

우리말에서는 같은 sound가 반복되어도 하나하나 모두 발음해 주기 때문에, 이처럼 반복을 피하는 언어 습관이 우리에게는 낯설게 느껴지는 게 당연하죠. 하지만 자음의 축약현상은 앞서 설명되었던 -nd/-nt 이외에도 문장 내에서도 일어날 수 있습니다. 여기서는 같은 sound가 연달아 나올 때 적용되는 실제 대화를 통해 연습해보기로 하죠.

1단계
어구 발음훈련

같은 sound가 반복될 땐 한 번만 발음하자!

두 단어가 똑같은 sound로 연결될 때 겹쳐 나온 자음은 한 번만 발음합니다. 아래 예들을 잘 듣고 소리 내어 말해보세요.

		연음 후	연음 전
❶	bus stop	[버ㅆ땊]	[버ㅆ] [ㅆ땊]
❷	gas station	[개애ㅆ떼이션]	[개ㅆ] [ㅆ떼이숀]
❸	big guy	[비가아이]	[빅] [가아이]
❹	perfect timing	[퍼r①픽타이밍]	[퍼r①픽ㅌ] [타이밍]
❺	harvest time	[하아r⑰브ㅆ타아이음]	[하아r⑰브슽] [타아음]
❻	were really	[워뤼얼r리]	[워] [리얼리]
❼	around nine	[어롸우나인]	[어롸운(ㄷ)] [나인]

❶ 버스정류장
❷ 주유소
❸ 몸집이 큰 사람
❹ 시간 딱 맞춰서
❺ 수확기
❼ 9시경

이것까지 따라하면 진짜 미국발음 !

❻ were에서 마지막 e는 음가가 없습니다. before에서 마지막 e를 발음하지 않는 것과 같은 거죠. 따라서 were really가 연결될 때 r sound가 공통 분모가 되어 한 단어처럼 들립니다.

❼ around는 and[앤/엔]처럼 마지막 d sound를 발음하지 않습니다. 그래서 마치 ⟨aroun + nine⟩으로 연결된 것처럼 들리는 결과가 된 거죠.

2단계
문장 발음훈련

같은 sound가 반복되면 축약, 연음되는 문장으로 익히기

이번에는 문장 속에서 연음을 익혀봅시다. 같은 sound가 반복될 때, 여러분이 예상한 sound pattern과 실제 들리는 sound pattern이 어떻게 다른지를 생각하면서 읽어보세요. 들리는 sound pattern이 낯설지 않고 편안하게 느껴질 때까지 반복해서 소리 내어 읽으세요.

❶ 가다가 나 좀 버스 정류장에 내려줄래?

❶ Can you / drop me off / at the **bus stop**?

[케뉴] [듀롭미어아f] [엗더 버ㅆ땊?]

이것까지 따라하면 진짜 미국발음 !

❶ drop someone(me/her/him/them/us) off는 '차를 타고 가는 길에 내려주다'란 뜻입니다. off at the가 연결되어 화자에 따라 '어아①펠(ð)더'로 들릴 수도 있습니다.

264

❷ 근처에 큰 주유소가 있나
요?

❸ 그 사람은 상당히 덩치가 큰
사람이야.

❹ 그거 시간이 딱 맞았구먼.

❺ Harvest Time이라는 식
료품점은 가본 거야?

❻ 이 지역 사람들은 그 소음에
상당히 신경을 쓰고 있었죠.

❼ 난 보통 아침 9시쯤에 커피
를 마셔요.

❷ Is there a / **big gas station** around?

[이z(ð)데어뤄] [비게ㅆ떼이셔너롸운(ㄷ)?]

❸ He's / such a **big guy**.

[히z] [서춰 비가아이.]

❹ That's **perfect timing**.

[(ð)데ㅉ] [펄r①퍽타이밍.]

❺ Did you / ever try / the whole food store, / **Harvest Time**?

[디쥬] [에ⓥ버r 츄롸이] [(ð)더①푸은ㅆ또아r,] [하r ⓥ브ㅆ타음?]

❻ People in this area / **were really** / concerned about the noise.

[피쁠 인(ð)디ㅆ에어뤼어] [워뤼얼리 컨써어r은] [(ð)더노이z.]

❼ I usually / have coffee / **around 9:00(nine)** / in the morning.

[아이 유②쥘리] [헤v 커①피] [어롸우나인] [인(ð)더 모어r닝.]

> 🧑 이것까지 따라하면 진짜 미국발음!
>
> ❺ **Did you**는 연음이 될 때 [디쥬]로 발음되기도 하고, 간혹 d sound를 살려서 [디디유]로 발음
> 되기도 합니다. 하지만 [디쥬]가 일반적으로 더 많이 접하는 발음입니다.

🎧 49-3.mp3

3단계
대화 발음훈련

경제적인 연음 제대로 구사하며 대화하기

두 사람의 대화를 들으면서, 낯설게 들리는 sound는 어떤 것인지 확인하세요. 그
리고 낯설게 들리던 것이 편안하게 들릴 때까지 소리 내어 반복해서 읽으세요.

❶ A 버스 정류장에 나 좀 내
려줄 수 있을까?
B 그럼. 가는 길이네 뭐.
A 정말 잘됐다. 고마워,
Joe.

❶ A Can you drop me off at the **bus stop**?

B No problem. ¹**That's** on **my way**.

A That' great. Thanks, Joe.

> 🧑 이것까지 따라하면 진짜 미국발음!
>
> ❶ ¹[(ð)델짠 마이 웨이.]
> **That's**에서 [-ts]은 [ㅉ] 정도로 발음하죠. my way를 빨리 말하면 [마웨이]로 들리기도 합
> 니다.

265

① **A** 이 근처에 큰 주유소가 있나요?

B 예, Shell Auto Care Station이 제일 가까운 건데요. 첫 번째 신호등이 나올 때까지 계속 이 길 따라 쭉 가세요. 오른쪽에 있어요.

A 정말 고마워요.

③ **A** 그래, 그 사람 어떻게 생겼는데?

B 몸집도 크고 키도 커. 울퉁불퉁한 팔다리에 굉장히 근육질이야. 그 사람 꽤 덩치가 큰 사람이더라고.

A 들어보니까 무슨 레슬링 선수 같다야. 팔에 문신 같은 건 없니? 독수리나 밧줄이 있는 닻 같은 거 말이야?

❷ **A** Is there a big **gas station** around here?

B [2]Yeah, the Shell Auto Care Station is the closest one. [3]**Stay on this** road till you hit the first light. It's on your right.

A Thanks a **lot**.

❸ **A** [4]So, **what's** he look like?

B [5]Big and tall. Well he's an athletic person with big bumpy arms and thighs. He's such a **big guy**.

A Sounds like a wrestler. Doesn't he have tattoos on his upper arms? Like an eagle or an anchor with ropes around?

이것까지 따라하면 진짜 미국발음!

❷ [2][이예, 더 쉐엘 아러 케어r 쓰떼이션]
automobile의 약자 auto에서 t를 약화시키는 것이 일반적인 미국인들의 발음입니다.

[3][쓰떼이안(ð)디쓰 로운/틸 유힡(ð)더 라잍.]
Stay on this road라고 할 때 stay on과 this를 강조합니다. 다른 길이 아닌 바로 이 길을 따라간다는 것이 핵심 message이기 때문이죠. stay on the road는 '운전하면서 그 길을 따라 계속 간다'는 의미로 여기서 stay는 '머물다'는 뜻이 아니라 '계속 -하다'라는 뜻입니다. hit 동사는 '가다가 어떤 표적물을 만난다'는 뜻으로 썼습니다.

❸ [4][쏘우, 휠쯔히 룩라익?]
〈의문사+does he/she ~?〉와 같은 문장에서 조동사 does는 축약해서 [어z]라고 말합니다. is의 축약형과 비슷하게 들려서 착각할 수도 있습니다. 의문문을 만드는 is나 does는 문법적 장치이므로 축약되는 경향이 많습니다.

[5][빅 엔 터얼. 웰, 히②잔 애쓰레릭 퍼어r썬/윌빅 범피 아앎②즌 (θ)싸이z.]
athletic person with big bumpy ~에서 전치사 with은 낮은 tone으로 짧게 발음하고 지나갑니다. 이때 with은 이렇게 강조되지 않는 말을 사이에서 잠깐 쉬어가는 pause와 같은 역할을 하기도 합니다. big bumpy처럼 and 없이 형용사가 나란히 2개 올 수 있는데, 이 같은 형용사는 또박또박 강조해서 말합니다.

아하, 그렇구나!   **Harvest Time? HAVESTIME?**

Harvest Time은 미국에서 돌아다니다 우연히 본 상점 간판입니다. t sound가 반복되므로 한 번만 발음하기 때문에, 아예 그 가게 간판(sign)에는 HAVESTIME이라고 써놓았더라고요. 미국에서는 이렇게 사람들이 기억하기 쉽게 구어체의 발음을 그대로 살려서 표기해놓은 간판이 꽤 있습니다.

50 조동사, be동사의 축약과 생략

자주 축약되는 will, have와 be동사

강의 및 예문듣기

축약 1 – 축약되고 생략되는 조동사, be동사 발음

조동사 will, would와 완료 시제의 조동사 have, has, 그리고 be동사는 일상회화에서 축약된 sound로 말할 때가 많습니다. 특히 주어가 인칭대명사로 나오면 자주 축약됩니다. 독해와는 달리 단순히 들려오는 소리에만 의존하여 의미를 파악해야 하므로, 미묘한 sound에 귀를 기울여 듣는 훈련이 필요합니다.

will → 'll	would → 'd	have → 've	has → 's
am → 'm	are → 're	is → 's	

입에 착! 발음 이야기

will, have[has]와 be동사는 문장 내에서 흔히 축약되어 발음됩니다. 구어체에서는 화자에 따라 거의 들리지 않게 발음하는 경우도 있어요. 축약된다고 해서 이 조동사들이 가지는 의미가 사라지는 건 아닙니다. 사실, 이 조동사들은 동사의 시제를 결정하거나 혹은 의미를 완결시키는 중요한 기능을 하죠.

I'll do it. (내가 할게.) – 계획

We **would** go, if it's okay with you.

(저희는 가고 싶거든요, 괜찮으시다면요.) – 겸손히 양해를 구함

They **would** go if you say OK.

(네가 OK라고 하면 쟤네들도 갈 건데.) – 자신 없는 추측

I've been there, done there before.

(내가 다 겪어본 거라 잘 알거든.) – 경험

We've already finished dinner. (저녁 다 먹고 치웠어요.) – 행위의 완료

이런 조동사들의 축약된 sound를 익힘과 동시에 이 조동사들이 문장에 더하는 문장의 내용상 뉘앙스의 틀을 함께 익히는 것이 중요합니다. 간단한 예로 이런 차이가 있어요.

I'll do it tomorrow. (내일 내가 할게.)　　**I'd** do it if I were you. (내가 너라면 난 한다.)

밑줄 친 부분의 의미 차이가 우선은 'll[(으)일]과 'd[은]의 차이로 납니다. 두 번째는 문장에서 따라나오는 부사(tommorow)나 부사절(if I were you)과 같은 말들로 의미들이 확정되는 것이죠. 이런 조동사의 의미 틀은 문법적인 사항이라 자세히 다루진 않지만, 예문 해석을 보면서 익혀보세요.

1단계
발음 따라잡기

-'ll로 축약되는 조동사 will

will에는 미래의 계획, 다가올 미래 상황에 대한 추측, 혹은 예측을 나타내는 의미가 있습니다. 이런 의미는 동사와 함께 결정되는데, 실제 발음 현장에서는 will보다는 'll의 축약형으로 이 의미가 전달되고 있습니다. will처럼 l sound가 받침소리가 될 때에는 [얼] 하고 혀끝이 윗니 뒷면에 머물러 있습니다. 동사와 어울어져 나오는 will의 축약형 'll의 발음을 익히면서, 미래 시점의 상황, 해야 할 일, 혹은 벌어질 상황을 전달하는 맥을 짚어보도록 합시다. will의 축약형 'll은 윗니 뒷면을 혀끝으로 훑어내리면서 발음하여 자세히 들어보면 [(어)을] 하고 소리 납니다.

50-1.mp3

2단계
문장 발음훈련 ❶

축약된 will 발음하기

먼저 will을 알아보죠. will을 천천히 발음해보세요. [위얼]하고 소리가 나죠. 이 단어가 축약되면 'll[(어)을 → 을] sound 정도로만 들립니다.

❶ **I'll** call you later.
[아을 카얼유 레이러*r*.]

❷ **You'll** regret that.
[유을 뤼그렡 (ð)뎉.]

❸ **He'll** be on time.
[히을비 안 타임.]

❹ **She'll** make a good teacher.
[쉬을 메이커 그은 티춰*r*.]

❺ **We'll** be meeting again.
[위을비 미링 어겐.]

❻ **They'll** be sending you the picture.
[데이을비 쎈딩유(ð)더 픽춰*r*.]

❶ 나중에 너한테 전화할게.
❷ 너 그거 후회할 거다.
❸ 그 사람 시간 맞춰 올 거야.
❹ 그녀는 앞으로 좋은 선생님이 될 거야.
❺ 우리 다시 만나야겠죠.
❻ 그쪽에서 너한테 그 사진을 보내줄 거야.

이것까지 따라하면 진짜 미국발음!

❸ be on time은 '시간에 맞춰 오다'라는 뜻이죠. be동사보다는 on time을 강조해서 말합니다.

❺, ❻ 미래진행형 시제를 만드는 be동사는 형식적으로 들어가는 말이므로 강조하지 않습니다. 빠르게 말할 때는 [브] 정도로 들릴 수도 있습니다.

축약된 will, 대화 속에서 알아듣기

대화 속에서 will의 축약형을 접할 때 무리 없이 대화의 흐름을 통해 앞으로 할 일, 일정, 상황의 추측 등의 의미를 구별할 수 있는지 확인해보세요.

❶ A ¹He's not in the office right now. Can I take a message?

B No, **I'll** call him later. Thanks.
[노우, 아을 카얼 힘 레이러r.]

A Okay.

❷ A She seems to be happy with the kids.

B Yes, she does. ²She's been of great help to us as teacher's assistant.

A I'm sure that ³**she'll** make a good teacher.
[암 슈어r (ð)텔 쉬을메이커 그은 티춰r.]

❶ A 그분은 지금 사무실에 안 계신데요. 전하실 말씀이 있나요?
B 아니요. 제가 다시 전화하죠. 감사합니다.
A 그러세요.

❷ A 저분은 아이들하고 참 잘 지내는 것 같아요.
B 네, 그래요. 저 사람은 조수로서 우리들한테 상당한 도움이 되었죠.
A 내가 보기에 분명 저분은 좋은 선생님이 될 것 같아요.

이것까지 따라하면 진짜 미국발음!

❶ ¹He's not ~에서 '없다'는 부정의 뜻인 not이 강조됩니다. 부정어는 언제나 힘주어서 말하는 중요한 정보에 해당합니다.

❷ ²에서는 great help / teacher's assistant란 말이 핵심 message로 잘 들립니다. 동사 부분에서 축약된 has('s), 과거분사형 been은 약하게 빠른 속도로 지나갑니다. She's been of를 한 호흡에 처리하고, 잠깐 pause를 두어 great help를 강조해서 말합니다. of great help는 의미적으로 연결되는 단위(전치사 + (형용사) + 명사)입니다. 하지만 내용전달상 강조해야 할 great help를 분명히 전달하기 위해 아는 be동사군과 합쳐서 흡수되어버립니다.

³마찬가지로 make a good teacher에서도 /make a/와 /good teacher/로, 내용이 나뉘고, 의미상 중요한 '훌륭한 교사'가 강조되어 전달되고 있습니다. good은 '굳'보다는 '훌륭한'의 어감으로 [그으은] 하고 발음합니다.

-'d로 축약되는 조동사 would

would는 [우월]이라고 발음하는데, 축약되면 [(을)ㄷ] 정도로만 들립니다. 그래서 I'd라고 하면 [아이]+[(을)ㄷ]=[아인] 정도로만 발음됩니다.

would의 축약형이 'd에 익숙해지도록 혀를 다스려보세요. 각 대명사 다음에 축약된 would의 d는 받침처럼 발음하세요. d의 혀 위치를 지키면서 발음하도록 주의해야 합니다.

would를 단순히 will의 과거형으로 알고 들으면 오해의 소지가 있습니다. 아래 예문에서 보듯이, would는 '~할 걸, ~하게 될 걸' 하는 식으로 자신 없는 추측의 뜻을 전달하고 있습니다. 그래서 would like to가 '~ 싶은데요(어떨까요).' 하는 겸손한 공손어법 표현이 됩니다.

🎧 50-3.mp3

2단계

문장 발음훈련 ❷

❶ 난 더 열심히 일하는 사람들을 찾아봐야 할 것 같아.
❷ 너라도 그 사람하고 같이 있고 싶어질걸.
❸ 그녀가 차에 있는 그 사람을 데리러 갈걸.
❹ 그 사람 거기에서도 아무 일 없을 거예요, 내가 장담한다니까.
❺ 저희가 대접해 드리고 싶은데요.
❻ 그 사람들이 그거 찾아내겠지 뭐.

축약된 would 발음하기

❶ **I'd** have to find harder workers.
[아인 헤ⓥ브트 ⓕ파인(ㄷ) 할(ð)딜r 월r컬z.]

❷ **You'd** be wanting to be with him.
[윤비워닝트비 윋힘.]

❸ **She'd** go get him in the car.
[쉳고우겥힘 인더카아r.]

❹ **He'd** be okay there, I'm sure.
[힌비 오우케이 데어r, 아음슈어r.]

❺ **We'd** like to treat you.
[윋 라익트 츄맅유.]

❻ **They'd** find it out.
[데읻 ⓕ파인디라웉.]

잠깐만요!

would가 will의 과거형으로 미래의 의미를 갖는 경우는, "I said I would / You said[told me] you would / He/She/They said[told me] they would ~"와 같이 '~할 거라고 말했다'는 식의 문맥에서 미래의 의미를 갖습니다.

이것까지 따라하면 진짜 미국발음!

❷ want의 마지막 t sound를 발음하지 않는 습관에 따라 wanting에서도 t를 발음하지 않고 waning[워닝]처럼 말하기도 합니다. 또 그 사람하고 '같이' 있고 싶어질 거라는 내용에 따라 with가 강조됩니다.

❺ 내용상 '대접한다'는 treat이 강조됩니다.

3단계

대화 발음훈련 ❷

❶ A 그 애가 가서 차에 있는 그 사람을 데려올 거야. 네가 그렇게 하라고만 하면.

B 네 말뜻은 그 애가 기꺼이 갈 거란 말이지. 왜냐하면 드디어 그 사람한테 말 걸 기회가 생길 테니까.

A 그렇지.

❷ A 그 사람들 돈은 올려주고 휴가도 더 달라고 하는데. 이 프로젝트 일정보다 뒤처지게 일해 놓고 말이야.

B 그래서. 어떻게 할 생각인데?

A 더 열심히 일하는 사람들을 찾아봐야 할 것 같아.

축약된 would, 대화 속에서 알아듣기

❶ A **She'd** go get him in the car, if you ask her to.
[쉬고우겔흠 인더카아r, 이ⓕ퓨 애쓰컬트우.]

B [1]You're saying that **she'd** be happy to do that,
[유어r쎄잉 (ð)뎉 쉬비 헤피 트두(ð)뎉.]

'cause she could finally get a chance to talk to him.
[커z 쉬클ⓕ파이널리 게러췐쓰 트터얼크힘.]

A [2]Exactly. [익ⓩ젴끌리.]

❷ A They want more money, and longer holidays.
And yet, they're behind the schedule [3]with this project.

B So, what do you have in mind?

A **I'd** have to find harder workers.
[아일 헤ⓥ브트ⓕ파인(ㄷ) 할(ð)더r 워r컬z.]

잠깐만요!

tly에서 슬쩍 없어지는 t sound

exactly
recently
perfectly
immediately
apparantly

이것까지 따라하면 진짜 미국발음!

❶ [1]You're saying / that she'd be happy to do that / cause she could finally / get a chance to talk to him. 정도로 끊어 읽을 수 있습니다. get a chance to talk to him에서 부정사를 만드는 to는 강조되지 않지만, '그 사람한테'라는 to him의 to는 들릴 정도로 말해줍니다.

[2]Exactly처럼 -ly로 끝날 때 〈exact+ly〉로 발음하는 경향이 있습니다. exact의 받침소리 -ct sound가 이어지는 -ly에 영향을 주면서 [—끌리]처럼 발음됩니다. 두 개의 받침소리 중에 [-c-]가 '끄' 하는 된소리로 강하게 발음되면서 사실상 그 다음에 나오는 받침소리 t는 음가가 없어지는 것은 미국식 영어만의 특징으로 보입니다.

❷ [3]with this project에서 with this는 th[ð]로 연결되어 하나의 sound로 들립니다. 그래서 [위(ð)디쓰]라고 발음하죠.

-'ve와 -'s로 축약되는 완료시제 조동사 have, has

have는 축약되면 -'ve[v]만 남고, has는 -'s[z] sound만 남습니다. I've got/ You've got/She's got/He's got 등 구어에서 많이 들을 수 있는 축약형이지요.

마지막 ve는 윗니를 아랫 입술 경계선에 살짝 얹으면서 [v-] 하는 느낌만 주고 넘 어가면 됩니다. has → [z] sound는 혀가 진동이 심하게 되도록 힘주어 발음해야 합니다.

완료형 시제는 일반적으로 회화체에서는 아주 듣기 힘들게 축약되고 있습니다. 심 한 경우에는 아예 없애고 동사 과거형으로 대치되는 경우도 있습니다. 하지만 경험 을 나타내는 완료형 시제에서는 언제나 소리가 확실하게 살아있습니다.

축약된 have, has, 문장에서 가려듣기

❶ 나 여기 막 도착했어.
❷ 너 그거 막 끝냈구나.
❸ 우리가 이미 그것들을 다 확 인했습니다.
❹ 그들은 이미 여기서 떠나고 없어요.
❺ 그 남자는 세 달간 뉴욕에 있었어.
❻ 그 여자는 Pittsburgh로 이사 갔지.

❶ **I've** just got here.
[아이v 쥐ㅆ같 히어r.]

❷ **You've** already finished it.
[유ⓥ벌뤠디 ⓕ피니쉬딭]

❸ **We've** already checked them out.
[위ⓥ벌뤠리 쳌(ð)더마울.]

❹ **They've** already left here.
[데이ⓥ벌뤠리 레ⓕ픝티어r.]

❺ **He's** been in New York for three months.
[히z 비닌 누요엌 ⓕ포r (θ)쓰뤼먼ㅉ.]

❻ **She's** moved to Pittsburgh.
[쉬z 무우ⓥ브트 핕쯔벍.]

잠깐만요!

방문, 체류의 '경험'을 나타내 는 〈have/has been to + 장소〉나 〈have/has + 과 거분사〉에서 once, twice, many times와 같이 횟수 를 나타내는 말과 함께 나옵니 다. 장소 방문의 경험, 반복했 던 행위의 횟수를 말할 때도 have/has를 생략하지 않 고 분명히 말하는 습관이 있습 니다.

이것까지 따라하면 진짜 미국발음!

❷ finished의 -ed는 [t]로 발음되고, it와 연음 처리되어 [ⓕ피니슈딛(들)] 하고 들리기도 합니다.

❸ checked them을 연결해서 발음할 때 checked의 -ed[t] sound가 them의 th[ð] sound에 흡수되어 거의 들리지 않습니다.

❹ already의 d sound는 대개 약화시켜 발음하고, left here에서 here의 h sound는 거의 생략하는 경우가 많습니다.

❺ New York, Pittsburgh 같은 지명을 접할 때마다 정확한 sound에 신경 써서 익혀두세요.

축약된 have, has, 대화에서 알아듣기

대화에서 have, has를 접할 때 무리 없이 대화의 흐름을 탈 수 있는지 확인해보세요. 축약형이 어떻게 들리는지 파악하고 자연스러울 때까지 반복 훈련하는 것이 중요합니다.

❶ A ¹Hey, Mary. Where's everybody?

　　B Hi, Rick. I don' know. **I've** just got here.
　　　　[아이v 쥐ㅆ같 히어r.]

　　Maybe they're on their way here.

❷ A ²How is your sister doing?

　　B **She's** moved to Pittsburgh to study Computer Science
　　　　[쉬z 무으ⓥ브트 핕쯔벍 트ㅆ떠리 캄퓨러r 싸이언ㅆ]
　　　　at Carnegie Mellon.
　　　　[엩 카아r네기 멜런.]

❸ A What does your brother do?

　　B ³**He's** an accountant and **he's** been in New York for three months,
　　　　[히ⓩ전 아캬운턴트 엔 히z 비닌 누요엌 ⓕ포r (θ)ㅆ뤼만ㅉ,]
　　　　working for his client there.

---

❶ A 안녕, Mary. 다들 어디 있어?

　B 안녕, Rick. 나도 몰라. 나 지금 막 여기 도착했거든. 아마 다들 오는 중이겠지 뭐.

❷ A 여동생(누나)은 어떻게 지내?

　B Pittsburgh로 아주 갔어. Carnegie Mellon에서 컴퓨터 공학 공부하려고.

❸ A 오빠(남동생)는 뭐해요?

　B 회계사인데요. 지금 석 달째 New York에 있고요. 거기에 있는 고객을 위해 일하고 있죠.

여기까지 따라하면 **진짜 미국발음!**

❶ ¹Hey는 Hi 대신에 친한 친구 사이에 나누는 인사말로, 높은 tone으로 가볍고 산뜻하게 말합니다.

❷ ²How is는 How's[하우z]로 축약될 수 있습니다. doing도 doin[두은]까지만 발음할 수 있죠.

❸ ³He's는 He is의 준말이고, he's been은 he has been의 축약형으로 '체류' 상태를 나타내고 있죠.

-'m, -'re, -'s로 축약되는 be동사

주로 신분, 직업, 이름 소개, 혹은 사물·장소의 유무 등을 표시하는 be동사는 축약되어 발음하는 경우가 흔합니다. be동사가 진행형, 수동태 문장에서 문법적 틀을 만들고 있는데, 이때에도 흔히 발음이 축약됩니다. be동사가 특별히 강조되는 경우는 '~ 있다'는 사실을 화자가 의도적으로 강조할 때나, 명령어법으로 말할 때입니다.

❶ 후덥지근한 날씨에서 벗어나 있을 수 있어서 정말 좋다.

❷ 너 진짜 운 좋다. 죽을 수도 있었잖아.

❸ 그녀가 그 일에는 적격이지.

❹ 우리 마실 물이 떨어졌는데.

❺ 그들은 정말 천생 연분이라니까.

❻ 다들 어디 갔어?

❼ 요즘은 장마철이야.

be동사 축약형, 문장에서 가려듣기

❶ I'm so happy to stay away from the muggy weather.
[아음 쏘우 헤피 트(르)ㅆ떼이어웨이 Ⓕ프롬 (ð)더 마기웨(ð)더r.]

❷ You're so lucky. You could be dead by now.
[유어r 쏘우 럭키. 유큼비 델 바이 나우.]

❸ She's the right person for that.
[쉬z (ð)더롸잍퍼r썬 Ⓕ포r(ð)델.]

❹ We're out of drinking water.
[위어r 아우러v 듀륑킹 워러r.]

❺ They're soul mates.
[(ð)데이어r 쏘울 메잍.]

❻ Where's everybody?
[웨뤼z 에Ⓥ뤼바리r?]

❼ It's the monsoon season.
[잍ㅉ (ð)더 만쓰운 씨②전.]

🗨 이것까지 따라하면 **진짜 미국발음!**

❷ could/dead의 끝소리 d는 받침소리로 발음합니다.

❹ drinking이라고 할 때 r sound 앞에서 d는 [듀]에 가까운 소리가 됩니다. r sound의 영향을 받기 때문이죠.

be동사 축약형, 대화 속에서 알아듣기

대화 속에서 be동사의 축약형을 주의해서 듣고 익숙해질 때까지 여러 번 듣고 말해보세요.

❶ A 나 원 참! 이 복사기 안 되네.
B 또? 고치는 사람이 왔다 간 지 10분도 채 안 되었는데.
A 정말 황당하네 이거. 이 기계 도대체 뭐가 문제인 거야?

❷ A 여기 San Francisco에 오게 되어서 전 정말 운이 좋네요. 이런 축제도 구경하고 말이에요.
B 그래요?
A 네. 그리고 그 후텁지근하고 습기가 꽉 찬 날씨에서 벗어나게 되어 얼마나 좋은지. 이맘때 우리나라는 장마철이거든요.

❶ A Oh, no! This **copier's** not working.

[디 ㅆ 카피어r 낱 워r킹.]

B Again? ¹**It's** only ten minutes ago that the repair person left the office.

[잍 ㅉ 오운리 텐 미닡쩌고우/뎉(ð)더 뤼페어r 퍼r썬 레f(ð)디 아ⓕ프ㅆ.]

A I can't believe this. **What's** wrong with this machine, anyway?

[윝 ㅉ 뤄엉 윋(ð)디ㅆ 머쉬인, 에니웨이?]

❷ A ²**I'm** so lucky to be here in San Francisco, so that I can join

[아음(암) 쏘우 럭키 트비 히어r 인 쌘ⓕ프뢴씨쓰코우,]

in this big festivity.

B Oh, yeah?

A Yes, and **I'm** so happy to stay away from the muggy steamy weather.

[아음(암) 쏘우 헤피 트(르)ㅆ떼이어웨이ⓕ프뢈(ð)더 머기 ㅆ띠미 웨(ð)더r.]

It's the ³monsoon season in my country at this time of year.

😀 이것까지 따라하면 진짜 미국발음!

❶ ¹〈It's ~ that ...〉의 강조 구문입니다. 말할 때는 강조구문의 틀이 되는 It's와 that은 강조하지 않습니다. 반면 그 사이에 나오는 강조되는 말, only ten minutes ago를 또박또박 말해줍니다.

❷ ²I'm so lucky to be here in San Francisco. 이곳에 오게 되어 무척 기쁘다는 내용으로, 장소가 강조되므로 here를 강하게 말할 수 있습니다.
³monsoon은 강세가 첫번째 o에 있죠. o는 턱을 아래로 많이 내리면서 [아] 하고 소리 냅니다.

51

축약되는 do, does, did

의문사와 만나면 작아지는 do, does, did

강의 및 예문듣기

축약 2 – 조동사 do, does, did의 축약

조동사 do, does, did도 will, would, have, has처럼 자주 축약되는 동사 가운데 하나죠. 특히 의문사와 함께 나올 때 이런 경우가 두드러집니다. 실생활에서는 그대로 쓰이는 경우보다 축약되는 경우가 더 많습니다.

what do   **who** did   **how** does

입에 착! 발음 이야기

Elton John의 Hit Song 중에 'Sorry Seems to be the Hardest Word(미안하다는 말은 가장 하기 힘든 말이에요)'란 곡이 있죠. 곡의 마지막 소절에 반복되는 가사는 〈의문사＋do〉, 〈의문사 ＋have〉의 축약이 어떤 식으로 이루어지는지를 잘 알 수 있는 노래랍니다.

What do I do to make you love me

[워루아이두/트 메이큐 러v 미]

What have I got to do to be heard

[워르ⓥ바이/가러두/트비허r드]

What do I do when lightening strikes me

[워르아이 두/웬 라읻으닝 쓰뜨롹쓰 미]

What have I got to do

[워르ⓥ바이 가러두]

...

어떻게 해야 당신이 나를 사랑할까요
어떻게 해야 내 마음을 당신께 전할 수 있을까요
하늘의 심판을 받게 되면 어떻게 해야 하나요
어떻게 해야 하나요
...

의문문에서 의문사와 주어 사이에 놓인 조동사는 대부분 의문문의 틀을 유지하는 기능을 합니다. 선택된 조동사에 따라 미묘한 의미의 차이를 부여하긴 하지만, 말할 때는 강조하지 않습니다. 축약해서 뒤 음절 정도만 남은 채로 지나쳐버리는 경우가 많습니다.

1단계
발음 따라잡기

약해지는 do, does, did 발음

혀끝을 윗니 뒤 볼록한 부분을 슬쩍 스치면서 목소리를 실어보세요. do, does, did가 약화될 때는 첫소리 d도 이런 식으로 약화됩니다. 상대적으로 모음 부분이 거의 발음되지 않은 채로 지나가는 걸 알 수 있습니다. 기본적으로 소리를 내보낼 수 있을 정도로 입만 살짝 벌려주기 때문에 '으' 하는 정도의 모음만 표현이 되는 거죠.

사전식 발음	모음 약화	자음 약화
do [두]	→ [드]	→ [르]
does [더아z]	→ [드z]	→ [르z]
did [딛]	→ [듣]	→ [륻]

🎧 51-1.mp3

2단계
문장 발음훈련

조동사 do, does, did의 축약 발음

천천히 말할 때와 정상 속도로 말할 때의 차이를 잘 들어보세요. 의문사 다음에 나오는 조동사 do, does, did는 매우 약화시키는 반면, 본동사는 분명히 들리도록 발음합니다. do가 축약될 때 d sound가 약화되고, [u]로 발음하도록 되어 있는 o는 [으] 정도로만 살짝 드러내줍니다.

❶ 누구와 함께 일하시나요?
❷ 거기는 언제 열어요?
❸ 오늘 밤 우리 어디서 저녁 먹을까?
❹ 그건 어떻게 알았어?

do의 축약 발음	[정상 속도로 말할 때]	[천천히 말할 때]
❶ Who do you work with?	[후르유 월ㅋ윝?]	[후 두 유]
❷ When do they open?	[웬르레이 오우펀?]	[웬 두 데이]
❸ Where do we eat tonight?	[웰르위 이이트나잍?]	[웨어r 두 위]
❹ How do you get that?	[하르유 겥(ð)댙?]	[하우 두 유]

❺ 그 여자는 어디로 가는데?
❻ 그 남자애는 누굴 닮았는데?
❼ 그 여자는 어떻게 그런 일을 할 수 있는 거야?
❽ 그 남자 언제 간대?

does의 축약 발음	[정상 속도로 말할 때]	[천천히 말할 때]
❺ Where does she go?	[웨럿쉬 고우?]	[웨어r 더아z 쉬]
❻ Who does he take after?	[후러ⓔ지 테일에ⓕ프터r?]	[후 더아z 히]
❼ How does she do that?	[하우룻쉬 두우댙?]	[하우 더아z 쉬]
❽ When does he leave?	[웬듯히(리) 리이v?]	[웬 더아z 히]

did의 축약 발음	[정상 속도로 말할 때]	[천천히 말할 때]
❾ Where did you meet her?	[웨얼r를쥬 미잍 허r?]	[웨어r 디쥬]
❿ When did you see him?	[웬쥬 씨힘(홈)?]	[웬 디쥬]
⓫ How did she go there?	[하를쉬 고우 (ð)데어r?]	[하우 딛 쉬]
⓬ Who did he contact there?	[후를히(후디리) 칸텍 (ð) 데어r?]	[후딛히]
⓭ What did they do then?	[윝디(ð)데이(레이) 두(ð)덴?]	[윝 딛 (ð)데이]

🎧 51-2.mp3

3단계
대화 발음훈련

축약형 do, does, did 대화에서 가려듣기

조동사 do, does, did의 축약형에 얼마나 적응되었는지 대화를 통해 한번 점검해 볼까요?

❶ A Excuse me, **what did you** say?
　　　[워 리(디)쥬 쎄이?]

　B ¹I said, **who did he** contact there?
　　　[후 딛히(디리) 칸텍 (ð)데어r?]

❷ A **Who does** he take after, you or Steve?
　　　[후러ⓩ지 테익에ⓕ프터r, 유 오어r 쓰띠이v?]

　B Steve. He's got his eyes and nose.

　A Oh, yeah. ³Now I can see that.

여기까지 따라하면 진짜 미국발음!

❶ ¹I said, who did he contact there? 하고 다시 말해줄 때는 또박또박 말하게 되므로 축약이 일어나지 않을 수도 있습니다.

❷ ²Now I can see that.에서는 Steve를 정말 닮은 것(that)이 보인다는 뜻으로, that을 강조합니다.

❾ 어디서 그 여자 만났는데?
❿ 넌 언제 그 사람 만났는데?
⓫ 그 여자는 어떻게 거기에 갔대?
⓬ 그 사람 거기서 누구를 찾았는데?
⓭ 그 사람들은 그러고 나서 뭘 했는데?

❶ A 실례합니다만, 뭐라고 말씀하셨죠?
　B 내 말은 그 사람이 거기 가서 누굴 찾았느냔 말이야?
❷ A 이 애는 누굴 닮았지. 당신이야 아니면 Steve야?
　B Steve지. 눈매 하고 코가 그를 닮았잖아.
　A 어 그래. 그러고 보니 그러네.

❸ A 언제 열어요?
B 아침 8시에 열어요.
A 그리고 닫는 건…
B 밤 9시에 닫아요. 토요일
에는 5시에 닫고.

❸ A **When do they** open?

[웬드(ð)데이(레이) 오우쁜?]

B They open at 8 in the morning.

A And they close...

B They close at 9 at night, but on Saturdays, they close at 5.

52 조동사와 부정어 not의 축약

조동사와 부정어 not이 만날 때

강의 및 예문듣기

축약 3 - 조동사와 짝을 이룬 부정어 not의 축약

조동사와 부정어 not이 만나서 축약되면 습관적으로 마지막 t를 발음하지 않습니다.
부정어 not 발음은 독해상 문제가 되지 않습니다. 하지만 Listening에서는 축약되기 때문에 청취훈련상 도전이 되는 요소입니다.

> **don't**　　**didn't**　　**can't**　　**won't**

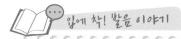
입에 착! 발음 이야기

부정어 not은 말할 때는 흔히 축약형으로 나옵니다. 하지만 do not, does not, did not 하는 식으로 두 단어로 풀어서 이야기할 때는 상당히 감정이 실린 격한 tone이거나 사실이 아님을 강력히 피력하려는 화자의 의도를 느낄 수가 있습니다.

다음의 문장을 부정어를 강조하며 읽어보세요.

> I do **NOT** get it!
> (도대체 이해할 수가 없다니까!)
>
> He does **NOT** get it!
> (그 남자 정말로 말귀를 못 알아듣는다니까!)
>
> You did **NOT** tell me what it was!
> (너 나한테 그게 뭔지 진짜 말 안 했다니까!)

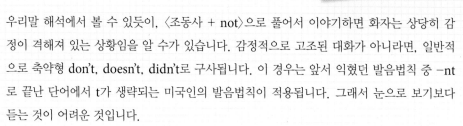

우리말 해석에서 볼 수 있듯이, 〈조동사 + not〉으로 풀어서 이야기하면 화자는 상당히 감정이 격해져 있는 상황임을 알 수가 있습니다. 감정적으로 고조된 대화가 아니라면, 일반적으로 축약형 don't, doesn't, didn't로 구사됩니다. 이 경우는 앞서 익혔던 발음법칙 중 -nt로 끝난 단어에서 t가 생략되는 미국인의 발음법칙이 적용됩니다. 그래서 눈으로 보기보다 듣는 것이 어려운 것입니다.

NOT이란 의미가 말하는 내용의 진위^{True of False} 혹은 가불가^{可不可}의 의미를 결정하는 중요한 말임에도 불구하고, 듣기에는 '은[n(t)]' 혹은 '언[ən]' 정도로만 표현됨을 기억해야 합니다.

조동사와 not이 만나서 생기는 축약

〈조동사 + not〉은 일반적으로 축약해서 말할 때는 특별히 조동사의 모음을 강조합니다.

do not → **don't** [도운]

does not → **doesn't** [더②전]

did not → **didn't** [디른]

can not → **can't** [캐앤]

will not → **won't** [워운]

의문문에서 나온 do/does/did/can/will은 거의 약화되어 〈첫소리 자음+모음〉까지 없어져 버리고 마지막 자음만 남는 경우까지 있습니다.

-n(t) sound는 전달하려는 message를 완전히 뒤바꿔놓을 만큼 중요한 정보이므로, 축약형임에도 다른 어떤 말보다 강조해서 말하게 되죠. 그래서 긍정형 조동사보다는 부정형 조동사가 훨씬 더 잘 들립니다. 더 잘 들리는 이유는 〈조동사n't + 동사원형〉은 긍정형 조동사보다 훨씬 더 확실하고 또렷하게 발음해 주기 때문입니다.

don't나 doesn't을 말할 때 마지막 t sound가 거의 들리지 않을 수 있습니다. 마지막 t sound를 발음하지 않는 것에 익숙해지도록 반복해서 연습해보세요. 의문문 조동사 do/does/did와는 달리, don't doesn't은 강조되는 단어이므로 첫소리 d는 약화되지 않습니다.

🎧 52-1.mp3

don't[로운]와 doesn't[더②전], 문장에서 익히기

don't나 doesn't을 말할 때 마지막 t sound가 거의 들리지 않을 수 있습니다. 의문문 조동사 do/does/did와는 달리, don't/doesn't은 첫소리 d가 약화되지 않습니다.

		정상 속도로 말할 때	천천히 말할 때
❶	I don't have it with me.	[아이도우네⁰빝 윌미.]	[아이 도운트]
❷	You don't understand.	[유도운 언덜ㅆ때앤.]	[유 도운트]

❶ 그거 나한테 없는데(내가 안 가지고 오는데).

❷ 넌 몰라(이해 못해).

③ 우리 시간이 많지 않아.

④ 그 사람들은 이해 못하고 있어.

⑤ 그녀는 너한테 말도 안 걸어.

⑥ 그는 약속을 안 해.

③ **We** don't have much time.　[위도우네v 멑츄타음.]　[위 도운트]

④ **They** don't get it.　[(ð)데이도운게맅.]　[(ð)데이 도운트]

⑤ **She** doesn't speak to you.　[쉬더②전 ㅅ삐익트유.]　[쉬 더②전트]

⑥ **He** doesn't promise.　[히더②전 프롸므쓰.]　[히 더전트]

---

③ **진짜 미국발음!**

③ don't have라고 할 때 〈부정형+동사〉는 모두 분명히 발음합니다. 반복되는 대명사, 부사의 첫소리 [h]는 축약되어 무시되거나 약화될 때가 많습니다.

🎧 52-2.mp3

3단계
대화 발음훈련 ❶

❶ A 서둘러! 우리 시간이 많지 않아. 여보.
　 B 알았어요. 알았어! 지금 가요.

❷ A 그 여자가 너한테 말도 안 걸어.
　 B 응. 안 해. 날 쳐다보지도 않더라고.

don't[도운]와 doesn't[더②전], 대화에서 가려듣기

❶ A　Hurry up! We **don't** have much time, ¹Hon.
　　　[위도우헤에v 츄타음, 한.]

　 B　Okay, Okay! I'm coming.

❷ A　She **doesn't** speak to you.
　　　[쉬더②즌 ㅅ삐익트유.]

　 B　²No, she **doesn't**. She **doesn't even** look at me.
　　　[노우, 쉬 더②즌.] [쉬더(러)저니ⓥ번 루퀱미.]

---

❶ **진짜 미국발음!**

❶ ¹Hon [한]은 Honey [하니]의 준말이죠. 남편이나 아내, 자식을 정답게 부를 때 호칭으로 쓰는 말입니다. 다른 사람의 아내, 남편, 아이를 your honey라고는 칭하지 않습니다.

❷ ²No, she doesn't에는 생략된 speak to me를 대신하는 의미가 담겨 있습니다. 이때는 약화시키지 않고 분명히 말해주기도 하죠. She doesn't even ~에서는 doesn't의 마지막 t sound를 발음하지 않기 때문에 [doesn-even; 더②저니ⓥ번]으로 연결된 sound 형태로 나옵니다. 부정어 다음에 따라나오는 부사 even은 doesn't을 강조하는 역할을 하므로 doesn't과 함께 강조해서 말합니다.

did가 not의 축약형 didn't[디른]

did not의 축약형에서 첫소리 d가 약화되는 경향은 미국인들과의 대화에서 찾아보기 힘듭니다. didn't(디든)이 속도가 빨라지면 두 번째 d가 약화되어 '디른'으로도 들릴 수 있습니다. 부정어 didn't을 강조하기 위해 didn't을 말하고 잠시 짧은 숨호흡 정도의 pause를 넣은 다음 동사원형을 발음하기도 합니다.

didn't에 유의하며 다음 문장을 천천히 읽어보고, 어느 정도 익숙해지면 정상속도로 말해보세요.

① 난 그 사람한테 부탁 안 했어(안 물어봤어).

② 너 나한테 전화 안 했잖아.

③ 그녀는 우리를 초대하지 않았어.

④ 그는 날 보지 못했어.

⑤ 우린 잠 한숨 못 잤어.

⑥ 그들은 그걸 마음에 들어 하지 않았어(탐탁하게 여기지 않았어).

		[정상 속도로 말할 때]	[천천히 할 때]
①	I didn't ask him.	[아이디른 애애쓰킴.]	[아이 디든트]
②	You didn't call me.	[유디른 커얼 미.]	[유 디든트]
③	She didn't invite us.	[쉬디른 인♡바이러쓰.]	[쉬 디든트]
④	He didn't see me.	[히디른 씨이미.]	[히 디든트]
⑤	We didn't sleep at all.	[위 디른 슬리페럴.]	[위 디든트]
⑥	They didn't like it.	[(ð)데이디른 라이킽.]	[(ð)데이 디든트]

여기까지 따라하면 **진짜 미국발음!**

⑤ sleep at all에서 at all은 분명하게 발음합니다. not에 딸린 부정어에 속하는 말이기 때문이죠.

283

대화에서 didn't[디른] 가려듣기

대화를 들어보면서 긍정과 부정의 message를 구분할 수 있는지 확인해보세요.

❶ A 너 어젯밤에 어디에 있었어?

❶ **A** Where were you last night?

B 나 Jenny네 파티에 갔었어. 정말 재미있었어. 어, 잠깐만. 너희는 어떻게 된 거야? 너희들 거기 안 왔었지, 그렇지?

B I went to Jenny's party. I had great fun there. Oh, wait a minute. What happened to you guys? You **didn't** make it, did you?
[유디른메이킽, 디쥬?]

A 응. 사실은, 그 애가 우리는 부르지 않았어.

A No. ¹Actually, she **didn't** invite us.
[노우. 액츄얼리, 쉬디른 인ⓥ바이러쓰.]

❷ A 어떻게 됐어?

❷ **A** What happened?

B 그는 나타나질 않았어.

B He **didn't** show up.
[히디른 쇼우앞.]

A 그가 널 바람 맞혔구나?

A He stood you up?

B 그 얘기는 하고 싶지 않아.

B ²I **don't** want to talk about it.
[아이도운 워너 터어커바우맅.]

❶ ¹didn't을 강조하기 위해 invite와는 연결시켜 발음하지 않았습니다.

❷ ²7개의 독립된 sound unit이 말로 구사될 때는 I don't / want to / talk about it으로 3개의 sound unit 형태로 묶어 말하죠. 이것이 바로 연음의 결과로 나타나는 말과 글의 차이입니다.

2단계
문장 발음훈련 ❸

will not의 축약형 won't[워운]

will not의 축약형 won't에서 첫소리 wo-는 [워오우]로 발음하고, 여기에 -n[은] 하는 sound가 연결됩니다. 역시 마지막 t sound는 발음하지 않습니다. 먼저 축약형 won't의 정확한 발음부터 익히세요. 그다음에 다음 문장들을 천천히 발음해 보세요. 그러다 어느 정도 익숙해지면 정상 속도로 말해보세요.

will not의 축약형 won't와 다음에 오는 동사는 모두 강조하면서 또박또박 말해줍니다. 그 둘 사이에 살짝 짧은 호흡 정도의 pause를 넣어 명확히 전달되도록 말합니다.

❶ 오래 걸리지 않을 거야.
❷ 다신 그런 일은 안 할 거야.
❸ 넌 말하지 않을 거야.
❹ 그는 내 말을 안 들으려고 해.
❺ 그녀는 나오지 않으려고 해.
❻ 우린 여기 없을 거야.
❼ 그들은 돌아오지 않을 거야.

		[정상 속도로 말할 때]	[천천히 말할 때]
❶	It won't be long.	[잍워운비 러엉.]	[잍 워오운]
❷	I won't do that again.	[아이워운 두(ð)데 러겐.]	[아이 워오운]
❸	You won't tell.	[유워운 텔.]	[유 워오운]
❹	He won't listen to me.	[히워운 리썬트미.]	[히 워오운]
❺	She won't get out.	[쉬워운 게라웉.]	[쉬 워오운]
❻	We won't be here.	[위워운비 히어r.]	[위 워오운]
❼	They won't be back.	[데이워운비 배엑.]	[데이 워오운]

3단계
대화 발음훈련 ❸

대화에서 won't[워운] 가려듣기

❶ A 왜 그래, Linda?
 B 우리 애가 먹질 않아요.
 A 아무것도 안 먹어요? 그렇다면, 혹시 무슨 고민이 있을지도 몰라요. 한번 확인해 봐요.

❶ **A** What's wrong, Linda?

 B My son **won't** eat.
 [마이 썬 워운 이잍.]

 A ¹He **won't** eat anything? Maybe, he has some problem.
 [히워운 이잍 에니(θ)씽]

 You need to check it out.

❷ A 너 공부 안 하면, 배우는
　 게 없을 거야.

　 B 나도 알아요. 사람들이
　 다 말은 그렇게 하죠. 하
　 지만 난 공부하는 거 말
　 고 다른 할 일이 있었으
　 면 좋겠어요.

❷ A　If you don't study, you **won't** learn.

　　[이①피유 도운 ㅅ떠디(리), 유 워운 러언.]

　 B　I know. ²That's what everyone says. But I ³want something different other than just hitting the book.

❶ ¹He won't eat anything?은 내용상 평서문인데, 끝을 올려서 의문문으로 던진 말입니다. 구어에서 흔히 쓰는 어법이죠. '아무것도'라는 뜻인 anything을 힘주어 강조하면서 끝을 올립니다.

❷ ²That's what everyone says에서 복합 관계대명사 what은 '−하는 것'이란 뜻으로, 단순히 접속사 역할만 하는 일반 관계대명사보다 의미 전달에서 비중이 큽니다. 그래서 잘 들릴 수 있을 정도로 말해야 합니다.

　 ³want[원]도 t를 발음하지 않기 때문에 won't[워운]과 비슷하게 들릴 수 있습니다.

잠깐만요!

one[won:원]과 won't
[woun우윈]이 비슷하게 들
릴 수 있습니다. 주의하세요.

🎧 52-7.mp3

2단계
어구 발음훈련 ❹

can[컨]/[큰]과 can't[캐앤] 발음 구별하기

can't[캐앤]의 경우 사전에 실린 긍정형의 발음 '키애앤'[kaen]이 실제 대화에서는 부정형 can't의 발음으로 들립니다. 긍정형 can은 [큰]/[컨] 정도로 [æ] 모음이 아주 약화됩니다. 긍정형과 부정형 구별이 혼란스러울 수도 있지만, 실제 대화에서는 구별하는 데 어려움이 없습니다. 부정형이 훨씬 잘 들리고 긍정형은 거의 '큰/컨' 하고 묻힌 상태에서 다음에 나온 동사를 강조해서 말해주기 때문이죠. 긍정형과 부정형을 번갈아 발음하면서 sound 차이에 익숙해지도록 해봅시다.

부정형 can't은 모음 [æ]를 힘주어 약간은 끌어주듯이 발음한다는 것을 명심하세요. '~할 수 없다'는 말은 꼭 전달해야할 message이므로 분명히 강조해주어야 합니다.

긍정형 ☺		부정형 ☹
❶ I can [아이컨(큰)]	→	I can't [아이키애앤(캐앤)]
❷ You can [유컨(큰)]	→	You can't [유키애앤(캐앤)]
❸ He can [히컨(큰)]	→	He can't [히키애앤(캐앤)]
❹ She can [쉬컨(큰)]	→	She can't [쉬키애앤(캐앤)]
❺ We can [위컨(큰)]	→	We can't [위키애앤(캐앤)]
❻ They can [데이컨(큰)]	→	They can't [(ð)데이키애앤(캐앤)]

❶ A 현금으로 지불하면 돈이 많이 절약됩니다.

B 네, 저도 알아요. 하지만, 전 학생이라는 거 아시잖아요. 늘 현금으로는 지불할 수가 없어요. 하지만 될 수 있는 대로 지출을 줄일 수는 있을 것 같아요.

❷ A 가게를 세 군데나 돌아다녔는데, 아직도 맘에 드는 걸 못 찾았거든요.

B 아마 이게 손님이 찾으시는 용도에 맞을 거예요.

A 그래요. 이거 좋아 보이네요. 한번 입어 봐도 될까요?

can[컨]/[큰]과 can't[캐앤] 대화에서 구별하기

❶ A You **can** save a lot by paying cash.
[유큰 쎄이ⓥ버랱 바이 페잉 캐애슈.]

B Yes, I know. Remember, I'm a student. I **can't** pay cash all the time. [아이키애앤 페이 캐애슈 ~]

¹But I can cut corners where I **can**.
[아이큰 캍코*r*널z 웨어라이큰.]

❷ A I've been to three stores, but I still **can't** find anything I like.
[버라이 쓰띠일 키애앤 ⓕ파인 에니(θ)씽 아이라일.]

B Perhaps this will serve your purpose.

A Well, these look good. ²**Can** I try them on?
[캐나이 츄롸이(ð)더마안?]

> 이렇게까지 따라하면 **진짜 미국발음!**
>
> ❶ ¹I have to cut corners where I can은 '작은 지출도 줄인다, 아껴 쓴다'는 의미로, cut corners가 의미 단위를 이룹니다. where I can에서 긍정형 can은 [캔] 정도로 축약되지 않고 발음됩니다. '줄일 수 있는 한'이란 의미가 함축되어 있어 긍정형임에도 불구하고 강조해서 말합니다.
> ❷ ²Can I try them on은 '입는다(put on)'는 뜻을 함축한 on을 강조해서 말합니다.

조동사 can[캐앤]이 강조되는 경우

앞서 언급된 동사의 의미를 함축하면서 말을 받아치는 경우에 〈주어 + can〉의 형태로 나옵니다. 이때 can은 동사의 의미를 압축한 일종의 대동사(동사를 대신하는 말)의 역할을 합니다. 다음과 같은 경우 can은 강조됩니다.

A **Can** you[캐니유] write it down for me?

B I think I **can**[캐앤].

A I think you **can**[큰] call her and talk to her.

B Yes, I think I **can**[캐앤]. Why not?

53

목적격 대명사의 축약 및 약화되는 첫 자음

습관상 축약되는 단어들

강의 및 예문듣기

축약 4 – 서로 알고 있는 목적격 대명사의 축약
대화 상황을 서로 알고 있는 요소는 대명사로 표현하고, 특히 목적격 대명사도 자주 축약됩니다.

축약 5 – 습관적으로 약화되는 첫 자음
미국인들이 습관적으로 첫소리를 약화시켜 발음하는 단어가 있습니다. house, home, there, here, tomorrow, tonight 같은 것들이죠. 또한 미국인들의 발음 습관상 첫 자음을 약화시키거나 발음하지 않는 단어들도 있습니다.

---

him('im)　　**her**('er)　　**them**('em)
White House　　**at** home　　**in** there

 입에 착! 발음 이야기

다양한 인종과 문화가 집결된 **New York** 시내를 거닐다 보면 언제 어디서나 재미있는 풍경을 맞닥뜨리게 되죠. 어느 날 아는 교수님의 **party** 초대를 받아 가던 중 멋진 노래 소리가 들리더랍니다. 가까이 가보니 야하게 차려 입은 흑인 여자가 노래를 부르고 있었답니다. 꽤 실력이 있는 노래에 심취해 듣고 있던 중 앞에 있던 두 남자의 대화를 듣게 되었죠.

A　Look **at'er**!
　　(야, 저 여자 봐라!)

B　Wow, she has a great body.
　　(와, 몸매 죽이는데.)

A　Wait a minute! It's not **her**. It's **him**.
　　(잠깐! '여자'가 아니잖아. '남자'야.)

B　Oh, brother! You're right. It's a guy!
　　(맙소사! 네 말이 맞네. 남자야!)

여자라고 생각했는데 여장남자였던 겁니다. 위 대화에서 보듯이 him/her를 구사할 때 두 가지 형태가 있습니다. 첫째, 사전 발음 기호대로 h와 더불어 제대로 다 발음되는 경우, 둘째, h가 생략되고 약화된 형태로 발음되는 경우입니다.

Look at'er!처럼 her나 him은 h 발음을 생략해 'er 또는 'im 정도로 들리게 발음하는 경우가 많습니다. 하지만 '여자냐 남자냐'의 구별이 중요한 화제가 되었던 "It's not 'her'.나 It's 'him'." 같은 말에선 h sound를 분명하게 발음해줍니다. her나 him, 또 them같은 대명사는 대화의 관건인가 아닌가에 따라 생략이 될 수도 강조가 될 수도 있습니다.

서로 알고 있는 대명사는 축약된다!

사람을 가리켜 말하는 him / her / them이 누구라고 서로 알고 있는 상황일 때 일반적으로 다음과 같이 약화시켜 말합니다.

him[힘] → im[음]   her[허r] → er[어r]   them[뎀] → em[엄]

인칭대명사는 대화의 관건, 즉, 그 사람(들)의 정체 자체가 대화의 주제가 되지 않는다는 것을 전제로 합니다. 사전적 발음의 정의로는 him, her, them에서 묵음 현상이 일어나지 않지만, 실제 대화에서는 이 3인칭 목적어를 축약시켜 말하는 것이 미국인의 발음 습관 중 하나입니다.

축약된 목적격 인칭대명사의 발음 차이

목적격 인칭대명사를 천천히 말할 때와 속도가 빨라졌을 때를 비교하면서 읽어보세요.

정상 속도로 말할 때		천천히 말할 때
❶ tell'r [텔러r]	→	tell her [텔 허r]
❷ watch'r [웥춰r]	→	watch her [웥츄 허r]
❸ give'im [기ⓥ븜]	→	give him [기v 힘]
❹ make'im [메이큼]	→	make him [메잌 힘]
❺ see'em [씨엄]	→	see them [씨(ð)뎀]
❻ fix'em [ⓕ픽썸]	→	fix them [ⓕ픽 쓰 (ð)뎀]

fix는 '고친다, 정한다'는 뜻으로도 씁니다.

축약된 대명사, 대화에서 확인하기

대명사의 활용은 우리말에서는 그다지 흔하지 않기 때문에, 익숙해지는 데 훈련이
필요합니다. 성별 He와 She를 구별해서 쓰는 것에 익숙하지 않은 경우, 대명사
의 사용과 더불어 그 대명사를 축약하여 말하는 데 유의하여 연습해둘 필요가 있습
니다.

❶ **A** ¹Did you **tell her(tell'er)** that it's she that has to pay the bill?
[디쥬텔럴 데릴ㅉ 쉬 (ð)딭헤z트페이(ð)더 비얼?]

   B ²No, not yet.

❷ **A** ³Don't **give him(give'im)** my phone number.
[도운 기♥범 마이①포운 넘버*r*.]

   B Got it.

❸ **A** ⁴When you happen to see Tom and Rita,

      can you **tell them(tell'em)** that I'm waiting
[케뉴 텔름 테라음 웨이링 ①포*r*(ð)덤 옡더 라비?]

      for them at the lobby?

   B Okay, I will.

❶ A 그 여자한테 말했어. 그
고지서는 자기가 내야 한
다고?
B 아니, 아직 못 했어.

❷ A 그 남자한테 내 전화번호
주지 마.
B 알았어.

❸ A 혹시 Tom 하고 Rita 보
면, 그 애들한테 말 좀 해
줄래, 내가 로비에서 기
다리고 있다고?
B 알았어요, 그럴게요.

이것까지 따라하면 진짜 미국발음!

❶ ¹bill을 강조하기 위해 [비얼] 하고 발음할 수 있습니다. I sound 발음 요령에 신경 쓰세요.
²No, not yet[노우, 낱 옡]처럼 핵심적인 말만 하는 경우에는 모든 말이 다 강조됩니다. 형식
적인 말, 반복되는 말은 죄다 빼고 그야말로 알맹이만 말하는 거니까, 모두 똑똑히 발음해주어
야겠죠.

❷ ³Don't / give him / my phone number로 3개의 sound unit으로 들리죠.

❸ ⁴이렇게 호흡을 조절하면서 말해보세요.
When you happen to see Tom and Rita, / can you tell them / that I'm
waiting for them / at the lobby?

습관상 축약시켜 발음하는 첫 자음

White House [와잍 하우ㅆ] → [와이라우ㅆ]

at home [엩호움] → [에로움]

in there [인 (ð)데어r] → [은네어r]

house, home, there, here, tomorrow, tonight 등 미국인들이 습관적으로 첫
소리를 약화시켜 발음하는 단어들이 있습니다. 사람마다 말하는 습관에 조금
씩 차이는 있지만, 보통 **첫소리를 축약시켜 발음하는 경향**이 많이 나타납니다.
이 같은 단어의 발음을 사전대로만 익히고 말면, 쉬운 단어라도 실제 대화에선
안 들리게 되죠. 하지만 이런 단어들의 변칙적 발음을 정확하게 알고 익혀둔다
면 미국 영어 발음을 이해하기가 한결 쉬워집니다.

습관상 축약되는 단어들

다음에 별색으로 표시한 부분은 빠른 속도로 말할 때, 첫소리가 탈락하면서 연음이
되기도 합니다. 미국인들이 습관적으로 축약해서 발음하는 단어들이죠.

❶ 백악관에 가본 적 있어요?

❷ 내 집처럼 편히 계세요.

❸ 난 거기에 놔두었다고 생각
했었는데, 그게 거기 없더라
고요.

❹ 얘들아, 이리 와. 안 무서워!
이 개는 안 물어. 봐!

❺ 제가 내일 아침 눈 뜨자마자
그 일부터 처리하겠습니다.

❻ 오늘 밤에 너한테 전화해도
돼?

		천천히	빠르게
❶	Have you ever visited the White House?	[(우)와일하우ㅆ]	[와이라우ㅆ]
❷	Make yourself at home.	[엩 호움]	[에로움]
❸	I thought I'd put them in there, but they're not there.	[인 (ð)데어r]	[인네어r]
❹	Come here, boys. Don't be afraid. He doesn't bite. Look!	[컴 히어r]	[커미어r]
❺	I'll do it first thing in the morning tomorrow.	[트마뤄우]	[느마뤄우]
❻	Can I call you tonight?	[트나잍]	[르나잍]

잠깐만요!

in there 혹은 in here 같은
말은 문법적으로는 틀린 표현
이지만, 구어체에서는 흔하게
접할 수 있습니다.

3단계
문장 발음훈련 ❷

습관적 축약, 대화에서 알아듣기

대화 속에서 습관적으로 축약되는 단어들을 접해보면 더욱 실감이 날 겁니다. 화자가 의식적으로 강조하는 경우와 특별한 의도 없이 말하는 경우를 비교하면서 들어보세요.

❶ A 내 차 내일까지 다시 갖다줘.
　B 네 차 내가 내일 갖다 놓을게. 약속해! 내일 아침에 눈 뜨자마자 갖다놓을게.

❷ A 오늘 밤에 너한테 전화해도 될까?
　B 안 하는 게 좋을 것 같은데. 우리 부모님은 내가 밤늦게 전화 통화 하는 걸 좋아하지 않으시거든.

❸ A 얘들아 이리 와 봐. 무서워하지 마. 물지 않아. 봐!
　B 우리가 데리고 놀아도 돼요?
　A 그럼. 하지만 밖으로 나가면 안 돼. 그냥 여기 앞마당에서만이야. 알겠니?

❶ A I need my car back by ¹tomorrow.

　B I'll take your car back tomorrow. I promise!

　　I'll ²do it first thing in the morning tomorrow.

❷ A Can I call you ³tonight?

　B I don't think that's a good idea. My parents don't like me to talk over the phone late at night.

❸ A ⁴Come here, boys. Don't be afraid. He doesn't bite. Look!

　B Can we play with him?

　A Why not? But don't go outside, just here in the front yard. Got that?

이것까지 따라하면 **진짜 미국발음!**

❶ ¹tomorrow란 시점이 강조될 땐 t sound가 약화되지 않지만, 때로는 이런 경우조차도 약화시키기도 하죠.
　²do it first thing in the morning은 '눈 뜨자마자 열 일 제쳐놓고 그 일부터 한다.'는 뜻으로, 자주 접할 수 있는 표현입니다.

❷ ³tonight을 약화시킨 발음과 at night이 구별되는지 잘 들어보세요.

❸ ⁴Come here라고 불러들일 때는 보통 here의 첫소리 h를 약화시킵니다. 하지만 '여기서만'이라고 강조해서 말할 때는 just here를 다 힘주어 말합니다.

🎧 T06.mp3

앞에서 배운 내용을 잘 소화했는지 확인할 차례입니다.
발음뿐 아니라 어휘와 회화 표현력도 높이는 기회가 될 것입니다.

STEP 1 잘 듣고 문장에서 강조하고 있는 단어들을 표시해보세요.

헷갈리면 반복해서 들어보고 선택해도 좋습니다.

❶ I'll _____ at the next _____ and get some
_____ and _____ for the camera.

❷ Can you come and _____ me around _____ at my _____
_____?

❸ He's _____ for a _____ because he doesn't _____
_____ with his workmates.

❹ _____ and _____ you guys _____ for the
_____?

❺ Nancy'll go _____ the _____ from the copier if I
_____ her _____.

❻ My _____ has just _____ his _____ year at _____.

❼ He's going to _____ on _____ for a _____ to study to
_____ to a _____.

❽ We _____ have a _____ here, but you can _____ it at the
_____ at the Dragon Hotel.

❾ _____ of the _____ in Korea _____ give their kids a ride to
school, because most of them _____ or _____ to _____.

❿ It doesn't matter _____ been to the
United States; what _____ is what you've _____ from _____.

잘 듣고 다음 질문에 우리말로 답해보세요.

> Step 1과 같은 문장들을 보다 빠른 속도로 들려줄 겁니다.
> 문장의 핵심 내용을 담은 key words를 이해했는지 점검해봅시다.

❶ 주유소에 들러서 할 일이 무엇이라고 하나요?

---

❷ 언제 사무실에서 보자고 하나요?

---

❸ 그 사람이 다른 일을 찾고 있는 이유는 무엇인가요?

---

❹ 묻고 있는 내용은 무엇인가요?

---

❺ Nancy에게 시킬 일이 있다면 무엇일까요?

---

❻ 화자의 아들은 학위를 어디까지 마친 건가요?

---

❼ 1년 휴학을 하는 이유는 무엇인가요?

---

❽ 호텔 business center에 가라고 하는 이유는?

---

❾ 대부분 한국 부모들이 차로 아이들을 학교에 태워다주지 않는 이유는?

---

❿ 무엇이 더 중요하다고 하나요?

다음 문장을 잘 듣고, 빈칸을 채워 완성하세요.

❶ It is a _____ show about the _____
_____ and their _____ .

❷ This is _____ the _____ that you know from the _____
movies in the States.

❸ My _____ has _____ from a _____ this _____ .

❹ I _____ to your friend Young Hee about me
and my _____ .

❺ He wants to put some _____ on his _____
to make it _____ .

❻ They think that _____ will make themselves _____
_____ in the _____ .

❼ I am _____ about my _____ if she gets some _____
_____ from this TV drama show about a _____ -aged _____
woman, who's _____ , falling in _____ with some _____ guy.

STEP 4 대화를 잘 듣고 이해한 다음, 관련된 질문에 답을 찾아보세요.

듣기를 원활하게 하기 위해 핵심 단어의 뜻과 발음을 먼저 익히고 듣기를 시작하는 것도
좋은 학습 방법입니다.

❶ What is the reason the man's son is trying to take a test?

(a) He wants to finish his college.

(b) He is going to go to a graduate school.

(c) He wants to transfer to a school with more brand name.

❷ How did the woman find out that her friend is spreading the word about her relationship?

(a) She saw his talk to people about him.

(b) She caught his texting to her friend talking about her relationship.

(c) She didn't know until somebody told her about it.

❸ What is the main focus of this TV show?

(a) About the American superheroes.

(b) About the family life of some TV actors.

(c) About the children raised by their single parents.

미국 영어 발음
무작정 따라하기

· 중간점검 정답

| STEP 1 |

① toast

② tomato

③ important

④ mountain

⑤ twenty

⑥ future

⑦ extension

⑧ stress

⑨ whistle

⑩ international

| STEP 2 |

① portable computer

② contact number

③ small town

④ twenty minutes

⑤ dental clinic

⑥ stress related diseases

⑦ train station

⑧ fasten up

⑨ water bottle

⑩ quarterly report

| STEP 3 |

① Our flight will be leaving in ten minutes.
우리가 탈 비행기 10분 안에 떠날 거야.

② Does it have Korean subtitles?
그건 한국어 자막이 있나요?

③ She looks much younger in that picture.
저 사진에서 그녀는 훨씬 젊어 보인다.

④ You can transfer to line number two at the next stop.
다음 정류장에서 2호선으로 갈아타시면 돼요.

⑤ It is important to take time and think it over. 시간을 가지고 생각을 곰곰이 해보는 게 중요하지.

⑥ I will call him and let him know first thing in the morning.
아침에 그 사람한테 내가 전화해서 알려줄게.

⑦ Think out of the box. Be open-minded and be creative. 꽉 막힌 사고의 틀을 깨세요. 마음을 열고 창의성을 발휘해보세요.

⑧ I'll have a house-warming party this Saturday. Can you come?
이번 주 토요일에 집들이 하는데요. 올래요?

⑨ I can't get Internet access from here.
여기서는 인터넷 접속이 안 되네요.

⑩ I wouldn't say that if I were you. You know she's going to be upset to hear that, don't you? 내가 너라면 그렇게 말 안 할 텐데. 그 소리를 들으면 그녀가 발끈할 걸 잘 알면서 그래.

| STEP 4 |

① A I'm going to get some snacks. Do you want anything?
나 뭐 먹을 것 좀 사러 가는데. 뭐 원하는 거 있어?

B No thanks. I'm so full. I had a T-bone steak with mashed potatoes.
아니 괜찮아. 나 엄청 배불러. 티본 스테이크에 감자요리까지 곁들여 먹었더니 말이야.

A Oh, I thought you are on a diet.
어, 난 너 다이어트하고 있는 줄 알았는데.

B Yeah, I know. I'm going to start it tomorrow.
어, 그러게. 내일부터 시작하려고 해.

② A I'm going to open up my place and have a small party next Saturday. Can you come?
우리 집에 사람들 불러서 다음 주 토요일에 조촐한 파티를 하려고 하는데요. 오실래요?

B Sure! What should I bring? Koreans usually bring soaps and tissues to a housewarming party.
그럼요! 뭐 가지고 갈까요? 한국 사람들이라면 집들이에 비누랑 화장지 가지고 가는데.

A Oh, I have plenty of them at home. Can you bring your famous taco salad?

아, 저희 집에 그건 많이 있고요. 맛있다고 알려진 그 타코 샐러드 해가지고 오실래요?

B No problem. What time do you want me to come? 그러죠. 몇 시쯤 가면 될까요?

A Around seven thirty or eight will work.

일곱 시 반이나 여덟 시쯤이면 좋을 것 같네요.

중간점검 02
p.108~110

I STEP 1 I
1. color
2. daughter
3. breath
4. allergy
5. gasoline
6. escort
7. half
8. driver
9. baggage
10. middle

I STEP 2 I
1. baseball bat
2. country code
3. bank account number
4. full service
5. gas pump
6. dressed to impress
7. Amazon dot com
8. exclusive furniture
9. dining room sets
10. clearance outlet

I STEP 3 I
1. This is a place that you can buy a bunch of quality furniture all at once. 이런 장소라면 고급 가구도 한꺼번에 사서 들여놓을 수 있죠.

2. You don't want to send out your credit card or bank account number there.

그런 곳에는 신용카드나 은행 계좌번호를 막 보내고 그러면 안 될 것 같은데.

3. It's a piece of cake. I will have done it by tomorrow.

그런 일이라면 식은 죽 먹기죠. 내일까지 다 해 놓을게요.

4. You want to dress to impress on a job interview or on a first date.

면접이나 첫 데이트에는 상대방을 좋은 인상을 주도록 옷을 잘 입고 싶겠지.

5. Do you know the number of the baggage carousel to pick up our bags?

우리 가방 찾는 수하물 집결소 번호 알아요?

6. I bought this watch at the duty-free shop at the Incheon International Airport.

이 시계 인천 공항 면세점에서 샀어요.

7. I'm sorry, but I can't eat it. I'm allergic to spices. 죄송한데요. 저 이거 못 먹어요. 향신료에 알레르기가 있어서요.

8. Please put the country and area code before your contact number.

국가 번호, 지역 번호를 연락번호 앞에 기재해주세요.

9. Focus on what you have, not what you don't have. You will feel grateful.

자신이 가지지 못한 것보다는 현재 가지고 있는 것에 생각을 집중하세요. 그러면 마음에 감사함이 생길 거예요.

10. Take some aspirins and take a hot bath. Rest at home during this weekend.

아스피린 좀 먹고 뜨거운 물에 목욕해라. 이번 주말에는 집에서 푹 쉬어.

I STEP 4 I
1. **A** I'm looking for a good place to buy a couch and a coffee table.

소파하고 커피 테이블 살 만한 데 괜찮은 데가 있나 알아보고 있어요.

B Did you ever look up the online stores?
인터넷 상점은 알아봤어요?

A I haven't yet. <u>Any favorite</u> websites you want to recommend? 아직이요. 어디 괜찮은 웹 사이트 추천해줄 만한 데 있어요?

B Well, it <u>all depends</u> what you're looking for. Like size, <u>color</u>, quality, price, and so forth. 음, 어떤 것을 찾느냐에 전적으로 달렸죠. 사이즈, 색상, 품질, 가격 등등이요.

❷ A <u>How come</u> I can't <u>get</u> the <u>hot</u> water from this machine?
이 기계에서는 왜 뜨거운 물이 안 나오나요?

B Oh, let me show you. Put your <u>cup</u> here, and press the red <u>button</u> on top of the <u>handle</u>. Then, push the lever. See?
아, 제가 알려드릴게요. 여기에 컵을 대시고요, 손잡이 위에 있는 빨간 버튼을 누르세요. 그다음에 레버를 젖히시고요. 알겠죠?

A Ah-ha! Now I get it. Thanks!
아~! 그렇게 하는 거구나. 감사해요!

B No problem. 뭘요.

중간점검 03
p.153~155

I STEP 1 I
1. hammer
2. itchy
3. ketchup
4. quickly
5. leadership
6. nonfiction
7. milk
8. omelet
9. judge
10. popular

I STEP 2 I
1. <u>optimistic point</u> of view
2. <u>orange juice</u>
3. <u>film</u> maker
4. <u>holiday Inn</u>
5. <u>kidney</u> problem
6. White <u>House</u>
7. <u>reasonable</u> solutions
8. Internet <u>Explorer</u>
9. <u>lessons learned</u>
10. <u>college graduate</u>

I STEP 3 I
1. <u>Don't</u> use a <u>hammer</u> to swat a fly <u>off</u> from someone's head.
사람 머리 위에 앉은 파리 잡으려고 망치를 휘두르면 안 되겠죠.(사소한 실수를 고쳐준답시고 엄한 벌이나 훈계를 하는 것은 경우에 맞지 않는다.)

2. <u>Quitting</u> is not an <u>option</u> for <u>you</u>.
그만둔다는 건 네 사전에 없는 거다.

3. I <u>found</u> a <u>note</u> that says "Anyone <u>knows</u> where my <u>cell phone</u> is?" "내 전화기 어디 있는지 본 사람 있어요?"하는 쪽지를 주웠어요.

4. LOL means <u>laugh</u> out <u>loud</u>.
영어로 LOL은 박장대소란 뜻이에요.

5. My <u>son</u> is doing so well at football, and he may <u>go pro</u> after <u>college</u>. 우리 아들이 미식 축구를 아주 잘해요. 대학 마치고 프로선수로 갈지도 몰라요.

6. <u>Pecking order</u> exists in <u>many areas</u> of life in Korea.
위계 질서는 한국에 살면서 많은 곳에서 볼 수 있어요.

7. Can I have English <u>muffins</u> and <u>scrambled</u> eggs with <u>orange juice</u>, please?
잉글리시 머핀하고, 달걀 스크램블 된 거하고 오렌지 주스 주실래요?

8. Samsung Insurance offers an <u>individual retirement account</u> with this <u>plan</u>.
삼성 생명에서는 이 보험 상품에 개인 연금혜택을 끼워주고 있어요.

⑨ Upon your request, we are sending a book that has over 100 quick-fix meal recipes.
귀하의 요청에 따라, 100가지가 넘는 속성 조리법이 들어있는 책을 발송해드리도록 하겠습니다.

⑩ Many college graduates are seeking job opportunities now.
대학 졸업자들의 상당수가 아직도 직업을 구하고 있답니다.

| STEP 4 |

❶ A This is no name brand, but it is working so good.
이건 이름 없는 상표인데도 아주 성능이 좋아요.

  B Really? How much did you pay for that thing? 그래요? 그거 얼마 주고 샀는데요?

  A About nineteen dollars or so. It was a couple of years ago.
19달러인가 그래요. 2년 전에 샀거든요.

  B No kidding! That was a bargain.
와, 정말요! 아주 잘 사셨네요.

❷ A I'd like to return this juicer and get another one.
이 주스기 반환하고 다른 걸로 바꾸려고요.

  B Can you give me the receipt, please?
영수증을 보여주시겠어요?

  A It's inside the envelope there.
거기 봉투 안에 들어있어요.

  B OK. Did you purchase this with credit or debit?
네. 이거 신용카드로 구매하셨어요, 아니면 직불로 구매하셨어요?

중간점검 04
p.203~205

| STEP 1 |

❶ switch

❷ vegetarian

③ whole

④ sandwich

⑤ health

⑥ exchange

⑦ zero

⑧ unique

⑨ scrambled

⑩ excuse

| STEP 2 |

❶ whole wheat

❷ stress-related disease

❸ human resource management

❹ lengthy conversation

❺ worldwide economy

❻ career development

❼ vacuum cleaner

❽ behind the curve

❾ upset stomach

❿ yoyo effect

| STEP 3 |

❶ Eunice is dreaming about going to Europe to work as a resort manager.
Eunice는 유럽에서 리조트 매니저로 일하는 게 꿈이죠.

❷ I had a lengthy conversation with him about my career development.
제 경력 계발에 대해서 그분과 장시간 대화를 나눴습니다.

❸ Whatever we buy at our grocery shopping is always whole wheat or organic food.
장 보러 가서는 뭘 사든 우린 늘 통밀 아니면 유기농 식품을 사요.

❹ The Statue of Liberty is one of the big landmarks in New York City.
자유의 여신상은 뉴욕 시를 대표하는 상징물 중 하나죠.

❺ No more excuses for not answering your cell phone.
휴대폰으로 걸려온 전화를 받지 않는 데는 변명의 여지가 없지.

⑥ Back pain, neck pain and wrist pain appear common to the computer users.
허리하고 목고 손목 아픈 것이 컴퓨터 사용자들의 공통적 증상인 것 같군요.

⑦ Upset stomach can be a stress related symptom.
배탈이 나는 것은 스트레스 관련 증상일 수가 있어요.

⑧ The utility bill does not include the gas usage for cooking and heating.
관리비에는 취사 난방에 쓰는 가스비는 들어가지 않아요.

⑨ The camera zeroed in on a girl in tights exercising on the yoga mattress.
카메라 초점을 요가 매트에서 타이츠 입고 운동하고 있는 여자에게 맞춰봐.

⑩ Examine what you've been thinking about most lately, and you will find when and where your thoughts went wrong.
최근에 무슨 생각을 주로 하고 있는지 한번 다시 되짚어보세요. 그러면, 언제, 어디에서 생각이 잘못된 방향으로 흘렀는지 알 수 있을 겁니다.

I STEP 4 I

❶ A Excuse me. I'm looking for an exit to go to the Yongsan Electronics market. What exit number should I take?
실례합니다. 용산 전자상가로 가는 출구를 찾고 있는데요. 몇 번 출구로 나가야 되나요?

B Take exit number 4 or 5. Walk straight ahead from here and take the steps on your right at the end.
4번이나 5번 출구로 나가세요. 여기서부터 곧장 걸어가시다가 오른쪽 끝에 있는 계단으로 올라가세요.

A OK. Thanks a lot. 알겠습니다. 정말 감사합니다.

B No problem. Well, maybe I can show you where it is. Let me walk with you guys.
별말씀요. 음, 제가 가는 길을 직접 알려드리죠 뭐. 저하고 같이 걸어가세요.

❷ A Things are so expensive here. Everything

costs more than in the States.
여기는 물가가 참 비싸네요. 뭐든지 미국보다 더 비싸요.

B Why don't you try online stores?
인터넷 상점을 이용하시지 그래요?

A I think I can, but I don't trust these websites. I don't really feel like releasing my credit card information.
그래야겠어요. 그런데 이 웹사이트들을 못 믿겠어요. 제 신용카드 정보를 막 흘러보내고 싶진 않거든요.

B I can recommend you some secure websites, if you want.
제가 몇 군데 안전한 웹사이트를 권해드리죠. 원하신다면 말이에요.

중간점검 05
p.247~250

I STEP 1 I

❶ When you bring coupons, you will get a discount up to twenty percent.
쿠폰 가지고 오시면 20퍼센트까지 할인 혜택을 받으실 겁니다.

❷ I use shampoo every other day. Instead, I use conditioner every day. 저는 하루 건너 한 번씩 샴푸를 써요. 대신, 린스는 매일하거든요.

❸ Hillary has found an apartment near her work, but she hasn't moved in yet.
Hillary는 직장 근처에 아파트를 얻었는데, 아직 이사는 안 했나봐.

❹ We need technical support to solve these issues concerning tethering.
테더링에 관련된 문제들을 해결하기 위해서 기술 지원이 필요합니다.

❺ Don't ask too many questions, and just figure it out yourself.
너무 여러가지 묻지 말고, 네 스스로 알아서 해결하도록 해.

❻ This email is automatically generated in the system, so that you are not supposed to reply back. 이 이메일은 시스템에서 자동으로 발송되는 것이라 답장을 하지 마십시요.

❼ When the yellow dust is really bad in the spring time, you're encouraged to wear a mask to protect yourself. 봄에 황사가 아주 심할 때에는 보호하기 위해 마스크를 착용해주세요.

❽ You may have to dress to impress at this function, because all the important people will show up, including the CEO and the new HR Director. 이런 행사라면 옷을 제대로 빼입고 나오는 게 좋겠지. 왜냐하면 중요한 인사들이 모두 참석하거든, CEO나 신임 인사부장과 같은 분들 말이야.

❾ Before you set the itinerary for this trip, check with your boss if she needs anything else to get done.
이번 여행 일정을 확정 짓기 전에 먼저 상사에게 가서 뭐 다른 일 할 게 없는지 확인부터 하세요.

❿ Koreans call this coffee Americano, which has no sugar, no cream, and is just simply black. 한국사람들은 설탕, 크림 없는 블랙 커피를 아메리카노라고 부르죠.

| STEP 2 |
❶ 쿠폰 제시 / 최고 20%까지.
❷ 샴푸
❸ 집은 구했으나 이사는 아직 하지 않은 상태.
❹ 테더링에 관련된 문제
❺ 질문을 많이 하지 말고, 알아서 해결책을 찾으라는 지시.
❻ 시스템상에서 자동으로 보내진 이메일이라 회신이 불가능함.
❼ 황사가 심할 경우 마스크를 착용할 것을 권고함.
❽ 최고 경영자(CEO)와 신임 인사부장.
❾ 상관에게 더 처리할 일이 있는지 재차 확인하는 것.
❿ 설탕, 크림 없는 블랙커피.

| STEP 3 |
❶ I just heard that my mom has been diagnosed with stage two cancer.
지금 막 들었는데, 어머니 암선고 받으셨다면서, 2기로 말이야.

❷ I started working here recently, so I'm new here. 최근에 여기서 일하기 시작했고요, 그래서 이곳에서는 신참이에요.

❸ In your statement, there is one transaction with the amount of 135 dollars on the 9th of September. 입출금 내역서에 따르면, 9월 9일에 135달러를 이체하신 것으로 나오네요.

❹ Did you cancel your purchase through the website or call them up?
구매한 건에 대해서 취소를 웹사이트에서 했어요, 아니면 직접 전화했어요?

❺ She will try the medication and diet before taking further steps with chemotherapy.
그분은 항암 치료 받으시기 전에 약과 식이요법으로 다스려보시겠다나 봐요.

❻ We'll have a farewell dinner for Lee and Park as they are leaving the company at the end of this month.
이선생과 박선생을 위한 송별회 회식이 있을 거예요. 그분들 이달 말에 회사를 나가시거든요.

❼ I can make it to the dinner unless I have any other plans with my family.
저희 가족과 별다른 일이 없으면 저녁 회식에는 참석할 수 있습니다.

| STEP 4 |
❶ **A** What's up, Lisa? You don't look so happy today.
Lisa. 무슨 일 있어? 오늘 왠지 안색이 별로인데.

B I just heard that my mom has been diagnosed with liver cancer. The doc says it is stage two.
지금 방금 우리 엄마 암 선고를 받았다는 소식을 들었어. 의사 선생 말에 의하면 2기라네.

A Oh, I'm so sorry to hear that. How is your mother doing now though?
아이구, 이를 어쩌나. 지금 어머니께서는 어떻게 하고 계셔?

B She's very calm and stays positive.
She's going to try medication first.
Chemotherapy will be the next step.
아주 침착하게 받아들이고, 긍정적이셔. 먼저 약물치료부
터 받으시겠데. 항암 치료는 다음단계가 되겠지.

질문: Lisa의 엄마에게 무슨 일이 생겼는가?
정답: (b) 암 선고를 받았다.

② **A** I'd like to check my credit card
statement with you. I just found an
unfamiliar transaction from some online
shopping website.
제 신용카드 내역 조회 좀 하고 싶은데요. 최근에 무슨 잘
알지도 못하는 인터넷 상점에서 돈이 결제되었더라고요.

B We'd like to ask a few questions to
verify your identification. … Thank you
for your cooperation. Right now, I'm
looking at your account information. And
there is a transaction with the amount of
$127.99 upon the request from Dress-
To-Impress.com.
본인임을 확인하기 위해 몇 가지 질문을 드리도록 하겠습
니다. 협조해주셔서 감사합니다. 지금 제가 고객님 계좌
정보를 보고 있습니다. 여기 한 건이 있네요. 127달러 99
센트가 Dress-to-Impress.com이라는 곳으로부터 거
래 처리되었습니다.

A It should be $78.25, because I cancelled
on one of the two items that I originally
purchased.
78달러 25센트여야 하거든요. 제가 두 개 샀다가 하나는
취소했어요.

B Ok. I'm new to this system, so would
you hold on for a moment? Let me talk
to my supervisor and I will get back to
you as soon as I can.
알겠습니다. 제가 온 지 얼마 안 되어서요. 잠시만 기다려
주시겠습니까? 제 상사 분께 이 건에 대해 여쭤보고 바로
처리해드리도록 하겠습니다.

질문: 대화의 화제는 무엇으로 보이는가?
정답: (c) 전화 건 사람이 구매제품 일부를 취소하면서 생긴

잘못된 거래 처리를 정정하려고 한다.

③ **A** Hi, Kevin. We are going to have a
farewell dinner for Mr. Lee and Mr. Park
next Thursday. Can you come?
잘 있었어, Kevin. 우리 이선생과 박선생 송별회 저녁회
식을 다음 목요일에 하려고 하는데. 올 수 있어?

B Let me check my planner. What day is
next Thursday?
잠깐만 스케줄 좀 보고. 다음주 목요일이 몇 일이지?

A It's the 15th. Do you have other plans
that night?
15일. 그날 저녁에 무슨 다른 일 있어?

B Unfortunately, yes. It's my father's
67th birthday. So, all my family will get
together that night. I wish this farewell
would be on another day. I really want to
say bye to Mr. Lee and Park.
어쩌지. 다른 일이 있네. 우리 아버지 67회 생신이셔. 온
가족이 그날 밤에 모이기로 되어 있거든. 송별회가 다른
날이었으면 좋을 걸. 이선생과 박선생 송별회는 진짜 놓
치고 싶지 않은데 말이야.

질문: Kevin이 송별회에 오지 못하는 이유는 무엇인가?
정답: (b) 아버지의 생신을 축하하는 가족 모임이 있다.

중간점검 06

p.293~296

I STEP 1 I

① I'll <u>stop</u> <u>by</u> at the next <u>gas</u> <u>station</u> and get
some <u>gas</u> and <u>batteries</u> for the camera.
다음 번에 나오는 주유소에 들러서 주유하고 카메라 건전지
사야겠다.

② Can you come and <u>see</u> me around <u>9:15</u> at
my <u>office</u> <u>tomorrow</u> <u>morning</u>? 내일 아침 9시
15분경에 내 사무실로 와서 나 좀 볼 수 있어요?

③ He's <u>looking</u> for a <u>new</u> <u>job</u> because he
doesn't <u>get</u> <u>along</u> with his workmates.
그 사람 새로운 직장을 찾고 있대요. 직장 동료랑 영 안 맞

는 모양이에요.

❹ When and where did you guys meet for the first time?
두 분은 언제, 어디서 처음 만난 거예요?

❺ Nancy'll go pick up the copies from the copier if I ask her to.
Nancy한테 부탁하면 복사물 가져다줄 겁니다.

❻ My son has just finished his second year at college.
우리 아들은 이제 막 대학 2년차를 마쳤어요.

❼ He's going to put on leave for a year to study to transfer to a bigger school.
그 애는(그 사람은) 좀 더 큰 대학 가려고 1년 휴학하고 공부 할거라고 하네요.

❽ We don't have a scanner here, but you can do it at the business center at the Dragon Hotel. 스캐너는 저희한테 없고요, 드래곤 호텔 비즈니스 센터에 가면 쓰실 수 있어요.

❾ Most of the parents in Korea don't give their kids a ride to school, because most of them walk or bus to school.
한국에서는 대부분의 부모이 아이들을 학교에 데려다주지 않아요. 대부분의 아이들이 걸어서 학교 가거나 버스 타고 가니까요.

❿ It doesn't matter how many times you've been to the United States; what matters is what you've learned from there.
미국에 몇 번을 가봤는지는 중요한 게 아니고, 중요한 건 거기에 가서 뭘 배웠느냐지.

I STEP 2 I
❶ 주유하고 카메라에 넣을 건전지 구입하는 것.
❷ 내일 아침 9시 15분.
❸ 함께 일하는 동료들과 뜻이 맞지 않아서, 잘 어울리지 못해서.
❹ 언제 어디서 처음 만났는지.
❺ 복사기에서 복사물 가져오는 것.
❻ 대학교 2년까지.
❼ 좀 더 큰 (좋은) 학교에 편입할 준비하려고.
❽ 그곳에는 스캐너가 없어서.

❾ 대부분이 아이들이 걷거나 버스로 통학하기 때문에.
❿ 미국에 다녀온 횟수보다는 그곳에서 배운 것이 더 중요하다 고 함.

I STEP 3 I
❶ It is a Korean reality TV show about the two famous actors and their children.
한국 리얼리티 TV프로인데 유명한 배우 두 사람의 아이들 에 관한 거야.

❷ This is not the Superman that you know from the superhero movies in the States.
이건 미국의 슈퍼히어로 영화에서 네가 보고 알고 있는 그 런 슈퍼맨이 아니야.

❸ My daughter has graduated from a college this February.
우리 딸은 이번 2월에 대학 졸업했어요.

❹ I saw you texting to your friend Young Hee about me and my boyfriend.
내가 보니까 너 영희한테 나와 내 애인에 관해 문자 보내고 있던데.

❺ He wants to put some big name schools on his résumé to make it look better.
그 사람은 명문학교를 본인 이력서에 넣어서 보기 좋게 하 려고 한다나 봐요.

❻ They think that prestigious schools will make themselves more marketable in the job market.
사람들 생각에는 명문 학교가 취업전선에서 유리하게 작용 할 거라고 보는 거죠.

❼ I am concerned about my daughter if she gets some goofy ideas from this TV drama about a middle-aged business woman, who's married, falling in love with some younger guy.
저는 우리 딸이 TV 연속극 보면서 엉뚱한 생각을 하지 않을 까 걱정이에요. 그 연속극은 어떤 중년 커리어우먼이 결혼하 고서도 다른 젊은 남자와 사랑에 빠지는 뭐 그런 내용이더 라고요.

❶ A How are your children doing?

요즘 애들은 어때요?

B They're doing well. My daughter has graduated from a college and she's admitted to a graduate school of Tourism and Hospitality. My son is preparing for a test to transfer to a school in Seoul.

잘 지내고 있어요. 우리 딸은 졸업하고 호텔관광 쪽으로 대학원에 입학했고요. 아들은 서울에 있는 대학으로 편입 하려고 시험 준비 중이에요.

A Oh, is he? He doesn't like his school?

아들이요? 왜요, 지금 다니는 학교는 맘에 안 든대요?

B No, it's not about that. He wants to make his resume tighter by putting down a big school name on it.

아니, 그런 거 하곤 전혀 상관없고요. 이력서 낼 때 좋은 학교 이름 들어가서 좀 더 보기 좋게 한다나 봐요.

질문: 남자의 아들이 시험을 보려고 하는 이유는 무엇인가?
정답: (c) 더 이름 있는 학교로 편입하고 싶어서이다.

❷ A Did you tell Chris that I'm going out with Michael?

네가 Chris 한테 내가 요즘 Michael하고 데이트한다고 했냐?

B How did you know?

어, 어떻게 알았어?

A Because I just saw you texting her about me and Michael on your Cacao Talk.

내가 보니까 너 카카오톡에서 나하고 Michael 이야기를 걔한테 써보내고 있던데.

B Well, I did tell her, because she asked me about you.

음, 내가 얘기하긴 했어, 걔가 나한테 네 소식을 물어보기에.

질문: 여자는 친구가 자신의 연애관계에 대해 소문을 퍼트리 고 있음을 어떻게 알게 되었나?
정답: (b) 그녀의 연애관계에 대한 이야기를 친구가 문자로 보내는 것을 포착했다.

❸ A What are you watching?

지금 뭐 보고 있니?

B I'm watching "The Superman has returned."

'슈퍼맨이 돌아왔다' 보고 있지.

A How come it has all Korean cast speaking Korean? I don't see any of what I know about the Superman from the States.

그런데 왜 배우들이 모두 한국말로 해? 내가 미국에서 보 던 슈퍼맨하고는 전혀 내용이 다르네.

B Oh, it's a reality show on a Korean TV channel. It is about a couple of TV actors' families and their children. The main focus of this show is on how the fathers can take care of their 3 to 5 year old children when their mothers are not at home. The kids are so cute and funny that is why it has a lot of viewers.

이건 TV 채널에서 하는 리얼리티 프로그램이야. 한국의 배우 두 사람과 그들의 아이들에 관한 프로지. 이 프로의 주 초점은 엄마들이 없을 때 3~5살박이 아이들을 아빠 들이 어떻게 돌보느냐 하는 거야. 아이들이 아주 귀엽고 또 우스꽝스러운 짓을 많이 해서, 시청자들이 많아.

질문: TV 프로그램의 초점은 무엇인가?
정답: (b) 배우들의 아이들을 돌보는 가족생활에 대한 것

어학연수 현지회화 무작정 따라하기

여권 없이 떠나는 미국 어학연수!

미국 20대들의 대화를 그대로 옮긴 대화문으로 **생생한 표현**을 익히고,
200여 컷의 현지 사진으로 **미국의 다양한 모습과 문화**를 체험한다!

난이도	첫걸음 | 초급 | **중급** | 고급	
대상	기본기를 바탕으로 중급 수준으로 도약하고 싶은 독자	
기간	51일	
목표	미국 20대가 쓰는 표현으로 원어민처럼 자연스럽게 말하기	

영작문 무작정 따라하기

50가지 영작 공식만 따라 하면
영어가 우리말처럼 술술 써진다!

박상준 지음

음성 강의 무료 제공 | mp3 파일 무료 제공 | 말하기 워크북 무료 제공

영작문 무작정 따라하기

50 Patterns
MAKE
Your Writing
Perfect!

부록
말하기 영작 워크북

특별 서비스
· 음성강의 무료 제공
· mp3 파일 무료 제공

박상준 지음 | 264쪽 | 13,000원

내공제로에서 시작하는 초고속 영작 터득법!

SNS, 문자, 이메일 등 **생활 영작부터** 비즈니스 영작, 라이팅 시험까지
영작 비법 공식 50개로 어떤 문장, 어떤 글이든 자신 있게 완성한다!

난이도	첫걸음 초급 중급 고급	기간	50일
대상	영작을 처음 시작하거나 영작 시 기초 부족으로 어려움을 느끼는 학습자	목표	생활 영작은 물론 영어 라이팅 시험까지 대비할 수 있는 영작 기본기 다지기

네이티브는 쉬운 영어로 말한다
1000 문장편

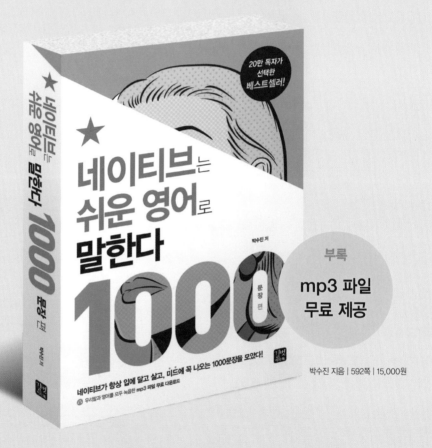

20만 독자가
선택한
베스트셀러!

★
네이티브는
쉬운 영어로
말한다
박수진 저

1000
문장
편

네이티브가 항상 입에 달고 살고, 미드에 꼭 나오는 1000문장을 모았다!
우리말과 영어를 모두 녹음한 mp3 파일 무료 다운로드

부록

mp3 파일
무료 제공

박수진 지음 | 592쪽 | 15,000원

20만 독자가 선택한 베스트셀러가 돌아왔다!!

네이티브가 항상 입에 달고 살고,
미드에 꼭 나오는 1000문장으로 진짜 원어민처럼 말한다!

난이도 첫걸음 초급 중급 | 고급

시간 하루 5분, 다섯 문장

대상 네이티브가 쓰는 영어를 찰지게 써먹고
싶은 누구나

목표 외국인 친구와 자연스럽게 대화하기,
미드 보며 자막 없이 알아듣기

미국 영어발음 무작정 따라하기

발음훈련
워크북

오경은 지음

길벗
이지:톡

발음훈련 워크북 활용법

자투리 시간에 가볍게 들고 다니면서 mp3파일과 함께 공부할 수 있는 훈련용 소책자입니다. 출퇴근할 때, 누군가를 기다릴 때, 자투리 시간을 적극적으로 활용해보세요. 매일매일의 습관이 당신을 영어발음의 달인으로 만들어 줄 것입니다. 소책자로 공부할 때도 꼭 mp3파일을 들으면서 공부하세요!

이렇게 활용하세요!

첫째마당에서 셋째마당까지 발음훈련에 나오는 단어와 예문을 모두 담았습니다. 언제 어디서나 가볍게 들고 다니면서 복습할 수 있습니다.

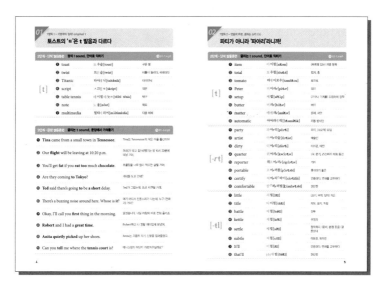

STEP 1 **책을 보지 말고 듣기만 하세요.**
글자보다 먼저 소리에 친숙해져야 합니다. 우선 mp3파일을 들으면서 영어발음에 대한 감을 잡아 봅니다.

STEP 2 **책을 보며 듣고 따라하세요.**
이번에는 글자와 소리를 함께 익힐 차례입니다. 책을 펼쳐서 눈으로 따라 읽고 mp3파일을 귀로 들으면서 영어발음을 확실한 내 것으로 만드세요. 안 들리는 부분은 반복해서 따라 읽고 다시 처음부터 듣는 습관을 들이세요. 눈-귀-입을 모두 활용해 발음을 입에 착 붙여주세요.

STEP 3 **mp3파일만 다시 들어보세요.**
이제 책을 덮고 mp3파일만 다시 들어보세요. 노트를 꺼내 단어와 예문을 받아쓰는 훈련을 하면 더욱 효과적입니다.

토스트의 'ㅌ'은 t 발음과 다르다

[t]

❶	toast	토우슽[toust]	구운 빵
❷	twist	트위슽[twist]	비틀어 돌리다, 곡해하다
❸	Titanic	타이태닉[taitǽnik]	타이타닉
❹	script	ㅅ끄륍ㅌ[skript]	대본
❺	table tennis	테이벌 테닛쓰[téibl ténis]	탁구
❻	note	노욷[nóut]	메모
❼	multimedia	멀티미리어[mʌ́ltimíːdiə]	다중 매체

❶ **Tina** came from a small town in **Tennessee**.
Tina는 Tennessee의 작은 마을 출신이야.

❷ Our **flight** will be leaving at 10:20 p.m.
우리(가 타고 갈) 비행기는 밤 10시 20분에 떠날 거야.

❸ You'll get **fat** if you **eat too** much **chocolate**.
초콜릿을 너무 많이 먹으면 살찔 거야.

❹ Are they coming **to Tokyo?**
걔네들 도쿄 간데?

❺ **Ted** said there's going **to** be **a short** delay.
Ted가 그랬는데, 조금 지연될 거래.

❻ There's a buzzing noise around here. Whose is **it?**
여기 어디서 진동소리가 나는데. 누구 (전화기) 거야?

❼ Okay, I'll call you **first** thing in the morning.
알겠습니다. 내일 아침에 바로 전화 올리죠.

❽ **Robert** and I had a **great time**.
Robert하고 나 정말 재미있게 보냈어.

❾ **Anita quietly picked** up her shoes.
Anita는 조용히 자기 신발을 집어들었다.

❿ Can you **tell** me where the **tennis court** is?
테니스장이 어딘지 가르쳐주실래요?

파티가 아니라 '파아리'라니까!

2단계 · 단어 발음훈련 굴리는 t sound, 단어로 익히기 🎧 02-1.mp3

[t̬]

❶ item · 아이럼[aitəm] · (목록에 있는) 개별 항목

❷ total · 토우럴[tóutəl] · 합계, 총

❸ tomato · 터메이로우[təméitou] · 토마토

❹ Peter · 피이러r[píːtər] · 피터

❺ setup · 쎄럽[sétʌp] · (가구나 기계를) 조립하여 장착

❻ butter · 버러r[bʌ́tər] · 버터

❼ matter · 매애러r[mǽtər] · 문제, 사안

❽ automatic · 아어러매릭[ɔ́ːtəmǽtik] · 자동 방식인

[-rt̬]

❶ party · 파아r리[páːrti] · 파티, (사교적) 모임

❷ artist · 아아r리슽[áːrtist] · 예술인

❸ dirty · 더어r리[də́ːrti] · 더러운, 야한

❹ quarter · 쿼어러r[kwɔ́ːrtər] · 1/4, 분기, 25전짜리 미화 동전

❺ reporter · 뤼포어r러r[ripɔ́ːrtər] · 기자

❻ portable · 포어r러블[pɔ́ːrtəbl] · 휴대하기 좋은

❼ certify · 써어r리ⓕ파이[sə́ːrtifài] · 인증하다, 면허를 교부하다

❽ comfortable · 캄ⓕ퍼r러벌[kʌ́mfərtəbl] · 편안한

[-t̬l]

❶ little · 리럴[lítl] · (크기, 부피, 양이) 적은

❷ title · 타이럴[táitl] · 제목, 표제, 직함

❸ battle · 배럴[bǽtl] · 전투

❹ kettle · 케럴[kétl] · 주전자

❺ settle · 쎄럴[sétl] · 정착하다, (문제, 분쟁 등을) 결론짓다

❻ subtle · 써럴[sʌ́tl] · 미묘한, 희미한

❼ It'll · 이럴[ítl] · 인증하다, 면허를 교부하다

❽ that'll · (ð)대럴[ðǽtl] · 편안한

❶ **Tomato** juice, please.

토마토 주스 주세요.

❷ **Peter** is a great **artist.**

피터는 정말로 끝내주는 예술가(화가, 연주가)지!

❸ What's his job **title?**

그 사람 직함이 뭐래?

❹ Does it have Korean **subtitle?**

이거 한글 자막 있어요?

❺ This is nice and **comfortable.**

이거 편안하고 좋네요.

❻ You **got it.**

그렇지! 바로 그거야!(말귀 알아들었네!)

❼ I'll **get it.**

(초인종이 울릴 때) 내가 나가볼게요.
(전화벨이 울릴 때) 내가 받을게요.

❽ **Get out** of here!

나가!(꺼져!), (짓궂은 농담할 때) 됐어!

❾ **What are** you doing here?

여기서 뭐 해요?(뜻밖의 장소에서 비교적 친한 사람을 만났을 때)

❿ **It'll** take hours to get there.

거기 가는 데 몇 시간은 걸릴 거예요.

6

Hilton Hotel이 힐튼 호텔이 아니라고?

2단계 · 단어 발음훈련 t가 n을 만나 콧바람이 났다 🔊 03-1.mp3

[t]

❶	Hilton Hotel	히을흔[híltn] 호우텔[houtél]	힐튼 호텔
❷	cotton	칻흔[kɔ́tn]	솜, 면화
❸	button	벝흔[bʌ́tn]	버튼
❹	Latin America	랱흔 어메뤼커[lǽtn əmérikə]	라틴 아메리카
❺	Mountain Dew	마운흔 듀[máuntn djuː]	마운틴 듀
❻	Manhattan	맨해흔[mænhǽtn]	맨하튼
❼	fountain	ⓒ파운흔[fáuntn]	샘, 분수

3단계 · 문장 발음훈련 콧바람 소리 t, 문장에서 가려듣기 🔊 03-2.mp3

❶ That's an **important** matter.
그건 중요한 일이지.

❷ **Egyptian** cotton bedding is considered the best.
이집트산 면 침구를 최고로 친다.

❸ Have you ever been to **Manhattan**?
맨해튼에 가본 적이 있나요?

❹ Is it **often** that she drives alone?
그녀는 종종 혼자 드라이브를 하니?

❺ **Captain Lipton** went to the **Hilton** hotel.
Lipton 대위는 힐튼 호텔에 갔다.

❻ **Button** up your jacket.
윗도리 단추 채워요.

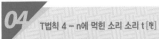
인터넷을 '이너r넽'이라고 하잖아요

2단계 • 단어 발음훈련 t가 n에 흡수되어 소리가 없어졌다 🔊 04-1.mp3

[n̄t]

❶	internet	이너r넽[ín̄tərnet]	인터넷
❷	printer	프뤼너r[prín̄tər]	프린터
❸	interchange	이너r췌인쥬[ìn̄tərtʃéindʒ]	주고받다, 입체 교차점
❹	intersection	이너r섹션[ìn̄tərsékʃən]	교차로
❺	twenty	트웨니[twén̄ti]	20
❻	dental clinic	데널 클리닉[dén̄təl klínik]	치과
❼	Madison County	매애르쓴 카우니[mǽdisən káun̄ti]	매디슨 카운티
❽	counter	캬우너r[káun̄tər]	계산대

3단계 • 문장 발음훈련 n에 흡수되는 t, 문장에서 당황하지 않고 듣기 🔊 04-2.mp3

❶ **international** trade

국제 무역

❷ **intermediate** level

중급(중간 수준)

❸ **Continental** breakfast is big enough for me.

대륙식 아침식사면 저한텐 충분해요.

❹ We saw our **counterpart** in the courtroom.

법정에서 우리 상대편을 봤어요.

❺ You can't survive without the **internet**.

이젠 인터넷 없이는 살아가기 힘들어요.

❻ A　Did you see the movie, "Countdown"?

　B　Yes, I saw "Countdown" recently. It was recommended on a foreign movie Oscar Board, right?

A '카운트다운'이란 영화 봤어?

B 응, 나 '카운트다운' 최근에 봤어. 아카데미 외국어 영화 부문에 오른 영화 맞지?

point의 t는 어디로 간 거야?

2단계 · 단어 발음훈련 미국인이 무시하는 t sound
🔊 05-1.mp3

$$[n(t)]$$

❶	turning point	터어*r*닝 포인[tə́:rniŋ pɔ́in(t)]	전환점
❷	assistant manager	어씨슷튼 매애느줘*r* [əsístən(t) mǽnidʒər]	부지배인
❸	important meeting	임포*r*흔 미이링 [impɔ́:rtən(t) mí:tiŋ]	주요회의
❹	accident	애액씨던[ǽksidən(t)]	사건, 사고
❺	don't	도운[doun(t)]	
❻	wouldn't	(우)워든[wúdn(t)]	
❼	couldn't	쿠든[kúdn(t)]	

3단계 · 문장 발음훈련 could't 문장 속에서 사라지는 (t)에 적응하기
🔊 05-2.mp3

❶ You have a Southern **accent**.
남부 말투가 있군요.

❷ Oh no! You **can't** even **count** from one to ten yet?
아직 얼까지도 셀 줄 모른단 말이야?

❸ Let's get to the **point**.
본론으로 들어갑시다.

❹ CPA is the abbreviation of Certified Public **Accountant**.
CPA는 공인회계사의 약자지.

❺ The shape of a **pennant** is triangle.
페넌트는 모양이 삼각형이지.

❻ Why don't we try the Korean **restaurant** over there?
저기 있는 한국 식당에서 식사할까요?

❼ Hugh **Grant** is cute.
휴 그랜트는 멋지다.

can *vs.* can't

❶ I **can** do it.   [ai kn dú it]

  I **can't** do it.   [ai kǽːn du it]

❷ I **can** understand.   [ai kn ʌ̀ndərstǽn(d)]

  I **can't** understand.   [ai kǽːn ʌ̀ndərstǽn(d)]

다양한 부정형에 적응하기

❶ I **do** know.   I **don't** know.

❷ She **does** mean that.   She **doesn't** mean that.

❸ She **did** come.   She **didn't** come.

❹ I **could** do that.   I **couldn't** do that.

❺ He **would** talk to me.   He **wouldn't** talk to me.

stop은 스탑이 아니라 'ㅅ땊'

2단계 · 단어 발음훈련   'ㄸ' 하는 느낌으로 발음하는 된소리 t [t]   🎧 06-1.mp3

[st]	❶ steak	ㅅ떼잌 [steik]	스테이크(주로 쇠고기)
	❷ stapler	ㅅ떼이플러*r* [stéiplər]	스테플러
	❸ staff	ㅅ때f [stæf]	직원, 간부
	❹ stop	ㅅ땊 [stɑp]	정지
	❺ institute	인ㅅ띠튜웉 [ínstitʲùːt]	(교육 등) 기관, 단체
	❻ street	ㅅ뜨뤼잍 [striːt]	거리, 도로
	❼ Steve	ㅅ띠이v [stiːv]	스티브(남자 이름)
	❽ mistake	미ㅅ떼잌 [mistéik]	착오
[ikst-]	❶ extension	익ㅅ떼션 [iksténʃən]	연장, 구내전화
	❷ extreme	익ㅅ뜨뤼임 [ikstríːm]	극도의, 과격한
	❸ extend	익ㅅ뗀 [ikstén(d)]	연장하다, 늘이다

3단계 · 문장 발음훈련   된소리 t, 문장에서 가려듣기   🎧 06-2.mp3

❶ UN is the biggest international **institution**.   UN은 가장 큰 국제기구이다.

❷ A   **Extension** 301, please.   A 구내번호 301번 부탁합니다.

   B   The line is busy. Hold on please.   B 통화 중입니다. 기다리세요.

❸ The **Stars** and **Stripes** is the symbol of the United **States**.   별들과 줄무늬는 미국의 상징이다.

❹ **Stella** is having a sweet **sixteen** party tomorrow.   Stella는 내일 달콤한 열 여섯(꽃다운 나이)의 파티를 한다.

❺ A car is running through the **stop** sign.   차 한 대가 일단정지 표지를 무시하고 통과하고 있다.

❻ Don't be afraid of making a **mistake**.   실수하는 것을 두려워 마라.

❼ A   Do you want mayo with your hotdog?   A 마요네즈를 hotdog에 발라드릴까요?

   B   No mayo, just **mustard** and ketchup please.   B 아니요, 마요네즈는 말고, 겨자소스하고 케첩만요.

11

트럭이라 하느니 차라리 '츄뤅'!

2단계 • 단어 발음훈련 '츄'로 발음하는 tr의 t, 단어로 익히기 　　🎧 07-1.mp3

[tr]	❶ trip	츄륖 [trip]	여행
	❷ traveler	츄뢰블러r [trǽvlər]	여행자, 승객
	❸ transfer	츄뤈스ⓕ퍼r [trænsfə́ːr]	옮기다, 전근하다, 전학하다
	❹ trouble	츄뤄블 [trʌ́bl]	곤란, 불편
	❺ trick	츄뤅 [trik]	속임수, 장난
	❻ truck	츄뤅 [trʌk]	트럭
	❼ waitress	웨이츄뤳ㅆ [wéitris]	여종업원
[tʃ]	❶ adventure	얻벤춰r [ədvéntʃər]	모험
	❷ gesture	제ㅅ춰r [dʒéstʃər]	(주로 얼굴 표정을 동반한) 손동작
	❸ century	센츄뤼 [séntʃuri]	1세기, 100년
	❹ natural	내츄뤌 [nǽtʃ(ə)rəl]	자연의, 타고난
	❺ lecture	렉춰r [léktʃər]	강의

3단계 • 문장 발음훈련 굴리는 t sound, 문장에서 가려듣기 　　🎧 07-2.mp3

❶ A bridge over the **troubled** water. 　험난한 물살 위의 다리

❷ Is this **train** for Yongsan or Incheon? 　이 열차는 용산행인가요? 인천행인가요

❸ Can I **try** this **on**? 　입어봐도 될까요

❹ Don't call for a **trouble**. 　까불지 마.

❺ **Try** to remember the last September. 　작년 9월을 기억해봐.

❻ Excuse me, **waitress**. Can I see the menu? 　잠깐만요. 메뉴 좀 볼 수 있어요

❼ I've experienced **cultural** differences in America. 　미국에서 문화적인 차이를 많이 경험했습니다.

❽ You look much younger in this **picture**. 　이 사진에는 (나이보다) 훨씬 더 젊게 나왔네요.

보이지만 들을 수 없는 t

2단계 · 단어 발음훈련 절대 소리 내서는 안 되는 t[ŧ] 단어로 익히기   🎧 08-1.mp3

	❶ castle	캐쓸 [kǽsl]	성, 큰 저택
	❷ fasten	⁽ᵗ⁾패쓴 [fǽsn]	매다, 채우다
	❸ glisten	글리쓴 [glísn]	반짝거리다
[ŧ]	❹ listen	리쓴 [lísn]	듣다, 귀 기울이다 → 귀 기울여 듣다, 경청하다
	❺ whistle	위쓸 [wísl]	휘파람 불다
	❻ wrestle	뤠쓸 [résl]	레슬링을 하다, (문제 해결을 위해) 씨름하다

3단계 · 문장 발음훈련 형체만 있고 소리는 없는 ŧ, 문장에서 가려듣기   🎧 08-2.mp3

❶ **Listen** carefully.

잘 들어요.

❷ **Fasten** your seatbelt, please.

안전띠를 매주십시오.

❸ Boxing, no **wrestling**!

권투야, 레슬링이 아니야!

❹ His forehead **glistened** with sweat.

그의 이마는 땀으로 번들거렸다.

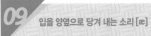
"Aspirin(아스피린), please" 하면 아무것도 안 준다

2단계 · 단어 발음훈련 [æ] 발음 단어로 익히기   🔊 09-1.mp3

[æ-]	❶ apple	애펄 [æpl]	사과
	❷ ant	앤(트) [æn(t)]	개미
	❸ add	앤 [æd]	더하다, 보태다
	❹ anchorperson	앵커r퍼어r슨 [ǽŋkərpə̀ːrsn]	종합 사회자
	❺ animal	애너멀 [ǽnəməl]	동물
	❻ acid	애씯 [ǽsid]	산, 신 것
	❼ angry	앵그뤼 [ǽŋgri]	성난, 노한
	❽ advertisement	앤ⓥ버r타이즈먼 [ǽdvərtáizmən(t)]	광고
[æ]	❶ allergy	앨러r쥐 [ǽlərdʒi]	알레르기
	❷ alcohol	앨커호얼 [ǽlkəhɔ̀ːl]	술, 알코올
	❸ aspirin	애스쁘륀 [ǽsp(ə)rin]	아스피린
	❹ sedan	씨댄 [sidǽn]	일반 4인승 고급 승용차
	❺ Viagra	ⓥ바이애그롸 [vaiǽgrə]	비아그라
	❻ wagon	(우)왜건 [wǽgən]	미국에서 70년대에 유행한 승용차 모델 station wagon의 약칭.
	❼ category	캐러고오뤼 [kǽtəgɔ̀ːri]	부문, 범주
	❽ Atlantic	앹ㅌ래닉 [ətlǽnᵗik]	대서양의

❶ Would you give me some **aspirin**, please?　　아스피린 좀 주시겠어요?

❷ **Albert** is **allergic** to **apples**.　　Albert는 사과 알레르기야.

❸ **Abby** drove a new **sedan**.　　Abby는 새 sedan을 운전했어.

❹ Have you seen the movie '***Damage***' yet?　　너 '데미지'라는 영화 봤니?

❺ You can pick up your **baggage** at the **carousel**.　　회전식 컨베이어에서 짐을 찾을 수 있을 거예요.

❻ What's the **damage**?　　다 해서 얼마예요?

❼ **Alex** got **angry** at **Annie** for coming late.　　Alex는 Annie가 늦게 와서 화가 났어.

❶ **Dead** is dead.　　죽은 건 죽은 거야.
Dad is dead.　　아버지는 돌아가시고 안 계셔.

❷ Color is **added**.　　색깔이 더 들어가 있네.
Ed, Ted and Ned are brothers.　　Ed, Ted, Ned는 모두 형제지간이야.

❸ No more **bad** checks, please.　　더 이상의 부도수표는 안 돼요.
I enjoy living in a **bedroom** community.　　난 주거 전용 지역에 사는 게 좋아요.

❹ They say it is a kind of gambling to get **married**.　　결혼은 일종의 도박이야.
Did you have a **merry** Christmas?　　크리스마스 잘 보냈어?

❺ Humpty Dumpty **sat** on a wall.　　Humpty Dumpty가 담장 위에 앉아 있었어요. / 테네시로의 여정을 다 정했나요?
Have you **set** the itinerary to Tennessee?

15

B는 우리말 'ㅂ'이 아니다

2단계 • 단어 발음훈련	우리말 'ㅂ'이 아닌 b[b], 단어로 익히기		🔊 10-1.mp3
[b]	❶ B.C.(Before Christ)	(으)비이씨이 [biːsiː]	기원전
	❷ Barbara	(으)바아*r*(으)버뤄 [báːrbərə]	바바라(여자 이름)
	❸ Barbie	(으)바아*r*(으)비 [báːrbi]	바바라의 애칭
	❹ band	(으)밴ㄷ [bænd]	악단
	❺ boarding	(으)보어*r*링 [bɔ́ːrtiŋ]	탑승, 판자
	❻ gamble	갬(으)벌 [gǽmbl]	내기하다, ~에 돈을 걸다
	❼ bumper	(으)범퍼*r* [bʌ́mpər]	(자동차의) 완충장치
[-b]	❶ pub	펍 [pʌb]	술집, 선술집
	❷ superb	수퍼어*r*ㅂ [su(ː)pɔ́ːrb]	훌륭한, 우수한
	❸ rub	뤕 [rʌb]	문질러 닦다
	❹ absent	앱쓴 [ǽbsən(t)]	결석한
	❺ obligation	아블러게이션 [àbləgéiʃən]	(사회적 · 법률적 · 도덕적인) 의무

❶ Apply this cream on the affected area and **rub** evenly.

환부에 이 크림을 바르고 골고루 문질러주세요.

---

❷ **Bob's been** so **busy** with his **job**.

Bob은 요즘 일 때문에 매우 바빠.

---

❸ Can you get me my **bathrobe**, hon?

자기, 나 목욕 가운 좀 갖다줄래?

---

❹ **Barb** and I took a yellow **cab** to go to the **club**.

Barb와 난 그 클럽에 택시를 타고 갔어.

---

❺ Do you have **job** openings?

일자리 있습니까?

---

❻ We tried the new Chinese restaurant and the food was **superb**.

새로 생긴 중국 음식점에 가봤는데, 음식이 끝내줬어.

---

❼ I'm hoping to get a **SAAB** next time I **buy** a new one.

다음번에 새 차를 살 때는 SAAB를 샀으면 하고 생각하고 있어요.

---

❽ Did you see the movie, '*Very **Bad** Thing*'?

'Very Bad Thing'이란 영화 봤니?

첫소리 c가 만드는 발음 [ㅋ]

Cowboy는 카우보이가 아니라 '캬우보이'

2단계·단어 발음훈련 '턱을 당겨서' 발음하는 c[ㅋ], 단어로 익히기 🔊 11-1.mp3

[ㅋ]

❶	class	클ㅎ래ㅆ [klæs]	학급, 계급
❷	crown	크ㅎ롸운 [kraun]	왕관
❸	coupon	큐ㅎ으판 [kjúpɔn]	쿠폰, 할인권
❹	crazy	크ㅎ뤠이지 [kréizi]	미친, 흥분한
❺	cactus	켈ㅎ터ㅆ [kǽktəs]	선인장
❻	coat	코ㅎ옽 [kout]	코트; 덧입히다, 코팅하다
❼	count	카ㅎ운-(ㅌ) [kaun(t)]	숫자를 세다
❽	couch	카ㅎ우츄 [kautʃ]	거실용 소파
❾	county	카ㅎ우니 [káunʔi]	주(state) 내에 소속된 행정 구역 단위
❿	country	컨ㅎ츄뤼 [kʌ́ntri]	지역, 국가

3단계·문장 발음훈련 말할 때 더 신경을 써야 하는 c[ㅋ], 문장에서 가려듣기 🔊 11-2.mp3

❶ **Cut** it out!   그만둬!(그만해!)

❷ It's a piece of **cake**.   부담 없이 할 수 있는 일이죠.

❸ Holy **cow**! You've done it by yourself?   야! 네가 혼자서 그 일을 해냈다고?

❹ They called him a **cowboy**.   그들은 그를 무모한 사람이라고 부른다.

❺ I was on the **couch** watching TV.   소파에서 TV 보고 있었어.

❻ If there were a prize for the best **couch** potato in the world, Billy would win it.   꼼짝없이 앉아서 TV 보는 걸로 상을 준다면, 아마 Billy가 일등을 할 거야.

❼ My daughter was **crazy** about Elvis.   내 딸은 Elvis에게 완전히 빠져 있었어.

D도 T만큼 화려하게 변신한다

2단계 · 단어 발음훈련 다양하게 변신하기 전 정석 d 발음 익히기 🔊 12-1.mp3

[d]

❶	aboard	어보어r얼 [əbɔ́ərd]	승선하여, ~를 타고
❷	attitude	애러튜읃 [ǽt̬ətjùːd]	(마음) 자세, 사고방식
❸	barricade	배뤼케읻 [bǽrəkèid]	장애물
❹	beside	비싸읻 [bisáid]	곁에, 동등하게
❺	could	쿧/큳 [kud/kəd]	
❻	David	데이⑰빋 [déivid]	다윗, 데이빗(남자 이름)
❼	dude	두우읃 [duːd]	친구(남자 친구끼리 부르는 말)
❽	outside	아욷싸읻 [àutsáid]	바깥
❾	pride	프롸읻 [praid]	자존심, 자만
❿	trade	츄뤠읻 [treid]	무역, 상업

[d+자음]

❶	bedtime	벧타임 [bédtaim]	잘 시간
❷	breadcrumb	브뤧크럼 [brédkrʌ̀m]	빵 부스러기
❸	weedkiller	(우)위읻킬러r [wíːdkìlər]	제초제
❹	woodland	(우)욷런 [wúdlən(d)]	산림지대
❺	world bank	(우)월뱅(ㅋ) [wəːrl(d) bæŋ(k)]	세계은행

[(d)]

❶	bond	반 [baɛn(d)/bɔn(d)]	본드
❷	Cleveland	클리이블런 [klíːvlən(d)]	클리블랜드
❸	diamond	다이여먼 [dáiəmən(d)]	다이아몬드
❹	Donald	다널 [dɔ́nl(d)]	도널드
❺	grandmother	그뤤마더r [grǽn(d)mʌ̀ðər]	할머니
❻	blind spot	블라인 ㅅ빧 [bláin(d)spàt]	맹점, 약점
❼	sandbag	쌔앤백 [sǽn(d)bæg]	모래주머니
❽	sandwich	쌔앤위츄 [sǽn(d)witʃ]	샌드위치
❾	Scotland	ㅅ깥런 [skátlən(d)]	스코틀랜드
❿	handball	핸버얼 [hǽn(d)bɔ̀ːl]	핸드볼

❶ You think I'm **stupid**?

너 지금 내가 바보인줄 아니?

❷ It **rained hard** all **day**.

하루 종일 비가 엄청 내렸어.

❸ That's what **friends** are for.

그게 친구 좋다는 거지.

❹ The symbolic meaning of **diamond** is that your love'll never change.

다이아몬드의 상징적인 의미는 당신의 사랑이 절대 변하지 않는다는 것이죠.

❺ There's a close relationship between **grandmothers** and **grandchildren**.

할머니와 손주는 가까운 관계죠.

❻ How's the **landscaping** coming?

조경공사는 어떻게 되어갑니까?

❼ **Sandwich** is usually **served** with chips.

샌드위치는 보통 칩과 함께 나옵니다.

❽ **Tens** of **dens** are in the blueprint.

설계상에는 수십 개의 서재가 있습니다.

❾ We left extra **tip** for the delicious **dip**.

찍어 먹는 dip이 맛있어서 팁을 더 주고 나왔죠.

❿ I got **mad** when I **figured** out that my dog had **chewed** the floor **mat**.

개가 마루의 매트를 물어뜯은 걸 알았을 때, 정말 화가 났어요.

Radio를 왜 '뤠이리오우'라고 할까?

[t̬]	❶	audience	어아리언ㅆ [ɔ́ːtiəns]	청중, 관중
	❷	divided	디ⓥ바이릳 [diváitid]	분할된, 갈라진
	❸	everybody	에ⓥ브뤼바리 [évribàti]	각자, 누구든지
	❹	ready	뤠리 [réti]	준비된
	❺	model	마를 [mátl/mɔ́tl]	모형, 귀감
	❻	modern	마런 [mɔ́tərn]	근대의, 현대식의
	❼	medical	메리컬 [métikəl]	의학의
	❽	nobody	노우바리 [nóubàti]	아무도 ~않다
	❾	radio	뤠이리오우 [réitiòu]	
	❿	ready-made	뤠리메읻 [rétiméid]	만들어져 있는
[rt̬]	❶	order	오어*r*러*r* [ɔ́ːrtər]	순서, 차례
	❷	pardon	파어*r*른 [páːrtn]	용서, 사면
	❸	according	어코어*r*링 [əkɔ́ːrtiŋ]	~에 따라서
	❹	harder	하*r*러*r* [háːrtər]	더 열심히 하는, 더 어려운
	❺	guardian	가*r*리언 [gáːrtiən]	보호자, 수호자
[t̬l]	❶	noodle	누으를 [núːtl]	국수, 면류
	❷	cradle	크뤠이럴 [kréitl]	요람, 발상지
	❸	middle	미럴 [mítl]	중앙의
[t̬+모음]	❶	side effect	싸이르ⓕ펙(ㅌ) [saitəfék(t)]	(약물 등의) 부작용
	❷	read a lot	뤼이러랕 [ríːtəlàt]	다독(多讀)하다
	❸	dead issue	데릯슈 [détiʃu]	물 건너간 화제
	❹	made in	메이린 [méitən]	용기 있는 배짱
	❺	blood and guts	블러른 겉ㅊ [blʌ́tn gʌ́ts]	(소설, 영화 등의) 유혈 폭력물

❶ Are you **kidding** me?

지금 농담하는 거야?

❷ Place an **order** now.

지금 주문하세요.

❸ I **wouldn't** park here again.

여기에 다시는 주차 안 할게요.

❹ It **should have** been done earlier.

진작에 해놓았어야지.

❺ Could you speak a little **louder**?
I can't hear you good.

좀 더 크게 말씀해 주세요.
잘 안 들려요.

❻ She is in the **middle** of work.

그녀는 한창 일하는 중이야.

❼ I'm sorry. I **should have** tried **harder**.

미안하게 됐어요. 더 노력했어야 하는 건데.

❽ I'm so happy you **made it**.

네가 와주어서 난 얼마나 기쁜지 몰라.

'듀'와 '쥬'의 중간 소리 [dr]

Driver는 드라이버? 듀(쥬)롸이버!

2단계 · 단어 발음훈련 [듀r]와 [쥬r]의 중간 소리, [dr-] 단어로 익히기   🔊 14-1.mp3

❶ dress	듀뤠ㅆ [dres]	원피스; 옷을 차려입다
❷ drop	듀뢒 [drɑp/drɔp]	떨어뜨리다, 데려다주다
❸ drive	듀롸이v [draiv]	운전, 운전하다
❹ dry	듀롸이 [drai]	마른, 건조한
❺ dream	듀뤼임 [dri:m]	꿈, 꿈꾸다
❻ drugstore	듀뤅ㅅ또어r [drʌ́gstɔ̀ːr]	약국

[dr-]

3단계 · 문장 발음훈련 dr- 발음 문장에서 가려듣기   🔊 14-2.mp3

❶ Look! She's **dressed** to kill.

저거 봐! 저 여자 죽여주게 입었는데.

❷ I just **dropped** by at his house to say hi.

그냥 얼굴이나 보려고 그 사람 집에 한번 들러봤던 거야.

❸ We need to stop by at a **drugstore** on our way home.

여보, 집에 가는 길에 약국에 좀 들러야겠어.

❹ This tax stuff is about to **drive** me crazy.

이 세금인지 뭔지 때문에 열통 터지겠어.

❺ No, please don't do this to me. I say "**Drop** dead!"

아니, 이러지 마세요. 글쎄 저리 꺼지라니까요.

❻ A You know the **dry** cleaner on Main Avenue.

A Main Avenue에 있는 세탁소 알지?

　B Yeah. I think they are a little pricey.

B 어, 내가 보기엔 좀 비싼 것 같던데.

　A But they've done a perfect job with my clothes in the past. I think they're getting paid for their service.

A 하지만 예전에는 일을 완벽하게 해왔잖아. 받는 값을 한다고 생각하는데.

E는 다 '에'가 아니다

2단계 · 단어 발음훈련	단어에서 세 가지 e 발음, 단어로 익히기		🎧 15-1.mp3
	❶ echo	엑코우 [ékou]	울림, 울림소리
	❷ epic	에픽 [épik]	서사시, 장편 서사 영화
[e]	❸ escort	에쓰코r트 [éskɔːrt]	호위대
	❹ esquire	엣쓰꽈이열r [éskwaiər]	영국식 영어에서 남자에게 붙이는 존칭 (예 : Edward Jones Esq)
	❺ Everest	에♥버리슽 [évərist]	에베레스트
	❶ election	을렉션 [ilékʃən]	선거
	❷ economy	으카너미 [ikánəmi]	경제
[i]	❸ embarrassing	음베뤳씽 [imbǽrəsiŋ]	황당한, 당황하게 하는
	❹ establish	웃쓰떼벌롯슈 [istǽbliʃ]	정착하다
	❺ exclusive	윽쓰끌룻쓰v [iksklúsiv]	독점적인
	❶ base	베잇쓰 [beis]	기초, 기반
	❷ cute	키율 [kjuːt]	예쁜, 매력적인
	❸ gene	주위은 [dʒiːn]	유전인자
[æ]	❹ move	무우우v [muːv]	움직이다, 이사 가다
	❺ page	페인쥬 [peidʒ]	페이지; 호출하다
	❻ slice	슬라잇쓰 [slais]	(얇게 썬) 조각, 얇게 썰다
	❼ take	테익 [teik]	가지고 가다, 데리고 가다

❶ These bones will make an **excellent** soup **base**.

이 뼈들은 나중에 국물 내는 데 아주 끝내줄 거야.

❷ I can't hear you. I only hear the **echo** of my own **voice**.

안 들려요. 내가 말하는 것만 울려서 돌아와요.

❸ The **economy** has been really bad for the last four years.

경제가 지난 4년간 정말로 안 좋았죠.

❹ Last week was a very **eventful** week indeed.

지난주는 정말 일이 많았던 주였어요.

❺ This doesn't have any side **effects because** it's all natural.

이건 부작용이 전혀 없어요. 왜냐하면 모두 천연 성분이니까.

❻ You girls love shopping. It's in your **genes**.

너희 여자들은 쇼핑 엄청 좋아하지. 그거 타고난 거잖아.

❼ I will have him **paged** and tell him you're here.

그분 호출해서 여기 오셨다고 전해드릴게요.

❽ Hand **me** two slices of ham over there.

거기서 햄 두 조각만 나한테 건네줘요.

❾ He was treating me as if I was his personal secretary. It was so **embarrassing**.

그 사람 내가 마치 자기 개인 비서인 것처럼 다루고 있더라니까. 정말 황당했지.

❿ *The Reader's Digest* had an **exclusive** interview with Mel Gibson that month.

'리더스 다이제스트'에서는 그 달에 멜 깁슨과 단독 인터뷰를 했었어요.

"F*** you!"는 제품에 화가 풀릴 정도로 세게!

[f]	❶ feeling	⒡피일링 [fíːliŋ]	감정
	❷ fresh	⒡프뤠슈 [freʃ]	신선한, (조리되지 않은) 날 것의
	❸ coffee	커어⒡퓌 [kɔ́fi]	커피
	❹ free	⒡프뤼이 [friː]	자유로운, 공짜의, (시간이) 빈
	❺ office	아⒡피 씨 [ɔ́fis]	사무실
[-f]	❶ off	아f [ɑf]	밖으로, 꺼진
	❷ golf	걸f [gɔlf]	골프
	❸ scarf	ㅅ까아rf [skaːrf]	목에 두르는 천.
	❹ half	해f [hæf]	반쪽, 1/2, (시간상) 30분
	❺ brief	브뤼이f [briːf]	간단한, 짧은

❶ **Free** to pick up.

그냥 가져가세요.

❷ **Feel free** to ask.

거리낌 없이 질문하세요.

❸ **Enough** is **enough**!

그만해 둬!

❹ Are you **free** tomorrow?

내일 시간 있어요?

❺ Would you **prefer** a **front picture** or a **profile**?

정면 사진이 좋을까요? 옆얼굴이 나온 사진이 좋을까요?

❻ What **if** I ask your girl **friend** out?

내가 만약 네 여자친구한테 데이트를 신청하면 어떡할 건데?

❼ Is **Jeff off** this **Friday** or next **Friday**?

Jeff는 이번 금요일에 쉬는 거야, 아니면 다음 주 금요일에 쉬는 거야?

❽ A How would you like your **coffee**?

A 커피 어떻게 드려요?

　 B With cream and sugar.

B 크림, 설탕 다 넣어서요

G는 'ㄱ'보다 걸쭉한 소리로!

2단계 · 단어 발음훈련 'ㄱ'보다 깊고 걸쭉한 소리 [g], 단어로 익히기   🔊 17-1.mp3

[g-]	❶ girl	(으)거얼 [gəːrl]		어린 여자 아이, 젊은 여자
	❷ good	(으)귿 [gud]		좋은, 멋진, 맛있는
	❸ ghost	(으)고우슽 [goust]		유령
	❹ gunshot	건솨앝 [gʌ́nʃɑ̀t]		발사된 탄환, 발사
	❺ gasoline	(으)개썰리인 [gǽsəlìːn]		휘발유
[-g]	❶ mug	먹 [mʌg]		손잡이가 있는 비교적 큰 커피잔
	❷ signal	씨널 [sígnəl]		신호
	❸ dog	더악 [dɔg]		개
	❹ wag	왝 [wæg]		(개가) 꼬리를 흔들다
	❺ zigzag	직잭 [zígzæg]		Z자 꼴의 형태, 모양

3단계 · 문장 발음훈련 [g] sound 문장에서 가려듣기   🔊 17-2.mp3

❶ **Get** it back please.
다시 가져가주세요.

❷ I'm **getting** married next month.
나 다음 달에 결혼할 거야.

❸ They were out of **gallon** milk.
큰 통들이 우유가 떨어졌던데.

❹ Don't bring a **big bag** into the cabin.
비행기 객실에 큰 가방을 가지고 타지 마세요.

❺ They also call young **girls** chicks.
사람들(미국사람들)은 여자애들을 '병아리'라고 부르죠.

❻ The **dog** is **wagging** its tail.
개가 꼬리를 흔들고 있네.

❼ A **Got** any favorite songs?
A 무슨 좋아하는 노래 있어요?

   B Yes, I like songs slow and romantic like *Unchained Melody* and...
B 'Unchained Melody'같은 팝 발라드요…

   A I **got** it. Isn't it the theme song of the movie *Ghost*?
A 알겠어요. 영화 'Ghost'의 주제가죠?

Like him이 왜 '(으)라이큼'으로 들릴까?

2단계 · 단어 발음훈련   정석 [h] sound, 단어로 익히기   🔊 18-1.mp3

[h]

❶	hurt	허어r트 [hə:rt]	다치게 하다
❷	hammer	해애머r [hǽmər]	망치, 장도리
❸	half	해애f [hæf]	절반
❹	ham	해앰 [hæm]	햄
❺	Hugh	히유우 [hju:]	남자 이름
❻	behind	브하인 [bəháin(d)]	~의 뒤에
❼	perhaps	퍼r해앺ㅅ [pərhǽps]	아마, 혹시

3단계 · 문장 발음훈련   탈락하는 [h], 문장에서 가려듣기   🔊 18-2.mp3

❶ Don't tell **him**.   그에게는 비밀이야.

❷ Put **him** on the phone.   그 사람 전화 좀 바꿔줘요.

❸ I **have** been to the White **House**.   나 백악관에 가본 적 있어요.

❹ I bought **her** a pound of butter.   난 그녀에게 버터 1 파운드를 사주었다.

❺ Did **he** tell **her** that **he** loves **her**?   그가 그녀에게 사랑 고백 했어?

❻ Have **him** get **his** hair cut.   그 사람한테 머리 좀 깎으라고 해요.

❼ Hugh **has** hurt **his** hand with a heavy hammer.   Hugh는 큰 망치에 손을 다쳤다.

❽ Hillary **has** offered Hub half of **her** bread.   Hillary는 Hub한테 자기 빵 반을 선뜻 먹으라고 권했어요.

❾ Holly **has** had enough ham for **her** sandwich.   Holly는 자기 샌드위치에 햄을 충분히 넣었어요.

I는 우리말 '이'가 아니다

2단계 • 단어 발음훈련 [i]는 강세가 있으면 '에'에 가깝게, 강세가 없으면 [ə]   🎧 19-1.mp3

[i]

❶	igloo	에글루우/이글루우 [íglu:]	에스키모인의 얼음집
❷	six	쓰엑ㅆ [six]	여섯
❸	minute	메닛/미닛 [mínit]	(시간 단위의) 분, 순간
❹	shit	쉩/쉿 [ʃit]	대변(욕실로 쓰는 말)
❺	itinerary	아이테너뤄뤼/아이티너뤄뤼 [aitínərəri]	(구체적인) 여행 일정
❻	chicks	췌윽ㅅ/취윽ㅅ [tʃiks]	(속어로) 젊은 여자들

[ə]

❶	April	에이프럴 [éiprəl]	4월
❷	holiday	할러데이 [hálədèi]	휴일, 축제일
❸	dentist	데너슽 [dénʈəst]	치과의사
❹	tennis	테늣ㅆ [ténəs]	테니스
❺	immigrate	이머그뤠잇 [íməgrèit]	이주하다, 이민하다

3단계 • 문장 발음훈련 때로는 길고 때로는 짧은 i sound, 문장에서 가려듣기   🎧 19-2.mp3

❶ I spent most of the weekend on the **bitch**.
난 주말을 거의 그 못된 여자와 보냈잖아.
I spent most of the weekend on the **beach**.
난 주말을 거의 해변에서 보냈지.

❷ **Sit** down.
앉아.
Have a **seat** over here.
이쪽으로 앉아요.

❸ He's a **rich** guy.
그 사람 부자야.
Now he has **reached** old age.
그 사람 이제는 노년에 이르렀지.

❹ Are you thinking of a mansion on Beverly **Hills**?
Beverly Hills에 저택을 마련하시려고요?
Time is said to have a great **healing** power.
시간이 최고의 약이지.

❺ **Pick** him up on your way home.
집에 가는 길에 그를 데려가주세요.
It was the **peak** of her life.
그녀 인생의 절정기였어.

DJ는 '디이줴이', joke는 '(으)죠욱'

[dʒ]

❶	Java	(웃)좌®버 [dʒɑ́ːvə]	프로그래밍 언어
❷	jail	(웃)줴이얼 [dʒéil]	교도소, 구류
❸	jasmine	(웃)좨z민 [dʒǽzmin]	인도 원산지의 식물 이름
❹	Jersey	(웃)줘어r지 [dʒə́rziː]	저지(영국 해협 최대의 섬 이름)
❺	Jakarta	(웃)줘카아r터(러) [dʒəkɑ́rtə]	자카르타(인도네시아 공화국의 수도)
❻	Jerusalem	(웃)줼루슬렘 [dʒirúːsələm]	예루살렘(이스라엘의 수도)
❼	judge	(웃)줘쥬 [dʒʌdʒ]	재판관, 심판
❽	individual	인디®빋쥬얼 [indivídʒuəl]	개인
❾	adjustment	언줘슽먼(트) [ədʒʌ́s(t)mən(t)]	(합의 하에 이뤄나가는) 조정
❿	gesture	(웃)줴스춰어r [dʒéstʃər]	몸짓, 제스처
⓫	college	카얼릳쥬 [kɔ́lidʒ]	단과대학, 대학
⓬	Germany	(웃)줘r머니이 [dʒə́ːrməni]	독일

[ʒ]

❶	leisure	리이쥬어r [líːʒər]	자유시간, 여가
❷	casual	캐쥬월 [kǽʒuəl]	우연의, 무심결의
❸	usually	유주월리 [júʒuəli]	보통, 일반적으로
❹	pleasure	플레쥬r [pléʒər]	즐거움, 쾌감
❺	Asia	에이줘 [éiʒə]	아시아
❻	Persian	퍼r젼 [pə́ːrʒən]	페르시아 인
❼	television	텔러비젼 [téləvìʒən]	
❽	decision	디씨젼 [disíʒən]	결심, 결정
❾	corsage	커어r씨아쥬 [kɔːrsɑ́ːʒ]	가슴에 다는 꽃장식
❿	beige	베이쥬 [beiʒ]	베이지색

	❶ could you	큰지유 [kəʤju]	
[ʤ]	❷ would you	(우)윌지유 [wuʤju]	
+	❸ did you	딛지유 [diʤju]	
[ju]	❹ called you	커얼지유 [kɔlʤju]	
	❺ and you	앤지유 [ænʤju]	
	❻ made you	메읻지유 [meiʤju]	
	❼ had you	햄지유 [hæʤju]	

❶ I was **jammed** up in the traffic.

교통 체증 때문에 꼼짝 못하고 갇혀 있었어.

❷ Each person has an **individual** locker.

각자가 개인 사물함을 가지고 있다.

❸ It sounds more likely a **joke**.

농담인 것 같은데.

❹ Try not to **judge** a man by his appearance.

사람을 외모로 판단하지 마라.

❺ **Could** you possibly give me a lift?

저 좀 태워주시겠어요?

❻ **Did you** say anything about the **project**?

네가 그 프로젝트에 대해 이야기했던가?

❼ I **called you** yesterday, do you remember?

내가 너한테 어제 전화했는데, 기억나니?

❽ **Would you** kindly get the door for me, please?

문 좀 열어주시겠어요?

❾ Fine. Thank you, **and you**?

좋아, 당신은 어때?

❿ What **made you** come here?

무슨 일로 왔어?

⓫ A Thanks a lot.

B **Pleasure** is mine.

A 고마워.

B 별 말씀을.

⓬ A **Beige is** my favorite color.

B Well, that's my favorite, too. Dark **beige**,
light **beige**, I like all kinds of **beige**.

A 베이지는 내가 제일 좋아하는 색이야

B 음, 나도 그래. 어두운 것도 밝은 것도 베
이지면 다 좋아.

31

ㅋㅋㅋ를 영어로 kkk로 써도 되나?

2단계 · 단어 발음훈련 k sound, 단어로 익히기 🔊 21-1.mp3

[k]	❶ key	키이이 [ki:]	열쇠
	❷ Kentucky	켄턱키 [kəntʌ́ki]	켄터키(미국 남부의 주)
	❸ ketchup	켙춰ㅍ [kétʃəp]	케첩
	❹ kid	킫 [kid]	어린애, 아이, 자식
	❺ kick	킼 [kik]	차다, 걷어차다
	❻ rock	롺 [rɑk]	바위, 좌우로 살살 흔들다 (rocking chair: 흔들의자)
	❼ truck	츄뤜 [trʌk]	트럭
[k̸]	❶ knee	니이이 [ni:]	무릎
	❷ know	느오우 [nou]	알고 있다
	❸ knife	나이f [naif]	칼, 부엌칼
	❹ knight	나잍 [nait]	(중세의) 기사
	❺ knit	닡 [nit]	뜨개질하다, 직조물
	❻ knob	납 [nɑb]	문손잡이
	❼ knock	낰 [nɑk]	노크
	❽ knuckle	넉컬 [nʌ́kəl]	손가락 관절 또는 마디

❶ Please hold the onion and **ketchup**.

(sandwich shop에서 주문할 때) 양파하고 케첩은 넣지 마시고요.

---

❷ The door **knob** is getting loose.

문 손잡이가 헐거워지고 있네요.

---

❸ I am a big fan of **Kentucky** Fried Chicken.

저 KFC 닭고기 엄청 좋아해요.

---

❹ Well, I messed it up. Who am I **kidding**?

뭐, 내가 망친 건데. 누구한테 시비를 걸겠나?

---

❺ We've got a flat tire here. We need to call for a tow **truck**.

타이어 바람 나갔네. 견인차 불러야겠어요.

---

❻ I can't find my **keys**. Did you see them, Ross?

열쇠가 어디 있는지 못 찾겠네. Ross, 그거 어디 있는지 봤어?

---

❼ Will you hand me the **knife**?

나한테 그 칼 좀 집어줄래요?

---

❽ Please **knock** on the door before you come in, OK?

들어오기 전에 문 좀 두드려줘요, 알겠죠?

---

❾ Industrial spies are those who steal and sell industrial or technical **knowhow**.

산업 스파이라 하면 산업이나 기술 관련 노하우를 훔쳐서 팔아넘기는 사람들이잖아.

---

❿ He stared at them, cracking his fingers. Then, he **knocked** them all down.

그 사람 손을 꺾어 우두둑 소리를 내면서 그들을 노려보더라고. 그 사람이 그들을 다 때려눕혔잖아.

두 가지 l 발음: clear l(첫소리 l)과 dark l(끝소리 l)

Milk는 '미-얼(ㅋ)'라고 해야 얻어 마신다

2단계 · 단어 발음훈련	첫소리 l과 끝소리 l 단어에서 구별하기		🎧 22-1.mp3

[1-]	❶ Los Angeles	러ㅆ 앤쥘러ㅆ [lɔːs-ǽndʒələs]	로스앤젤레스
	❷ limousine	리머ⓩ지인 [líməzìːn]	리무진
	❸ leadership	리러r쉽 [líːtərʃ̂ip]	지도자, 통솔력
	❹ literature	리러뤄춰r [lítərətʃ̂ər]	문학, 저술
	❺ lumpsum	럼썸 [lʌ́msʌm]	큰 액수(돈)
	❻ lamp	램(ㅍ) [læmp]	
	❼ plastic	플래ㅅ틱 [plǽstik]	
	❽ slump	슬럼(ㅍ) [slʌmp]	(활동, 원기) 부진
	❾ local government	로우컬 가ⓥ버r언먼 [lóukəl gʌ́vərnmən(t)]	지방 자치정부

[-l]	❶ film	ⓕ피엄 [film]	필름
	❷ silk	씨얼(ㅋ) [silk]	실크
	❸ self	쎄얼f [self]	자신
	❹ golf	걸f [gɔlf]	골프
	❺ detail	디테얼 [díteil]	세부 사항
	❻ oil	오이얼 [ɔil]	기름, 석유
	❼ civil	씨ⓥ벌 [sívəl]	시민 사회의
	❽ oatmeal	오울미얼 [óutmìːl]	빻은 귀리
	❾ full time	ⓕ푸얼 타임 [ful taim]	작업, 근무의 전시간
	❿ wheel	위얼 [wiːl]	자동차의 핸들

❶ There's Korea Town in **L.A.**

저기가 LA의 Korea Town이지.

❷ Koreans **call** a desk **lamp** a stand.

한국은 desk lamp을 stand라고 부릅니다.

❸ This tie is made of **silk.**

이 tie는 silk로 만들어졌지.

❹ **Load** the **film** before you shoot.

찍기 전에 필름부터 넣어야지.

❺ Traffic is heavy at this hour as **usual.**

이 시간에는 늘 그렇듯이 교통이 혼잡하지.

❻ You **always** say that.

넌 항상 그렇게 얘기하더라.

❼ Do they fry even a **fly** in China?

중국에서는 파리도 튀겨 먹어요?

❽ May I have another **glass** of **milk?**

우유 한 잔 더 마실 수 있어요?

❾ **Larry's always telling** me to be **careful.**

Larry는 늘상 나보고 조심하라고, 신중하라고 이야기해 주지.

❿ There're more **full**-service gas stations in Korea than **self**-service ones.

한국에는 자기가 직접 주유하는 곳보다는 주유소 직원이 기름을 넣어주고 다 알아서 해주는 주유소가 더 많이 있죠.

---

silent [l]

❶	calf	ㅎ캐f [kæf]	송아지
❷	calm	ㅎ카아암 [kɑːm]	고요한, 평온한
❸	chalk	츄억 [tʃɔːk]	분필
❹	colonel	ㅎ커어널 [kɜ́ːrnl]	대령
❺	half	해애f [hæf]	반, (시간상) 30분
❻	folk	Ⓕ포욱 [fouk]	사람들, 여러분
❼	salmon	쌔애먼 [sǽmən]	연어
❽	palm	파아암 [pɑːm]	손바닥

35

Mm... Nn... 콧등을 울리는 sexy한 소리

2단계 • 단어 발음훈련	콧등을 울리는 [m]/[n]		🎧 23-1.mp3

[m]/[n]	❶ man	(음)매앤 [mæn]	사람
	❷ form	ⓕ포r엄 [fɔːrm]	형태, 서식
	❸ master	(음)매애ㅅ떠r [mǽstər]	주인, 지배자
	❹ mask	(음)매애슥 [mæsk]	복면, 위장
	❺ motel	(음)모우텔 [moutél]	mo(tor)+(ho)tel
	❻ mistake	(음)미ㅅ떼익 [mistéik]	착오, 실수
	❼ motion	(음)모우션 [móuʃən]	운동, 작동
	❽ native	(음)네이리v [néitiv]	출생지의, 본래의
	❾ negative	(음)네거리v [négətiv]	부정적인, 반대의
	❿ new	(음)누우/니유 [nuː] [njuː]	새로운
	⓫ nonfiction	(음)난ⓕ픽션 [nɑnfíkʃən]	소설 · 이야기 외의 산문 문학
[m/n]	❶ month	머안쓰 [mʌnθ]	달
	❷ moon	(음)무운 [muːn]	달, 위성
	❸ monument	마아뉴먼(ㅌ) [mɑ́ːnjumən(t)]	기념비
	❹ name	네에임 [neim]	이름
	❺ noon	느우운 [nuːn]	정오, 전성기
	❻ normal	노오r멀 [nɔ́ːrməl]	정상의

❶ Don't **mess** with **him**.

그 사람한테 시비 걸지 말아요.

❷ I'm a **computer science major**.

저는 computer science를 전공하고 있습니다.

❸ She **nagged** her **husband** all day long.

그녀는 하루 종일 남편에게 찡찡대며 귀찮게 굴었다.

❹ **Nice** to take a walk in the **misty moon** light.

희미한 달빛 아래 걸으니 좋구나.

❺ **Mark** your **answer on** your **answer** sheet.

답안지에 정답을 표시하세요.

❻ Fill up the **form** by **tomorrow**.

내일까지 서식을 작성하세요.

❼ The African **American** men like to call each other "**Man**."

미국의 흑인들은 자기들끼리 man이라고 부르기를 좋아합니다.

❽ Are you **nuts**? Now you're gonna screw up the project.

당신 제정신이야? 이제 당신이 일을 망치게 생겼어.

❾ Excuse **me**, but what was your last **name**, **Ms**?

실례합니다만 성이 어떻게 되시나요?

❿ **Natalie** has a **one-bedroom apartment downtown**.

Natalie는 시내에 침실 하나짜리 아파트를 가지고 있다.

입술은 '오' 하며, 턱을 내려 '아'에 가깝게 발음하는 [ɔ]

Orange Juice(오렌지 주스) 마시고 싶다고?

2단계 • 단어 발음훈련 '오'보다 '아'에 가까운 소리 [ɔ], 단어로 익히기 🎧 24-1.mp3

[ɔ]

❶	John	쥬아안[dʒɑn/dʒɔn]	존
❷	model	마들/마를[mádl/mátl]	모형, 모범
❸	doll	도어알[dɑl/dɔl]	인형
❹	orange	아륀쥬[ɔ́(:)rindʒ]	오렌지
❺	motto	마로우[mátou/mótou]	좌우명, 격언
❻	politics	팔러틱ㅅ[pálitiks/pólitiks]	정치, 정치학
❼	boss	보아ㅆ[bɑs/bɔːs]	두목, 사장
❽	chocolate	쥬아컬릿[tʃákəlit/tʃɔ́kəlit]	초콜릿
❾	nominate	나아머네일[náməneit/nóməneit]	지명하다
❿	omelette	아아믈릿[áməlit/ɔ́məlit]	오믈렛

3단계 • 문장 발음훈련 '아'에 가까운 [ɔ] 발음, 문장에서 익히기 🎧 24-2.mp3

❶ John has an old-**model computer**.
John은 구형 컴퓨터를 가지고 있지.

❷ He was **nominated** for an Academy award winner.
그 사람은 아카데미 수상 후보자로 지명이 되었죠.

❸ When does the **doctor** have **office** hours?
의사 선생님의 진료시간은 언제예요?

❹ Okey, I'll be back with your **orange** juice.
알았어요. 오렌지 주스를 갖다드릴게요.

❺ Listen to the rhythm of the **falling** rain.
빗방울 소리의 리듬을 들어보세요.

❻ It's against the **law**. / We eat **raw** fish.
그건 위법입니다. / 우린 날 생선을 먹었어.

❼ I don't want to hear '**because**'.
핑계 대지 마.

❽ Sometimes I'm being called an '**Autumn** man'.
난 가끔 '추남'이라고 불리지.

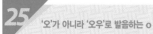

25

'오'가 아니라 '오우'로 발음하는 o

"Oh my..."는 오 마이가 아니라, '오우 마아이'

2단계 • 단어 발음훈련 [ou] 발음 주의하며 단어로 익히기			🎧 25-1.mp3

❶	open	오우픈[óupən]	열린, 펼쳐진
❷	note	노웉[nout]	(염두에 둘 사항을) 기록, 메모
❸	joke	(으)죠욱[dʒouk]	농담, 웃음거리
❹	cold	코울(ㄷ)[kʰoul(d)]	추운, 냉담한
❺	ghost	고우슽[goust]	유령, 혼령
❻	doughnut	도우넡[dóunət]	도넛
❼	motive	모우리v[móutiv]	동기
❽	hole	호울[houl]	구멍, 함정
❾	modem	모우럼[móutəm]	모뎀
❿	Oh (my God!)	오우[ou]	

[ou]

3단계 • 문장 발음훈련 문장에서 m sound, n sound 제대로 발음하기		🎧 25-2.mp3

❶ **Open** up your heart. — 마음을 열어라.

❷ Make your **own note**. — 알아서 잘 표기해주세요.

❸ It's not more nor less than a **joke**. — 더도 덜도 아닌 농담일 뿐이야.

❹ Have something **cold**. — 찬 것 좀 드세요.

❺ **Don't** mention it. — 그건 말하지 마.

❻ Can you give me your **phone** number? — 전화번호 좀 가르쳐 주세요.

❼ How often do you **go overseas**? — 해외에 얼마나 자주 나가세요?

❽ Could you tell me how to get to the **post** office? — 우체국 가는 길 좀 가르쳐주세요.

❾ A Hey, what are you doing here? — A 이봐, 여기서 뭐 하고 있니?
   B Jane **drove off on** me. — B Jane이 날 놔두고 차를 몰고 가버렸어.

❿ A Hi. **How** is it **going**? — A 잘 있었어? 요새 어때?
   B **So so**. — B 그저 그래.

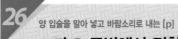
ㅍ과 P 구별해서 정확하게 발음하기

2단계 • 단어 발음훈련 'ㅍ'과 다른 p sound, 단어로 익히기 🔊 26-1.mp3

[p]	❶	panorama	패너래머[pæ̀nərǽmə]	전경, 회전그림
	❷	patrol	퍼츄로울[pətróul]	순찰병, 순찰
	❸	parasol	패뤄쏘울[pǽrəsɔ́ːl]	양산
	❹	peanut	피이넡[píːnʌt]	땅콩
	❺	popcorn	팝코r온[pápkɔ̀ːrn]	팝콘
	❻	opinion	어피년[əpínjən]	의견, 평가
	❼	apartment	아파앝먼(ㅌ)[əpáːrtmən(t)]	아파트
	❽	correspodent	커뤠ㅅ빤던(ㅌ)[kɔ̀respándən(t)]	통신의, 특파원
	❾	optimistic	앞터미ㅅ띡[àptəmístik]	낙천주의의
	❿	department	디파앝먼(ㅌ)[dipáːrtmənt]	부서, 학과
[-p]	❶	rope	로웊[roup]	밧줄
	❷	envelope	엔ⓥ벌로웊[énvəlòup]	봉투
	❸	telescope	텔러ㅅ꼬웊[téləskòup]	망원경
	❹	ramp	뤠앰(ㅍ)[ræmp]	(고속도로상의) 진입, 진출로, 입체교차로
	❺	camp	캠(ㅍ)[kæm(p)]	야영

❶ Got any **plans** for this weekend, **Peter**?

Peter, 이번 주말에 계획이 있어?

❷ Would you like some mashed **potatoes**?

으깬 감자 좀 드시겠어요?

❸ My girl may not be an eye-**popper**.

우리 딸은 눈에 띄는 미인은 아니야.

❹ Ask the **pumpman** to fill her up.

주유원에게 채워달라고 해

❺ There're still **hopeful** signs of economic recovery.

아직은 경제회복의 희망적인 조짐들이 있다.

❻ **Stop** singing. / **Keep** going on.

노래 그만 좀 불러. / 계속해.

❼ He's an absolute **psychopath**.

그는 완전히 정신병자야.

❽ Don't forget to take the **receipt** after **paying** the bill.

지불 후 영수증 받는 걸 잊지 마세요.

Quick은 퀵이 아니라 '크윅'

	❶ queen	크위인[kwi:n]	여왕, 왕비
	❷ quarter	크워러r[kwɔ́:rtər]	4분의 1, 분기
	❸ question	크웨스춘[kwéstʃən]	물음, 의문
[kw]	❹ quick	크윅[kwik]	빠른, 신속한
	❺ quit	크윝[kwit]	그만두다
	❻ request	뤼크웨슽[rikwést]	요청하다, 요구하다
	❼ squeeze	ㅅ끄위이z[skwi:z]	압착하다, 꽉 쥐다
	❽ aquarium	어크웨어뤼엄[əkwέəriəm]	수족관
[-k]	❶ antique	앤티익[æntí:k]	골동의, 고대의
	❷ baroque	버로욱[bəróuk]	baroque 양식의
	❸ grotesque	그로우테슥[groutésk]	괴상한

❶ Any **questions**, class? — 다른 질문 있나요, 여러분?

❷ The **quicker** the better. — 빠를수록 좋다.

❸ Where is your **etiquette**? — 예절 좀 지켜라.

❹ Upon your **request**. — 요구하신 대로.

❺ Do you have change for a **quarter**? — 25센트짜리 바꿔주시겠어요?

❻ He **quit** his job last month. — 그 사람은 지난달에 그만뒀어.

❼ Is the car full or can I **squeeze** in? — 차에 사람이 꽉 차지 않았으면 끼여 타도 될까요?

❽ Do you like beer or hard **liquor**? — 맥주 좋아해요, 아니면 독한 술 좋아해요?

❾ Rick wants to be a **choirmaster** someday. — Rick은 언젠가 성가대 지휘가자 되고 싶어 한다.

❿ The big ship, **Queen** of Mary is not sailing anymore. — 그 큰 배인 Queen of Mary는 더 이상 항해하지 못한다.

R은 Dog sound!

[r]	❶ race	뤠이ㅆ [reis]	경주, 인종
	❷ remodel	뤼마를 [rìːmátl]	개조하다, 고치다
	❸ Rock and Roll	롸큰로울 [rɔ̀kənróul] / 롸캔로울 [rɔ́kænròul]	로큰롤
	❹ rush hour	뤄샤워r [rʌ́ʃàuər]	러시아워, 혼잡한 시간
	❺ carry	캐뤼 [kǽri]	나르다, 전하다
	❻ marriage	매륏쥬 [mǽridʒ]	결혼, 결혼생활
	❼ dramatic	듀뤄매릭 [drəmǽtik]	희곡의, 극적인
	❽ narrow	내로우 [nǽrou]	폭이 좁은, 여유가 없는
	❾ representative	뤠프뤼제너리v [rèprizéntətiv]	대표자, 대리인
	❿ Sahara	써해어뤄 [səhɛ́ərə]	Sahara 사막, 불모지
[r]	❶ card	카어r ㄷ [kɑːrd]	카드
	❷ hard	하아r ㄷ [hɑːrd]	딱딱한, 어려운
	❸ mark	마아r ㅋ [mɑːrk]	표, 표를 붙이다
	❹ heart	하아r ㅌ [hɑːrt]	심장, 마음
	❺ skirt	ㅅ꺼어r ㅌ [skəːrt]	치마
	❻ turn	터어r ㄴ [təːrn]	
	❼ master	매스떠r [mǽstər]	주인, 지배자
	❽ Oscar	아ㅅ꺼r [ɔ́skər]	
	❾ reporter	뤼포어r러r [ripɔ́ːrtər]	보고자, 기자
	❿ escalator	에ㅅ껄레이러r [éskəlèitər]	자동계단, 에스컬레이터

	❶ curl	커어*r*얼 [kə́:rl]	꼬다, 둥글게 감다
	❷ girl	거어*r*얼 [gə́:rl]	소녀
[*r*l]	❸ pearl	퍼어*r*얼 [pə́:rl]	진주
	❹ swirl	스워*r*얼 [swə́:rl]	소용돌이치다
	❺ whirl	워어*r*얼 [hwə́:rl]	빙글빙글 돌리다
	❻ world	워어*r*얼ㄷ [wə́:rld]	세계, 세상

3단계 · 문장 발음훈련 [r], [*r*], [*r*l] sound, 문장에서 가려듣기 🎧 28-2.mp3

❶ Would you like **salad**?

샐러드 드실래요?

❷ **Where** is the on-**ramp**(**off-ramp**)?

진입로는 어디야?

❸ My **lips are sealed**.

비밀은 지키겠소(seal 입술을 꼭 다물다).

❹ **Rita** is **working** as a **waitress** in a **restaurant**.

Rita는 레스토랑에서 여종업원으로 일하고 있어.

❺ **Arrest** him, dead **or alive**.

죽어도 좋으니 그를 잡아와.

❻ Is **there** a **cafeteria around**?

근처에 카페가 있나요?

❼ A **flashlight helps** in the **dark** place.

손전등은 어두운 곳에서 유용하지.

❽ Make a **right turn** at the **corner**.

모퉁이에서 우회전해라.

❾ My **grandfather** has been **through** two **world** wars.

우리 조부께서는 두 차례의 세계대전을 겪으셨죠.

❿ **Rita** put on the **pearl earings Larry** had given her.

Rita는 Larry가 주었던 그 진주 귀걸이를 하고 있었어요.

'ㅅ' 또는 'ㅆ'으로 소리 나는 [s]

Basic은 베이직이 아니라 '베이씩'

2단계 • 단어 발음훈련 [s] sound를 단어에서 'ㅅ'과 'ㅆ'로 구분하기 🔊 29-1.mp3

[s]	❶ sad	쌔ㄷ [sæd]	슬픈, 서글픈
	❷ sack	쌕 [sæk]	자루
	❸ seat	씨잍 [siːt]	좌석
	❹ beside	비싸인 [bisáid]	곁에서, 동등하게
	❺ corsage	코어r싸아쥬 [kɔːrsáːʒ]	가슴에 다는 꽃 장식
	❻ essence	엣쓴ㅆ [ésəns]	본질
	❼ sense	쎈ㅆ [sens]	감각
	❽ tennis	테늣ㅆ [ténəs]	테니스
	❾ kiss	킷ㅆ [kis]	
	❿ pass	패앳ㅆ [pæs]	지나가다, 통과하다
[s-]	❶ slide	슬라인 [slɑid]	미끄러지다, 활주하다
	❷ Sphinx	ㅅ①핑(ㅋ)ㅆ [sfiŋ(k)s]	스핑크스
	❸ smooth	ㅅ무우ð [smuːð]	매끄러운, 손질이 잘 된
	❹ slope	슬로웊 [sloup]	경사지다, 내려가다
	❺ snake	ㅅ네잌 [sneik]	뱀, 냉혹한 사람
	❻ squash	ㅅ꾸와슈 [skwaʃ]	찌그러뜨리다, 밀어넣다
	❼ switch	ㅅ윝츄 [switʃ]	(자리를) 맞바꾸다

❶ A **Nice dress!**

  B **Thanks!**

A 옷 멋진데!

B 고마워.

❷ Snap out of it!

신경 쓰지 매 그런 걸 가지고 그래!

❸ Something about **this** contract **smells** fishy.

이 계약에는 뭔가 수상쩍은 게 있는 것 같아.

❹ J. F. Kennedy Jr. is **said** to be a **smooth** operator.

Kennedy 아들은 여자 다루는 데 아주 능숙한 사람이라고 하던데.

❺ Girls **just** love him.

여자들이 아주 그 사람한테 사족을 못 써.

❻ Is **this seat** taken?

여기 자리 있나요?

❼ Can I **kiss** you?

키스해도 돼?

❽ The **disc** jockey couldn't pronounce who's **singing**.

저 DJ는 누가 노래하고 있는지 발음하지 못해.

❾ Simon ditched **science class** today.

Simon은 오늘 과학시간에 땡땡이 쳤다.

❿ That gentleman wearing a **corsage** is the keynote **speaker**.

꽃 장식을 단 저 신사가 기조 연설자야.

⓫ Susan is turning into a real **psycho**.

Susan은 알고 보니 진짜 미친 사람이더라고.

Stop(ㅅ땊), Sky(ㅅ까이), Spain(ㅅ뻬인)

2단계 · 단어 발음훈련 [s]가 유도하는 된소리 ㄲ, ㄸ, ㅃ 🔊 30-1.mp3

[sk]

❶ skate	ㅅ께잍 [skeit]	스케이트
❷ skirt	ㅅ꺼어r트 [skəːrt]	치마
❸ scandal	ㅅ깬덜 [skǽndəl]	불명예, 악평
❹ scramble	ㅅ끄뢈벌 [skrǽmbl]	기어오르다, 서로 빼앗다
❺ describe	디 ㅅ끄롸입 [diskráib]	묘사하다

[sp]

❶ spade	ㅅ뻬잍 [speid]	(카드에서) 스페이드
❷ speak	ㅅ삐읔 [spiːk]	말하다
❸ special	ㅅ뻬셔얼 [spéʃəl]	특별한, 독특한
❹ spill	ㅅ삐얼 [spil]	엎지르다
❺ spouse	ㅅ빠우s [spaus]	배우자

[st]

❶ stress	ㅅ뜨뤠쓰 [stres]	스트레스, 강세
❷ steak	ㅅ떼잌 [steik]	두껍게 썬 고기
❸ statue	ㅅ때츄 [stǽtʃuː]	상(像)
❹ street	ㅅ뜨뤼잍 [striːt]	거리
❺ strike	ㅅ뜨롸잌 [straik]	치다, 때리다

❶ **Spring** is an **extraordinary** beautiful season.

봄은 너무 아름다운 계절이지.

❷ **Excuse** me, could you give me your **extension** number?

실례지만 내선번호 좀 알려주실래요?

❸ We need some **experts** in our **export** department.

우리 수출 부서에는 전문가가 필요해.

❹ **Skip** it when the **sky** is grey.

날씨가 흐리면 하지 말고 그냥 지나가.

❺ The **street** car is running on the **steep** rail.

전동차가 가파른 언덕을 올라가고 있네요.

❻ We used to **scream** when we were **skating**.

스케이트 타면서 우리는 신나서 막 소리를 지르곤 했었죠.

❼ Do not **squeeze** the **squeaky squirrels**.

꽥꽥거리는 다람쥐를 손으로 꽉 움켜쥐지는 마.

❽ **Steve** must be **stressed** out.

Steve는 지금 굉장히 스트레스 받고 있는 게 역력해.

❾ We should refrain from using too much hair **spray**.

우리는 헤어스프레이 사용을 자제해야 한다.

❿ As you can see, Seoul is packed up with **skyscrapers**.

보다시피 서울은 고층 빌딩으로 가득하다.

Ultra는 울트라가 아니라 '(어)알츄롸'

2단계 · 단어 발음훈련 [ʌ] 발음과 [ju] 발음 완전히 익히기

🎧 31-1.mp3

[ʌ]			
	❶ uncle	(어)앙컬 [ʌŋkl]	(친, 외)삼촌, 작은아버지
	❷ under	(어)안덜r [ʌndər]	아래로
	❸ ultra	(어)알츄롸 [ʌltrə]	과도한, 극단적인
	❹ upgrade	(어)앞그뤠읻 [ʌpgréid]	등급 상승, 승격
	❺ urgent	(어)알r쥰ㅌ [ə́:rdʒənt]	화급을 다투는
	❻ but	버앝 [bʌt]	그러나, 그렇지만
	❼ gulf	거알f [gʌlf]	만(지리상)
	❽ multiply	머알터플라이 [mʌ́ltəplài]	번식하다, 수를 증가시키다
[ju]	❶ union	(이)유니언 [júːnjən]	연합
	❷ utility	(이)유틸러리 [juːtíləti]	(전기, 가스, 상하수도 등) 공익 설비
	❸ united	(이)유나이릳 [ju(ː)náitid]	연합된
	❹ unification	(이)유니ⓕ피케이슌 [jùːnəfikéiʃən]	통일
	❺ excuse	엑스끼유z [ikskjúːz]	용서하다, 변명하다
	❻ human	히유먼 [hjúːmən]	인간의, 인간적인
	❼ tune	티유운 [tjúːn|tjúːn]	선율, 가락

❶ Please take a right **turn** under the overpass.

육교 밑에서 우회전해 주세요.

❷ There is a saying that there's nothing new **under** the sun.

'태양 아래 새로운 것은 없도다.' 하는 말이 있잖아요.

❸ Jacky is a **human** resource manager.

Jacky는 인사 담당 과장으로 있어요.

❹ Excuse me, I hate to interrupt you guys, but this is **urgent**.

실례해요, 방해해서 너무 미안한데, 이거 다급한 일이라서요.

❺ Would you take care of this **utility** bill by Friday?

금요일까지 이 공과금 좀 처리해 줄래요?

❻ I heard that young generation do not want **reunification**.

내가 듣기로는 젊은 사람들은 재통일을 원하지 않는다던데.

❼ If we hadn't spent the money on the **sunset** cruise, we could have been **upgraded**.

일몰 맞이 유람선 타기에 돈을 안 썼었더라면, 업그레이드 받을 수 있었을 텐데.

❽ Before the concert begins, **musicians** always **tune up** their instruments.

연주회를 시작하기 전에 연주자들은 늘 악기를 조율하죠.

❾ **UN**, **UK**, **USA** start with **U**, all of which stands for **United**.

UN, UK, USA는 U로 시작하는데, 모두 United란 뜻이지.

❿ Do you remember the bible verse, "Be fruitful and increase in **number**?" That means to **multiply**.

"생육하고 번성하라."라는 성경 구절 기억해요? 그게 바로 수적인 번식을 의미하는 거죠.

계곡(Valley)과 아랫배(Belly)의 차이

2단계 · 단어 발음훈련 첫소리 [v-]와 끝소리 [-v] 🎧 32-1.mp3

[v-]			
	❶ valley	ⓥ배앨리 [vǽli]	계곡
	❷ van	ⓥ배앤 [vǽn]	봉고차
	❸ version	ⓥ벌쥰 [və́:rʒən]	–판, –역, 번역판
	❹ vegetarian	ⓥ베쥬테뤼언 [vèdʒtɛ́əriən]	채식주의자
	❺ very	ⓥ베뤼 [véri]	상당히, 매우
	❻ Vatican	ⓥ배애리컨 [vǽtikən]	바티칸
	❼ Valentine	ⓥ배앨런타인 [vǽləntàin]	성자 발렌타인

[-v]			
	❶ valve	ⓥ배앨v [vǽlv]	관, 진공관
	❷ curve	커얼rv [kə́:rv]	굽이치는 길, 굽어진 모양
	❸ give	기이v [giv]	주다
	❹ love	라어v [lʌ́v]	사랑하다
	❺ serve	써얼rv [sə́:rv]	섬기다, 봉사하다

3단계 · 문장 발음훈련 [v], [b], [f], 문장에서 가려듣기

❶ **Valentine's** day falls on Thursday this year.

발렌타인 데이가 올해는 목요일이네요.

❷ I prefer a **van** over a sedan.

전 승용차보다는 밴이 더 좋아요.

❸ Is Fred a **vegetarian**?

Fred는 채식주의자야?

❹ **Barry** is a **very** nice guy.

Barry는 아주 좋은 사람이야.

❺ I'm not a big fan of **beer**.

난 맥주를 막 좋아하는 건 아니에요.

❻ You can **vacuum** the floor first. Dust **balls** are rolling all **over**.

먼저 마루를 진공 청소기로 밀던가. 먼지 덩어리가 사방에 굴러다니고 있네.

❼ Would you **give** us two more **servings** of samgyupsal and more **leaves**?

삼겹살 2인분 더 주시고, 상추도 좀 주실래요?

❽ She's a catholic, so she wants to **visit** the **Vatican** someday.

그 여자 분은 천주교 신자라서 언젠가 한번은 바티칸에 가보고 싶어해요.

❾ When Jesus said **love** your neighbors, that means to **serve** them, and put their interests before yours.

예수님께서 네 이웃을 사랑하라고 말씀하셨을 때는 그들을 섬기고 네 이웃보다는 그들의 이익을 앞세우라는 말씀이셨지.

❿ **Even** though I walk through the **valley** of the shadow of death, I will fear no **evil**.

내가 사망의 음침한 계곡을 다닐지라도 두려워하지 않을 것이거늘.

h는 없는 셈 치는 미국식 'wh-' 발음

White House는 화이트 하우스가 아니라 '(우)와이라우ㅆ'

[w]

❶	White House	(우)와이라우ㅆ [wáitaus] / (우)와잍 하우ㅆ	백악관
❷	whale	(우)웨이얼 [weil]	고래
❸	wheat	(우)위잍 [wi:t]	밀
❹	wheel	(우)위얼 [wi:l]	바퀴
❺	which	(우)윝츄 [wítʃ]	어느 쪽
❻	whistle	(우)위쓸 [wísl]	휘파람을 불다. 속삭이다
❼	whisper	(우)위스뻐r [wíspər]	귀엣말을 하다

❶ He spoke in a **whisper**.	그는 작은 목소리로 속삭였다.
❷ Four-**wheel**-drive autos are common nowadays.	4륜 구동 자동차는 요즘 흔해.
❸ **Where** have you been?	너 여태 어디 갔다 왔어?
❹ He has nice looking **whiskers**.	그는 멋진 구레나룻을 가지고 있어.
❺ **Who** do you think he is?	그 남자 누군 거 같아?
❻ He talks with his **whole** body.	그는 온몸을 다 써서 말합니다.
❼ **Whose** pantyhose are these?	이거 누구 스타킹이야?

34

모음을 만드는 'w[w-] / y[j-] / eu[ju-]'

복모음은 한 큐에 발음하지 않는다

2단계 · 단어 발음훈련	복모음처럼 순차적으로 발음하는 [w], [j], [ju]		🎧 34-1.mp3
[w]	❶ watch	(우)워츄 [watʃ]	보다, 기다리다
	❷ wonderful	(우)원덜*r*ⓕ펄 [wʌ́ndərfəl]	멋진, 훌륭한
	❸ wedding	(우)웨링 [wétiŋ]	결혼식
	❹ wafers	(우)웨이ⓕ퍼*rz* [wéifərz]	웨하스
	❺ sandwich	쌘(우)위츄 [sǽnwitʃ]	샌드위치
[j]	❶ yes	(이)예ㅆ [jes]	네, 응
	❷ yacht	(이)여앝 [jɔːt]	요트
	❸ yogurt	(이)요우걭*r*ㅌ [jóugərt]	요구르트
	❹ yoyo	(이)요우요우 [jóujòu]	요요(장난감)
	❺ Yahoo	(이)야후ː [já:hù:]	야후
[ju]	❶ Europe	(이)유럽 [júːrəp]	유럽
	❷ Eunice	(이)유느ㅆ [júːnəs]	여자 이름
	❸ Euphrates	(이)유프뤠이리이z [juːfréiti:z]	유프라데스 강
	❹ Eurailpass	(이)유뤠이얼패ㅆ [júːreilpæ̀s]	유레일패스

❶ Have **you** reserved a **wedding** chapel?

교회 결혼식장 예약은 했어?

❷ He **was** kind of a **wallflower** at Dave's party. He didn't dance, didn't drink, didn't even talk to anyone.

걔는 Dave의 파티에서 꿔다놓은 보릿자루 같았어. 춤도 안 추고 술도 안 마시고, 다른 사람과 얘기도 안 하고.

❸ Did **you** make it **yourself**?

그거 직접 만드신 거예요?

❹ The color of gold is almost **yellow**.

황금색은 거의 노란색이잖아요.

❺ He hasn't arrived **yet**?

그는 아직 도착 안 했어?

❻ **Yankee** is an American person who is from the north.

양키는 북부 출신의 미국인들을 말한다.

❼ **We** call those who are in a professional job **with** a high income and enjoy spending money, '**yuppie**'.

고소득의 전문적인 직업을 가지고 있고 소비 성향이 큰 사람들을 '여피'라 부른다.

❽ My parents never go to **Europe** in the summer. They say **Europe** in the summer is terrible **with** traffic, crowded restaurants, long lines and everything.

우리 부모님은 여름에는 절대 유럽에 안 가셔. 유럽은 여름에 교통도 복잡하고, 식당도 복잡하고, 어딜 가든 줄서서 많이 기다리고, 아무튼 모든 게 끔찍하다고 말씀하셔.

2단계 • 단어 발음훈련 혀끝을 살짝 물고 바람을 내보내느 소리 [θ], 단어로 익히기   🔊 35-1.mp3

[θ-]

❶	thrill	(θ)ㅆ뤼얼[θril]	전율
❷	theater	(θ)씨어러r[θíːətər]	극장, 관객
❸	theme	(θ)씨임[θiːm]	주제
❹	thousand	(θ)싸우즌[θáuzn(d)]	천 개의
❺	thinner	(θ)씨너r[θínər]	희석제

[-θ]

❶	month	먼θ[mʌnθ]	달
❷	north	노어r θ[norθ]	북, 북부
❸	Ruth	루우θ[ruːθ]	여자 이름
❹	length	렝θ[leŋθ]	길이
❺	health	헬θ[helθ]	건강

3단계 • 문장 발음훈련 헷갈리는 [θ]와 [s], 문장에서 구별하기   🔊 35-2.mp3

❶ '*I Know What You Did Last Summer*' is a **thriller**-diller.
'난 니가 지난 여름에 한 일을 알고 있다'는 공포물이다.

❷ He is totally dishonest. A crook **through** and **through**.
걔는 완벽한 거짓말쟁이야.

❸ He just turned into his **thirties**.
그는 서른 살에 접어들었다.

❹ **Thanks** a bunch for your help.
도와줘서 엄청 고맙네.

❺ **Thirteen & Thirty** is one of my favorite places.
Thirteen & Thirty는 내가 제일 좋아하는 곳이야.

❻ Peter tried to **throw** a punch at me, but I blocked it.
Peter는 날 한 방 먹이려고 했지만 난 그걸 막아냈지.

❼ We will stick to each other **through thick** and **thin**.

좋을 때나 궂을 때나 우린 늘 함께 하는 거야.

❽ What sort of solutions are coming out of the **think**-tanks of this country?

이 나라의 이른바 '두뇌'라는 사람들에게서 어떤 식의 해결책이 나올까?

❾ She has traveled to the **north**, **south**, east and west of this country for the last **three** years.

그녀는 지난 3년간 이 나라 방방곡곡을 두루 다녔다.

❿ A What would you like your ideal woman to look like?

A 이상형 여자가 어떤 외모를 가진 사람이었으면 합니까?

B My ideal woman is **thin** and tall, and has long dark hair.

B 제가 바라는 이상적인 여성은 마르고, 키가 크고, 검고 긴 머리를 가진 여자죠.

---

36 윗니와 아랫니 사이에 살짝 문 혀를 빼면서 내는 소리 [ð]

though(하지만)와 dough(밀가루 반죽)의 차이

2단계 · 단어 발음훈련 [ð] 발음, 단어로 친해지기			🔊 36-1.mp3
[ð-]	❶ though	(ð)도우 [ðou]	~이지만
	❷ bother	바(ð)더r [bάðər]	~을 괴롭히다
	❸ further	퍼r(ð)더r [fə́:rðər]	더 멀리, 게다가
	❹ weather	웨(ð)더r [wéðər]	날씨
	❺ soothing	쑤우(ð)딩 [sú:ðiŋ]	달래는, 수그러뜨리는
[-ð]	❶ bathe	베이ð [beið]	~을 목욕시키다
	❷ breathe	브뤼이ð [brí:ð]	숨쉬다
	❸ clothe	클로우ð [klouð]	입다
	❹ smooth	ㅅ므우ð [smu:ð]	매끄러운
	❺ teethe	티이ð [ti:ð]	이가 나다

57

❶ He's very attractive, not a good-looking guy, **though**.

그 사람 상당히 매력 있어요, 잘 생긴 건 아니지만.

❷ **That** stomping noise is really **bothering** me.

거 발로 쿵쿵거리는 소리 되게 신경 쓰이네.

❸ Any **further** questions?

더 질문 없나?

❹ Did you hear **the weather** forecast?

일기예보 들었어?

❺ **This** is a **bathing** place for **the teething** babies.

이곳은 이가 나기 시작하는 정도의 아기를 목욕시키는 곳이에요.

❻ Theresa just stood **there breathing** deeply.

Theresa는 그곳에 서서 깊은 한숨을 쉬었다.

❼ **Clothe them** in warm coats before **they** go out in the cold.

추운데 밖에 나가기 전에 따뜻한 외투를 입히도록 하세요.

❽ Blend the flour and chocolate chips to a **smooth** paste **with** a little cold water.

밀가루하고 초콜릿 칩에 찬물을 약간 넣고 부드러운 반죽이 될 때까지 섞으세요.

❾ Shall we listen to some nice and **soothing** music?

평온한 음악 좀 들어볼까요?

❿ When **they** were asked to look at **the** camera, **they** lifted up **their** heads and smiled.

그들은 카메라를 보라고 하자 고개를 들어 미소를 지었다.

EX- 발음 따라잡기

2단계 · 단어 발음훈련 ex-의 세 가지 발음, 단어에서 익히기			🔊 37-1.mp3
[eks-]	❶ expert	엑쓰뻐rㅌ [ékspə:rt]	숙련자, 전문가
	❷ export	엑쓰뽀오rㅌ [ékspɔ:rt]	수출하다
	❸ exercise	엑써r싸이z [éksərsaiz]	운동, 연습
	❹ exhibition	엑써비션 [èksəbíʃən]	전시, 전람회
	❺ extra	엑쓰트(츄)뤄 [ékst(ʃ)rə]	여분의
[iks-]	❶ exciting	익싸이링 [iksáitiŋ]	흥분시키는
	❷ except	익쎕ㅌ [iksépt]	~을 빼다
	❸ excuse	익쓰뀨우z [ikskjú:z]	용서하다
	❹ expensive	익쓰뻰씨v [ikspénsiv]	고가의, 사치스러운
	❺ extension	익쓰뗀션 [iksténʃən]	확장; 구내번호
[igz-]	❶ exact	익ⓒ재액ㅌ [igzǽkt]	정확한
	❷ exam	익ⓒ재앰 [igzǽm]	시험
	❸ exaggerate	익ⓒ재줘뤠잍 [igzǽdʒəreit]	과장하다
	❹ exhaust	익ⓒ저어슽 [igzɔ́:st]	다 써버리다
	❺ exhibit	익ⓒ지이빝 [igzíbit]	전시하다

❶ **Exactly**.

맞아요.

❷ I'm completely **exhausted**.

나는 완전히 진이 빠졌어.

❸ **Excellent** idea!

아주 좋은 생각이야!

❹ What's his **extension** number?

그 사람 교환번호가 몇 번이죠?

❺ You're **excited** about your honeymoon to Hawaii, aren't you?

하와이로 신혼여행 가는 거 흥분되지 않아? 그렇지?

❻ We used to take the **express** train for Busan.

우리 부산행 급행열차를 이용하곤 했지.

❼ Can you put down your credit card numbers and **expiration** dates?

귀하의 신용카드 번호와 만료 일자를 확인해 주세요.

❽ Hello, Stan, I was **expecting** your call.

여보세요. Stan, (그렇지 않아도) 전화 기다리고 있었요.

❾ They grow corn for **export**.

그들은 옥수수를 수출용으로 재배하고 있었어요.

❿ Squeeze the watermelon in a clean cloth to **extract** juice.

수박을 깨끗한 천에 넣고 꽉 짜서 주스 원액을 만드세요.

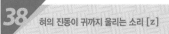

[z]는 전화기 진동모드와 같은 소리

2단계 • 단어 발음훈련 진동이 심한 [z] 발음, 제대로 하기   🔊 38-1.mp3

[z-]			
❶	zero	(으)ᶻ지로우 [zíərou]	0(영)
❷	zigzag	(으)ᶻ직잭 [zígzæg]	Z자형
❸	zoo	(으)ᶻ주우 [zuː]	동물원
❹	Zeus	(으)ᶻ지우ㅆ [zjuːs]	제우스
❺	crazy	크뤠이ᶻ지(이) [kréizi]	미친, 열중한

[-z-]			
❶	close	클로우z [klouz]	닫다, 눈을 감다
❷	cousin	커ᶻ즌 [kʌ́zn]	사촌, 일가
❸	husband	허ᶻ즈번 [hʌ́zbən(d)]	남편
❹	dessert	디ᶻ저어r트 [dizə́ːrt]	디저트
❺	raisin	뤠이ᶻ즌 [réizn]	건포도

[igz-]			
❶	examine	익ᶻ재민 [igzǽmin]	검사하다
❷	executive	익ᶻ제뀨리v [igzékjutiv]	실행
❸	exempt	익ᶻ젬트 [igzémpt]	면제하다
❹	exhaust	익ᶻ저어슽 [igzɔ́ːst]	다 써버리다
❺	exult	익ᶻ절트 [igzʌ́lt]	크게 기뻐하다

❶ I'm thinking about taking an intensive **course** through the Internet.

난 지금 인터넷 집중 강좌를 들을까 생각 중이야.

They use a machine that peels and **cores** apples.

그들은 사과 껍질을 벗기고 속까지 발라내는 기계를 사용해.

❷ There once was a large, **dense** forest.

한때 크고 울창한 숲이 있었지.

Kids have been shutting themselves up in the **dens** playing *Starcraft* or something.

아이들이 요즘 'Starcraft'인가 뭔가 하느라고 서재에만 틀어박혀 있어요.

❸ The publication of the monthly *Fame* has **ceased**.

월간 잡지 〈Fame〉은 폐간되었다.

Carpediem is Latin, which means '**Seize** the day.'

Carpediem은 라틴어로 '기회를 잡아라.'라는 뜻이다.

❹ This book will give you an opportunity to learn American English pronunciation at your own **pace**.

이 책은 당신이 자신의 능력에 맞게 미국식 영어발음을 배울 수 있는 기회를 제공해줄 것입니다.

It **pays** for itself within a month.

그건 한 달 안에 본전 뽑아요.

39

단어 강세는 리듬의 기초

잘 아는 단어, 강세부터 꽉 잡아라!

❶	Américan	어메에뤼컨	어메뤼큰	미국의; 미국인
❷	apártment	어파아ㄱㅌ먼트	어파앝먼(ㅌ)	아파트
❸	hotél	호우테엘	흐우텔	호텔
❹	fantástic	팬태애스띡	팬태애스띡	기막히게 좋은. 환상적인
❺	ténnis	테에느쓰	테느쓰	테니스
❻	lípstick	리잎쓰띡	맆쓰띡	립스틱
❼	compúter	캄퓨우러r	커엄퓨터r	컴퓨터
❽	flówer shop	⑥플라아워r샵	⑥플라워r샵	꽃가게
❾	dríver	듀롸아이ⓥ버r	듀롸이ⓥ버r	운전자

62

[강 -약]	❶ éssence	엣쓴ㅆ	본질, 핵심
	❷ céll phone	쎌⑤포운	휴대폰
	❸ lével	레⑨벌	수준, 수평
	❹ cóupon	키유펀	쿠폰
	❺ básket	배애ㅆ킽	바구니
	❻ cóver	카⑤버r	덮다, 씌우다
	❼ tárget	타아r긭	과녁, 목표
	❽ jácket	줴애킽	재킷
	❾ cómedy	카므디(리)	희극
	❿ chócolate	츄와컬릍	초콜릿
[약 - 강]	❶ enjóy	인죠오이	즐기다
	❷ shampóo	쉠프우	샴푸
	❸ desígn	드⑥자아인	디자인, 설계
	❹ caréer	커뤼이어r	직업, 생애
	❺ masságe	머싸아쥬	안마
	❻ sixtéen	씩ㅆ티(띠)인	16
	❼ repórt	뤼포욽	알리다; 보도, 보고(서)

네 가지 패턴으로 이루어진 긴 단어 강세

긴 단어의 강세도 놓칠 순 없다

2단계 · 단어 발음훈련 긴 단어의 리듬감 익히기　🔊 40-1.mp3

[강 -약 -약]	❶ Ámazon	애머ⓡ죠운	아마존
	❷ évening	이ⓥ브닝	저녁
	❸ ópera	아프롸	오페라
	❹ ínteresting	인트뤠ㅆ팅(띵)/이너뤠ㅆ팅	재미있는
	❺ márgarine	마아r줘륀	마가린
	❻ téchnical	텍니컬	기술적인, 기술상의
	❼ véteran	ⓥ베트(르)뢴	베테랑, 경험 많은 대가
[약- 강 -약]	❶ apártment	어파앞먼(트)	아파트
	❷ acádemy	어캐더(러)미	학원
	❸ banána	버내너	바나나
	❹ brochúre	브로우슈어r	소책자
	❺ Chicágo	슈카아거우	시카고
	❻ compúter	캄퓨러r	컴퓨터
	❼ condítion	큰디슌	상태
	❽ intérior	인테뤼어r	내부의
	❾ Las Végas	라ㅆⓥ베이거ㅆ	라스베가스
	❿ Los Ángeles	러ㅆ에인줼르ㅆ	로스앤젤레스
	⓫ matérial	므터어뤼얼	물질적인
	⓬ neccésity	느쎄쓰터(리)	필요성, 필수품
	⓭ socíety	써싸이어리	사회
	⓮ vanílla	ⓥ버느엘라	바닐라(향, 색)

[약강	❶ àutomátic	아러매릌	자동의
–약	❷ còndomínium	칸도미니음	분양 아파트, 콘도
강]	❸ Còntinéntal	커니네널	대륙의
	❹ ìnternátional	이널네슈널	국제의
	❺ màrijúana	매러웨나	대마초
	❻ màyonnáise	메이여네이z	마요네즈
	❼ sèntiméntal	쎄느메널	감성적인
	❽ tèlevísion	텔러ⓥ비ⓩ쥰	TV
	❾ wòrldwíde	월ㄷ와읻	전 세계적인
	❿ vòluntéer	ⓥ발런티이어r	지원봉사자
[강–약	❶ Córnflàkes	코올ⓕ플레읰ㅆ	콘플레이크
–약강]	❷ márathòn	매러(θ)싸언	마라톤
	❸ súpermàrket	쑤퍼r마아r킅	슈퍼마켓
	❹ télephòne	텔레ⓕ포운	전화기

무성자음들이 떼로 몰려 다닐 때

2단계 • 단어 발음훈련	겹쳐 나온 무성음 발음훈련	🎧 41-1.mp3

❶ cakes	캐잌ㅆ	
❷ gifts	기①픝ㅆ	
❸ graphs	그뤠앺ㅆ	
❹ grapes	그뤠잎ㅆ	
❺ risks	뤼쓱ㅆ	
❻ tapes	테잎ㅆ	
❼ students	스뜌던ㅉ	
❽ wipes	와잎ㅆ	

[-st], [-sk]

❶ postbox	포우슽박ㅆ	우체통
❷ restless	뤠슬리ㅆ	들떠 있는
❸ first speaker	①퍼r슽삐이커r	첫번째 연사
❹ cast votes	캐슽ⓥ보웉ㅆ	투표하다
❺ burst pipes	버r슽파잎	수도관 파열
❻ best friends	베슽①프뤤z	제일 친한 친구들
❼ test result	테슽뤼②절ㅌ	시험 결과
❽ task force	태슥①포어r ㅆ	인력
❾ last time	래애ㅆ타임	지난번
❿ risk factors	뤼슥①팩터rz	위험 요소들

❶ **Most beautiful** ever.

이제껏 본 중에 제일 아름다워요.

❷ That **cost me** a lot.

비용이 엄청 깨졌지.

❸ He's the **best dresser** in our company.

그가 우리 회사에서 옷을 제일 잘 입는 사람이야.

❹ We **just passed Seattle**.

우리는 방금 시애틀을 지나쳤어.

❺ I've **lost my** passport.

여권을 잃어버렸어요.

❻ The schedule says the **test's** tomorrow.

일정표에는 내일 시험이라고 나와 있는데.

❼ It's for **guests** only.

방문객 전용이라는군.

❽ I said, "our **desk's** in the way."

내가 말했잖아, 우리 책상이 가는 길을 막고 있다고.

❾ She **asks** too many questions.

그녀는 너무 많이 묻는다.

❿ **Math's my** favorite subject.

수학은 내가 제일 좋아하는 과목이야.

⓫ Three **fourths** of a gallon would do it.

3/4갤런이면 될 거야.

단모음과 차별화해야 하는 장모음 발음

긴 모음은 확실하게 끌어줘야 오해가 없다

2단계 • 단어 발음훈련 단음과 장음 구별하기 🎧 42-1.mp3

[i] & [iː]	❶ bit [빝]	beat [비이이잍]	bit : 조금, 소량 / beat : 두드리다, 후려치다
	❷ hit [힡]	heat [히이이잍]	hit : 치다 / heat : 열, 열기
	❸ live [리v]	leave [리이이v]	live : 살아 있다 / leave : 떠나다, 방치하다
	❹ pick [픽]	peak [피이이잌]	pick : 줍다, 주워들다 / peak : 절정
	❺ sick [싴]	seek [씨이이잌]	sick : 아픈 / seek : (심적·영적으로) 찾다, 추구하다
	❻ sit [싵]	seat [씨이이잍]	sit : 앉다 / seat : 좌석
	❼ slip [슬맆]	sleep [슬리이잎]	slip : 미끄러지다 / sleep : 잠자다
	❽ tin [틴]	teen [티이이인]	tin : 양철 / teen : 십대

[uː]	❶ moon	무우우운 [muːn]	달
	❷ soon	쑤우우운 [suːn]	곧, 머지않아
	❸ too	투우우 [tuː]	또한
	❹ zoo	ⓩ주우우 [zuː]	동물원
	❺ shoe	슈우우 [ʃuː]	신발
	❻ blue	블루우우 [bluː]	파란
	❼ June	주우우운 [dʒúːn]	6월
	❽ rude	뤄우우드 [ruːd]	무례한
	❾ few	Ⓕ퓨유우우 [fjuː]	소수의
	❿ new	니우우우 [njuː]	새로운, 최근의

❶ Let's **hit** the road.

자, 이제 출발합시다.

❷ **Will** you turn the **heater** on?

난방 좀 틀어줄래요?

❸ We **should sit** on the floor in that restaurant.

저 식당에 가면 마루에 앉아야 해요.

❹ **This** theater has 15,000 **seats**.

이 극장에는 좌석이 만 오천 석이죠.

❺ James called in **sick** this morning.

James는 아프다고 오늘 아침에 전화 왔어요.

❻ He's **seeking** God's **will** faithfully in every walk of his life.

그는 삶의 모든 영역에 있어서 하나님의 뜻을 충실하게 따르고자 노력하고 있어요.

❼ This **cook book** is really **good**.

이 요리책은 정말 좋아요.

❽ He **threw** invitation to over 30 people, but only a **few** showed up.

그 사람은 30명 넘게 초대를 보냈는데, 몇 명 안 나타났데.

❾ It's **rude** to open the refrigerator without asking when you're invited as a guest at somebody's house.

남의 집에 손님으로 초대되어 왔을 때는 냉장고를 열어보는 게 무례한 일이죠.

❿ He went to the **zoo** with his **nephews** and **nieces**.

그는 자기 조카들을 데리고 동물원에 갔어요.

강조하는 말만 들어도 절반은 알아듣는다

❶ I **couldn't** believe you **spoke** to **Joe Fox**.

당신이 Joe Fox 같은 사람하고 말을 했다니, 믿을 수가 없네요.

❷ We went to a **pancake house, i-hop**. It's on **Dampster** and **Lawrence St**.

우리 pancake house에 갔었거든, i-hop이라고. Dampster 하고 Lawrence 거리에 있는 거야.

❸ Our **liquid lipstick SPF 15 blends rich, creamy color** with a **luxurious, shiny finish**.

저희 액체형 립스틱 SPF-15는 풍부한 느낌의 크림색에다가 화사하면서도 빛나는 마무리를 더해주는 제품입니다.

❹ How does **8 pm** on **Saturday** sound?

토요일 저녁 8시 어때?

❺ I'm **leaving** on **August 9th**.

전 8월 9일에 떠나요.

❻ Let me **give** my **work** number. It's **(02) 332-0931**.

제 회사번호를 드리죠. (02) 332-0931 이에요.

❼ Could you tell me **who** I am **speaking with**?

제가 전화 통화를 하고 있는 분이 누구신지 밝혀주시겠습니까?

❶
A Who's this **naked** guy in that **picture**?

B That's **me**.

A Oh, I got **Monica** naked **here** in this **picture**. What's she **doing standing** towards the **tree**, anyway?

B **No**, **that's** me again, trying to do something.

A 저기 사진에서 옷 벗고 있는 애는 누구야?

B 그거 나야.

A 아, 여기 이 사진에서는 Monica가 옷 벗고 있네. 그런데, 나무를 향해 서서 지금 뭐 하고 있는 건데?

B 아니, 그것도 나야. 뭐 하려고 하는 중이야.

❷
A You **look great** in that **jacket**, sir. **You** in **that jacket remind** me of **Elvis Presley**.

B Do you mean **young** Elvis Presley or **old**?

A Well, I **can't** tell, sir. I **didn't know** you **when** you were **young**.

A 그 윗도리가 아주 잘 어울리십니다, 선생님. 그 윗도리를 입고 계시니까 Elvis Presley를 보는 것 같네요.

B Elvis Presley 젊었을 때요, 아니면 늙었을 때요?

A 글쎄요. 그건 모르죠. 제가 선생님이 젊었을 때를 모르니까요.

❸
A I've **lost** my **daughter**, **5 years old**, named **Joan**, and she's wearing **a pink dress** and **white sneakers**.

B **When** and **where** do you think it had **happened**?

A At the **cosmetics department**, where I've **tried** some **brand-new lipsticks**. And it was around **2 o'clock**, I guess.

A 제 딸아이를 잃어버렸어요. 5살인데, 이름은 Joan이라고 하고요, 핑크색 원피스에 하얀 운동화를 신고 있어요.

B 언제 어디서 그 일이 있었던 것 같으세요?

A 화장품 코너에서요. 거기서 새로 나온 립스틱을 좀 발라보고 있었거든요. 제 생각엔 두 시경인 것 같아요.

❹
A Hello. May I **speak** to **Theresa**?

B **What number** are you **calling**?

A Isn't this **332-9032**?

B Well, the **number** is **right**, but we **don't have anyone** by **that name**.

A 여보세요. Theresa 하고 통화할 수 있습니까?

B 몇 번에 거셨어요?

A 332–9032 아닌가요?

B 아, 번호는 맞는데요, 그런 이름 가진 분은 없는데요.

44

문법적인 기능어는 약하게 말하라

문법적으로 중요한 요소들은 말할 때 약해진다

❶ You've **eaten** the **last chocolate** in the **box!**

상자 안에 남아 있는 마지막 초콜릿을 네가 먹어버렸구나!

❷ I **decided** to **join** a **fitness** class that would **meet three times** a **week.**

일주일에 세 번 만나는 헬스 강좌에 들어가기로 결정했어.

❸ They're **having** a **sale next** week. So if you're **not** in a **hurry**, it would be **better** for **you** to **wait** a **few days.**

거기는 다음 주에 세일할 거니까. 바쁘지 않으면 며칠만 기다리는 게 나을 것 같은데.

❹ A **heart attack** is **typically described** as a **crushing, vice-like chest pain.**

심장마비는 보통 가슴이 아프거나 압박 받는 것으로 설명된다.

❺ I have to **move** the **sofa**, but it's **too big** for me to **move alone.** Will you **gimme a hand, please?**

내가 소파를 옮겨야 하는데. 그게 너무 무거워서 혼자 옮길 수는 없고. 좀 도와주실 수 있을까요?

❻ Do you **carry** the **bracelet** that you're **wearing now?**

지금 하고 있는 그 팔찌도 이 가게에 있나요?

❼ **Nancy** has **six grandchildren**, and she **always** gets **mixed up** on their **names.**

Nancy는 손자가 여섯인데. 그 애들 이름을 항상 혼란스러워해요.

❽ **Cooper** is **staying** at the **Merriot Hotel**, and you can get in **touch** with him **there.**

Cooper는 Merriot Hotel에 지금 묵고 있으니까. 거기에서 그 사람과 연락이 닿을 거예요.

❾ **Even after one month** has **passed** since the **lasik surgery**, I **sometimes** have to **dial** a telephone **three times** to get the **number right.**

라식 수술 하고 한 달이 지났는데도, 전화번호를 제대로 누르려면 어떤 때는 세 번씩이나 전화를 걸어야 하는 때도 있어요.

❿ He said that the **security bars** were up, but the **warning lights started** to **flash only when** he was **already** in the **railroad crossing.**

그 사람 말에 따르면 안전 차단대가 올려져 있었다는 거예요. 그런데 이미 자기가 철도건널목에 진입해 있는데 경보등이 깜빡거리기 시작했다는 거죠.

❶ A　Do you think this is an **adult channel**?

B　I don't know. It seems to be **helping** my **wife relax**.

A　Oh, man! This is a **home shopping** channel. Why don't you **pay 10 bucks** to get the **sport channel**?

B　**Well**, I can **watch** them **half naked** in their **lingeries**. I **like** it.

A 이거 성인 채널 맞아?

B 나도 몰라. 우리 집사람이 쉬는 데 도움이 되는 것 같은데.

A 야! 이거 홈쇼핑 채널이잖아. 웬만하면 10달러 더 내고 스포츠 채널을 받아보지 그래?

B 음, 속옷 바람에 반은 벗은 거 보고 있잖아. 난 됐네요.

---

❷ A　**Nice dress**! Did you **buy** it?

B　**My mother made** it for me.

A　Well, **my** mother **can't** make a dress. In fact, she's **never made** a dress. **Anyway**, I like **your** dress.

B　Thanks!

A 옷 멋진데! 그거 샀어?

B 우리 엄마가 날 위해 만들어주신 거야.

A 그래. 우리 엄마는 옷을 만들지 못하는데. 사실, 옷을 만들어보신 적도 없으니까. 어쨌거나, 내가 보기엔 네 원피스가 멋지다.

B 고마워!

---

❸ A　How **many people** did you tell? **Four, five** or **everybody**?

B　About **what**?

A　About **me** and **Jacob**! He is my **cousin**. A while ago I **couldn't find** a **date** for this **party**. When **my mother found** it out, she asked **him** to ask **me** out for this party, **for which** he would be **paid** the **gas money**!

B　Well, I **didn't know about it**. But you just **did**.

A 얼마나 많은 사람들한테 말한 거야? 넷, 다섯 아니면 모두 다한테?

B 무슨 얘기를?

A 나하고 Jacob에 대해서 말이야. 그 애가 내 사촌이야. 좀 전에, 내가 이 파티에 데려올 데이트 상대를 못 찾았어. 엄마가 그걸 알고는 그 애한테 부탁해서 이 파티에 가도록 데이트 신청하라고 시켰고, 그것 때문에 그 애는 자동차 기름값 정도를 보상으로 받을 거라는 거 말이야!

B 음. 난 몰랐어. 하지만 방금 네가 다 했지.

---

❹ A　My brother was **trying** to **glue this part on** the **seat belt** with the **Super Crazy Glue**.

B　And something **happened**? Oh, I **got** it. His **fingers** were **stuck** to the **seat belt**. **Right**?

A　Yeah, that's **exactly** what **happened** to him. So he **picked up** the **package** to **see** what it **says** he should **do**.

B　And **then**?

A　It says to **consult** a **physician**.

A 우리 오빠가 안전띠 부분이 떨어진 걸 Super Crazy Glue로 붙이려고 했었거든.

B 그런데 무슨 일이 일어났구나! 아, 알았다. 손가락이 안전띠에 같이 붙어버렸지. 맞지?

A 그래, 바로 그렇게 일이 벌어진 거야. 그래서 겉봉을 집어들고는 어떻게 해야 하나 봤대.

B 그래서?

A 거기에 씌어 있기를, 의사에게 상담하라는 거야.

3가지 주요 패턴으로 이루어진 영어 억양

'약—강—내리고(2-3-1)', 미국식 영어의 기본 리듬

1단계 • 발음 따라잡기 음의 고저(pitch)를 확실하게 표현해야 리듬이 산다
🔊 45-1.mp3

1형식

[2]　　[3]　　　　[2]　　[3]
It does matter. / It doesn't matter.
　　　　　[1]　　　　　　　　[1]

2형식

[2]　[3]　[3]
She looks fabulous.
　[1]　　　[1]

3형식

　　　　[3]　　　　[3]
I have my car with me.
　[1]　　　　　　[1]

4형식

[2]　　[3]　　[2]　　[3]
He just sent us his résumé.
　　　　　　　　　　[1]

5형식

[2] [3]　[2]　　[3]　　　[2]　　[3]　[2]
I saw that guy nailed to the plus sign.
　　　　　　　　　　　　　　[1]

2단계 • 문장 발음훈련 끝을 내려 말하는 억양 패턴 익히기
🔊 45-2.mp3

평서문으로 연습하기

❶
[2]　　[3]　[3]
This is very good.
[1]　　　　[1]

❷
[2]　　[3]　[3]　　[3]
We can take turns driving.
　　　　　　　[1]

❸
[3]　　[2]　　[3]　　　[3]　　[2]　　[3]
Let's make the most of the time we have left.
　　　　　　　　[1]　　　　　[1]

❹
[3]　[2] [3]　[3]　　　[2]　　[3]
$70 is a lot of money and we can't afford that.
　　　　[1]　　[1]　　　　　　[1]

❺
[3] [2] [3]　　[3]　　　[3]　　　[3]　　[3] [2]
Andrew likes to take as many pictures as possible to show his workmates.
　　　[1]　　　[1]　　　[1]　　　[1]　　　　　[1]

명령문으로 연습하기

① [3] [2]   [3]
Tell him to be **on ti**me.
        [1]   [1]

그 사람한테 시간 맞춰 오라고 해요.

② [3]   [2] [3] [2]   [3]
Please let me **kno**w.
             [1]

저한테 좀 알려주세요.

③ [3] [2]   [3]   [2]   [3]   [3]   [3]
Take one of these **pills every six hours.**
                               [1]

6시간마다 이 알약 하나씩을 복용하세요.

④ [3]   [3]   [3]   [2]   [3]
Take a **good hold** of the **steering whee**l.
  [1]   [1]   [1]

운전대를 잘 잡아요.

의문사 있는 의문문으로 연습하기

① [2]   [3]
How are you?
           [1]

안녕하세요?

② [3] [2]   [3]
What's wrong with you?
               [1]

무슨 일 있어요?

③ [3]   [2]   [3]
Who am I **speaking** with?
            [1]

전화 거신 분은 누구시죠?

④ [3]   [2]   [3]   [2]
Why are you **looking** at me like that?
                         [1]

왜 날 그렇게 쳐다보고 있는 거예요?

⑤ [3] [2]   [3]   [2]   [3]
What do you **like** about this **apart**ment?
         [1]   [1]

이 아파트 어떤 점이 맘에 들어요?

⑥ [3]   [2]   [3]   [2]   [3] [3]
Which living person do you **respect mos**t?
                           [1]

현재 생존하는 인물로 누구를 제일 존경해요?

강약과 높낮이로 의미까지 바꿔보자

❶ A Thank you.

   B Thank you.

A 감사합니다.

B 오히려 제가 감사하죠.

❷ A Hello. This is Elena. May I speak to Rick?

   B Hold on.

A 안녕하세요. 저 Elena인데요.
Rick씨 좀 바꿔주세요.

B 기다려봐요.

❸ Hello. Is anybody here?

여보세요. 누구 안 계세요?

❹ A Will you introduce a girl to me? A tall, thin, smart
and sexy... The younger the better, of course!

   B Hello. Anybody there? If I knew a girl like that,
I would not be here with you, listening to that
gibberish from you.

A 나한테 여자 소개시켜 줄래? 키
크고, 늘씬하고, 똑똑하고, 섹시
하고… 물론 어릴수록 더 좋고!

B 정신 차려. 너 지금 정신 있냐?
그런 여자를 내가 알면, 내가 너
하고 이러고 있겠냐? 너한테서
그런 말도 안 되는 소리 들어가
면서 말이야.

❶ A Excuse me. Do you know Joe Camel?

   B Oh, yes. He's the supervisor of the marketing
department.

   A Where can I find this fucking bastard?

   B Excuse me?

   A Excuse my language. This Joe Camel has stolen
away my fiancee.

A 실례합니다. Joe Camel이라고
아시나요?

B 아예. 그분 마케팅부 부장님이
신데요.

A 이 못된 놈을 어디 가면 만날 수
있나요?

B 지금 무슨 말씀을 하시는지…?

A 험한 말 한 거 용서하십시오. 이
Joe Camel이란 사람이 내 약
혼녀를 빼앗아갔지 뭡니까.

❷ A Mind if I take this chair?

B Yes. Yes, I do mind. I'm expecting someone.

A Oh, Okay.

| | A 이 의자 가지고 가도 되나요?
| | B 아니요. 아니요, 안 돼요. 지금 누가 오기로 되어 있거든요.
| | A 아, 알겠습니다.

---

❸ A What's up? You're still expecting a call from that tour guide?

B Nope!

A Yes, you are! You can't be staying away from the phone all this evening. Well, would you mind if I remind you that?

B Yes, I do mind.

A But, Kelly.

B Do you mind!

A Okay, okay. Never mind. Oh, I almost forgot that's our rule about this kind of stuff. My apologies.

A 무슨 일이야? 아직도 그 여행 가이드한테서 전화 기다리고 있는 거야?

B 아니야!

A 그런데 뭘! 저녁 내내 전화기에서 떠나질 못하고 있잖아. 이거 봐, 내가 이런 말해서 뭣하지만, 다시 상기시켜 줄 사실이 있는데 말이야.

B 아니, 됐어.

A 하지만, Kelly.

B 됐다잖아!

A 알았어. 알았어. 신경 꺼주마. 아, 잠깐 깜빡했어. 이런 문제에 관해서 우리가 서로 (간섭 안) 하기로 했던 거 말이야. 사과할게.

자음과 모음을 부드럽게 맺어주는 법

2단계 • 어구 발음훈련 자음이 뒤의 모음과 어울리면 연음현상이 일어난다! 🔊 47-1.mp3

		연음 후	연음 전
❶	Is it	[이짙]	[이z] [잍]
❷	listen up	[리쓰낲]	[리쓴] [앞]
❸	come on in	[카마아니인]	[캄] [안] [이인]
❹	pick you up	[피큐앞]	[픽] [이유] [앞]
❺	left work early	[레ⓕ프튈커어r리]	[레ⓕ프트] [워r크] [어어r리]
❻	took a short break	[투커 쑈욽 브뤠익]	[툭] [어] [쑈욽] [브뤠익]
❼	wasn't at all	[워z네러얼]	[워(z)즌] [잍] [어얼]

3단계 • 문장 발음훈련 문장에서 연음 익히기 🔊 47-2.mp3

❶ Where **is it**?
[웨어뤼짙?]

그건 어디에 있어요?

❷ Everybody, **listen up**!
[에ⓥ브뤼바리, 리쓰낲!]

여러분, 잘 들으세요!

❸ **Come on in**, Jessica.
[카마아니인, 줴씨카.]

어서 들어오렴, Jessica.

❹ I'll **pick you up** after work.
[아열 피큐앞 에ⓕ프터r 월ㅋ.]

내가 퇴근하면서 너 데리러 갈게.

❺ Chris **left work early**.
[크뤼ㅆ 레ⓕ프트 월커어r리.]

Chris는 일찍 퇴근했어요.

❻ Ron **took a short lunch** break today.
[롼 투커 쑈욽 러안츄브뤠익 트데(레)이.]

Ron은 오늘 점심시간을 조금만 썼어.

❼ They won, but the result **wasn't at all** surprising.
[데이 원, 벝더 뤼ⓩ젙 워z네러얼 썰프롸이ⓩ징.]

그들이 이기긴 했는데, 결과는 (이미 예상했던 바) 놀랄 만한 뜻밖의 것은 아니었지.

❶ A Oh, **wait a minute**! What do we eat tonight?

  B Sushi.

  A Sushi? Oh, you're **thinking about** that new Japanese restaurant, **aren't you? It's on**... **where** is it?

  B On Main Street.

A 저녁에 뭐 먹을까요?

B 스시.

A 스시요? 아, 잠깐만! 그 새로 생긴 일식집에 가려고 하는 거죠, 그렇죠? 그게, 어디에 있다고 했는데… 어디에 있다고요?

B Main Street에.

---

❷ A Everybody, **listen up**! You need to **fill out** this green form from top to bottom.

  B Excuse me, ma'am. Do I have to write the zip code **with the** mailing address?

  A Absolutely!

A 여러분, 잘 들으세요! 이 초록색 용지는 처음부터 끝까지 빠짐없이 작성하셔야 합니다.

B 잠깐만요. 주소 쓸 때 우편 번호도 꼭 써야 하나요?

A 당연하죠!

---

❸ A **Come on in**, Jessica. How are you?

  B Good. How are you, Mr. Foster?

  A Great. Oh, you look very **ni**ce **in** that pink dress.

  B Thanks.

A 어서 들어오렴, Jessica. 잘 있었니?

B 네. 안녕하셨어요, Foster 선생님?

A 그럼. 야, 너 그 분홍색 원피스 입으니까 아주 예쁜데.

B 감사합니다.

---

❹ A **Where shall I meet** you, then?

  B Well, I'll **pick you up after** work.

  A Okay. Then give me a call **when you're** passing Magnolia Avenue.

  B Sure thing

A 그럼, 제가 어디서 만날까요?

B 글쎄. 내가 퇴근하면서 데리러 가지 뭐.

A 좋아요. 그럼 Magnolia Avenue(목련 길) 지나면서 나한테 전화해요.

B 그러자고!

받침소리 t와 d가 모음을 만났을 때

메이드 인? 메일 인? 메이린!!

2단계 · 어구 발음훈련 끝소리 -t/-d 미끄러지듯이 굴려서 연결하기 🔊 48-1.mp3

받침소리가 t인 경우

❶ have **it in** her [헤ⓥ비린 헐r / 헤ⓥ비르널r]

❷ **get a**long [게러엉]

❸ wha**t am** I [워레마이]

❹ **got an** A [가러네이]

받침소리가 d인 경우

❺ little **did I** think [리럴디라이 (θ)씽ㅋ]

❻ A **cold is** [어코올디(르)z]

❼ **made a** mistake [메이러 미ㅆ떼일]

❽ **Where do** you [웨어르이유]

3단계 · 문장 발음훈련 받침소리 t와 d, 문장에서 익히기 🔊 48-2.mp3

받침소리가 t인 경우

❶ She **has** / **it in her** / to be a great actress.
[쉬헤즐] [인허r] [트비어 그뤠잍 액츄르ㅆ.]
그 여자는 정말로 배우가 될 기질이 다분해.

❷ I can't / **get a**long / with my roommate.
[아이캐앤] [게러러엉] [윝마이 룸메잍.]
나 룸메이트랑 못 지내겠어.

❸ **What am I** / gonna do?
[워르마이] [거나 두?]
나 어떻게 해야 하지?

❹ Look at this! I **got an** / "A".
[루케(ð)디ㅆ!] [아이가러] [네이.]
이것 봐! 나 A 받았어.

❺ **Little / di**d I think **/ I'd get sick / in Chicago.**
[리럴] [디라이 (θ)씽ㅋ] [아읻겥씩] [인쉬카고우.]

Chicago에 가서 병이 날 거라곤 생각도 못 했어.

❻ **A col**d is **/ no / fun.**
[어코울리z] [노우-] [ⓕ펀.]

감기 걸리는 게 좋을 건 없지.

❼ **I ma**de a **/ big / mistake.**
[아이메이러] [빅] [미s떼익.]

내가 큰 실수를 저질렀지 뭐야.

❽ **Where d**o you **/ live?**
[웨르유] [리v?]

어디에 살아요?

4단계 · 대화 발음훈련 t로 굴려지며 약해진 t, d 실제 대화에서 익히기 🎧 48-3.mp3

받침소리가 t인 경우

❶ A **I was so impressed by Juliet in that film.**

  B **Yes, she played her part so well. She has it in her to be an actress.**

  A **Oh, yeah. She is a born-actress.**

A 그 영화에 나오는 Juliet한테 난 굉장히 감명받았어.

B 그래, 그 여자는 자기 역할을 참 잘 소화해 냈어. 배우 기질이 다분해 보여.

A 그래, 맞아. 그 여자는 타고난 배우야.

❷ A **I wanna change my room in the dorm.**

  B **Why?**

  A **I can't get along with my roommate.**

A 기숙사에서 방 바꾸고 싶어.

B 왜?

A 지금 내 룸메이트랑 못 지내겠어.

받침소리가 d인 경우

❸ A **How was your trip to Miami?**

  B **I wish I'd spent my vacation here.**

  A **You mean you didn't like Miami.**

  B **No, it wasn't like that. I liked it there very much, but I got sick. Little did I think I'd get sick in Miami.**

A Miami로 갔던 여행은 어땠어?

B 여기서 휴가를 보냈으면 좋았을 뻔했어.

A Miami가 싫었다는 거야?

B 아니 그게 아냐. 난 그곳을 굉장히 좋아해. 그런데 내가 앓았잖아. Miami까지 가서 병이 날 줄을 누가 알았겠어.

④ A It's a beautiful day. Let' go for a walk.

B **I'd love to**, but I don't feel well. I think I'm catching a cold.

A That's too bad. **You'd better** watch your step then. **A cold is** no fun.

A 날씨 참 좋네요. 산책이나 같이 하죠.

B 맘은 정말 가고 싶은데, 몸이 좀 안 좋아요. 감기 걸릴 것 같아요.

A 저런. 그럼 정말 조심하셔야겠네요. 감기 걸려 좋을 건 없으니까.

---

49 발음도 효율을 따져라

같은 자음이 잇따라 나올 때

1단계 · 어구 발음훈련 같은 sound가 반복될 땐 한 번만 발음하자!   🎧 49-1.mp3

	연음 후	연음 전	
❶ bus stop	[버ㅆ땊]	[버ㅆ] [ㅆ땊]	버스정류장
❷ gas station	[게애ㅆ떼이션]	[게ㅆ] [ㅆ떼이숀]	주유소
❸ big guy	[비가아이]	[빅] [가아이]	몸집이 큰 사람
❹ perfect timing	[퍼r⑤픽타이밍]	[퍼r⑤픽ㅌ] [타이밍]	시간 딱 맞춰서
❺ harvest time	[하아r♡브ㅆ타아이음]	[하아r♡브슽] [타아음]	수확기
❻ were really	[워뤼얼r리]	[워] [리얼리]	
❼ around nine	[어롸우나인]	[어롸운(ㄷ)] [나인]	9시경

2단계 · 문장 발음훈련 같은 sound가 반복되면 축약, 연음되는 문장으로 익히기   🎧 49-2.mp3

❶ Can you / drop me off / at the **bus stop**?
[케뉴] [듀롸ㅃ미어아f] [엩더 버ㅆ땊?]

가다가 나 좀 버스 정류장에 내려줄래?

❷ Is there a / **big gas station** around?
[이z(ð)데어뤄] [비게ㅆ떼이셔너롸운(ㄷ)?]

근처에 큰 주유소가 있나요?

❸ He's / such a **big guy**.
[히z] [서춰 비가아이.]

그 사람은 상당히 덩치가 큰 사람이야.

❹ That's / **perfect timing.**
[(ð)데ㅉ] [펄r ⓕ픽타이밍.]

그거 시간이 딱 맞았구먼.

❺ Did you / ever try / the whole food store, /
[디쥬] [에ⓥ버r 츄롸이] [(ð)더ⓕ푸은 ㅆ또아r.]

Harvest Time?
[하r ⓥ브ㅆ타음?]

Harvest Time이라는 식료품점은 가본 거
야?

❻ People in this area / **were really** / concerned
[피쁠 인(ð)디 ㅆ에어뤼어] [워뤼얼리 컨써어r은]

이 지역 사람들은 그 소음에 상당히 신경을
쓰고 있었죠.

about the noise.
[(ð)더노이z.]

❼ I usually / have coffee / **around 9:00(nine)** /
[아이 유ⓩ쥘리] [해v 커ⓕ피] [어롸우나인]

난 보통 아침 9시쯤에 커피를 마셔요.

in the morning.
[인(ð)더 모어r닝.]

3단계 • 대화 발음훈련 경제적인 연음 제대로 구사하며 대화하기
🔊 49-3.mp3

❶ A Can you drop me off at the **bus stop?**

B No problem. **That's** on **my way.**

A That' great. Thanks, Joe.

A 버스 정류장에 나 좀 내려줄 수 있을까?

B 그럼. 가는 길이네 뭐.

A 정말 잘됐다. 고마워, Joe.

❷ A Is there a big **gas station** around here?

B Yeah, the Shell Auto Care Station is the closest
one. **Stay on this** road till you hit the first light.
It's on your right.

A Thanks a **lot.**

A 이 근처에 큰 주유소가 있나요?

B 예, Shell Auto Care Station이 제일 가
까운 건데요. 첫 번째 신호등이 나올 때까
지 계속 이 길 따라 쭉 가세요. 오른쪽에
있어요.

A 정말 고마워요.

❸ A So, **what's** he look like?

B Big and tall. Well he's an athletic person
with big bumpy arms and thighs. He's such
a **big guy.**

A Sounds like a wrestler. Doesn't he have
tattoos on his upper arms? Like an eagle or
an anchor with ropes around?

A 그래. 그 사람 어떻게 생겼는데?

B 몸집도 크고 키도 커. 울퉁불퉁한 팔다리
에 굉장히 근육질이야. 그 사람 꽤 덩치가
큰 사람이더라고.

A 들어보니까 무슨 레슬링 선수 같다야. 팔
에 문신 같은 건 없디? 독수리나 밧줄이
있는 닻 같은 거 말이야?

자주 축약되는 will, have와 be동사

2단계 · 문장 발음훈련 ❶ 축약된 will 발음하기

🔊 50-1.mp3

❶ **I'll** call you later.

[아을 카얼유 레이러r.]

나중에 너한테 전화할게.

❷ **You'll** regret that.

[유을 뤼그뤹 (ð)뎉.]

너 그거 후회할 거다.

❸ **He'll** be on time.

[히을비 안 타임.]

그 사람 시간 맞춰 올 거야.

❹ **She'll** make a good teacher.

[쉬을 메이커 그읃 티춰r.]

그 사람은 앞으로 좋은 선생님이 될 거야.

❺ **We'll** be meeting again.

[위을비 미링 어겐.]

우리 다시 만나야겠죠.

❻ **They'll** be sending you the picture.

[데이을비 쎈딩유(ð)더 픽춰r.]

그쪽에서 너한테 그 사진을 보내줄 거야.

2단계 · 대화 발음훈련 ❶ 축약된 will 대화 속에서 알아듣기

🔊 50-2.mp3

❶ A He's not in the office right now. Can I take a message?

B No, **I'll** call him later. Thanks.

[노우, 아을 카얼 힘 레이러r.]

A Okay.

A 그분은 지금 사무실에 안 계신데요. 전하실 말씀이 있나요?

B 아니요. 제가 다시 전화하죠. 감사합니다.

A 그러세요.

❷ A She seems to be happy with the kids.

B Yes, she does. She's been of great help to us as teacher's assistant.

A I'm sure that **she'll** make a good teacher.

[암 슈어r (ð)뎉 쉬을메이커 그읃 티춰r.]

A 저분은 아이들하고 참 잘 지내는 것 같아요.

B 네, 그래요. 저 사람은 조수로서 우리들한테 상당한 도움이 되었죠.

A 내가 보기에 분명 저분은 좋은 선생님이 될 것 같아요.

❶ **I'd** have to find harder workers.
[아일 헤ⓥ브트 ⓕ파인(ㄷ) 할(ð)덜r 워r컬z.]

난 더 열심히 일하는 사람들을 찾아봐야 할 것 같아.

❷ **You'd** be wanting to be with him.
[윤비워닝트비 윋힘.]

너라도 그 사람하고 같이 있고 싶어질걸.

❸ **She'd** go get him in the car.
[쉳고우겥흠 인더카아r.]

그녀가 차에 있는 그 사람을 데리러 갈걸.

❹ **He'd** be okay there, I'm sure.
[힏비 오우케이 데어r, 아음슈어r.]

그 사람 거기에서도 아무 일 없을 거예요, 내가 장담한다니까.

❺ **We'd** like to treat you.
[윋 라잌트 츄맅유.]

저희가 대접해 드리고 싶은데요.

❻ **They'd** find it out.
[데읻 ⓕ파인디라웉.]

그 사람들이 그거 찾아내겠지 뭐.

---

❶ A **She'd** go get him in the car, if you ask her to.
[쉳고우겥흠 인더카아r, 이ⓕ퓨 애쓰컬트우.]

B You're saying that **she'd** be happy to do that,
[유어r쎄잉 (ð)델 쉳비 헤피 트두(ð)델.]

'cause she could finally get a chance to talk to him. [커z 쉬쿨ⓕ파이널리 게러췐쓰 터터얼트힘.]

A ²Exactly. [익ⓥ젝끌리.]

A 그 애가 가서 차에 있는 그 사람을 데려올 거야, 네가 그렇게 하라고만 하면.

B 네 말뜻은 그 애가 기꺼이 갈 거란 말이지, 왜냐하면 드디어 그 사람한테 말 걸 기회가 생길 테니까.

A 그렇지.

❷ A They want more money, and longer holidays. And yet, they're behind the schedule ³with this project.

B So, what do you have in mind?

A **I'd** have to find harder workers.
[아일 헤ⓥ브트ⓕ파인(ㄷ) 할(ð)더r 워r컬z.]

A 그 사람들 돈은 올려주고 휴가도 더 달라고 하는데. 이 프로젝트 일정보다 뒤처지게 일해 놓고 말이야.

B 그래서, 어떻게 할 생각인데?

A 더 열심히 일하는 사람들을 찾아봐야 할 것 같아.

❶ **I've** just got here.
　[아이v 쥐ㅆ갇 히어r.]

　나 여기 막 도착했어.

❷ **You've** already finished it.
　[유ⓥ벌뤠디 ⓕ피니쉬딭]

　너 그거 막 끝냈구나.

❸ **We've** already checked them out.
　[위ⓥ벌뤠리 첵(ð)더마욷.]

　우리가 이미 그것들을 다 확인했습니다.

❹ **They've** already left here.
　[데이ⓥ벌뤠리 레ⓕ픝티어r.]

　그들은 이미 여기서 떠나고 없어요.

❺ **He's** been in New York for three months.
　[히z 비닌 누요엌 ⓕ포r (θ)쓰뤼먼ㅉ.]

　그 남자는 세 달간 뉴욕에 있었어.

❻ **She's** moved to Pittsburgh.
　[쉬z 무우ⓥ브트 핕쯔벜.]

　그 여자는 Pittsburgh로 이사 갔지.

---

❶ A   Hey, Mary. Where's everybody?

   B   Hi, Rick. I don' know. **I've** just got here.
　　　　　　　　　　　　[아이v 쥐ㅆ갇 히어r.]
     Maybe they're on their way here.

A 안녕, Mary. 다들 어디 있어?

B 안녕, Rick. 나도 몰라. 나 지금 막 여기 도착했거든. 아마 다들 오는 중이겠지 뭐.

❷ A   How is your sister doing?

   B   **She's** moved to Pittsburgh to study
　　　　[쉬z 무으ⓥ브트 핕쯔벜 트ㅆ떠리]
     Computer Science at Carnegie Mellon.
　　　　[캄퓨러r 싸이언ㅆ엘 카아r네기 멜런.]

A 여동생(누나)은 어떻게 지내?

B Pittsburgh로 아주 갔어. Carnegie Mellon에서 컴퓨터 공학 공부하려고.

❷ A   What does your brother do?

   B   **He's** an accountant and **he's** been in New York
　　　　[히ⓩ전 아캬운턴ㅌ 엔 히z 비닌 누요엌]
     for three months, working for his client there.
　　　　[ⓕ포r (θ)쓰뤼만ㅉ.]

A 오빠(남동생)는 뭐해요?

B 회계사인데요, 지금 석 달째 New York에 있고요. 거기에 있는 고객을 위해 일하고 있죠.

❶ I'm so happy to stay away from the muggy weather.

[아음 쏘우 헤피트(르)ㅆ떼이어웨이 ⓕ프롬 (ð)더 마기웨(ð)더r.]

후덥지근한 날씨에서 벗어나 있을 수 있어서 정말 좋다.

❷ You're so lucky. You could be dead by now.

[유어r 쏘우 럭키. 유큰비 덴 바이 나우.]

너 진짜 운 좋다. 죽을 수도 있었잖아.

❸ She's the right person for that.

[쉬z (ð)더롸잍퍼r썬 ⓕ포r(ð)뎉.]

그녀가 그 일에는 적격이지.

❹ We're out of drinking water.

[위어r 아우러v 듀륑킹 워러r.]

우리 마실 물이 떨어졌는데.

❺ They're soul mates.

[(ð)데이어r 쏘울 메잍.]

그들은 정말 천생 연분이라니까.

❻ Where's everybody?

[웨뤼z 에ⓥ브뤼바리r?]

다들 어디 갔어?

❼ It's the monsoon season.

[잍ㅉ (ð)더 만쓰운 씨②전.]

요즘은 장마철이야.

❶ A Oh, no! This **copier's** not working.

[디ㅆ 카피어r 낱 워r킹.]

B Again? **It's** only ten minutes ago that the

[잍ㅉ 오운리 텐 미닡쩌고우/뎉(ð)더]

repair person left the office.

[뤼페어r 퍼r썬 레f(ð)디 아ⓕ프ㅆ.]

A I can't believe this.
What's wrong with this machine, anyway?

[윁ㅉ 뤼엉 윌(ð)디ㅆ 머쉬인, 에니웨이?]

A 나 원 참! 이 복사기 안 되네.

B 또? 고치는 사람이 왔다간 지 10분도 채 안 되었는데.

A 정말 황당하네 이거. 이 기계 도대체 뭐가 문제인 거야?

❷ A I'm so lucky to be here in San Francisco,
[아음(암) 쏘우 럭키 트비 히어*r* 인 쌘①프뤈씨쓰코우,]

so that I can join in this big festivity.

B Oh, yeah?

A Yes, and I'm so happy to stay away from
[아음(암) 쏘우 헤피 트(르)쓰떼이어웨이①프뢈]

the muggy steamy weather.
[(ð)더 머기 쓰띠미 웨(ð)더*r*.]

It's the monsoon season in my country at
this time of year.

A 여기 San Francisco에 오게 되어서 전 정말 운이 좋네요. 이런 축제도 구경하고 말이에요.

B 그래요?

A 네. 그리고 그 후텁지근하고 습기가 꽉 찬 날씨에서 벗어나게 되어 얼마나 좋은지. 이맘때 우리나라는 장마철이거든요.

의문사와 만나면 작아지는 do, does, did

do의 축약 발음	[정상 속도로 말할 때]	[천천히 말할 때]	
❶ Who do you work with?	[후르유 월ㅋ윝?]	[후 두 유]	누구와 함께 일하시나요?
❷ When do they open?	[웬르레이 오우펀?]	[웬 두 데이]	거기는 언제 열어요?
❸ Where do we eat tonight?	[웰르위 이이트나잍?]	[웨어r 두 위]	오늘 밤 우리 어디서 저녁 먹을까?
❹ How do you get that?	[하르유 겥(ð)뎉?]	[하우 두 유]	그건 어떻게 알았어?
does의 축약 발음	[정상 속도로 말할 때]	[천천히 말할 때]	
❺ Where does she go?	[웨럿쉬 고우?]	[웨어r 더어z 쉬]	그 여자는 어디로 가는데?
❻ Who does he take after?	[후러ⓔ지 테잌에ⓕ프터r?]	[후 더어z 히]	그 남자애는 누굴 닮았는데?
❼ How does she do that?	[하우룻쉬 두우뎉?]	[하우 더어z 쉬]	그 여자는 어떻게 그런 일을 할 수 있는 거야?
❽ When does he leave?	[웬듯히(리) 리이v?]	[웬 더어z 히]	그 남자 언제 간대?
did의 축약 발음	[정상 속도로 말할 때]	[천천히 말할 때]	
❾ Where did you meet her?	[웨얼r른쥬 미잍 허r?]	[웨어r 디쥬]	어디서 그 여자 만났는데?
❿ When did you see him?	[웬쥬 씨힘(흠)?]	[웬 디쥬]	넌 언제 그 사람 만났는데?
⓫ How did she go there?	[하른쉬 고우 (ð)데어r?]	[하우 딛 쉬]	그 여자는 어떻게 거기에 갔대?
⓬ Who did he contact there?	[후른히(후디리) 칸텍 (ð)데어r?]	[후딛히]	그 사람 거기서 누구를 찾았는데?
⓭ What did they do then?	[월디(ð)레이 두 (ð)덴?]	[월 딛 (ð)데이]	그 사람들은 그러고 나서 뭘 했는데?

❶ A Excuse me, **what did you** say?
   [워 리(디)쥬 쎄이?]

 B I said, **who did he** contact there?
   [후 딛히(디리) 칸텍 (ð)데어r?]

A 실례합니다만, 뭐라고 말씀하셨죠?

B 내 말은 그 사람이 거기 가서 누굴 찾았느냐 말이야?

---

❷ A **Who does he** take after, you or Steve?
   [후러②지 테익에②프터r, 유 오어r 쓰띠이v?]

 B Steve. He's got his eyes and nose.

 A Oh, yeah. Now I can see that.

A 이 애는 누굴 닮았지, 당신이야 아니면 Steve야?

B Steve지. 눈매 하고 코가 그를 닮았잖아.

A 어 그래. 그러고 보니 그러네.

---

❸ A **When do they** open?
   [웬드(ð)데이(레이) 오우쁜?]

 B They open at 8 in the morning.

 A And they close...

 B They close at 9 at night, but on Saturdays,
   they close at 5.

A 언제 열어요?

B 아침 8시에 열어요.

A 그리고 닫는 건…

B 밤 9시에 닫아요. 토요일에는 5시에 닫고.

조동사와 부정어 **not**이 만날 때

2단계 · 문장 발음훈련 ❶ **don't[로운]와 doesn't[더②전], 문장에서 익히기** 🎧 52-1.mp3

		정상 속도로 말할 때	천천히 말할 때	
❶	I don't have it with me.	[아이도우네ⓥ빝 윋미.]	[아이 도운트]	그거 나한테 없는데(내가 안 가지고 왔는데).
❷	You don't understand.	[유도운 언덜ㅆ때앤.]	[유 도운트]	넌 몰라(이해 못해).
❸	We don't have much time.	[위도우네ⱽ 멏츄타음.]	[위 도운트]	우리 시간이 많지 않아.
❹	They don't get it.	[(ð)데이도운게륕.]	[데이 도운트]	그 사람들은 이해 못하고 있어.
❺	She doesn't speak to you.	[쉬더②전 ㅅ삐익트유.]	[쉬 더전트]	그녀는 너한테 말도 안 걸어.
❻	He doesn't promise.	[히더②전 프롸므쓰.]	[히 더전트]	그는 약속을 안 해.

3단계 · 대화 발음훈련 ❶ **don't[도운]와 doesn't[더②전], 대화에서 가려듣기** 🎧 52-2.mp3

❶ **A** Hurry up! We **don't** have much time, Hon.
[위도우헤에ⱽ 츄타음, 한.]

 B Okay, Okay! I'm coming.

A 서둘러! 우리 시간이 많지 않아. 여보.

B 알았어요, 알았어! 지금 가요.

❷ **A** She **doesn't** speak to you.
[쉬더②즌 ㅆ삐익트유.]

 B No, she **doesn't**. She **doesn't even** look at me.
[노우, 쉬 더②즌.] [쉬더(러)저니ⱽ번 루퀱미.]

A 그 여자가 너한테 말도 안 걸어.

B 응, 안 해. 날 쳐다보지도 않더라고.

	정상 속도로 말할 때	천천히 말할 때	
❶ I didn't ask him.	[아이디튼 애애쓰킴.]	[아이 디든트]	난 그 사람한테 부탁 안 했어(안 물어봤어).
❷ You didn't call me.	[유디튼 커얼 미.]	[유 디든트]	너 나한테 전화 안 했잖아.
❸ She didn't invite us.	[쉬디튼 인ⓥ바이러쓰.]	[쉬 디든트]	그녀는 우리를 초대하지 않았어.
❹ He didn't see me.	[히디튼 씨이미.]	[히 디든트]	그는 날 보지 못했어.
❺ We didn't sleep at all.	[위 디튼 슬리페럴.]	[위 디든트]	우린 잠 한숨 못 잤어.
❻ They didn't like it.	[(ð)데이디튼 라이킽.]	[(ð)데이 디든트]	그들은 그걸 마음에 들어 하지 않았어(탐탁하게 여기지 않았어).

❶ A Where were you last night?

B I went to Jenny's party. I had great fun there. Oh, wait a minute. What happened to you guys? You **didn't** make it, did you?
[유디튼메이킽, 디쥬?]

A No. Actually, she **didn't** invite us.
[노우. 액츄리, 쉬디튼 인ⓥ바이러쓰.]

A 너 어젯밤에 어디에 있었어?

B 나 Jenny네 파티에 갔었어. 정말 재미있었어. 어, 잠깐만. 너희는 어떻게 된 거야? 너희들 거기 안 왔었지, 그렇지?

A 응. 사실은, 그 애가 우리는 부르지 않았어.

❷ A What happened?

B He **didn't** show up.
[히디튼 쇼우앞.]

A He stood you up?

B I **don't** want to talk about it.
[아이도운 워너 터어커바우맅.]

A 어떻게 됐어?

B 그는 나타나질 않았어.

A 그가 널 바람 맞혔구나?

B 그 얘기는 하고 싶지 않아.

	정상 속도로 말할 때	천천히 말할 때	
❶ It won't be long.	[잍워운비 러엉.]	[잍 워오운]	오래 걸리지 않을 거야.
❷ I won't do that again.	[아이워운 두(ð)데 러겐.]	[아이 워오운]	다신 그런 일은 안 할 거야.
❸ You won't tell.	[유워운 텔.]	[유 워오운]	넌 말하지 않을 거야.
❹ He won't listen to me.	[히워운 리쓴트미.]	[히 워오운]	그는 내 말을 안 들으려고 해.
❺ She won't get out.	[쉬워운 게라웉.]	[쉬 워오운]	그녀는 나오지 않으려고 해.
❻ We won't be here.	[위워운비 히어r.]	[위 워오운]	우린 여기에 없을 거야.
❼ They won't be back.	[(ð)데이워운비 배엑.]	[(ð)데이 워오운]	그들은 돌아오지 않을 거야.

❶ A What's wrong, Linda?

B My son **won't** eat.
[마이 썬 워운 이잍.]

A He **won't** eat anything?
[히워운 이잍 에니(θ)씽]

Maybe, he has some problem.

You need to check it out.

A 왜 그래, Linda?

B 우리 애가 먹질 않아요.

A 아무것도 안 먹어요? 그렇다면, 혹시 무슨 고민이 있을지도 몰라요. 한번 확인해 봐요.

❷ A If you don't study, you **won't** learn.
[이ⓕ퓨유 도운 쓰떠디(리), 유 워운 러언.]

B I know. That's what everyone says. But I want something different other than just hitting the book.

A 너 공부 안 하면, 배우는 게 없을 거야.

B 나도 알아요. 사람들이 다 말은 그렇게 하죠. 하지만 난 공부하는 거 말고 다른 할 일이 있었으면 좋겠어요.

긍정형 ☺		부정형 ☹
❶ I can [아이컨(큰)]	→	I can't [아이키애앤(캐앤)]
❷ You can [유컨(큰)]	→	You can't [유키애앤(캐앤)]
❸ He can [히컨(큰)]	→	He can't [히키애앤(캐앤)]
❹ She can [쉬컨(큰)]	→	She can't [쉬키애앤(캐앤)]
❺ We can [위컨(큰)]	→	We can't [위키애앤(캐앤)]
❻ They can [데이컨(큰)]	→	They can't [(ð)데이키애앤(캐앤)]

❶ A You **can** save a lot by paying cash.
　　[유큰 쎄이ⓥ버랕 바이 페잉 캐애슈.]

　 B Yes, I know. Remember, I'm a student.
　　I can't pay cash all the time.
　　[아이 키애앤 페이 캐애슈]

　　¹But I can cut corners where I **can**.
　　　[아이큰캍코*r*널z 웨어라이큰.]

A 현금으로 지불하면 돈이 많이 절약됩니다.

B 네, 저도 알아요. 하지만, 전 학생이라는 거 아시잖아요. 늘 현금으로는 지불할 수가 없어요. 하지만 될 수 있는 대로 지출을 줄일 수는 있을 것 같아요.

❷ A I've been to three stores, but I still **can't** find anything I like.
　　[버라이 쓰띠일 키애앤 ⓥ파인 에니(θ)씽 아이라익.]

　 B Perhaps this will serve your purpose.

　 A Well, these look good. ²**Can** I try them on?
　　[캐나이 츄롸이(ð)더마안?]

A 가게를 세 군데나 돌아다녔는데, 아직도 맘에 드는 걸 못 찾았거든요.

B 아마 이게 손님이 찾으시는 용도에 맞을 거예요.

A 그래요, 이거 좋아 보이네요. 한번 입어 봐도 될까요?

조동사 can [캐앤]이 강조되는 경우

A **Can** you[캐니유] write it down for me?

B I think I **can**[캐앤].

A I think you **can**[큰] call her and talk to her.

B Yes, I think I **can**[캔]. Why not?

습관적으로 축약되는 단어들

정상 속도로 말할 때		천천히 말할 때
❶ tell'r [텔러r]	→	tell her [텔 허r]
❷ watch'r [웥춰r]	→	watch her [웥츄 허r]
❸ give'im [기ⓥ빔]	→	give him [기v 힘]
❹ make'im [메이큼]	→	make him [메잌 힘]
❺ see'em [씨엄]	→	see them [씨(ð)뎀]
❻ fix'em [ⓕ픽썸]	→	fix them [ⓕ픽 ㅆ (ð)뎀]

❶ A Did you **tell her(tell'er)** that it's she that has
　　 to pay the bill?
　　 [디쥬텔럴/데릴ㅉ 쉬/(ð)딭헤z트페이(ð)더 비얼?]

　 B No, not yet.

A 그 여자한테 말했어, 그 고지서는 자기가
　 내야 한다고?
B 아니, 아직 못 했어.

❷ A Don't **give him(give'im)** my phone number.
　　 [도운 기ⓥ범 마이ⓕ포운 넘버r.]

　 B Got it.

A 그 남자한테 내 전화번호 주지 마.
B 알았어.

❸ A When you happen to see Tom and Rita,
　　 can you **tell them(tell'em)** that I'm waiting
　　 [케뉴 텔름/테라음 웨이링 ⓕ포r(ð)뎀 엩더 라비?]
　　 for them at the lobby?

　 B Okay, I will.

A 혹시 Tom 하고 Rita 보면, 그 애들한테 말
　 좀 해줄래. 내가 로비에서 기다리고 있다
　 고?
B 알았어요, 그럴게요.

	천천히	빠르게	
❶ Have you ever visited the White House?	[와잍하우쓰]	[와이라우쓰]	백악관에 가본 적 있어요?
❷ Make yourself at home.	[옐 호움]	[에로움]	내 집처럼 편히 계세요.
❸ I thought I'd put them in there, but they're not there.	[인 (ð)데어r]	[인네어r]	난 거기에 놔두었다고 생각했었는데, 그게 거기 없더라고요.
❹ Come here, boys. Don't be afraid. He doesn't bite. Look!	[컴 히어r]	[커미어r]	얘들아, 이리 와. 안 무서워! 이 개는 안 물어. 봐!
❺ I'll do it first thing in the morning tomorrow.	[트마뤄우]	[느마뤄우]	제가 내일 아침 눈 뜨자마자 그 일부터 처리하겠습니다.
❻ Can I call you tonight?	[트나잍]	[르나잍]	오늘 밤에 너한테 전화해도 돼?

❶ A I need my car back by tomorrow.

B I'll take your car back tomorrow. I promise! I'll do it first thing in the morning tomorrow.

A 내 차 내일까지 다시 갖다줘.

B 네 차 내가 내일 갖다 놓을게. 약속해! 내일 아침에 눈 뜨자마자 갖다놓을게.

❷ A Can I call you tonight?

B I don't think that's a good idea. My parents don't like me to talk over the phone late at night.

A 오늘 밤에 너한테 전화해도 될까?

B 안 하는 게 좋을 것 같은데. 우리 부모님은 내가 밤늦게 전화 통화 하는 걸 좋아하지 않으시거든.

❸ A Come here, boys. Don't be afraid. He doesn't bite. Look!

B Can we play with him?

A Why not? But don't go outside, just here in the front yard. Got that?

A 얘들아 이리 와 봐. 무서워하지 마. 물지 않아. 봐!

B 우리가 데리고 놀아도 돼요?

A 그럼. 하지만 밖으로 나가면 안 돼. 그냥 여기 앞마당에서만이야, 알겠니?